U0497682

本书获聊城大学学术著作出版基金资助

本书为 2021 年度聊城市哲学社会科学研究重点项目"聊城旧志序跋汇集与整理研究"（GHXM2021009）研究成果

本书为 2021 年度聊城大学科研基金项目"山东运河文献纂修与大运河文化保护传承利用研究"研究成果

聊城大学运河学研究院研究丛书

山东运河区域方志序跋校注
（聊城卷）

周广骞　校注

中国社会科学出版社

图书在版编目（CIP）数据

山东运河区域方志序跋校注．聊城卷／周广骞校注．—北京：
中国社会科学出版社，2022.6

（聊城大学运河学研究院研究丛书）

ISBN 978 - 7 - 5227 - 0072 - 4

Ⅰ.①山…　Ⅱ.①周…　Ⅲ.①山东—地方志—序跋—汇编
②聊城—地方志—序跋—汇编　Ⅳ.①K295.2

中国版本图书馆 CIP 数据核字（2022）第 062128 号

出 版 人	赵剑英
责任编辑	安　芳
责任校对	张爱华
责任印制	李寡寡

出　　　版	中国社会科学出版社
社　　　址	北京鼓楼西大街甲 158 号
邮　　　编	100720
网　　　址	http://www.csspw.cn
发 行 部	010 - 84083685
门 市 部	010 - 84029450
经　　　销	新华书店及其他书店

印　　　刷	北京明恒达印务有限公司
装　　　订	廊坊市广阳区广增装订厂
版　　　次	2022 年 6 月第 1 版
印　　　次	2022 年 6 月第 1 次印刷

开　　　本	710×1000　1/16
印　　　张	20.75
插　　　页	2
字　　　数	340 千字
定　　　价	118.00 元

凡购买中国社会科学出版社图书,如有质量问题请与本社营销中心联系调换
电话:010 - 84083683
版权所有　侵权必究

凡　　例

　　方志序跋是方志的重要组成部分，为方志的纂修者阐述方志纂修理念，记述方志纂修过程，回顾当地历代旧志纂修脉络的基础文献。序跋的作者多为主政一方的各级官员，同时也是当地方志纂修的主持者，对当地情况颇为熟稔，对纂修方志亦具有较高的热情，故其所作序跋大多务实严谨，具有较高的史料价值。值得注意的是，方志序跋往往对当地前代佚志多有记述，特别是后修方志所录之佚志序跋，更为方志纂修研究提供了宝贵资料。为汇集整理聊城方志序跋，特列校注凡例如下。

　　一、聊城存世方志均为明代以来纂修，本书所录即为与今聊城市辖区对应之地理区域内，明代以来内府、州、县所修方志之序跋。原属明清时期东昌府及临清直隶州、今已划归外市的各县所修方志，不在本书收录范围之内。如馆陶县明代及清前期归东昌府管辖，清中叶起划归临清直隶州，今属河北省。故馆陶县历代所修方志之序跋，本书均未加收录。原属明清时期其他府、州，今属聊城市范围的各县所修方志则予以收录。如阳谷县明清时期属兖州府，清雍正中曾属东平直隶州，今属聊城市。故阳谷县历代所修方志之序跋，本书均加收录。

　　二、本书所收各方志序跋等文献，采用"横向""纵向"结合的方式进行编排。总体按照地域范围，以各州、县为单元"横向"编排；在各州县之下，按照纂修时间"纵向"编排。

　　三、在今聊城市地域范围内，明清时期不少县因建置变更，在中华人民共和国成立后撤销或合并。如堂邑县明清时期属东昌府，中华人民共和国成立后撤销，辖区划归冠县和聊城县。清平县明清时期属东昌府，中华人民共和国成立后撤销，辖区划归临清市、高唐县、茌平县。这些县因存在时间较长，存世县志亦较多，故仍加收录，并酌排于划归各县（区）

之后，以保存一方修志文献。

四、本书所收聊城方志序跋均录自原书，并加句读，对文中涉及的纂修人员、名物制度、生僻字词等酌加注释，对文中的脱漏及讹误均加校正，并以脚注形式随页出注，以便查检。

五、因个别方志存世较稀，未能查到原书，其相关序跋亦未能收入，尚需目验原书后再加补录。

目　录

前　　言

　　方志为记载一地古今综合情况的地方文献，具有鲜明的地域性、资料性和丰富性，是辖区内自然、历史、经济、社会研究的重要基础资料。山东省是儒家文化的发祥地，被誉为齐鲁文化之邦，同时也是著名的方志纂修大省。自晋代起，山东即出现了荀绰《兖州记》、伏琛《齐记》等早期方志。此后，山东方志纂修绵延不绝，修志数量较大。但因自然灾害和历代战乱频仍、早期方志多以抄本传世数量较少等原因，山东较早纂修的方志均已亡佚，元代及元代之前的方志仅存于钦《齐乘》1种。自明代以来，山东方志的纂修逐渐进入兴盛期。中科院北京天文台编《中国地方志联合目录》收录山东方志541种，仅次于四川、浙江，而居全国第三位①，并出现了陆釴等纂修《（嘉靖）山东通志》，杨士骧等修、孙葆田等纂《（宣统）山东通志》，于慎行等纂修《（万历）兖州府志》，卢承琰修、刘淇纂《（康熙）堂邑县志》等纂修质量较高的志书，为山东省地域历史与社会研究，提供了重要的基础文献支撑。

　　山东地域较为广阔，东中西部自然条件、历史轨迹、发展水平差别较大，不同地域的历史沿革、山川城市、文化传统、乡贤耆旧在各地纂修的府（州、县）志中均有详细记述和集中体现。加之方志纂修者的眼界学识、修志理念、纂修体例各有不同，方志纂修频度、内容详略、纲目设置差别较大，这些都形成了山东方志丰富多彩的文献形态。在山东方志研究过程中，既需要整体性的宏观把握，同时也需要精细化的专题探讨。对山东方志进行系列化、地域化专题研究，形成山东方志研究个案，是推动山

---

　　① 据中科院北京天文台编《中国地方志联合目录》，山东存世方志541种，仅次于四川（671种）、浙江（590种），而居各省第3位，方志纂修及存世数量较大。

东方志研究水平不断提升的有效途径。聊城市为山东西部重要的地级市，明清时期的漕运大动脉京杭大运河与中华母亲河黄河在市内交汇，是运河文化与黄河文化的叠加区，具有独特的自然风貌、历史积淀和文化特色。聊城历史上纂修方志数量较大，内容丰富，保存了大量为其他古籍所不载的重要区域文献，值得进行深入细致的挖掘与探讨。

一　聊城方志纂修的社会文化背景

聊城市地处山东省西部、冀鲁豫三省交界处，其辖区与明清时期的东昌府大致相当。从历史发展角度看，聊城自龙山文化时期，即出现了城群和中心城。此后聊城区划代有因革，至金代分属山东西路、大名路，元代设东昌路。明洪武元年（1368），"改东昌路为府，隶山东布政使司，降恩、冠二州为县。弘治二年升临清为州，凡领州三、县十五，治聊城县"。东昌府为明代山东六府之一①，"永乐间，疏开会通河，由是粮道经东昌直达京庾"②，区位重要性大大提升。清初沿用明代区划，至乾隆中，升临清为直隶州，辖3县，东昌府所辖降为10县（州），为清代山东十府之一。聊城自然条件优越，文化底蕴深厚，历史遗存丰富。特别是自明代以来，聊城的区位优势、文化特色及经济状况有了明显提升，为各属方志的纂修，提供了重要的基础和条件。概言之，主要有以下几个方面。

（一）东昌府政治区位优势显著增强

自元代以来，东昌府的区位优势呈现逐步增强的趋势，主要受两方面因素的影响。一是随着元、明等统一王朝定都北京，中国政治中心逐步东移，东昌府距京师不足五百里，"介在侯、甸③，襟带两郡而绾其会"④，

---

① （明）王命爵、李士登修，王汝训纂：《（万历）东昌府志》卷2，万历二十八年（1600）刻本。

② （清）张官五《东昌府志》序，载《（嘉庆）东昌府志》卷首，嘉庆十三年（1808）刻本。

③ "侯、甸"，《周礼·夏官·职方氏》将古代王畿以外的地域，以每五百里划为一区，按距离之远近分为九等，各称侯服、甸服、男服、采服、卫服、蛮服、夷服、镇服及藩服，合称"九服"。山东距京师四百余里，故称"介在侯、甸"。

④ （明）王命爵、李士登修，王汝训纂：《（万历）东昌府志》卷2。

为京师藩篱、畿南屏障，地理位置颇为重要。二是随着元代开凿山东境内的会通河，东昌府成为京杭大运河所经的要地。《（嘉靖）山东通志》引《大元一统志》，称东昌府"南接济、兖，北连德、景，漕河所经要冲之地"；并引《大明一统志》称："襟卫河而带会通，控幽、蓟而引淮、泗，泰岳东峙，漳水西环，实齐鲁之会也。万国贡赋，四夷朝献，胥由此达。古今言地之冲，此其最焉。"① 由此可见，东昌府作为畿南重地、漕河要区的区位特点在元代即已形成。明代废海运，漕粮等物资全由运河运输，东昌独特而重要的区位优势随之得到进一步加强，纂修方志以记述东昌府之历史与现状，亦有了必要性和迫切性。

（二）东昌府商贸经济的快速发展

东昌府地处山东西部，"地平土沃，无名山大川之限"②，在以农耕生产为主的封建时代，具有发展农业和手工业的良好基础。春秋时期，聊城为齐国之西鄙，以开发较早、人口密集著称。③ 杜甫诗称："齐纨鲁缟车班班，男耕女桑不相失。"即为对中古时期包括本区域在内山东地区繁华景象的真实描述。自元代开凿京杭大运河起，人员、物资大量经由运河流通，东昌府成为南北往来的交通要道，"东南漕运岁百余万艘，使船往来无虚日，民船贾舶多不可籍数"。原来由涡河、颍水往来的商旅客商亦纷纷改道由运河"自淮安、清江经济宁、临清赴北京"④。至永乐二十一年（1423），山东巡按陈济上疏称："淮安、济宁、东昌、德州、直沽，商贩所聚"，因运河商贸兴盛，故"今都北平，百货倍往时"⑤。而作为东昌府府治所在地之聊城县"由东关溯河而上，李海务、周家店居人陈橡其中，逐时营殖"⑥。临清中洲由卫、汶两河环抱而成，"东南纨绮、西北裘褐皆萃于此"，是临清商业最为繁盛之地，明正德、嘉靖朝两次扩建州城，

---

① （明）陆釴等纂修：《（嘉靖）山东通志》卷7，嘉靖十二年（1533）刻本。
② （明）陈循、彭时等纂修：《寰宇通志》卷72引《元一统志》，景泰中刻本。
③ 《左传》"昭公二十年"记晏子语称："聊、摄以东，姑尤以西，其为人也多矣。"杜预注称："聊摄，齐西界也。平原聊城县东北有摄城。"
④ 《明宣宗实录》卷107，"宣德八年十一月戊辰"。
⑤ （清）张廷玉等：《明史》卷81《食货五》，中华书局1974年版，第1976页。
⑥ （明）王命爵、李士登修，王汝训纂：《（万历）东昌府志》卷2《地理志》。

"以卫商贾之列肆于外者"①。商业的发展，经济的繁荣，为编修府志提供了有力的物质支撑。

（三）东昌府士民风气的逐步变迁

聊城在历史上地处齐鲁文化、燕赵文化、三晋文化结合区，各地域文化碰撞融合，形成了聊城士民风气的独特风貌。聊城既有齐文化崇商敬农的特质，又有鲁文化尚仁重义的特点；既有燕赵文化慷慨任事的侠义，也杂糅了秦晋文化开放宽厚的气度，显示出聊城文化包容大气、自信开放的独特风貌。儒家文化影响到士民百姓的价值观念和日常生活，成为聊城文化的主干和底色。嘉庆《东昌府志》引万历《堂邑县志》称："士风娴秀，善唇齿。昏丧动循古仪，虽华弗侈。百姓勤身服镈，不业非分。"②自京杭大运河通航以来，运河商业文化与旧有的农耕文化、儒家文化等碰撞融合，为聊城传统文化带来了新的色彩。《（万历）东昌府志》卷2记述临清州作为繁华的运河城市，其民风习俗受运河影响之大："（临清）州绾汶、卫之交而城，齐、赵间一都会也。五方商贾鸣棹转毂聚货物，坐列贩卖其中，号为冠带衣履天下，人仰机利而食，暇则置酒征歌，连日夜不休，其子弟或多椎埋剽掠，不耻作奸。"③ 即具有较为鲜明的运河商贸及市井文化色彩。市民风气的变迁，是社会发展的外在表现，在客观上也要求地方官员及时关注和记述。

（四）东昌府文化教育的优秀传统

儒家文化尊师重学，对聊城文化教育传统的形成发挥了重要作用。"郡密迩阙里，圣泽渐被，比屋弦诵，其于文学不独天性也。庠序规制、昭代章程具备，诸大夫数奉功令……经术修明，士斌斌兴于教化。"④ 明代东昌府运河经济的发展与商业的繁荣，为东昌府的文化教育提供了有力的支撑。元代山东兴建书院21所，大多在会通河流域及辐射区。明代新

---

① （明）王命爵、李士登修，王汝训纂：《（万历）东昌府志》卷3《建置志》。
② （清）嵩山修，谢香开纂：《（嘉庆）东昌府志》卷2，嘉庆十三年（1808）刻本。
③ （明）王命爵、李士登修，王汝训纂：《（万历）东昌府志》卷2《地理志》。
④ （明）王命爵、李士登修，王汝训纂：《（万历）东昌府志》卷9《学校志》。

建书院 87 所，修复前代书院 9 所，其中东昌府即有 17 所，且集中创建于嘉靖、万历年间。聊城穆孔晖、王道为王守仁弟子，张后觉、孟秋师事王守仁之再传弟子，聊城遂成为明代中后期北方理学的重镇和传播中心。文化的发展、文化群体的壮大，为东昌府志的纂修积累了人才，增加了读者，也为高质量方志的产生创造了条件。

可见，随着明代迁都北京，京杭运河成为南北漕粮运输和物资、人员流通的主要通道，东昌府作为畿南屏藩、漕运要区。优越的自然条件、不断提升的政治地位、繁荣的运河商贸及丰富多样的社会文化，使梳理、记述和保存明代社会发展状况的必要性和紧迫性不断增强。这些大大提升了聊城方志纂修的必要性，同时也为聊城方志的纂修提供了重要的基础和条件。

二　聊城方志的纂修概况

方志的纂修与一地经济社会文化发展状况密切相关，"是一个地区文化发达与否的重要标志……由地方官主修，文人学者参与，逐渐成为一种模式和规范"①。东昌府之设始自明初，此后至清末，其建置基本稳定。聊城方志之纂修亦始自明代，并形成了前后相继、连续贯通的纂修脉络。《中国地方志联合目录》著录聊城方志 73 种②，占山东存世方志的 13.4%。在聊城存世方志中，明修方志凡 7 种③，占山东存世明代方志的 9.59%，其中不乏公认的名志。如王命爵、李士登修，王汝训纂《（万历）东昌府志》为聊城现存最早的府志。此志门类整齐，甄采周备，凡四十余万字，保存了聊城大量宝贵的明代经济社会文化资料。卢承琰修，刘淇纂《（康熙）堂邑县志》"变通前志体例，去纲列目，厘次明晰。通观全书，增轶续补，翔实精审。里甲篇除详载本县里甲编制外，

---

①　张英聘：《明代南直隶方志研究》，社会科学文献出版社 2005 年版，第 123 页。
②　聊城存世方志凡 73 种，其中明修 7 种，清修 56 种，民国修 10 种，中科院北京天文台编《中国地方志联合目录》，中华书局 1985 年版，第 301—308 页。
③　山东省聊城市存世明修方志凡 7 种，分别为《（万历）东昌府志》《（正德）博平县志》《（正德）莘县志》《（嘉靖）朝城志》《（嘉靖）冠县志》《（万历）冠县志》《（嘉靖）高唐州志》。

又兼论编签之弊；户口、赋役依据档册，详录其数，稽其真假……是志在清代公推上品"①。这些名志大大提升了聊城方志的影响力。受旧有纂修体例制约、修志人员素质参差不齐等因素的影响，聊城方志虽难称尽善，但在保存历史文献、延续区域历史、传承地方文脉，进而推动山东运河区域历史文化研究、加快当代社会文化事业发展等方面，仍有巨大的价值和重要的意义。今以《东昌府志》为例，参考历代书目、方志题跋等文献资料，对其纂修脉络稍加梳理如下。

（一）洪武至建文朝（1368—1402）《东昌府志》的纂修

明太祖建立明朝之初，即"命儒士魏俊民、黄篪、刘俨、丁凤、郑思先、郑权六人，编类天下州郡地里形势、降附始末为书"②，至洪武三年（1370）十二月，修成《大明志书》。洪武十六年（1383）七月，"诏天下都司，凡所属卫所城池及境内道里远近、山川险易、关津亭堠、舟车漕运、仓库邮传、土地所产，悉绘图以献"③。大大推动了明初方志的纂修。《文渊阁书目》卷 19 "旧志"类、《明书·经籍志·拾补》"旧志"类著录"《东昌府图志》四册"。图志与图经相同，多为先图后文，为隋唐时期方志的主要类型，宋元仍续有纂修。《秘书监志》卷 4 称：《大一统志》盖经始于至元二十二年乙酉六月，至三十一年十月书成。元贞二年三月得《云南图志》，大德二年二月又得《甘肃图志》，三年七月又得《辽阳图志》。明初纂修图志，即为旧有方志纂修体例的延续。《文渊阁书目》著录"《东昌府图志》四册"之后，又著录"《济宁府图志》四册、《济南府图志》八册、《登州府图志》二册、《莱州府图志》二册、《青州府图志》四册"④。其中所及之济宁府，设立于明太祖吴元年（1367），至洪武十八年（1385）降为济宁州。则《济宁府图志》之纂修当在洪武十八年（1385）之前。据此，则在《文渊阁书目》中一并著录的《东昌府图志》当亦于明洪武朝奉敕纂修。

① 金恩辉主编：《中国地方志总目提要》，汉美图书有限公司 1996 年版，第 15 分之 104 页。

② 《明太祖实录》卷 59，台湾"中央研究院"历史语言研究所 1962 年校勘本。

③ 《明太祖实录》卷 223，台湾"中央研究院"历史语言研究所 1962 年校勘本。

④ 杨士奇：《文渊阁书目》卷 19，商务印书馆 1937 年版，第 249 页。

（二）永乐至正统朝（1403—1449）《东昌府志》的纂修

明成祖永乐十六年（1418），颁布《纂修志书条例》二十一条，明载纂修方志的体例条目，大大促进了明代方志纂修的规范化。明永乐中，东昌府曾奉旨纂修府志。此志今已不存，所幸收入《永乐大典》。清乾隆中，东昌府知府胡德琳嘱周永年利用参修《四库全书》之便，抄录了永乐《东昌府志》之遗文，并附于乾隆《东昌府志》相关纲目之下。如乾隆《东昌府志》卷17《建置七·城聚》于"四口故关"条下注称引自《永乐旧志》。其"贝邱故城，《寰宇记》云：贝邱在今临清"下，亦注称引自《永乐旧志》。此志编成后当即进呈，以供纂修《永乐大典》采择，民间流传甚稀，故明清以来书目未见著录。此志仅存佚文，其纂修者、纲目结构及篇卷今已不可考。此外，《文渊阁书目》卷20"新志"类著录"《东昌府并属县志》一册"。缪荃孙称："大约洪武以后所修，谓之'旧志'，永乐以来所修，谓之'新志'。"① 基本符合《文渊阁书目》之著录情况。《文渊阁书目》纂修于正统六年（1441），则此志之修当在是年之前。

（三）景泰至正德朝（1450—1521）《东昌府志》的纂修

明景泰至弘治朝，聊城纂修方志之记述未能考见。正德中，武宗幸南京，取《应天府志》观览，十五年（1520）又下诏取天下志书，因此各地遂风行修志，"天下藩郡州邑莫不有志"②。受朝廷导向的影响，明正德朝，东昌府及所属州县修志亦较为频繁。就存世方志而言，即有胡瑾修，葛茂、邓恭纂《（正德）博平县志》五卷，吴宗器纂修《（正德）莘县志》十卷。此外周禧纂修《（正德）临清州志》六卷今虽亡佚，但在明清书目中多有著录。《（嘉庆）东昌府志》卷40记述称："明李珏《东昌府志》9卷《明史·艺文志》；侯宜正《东昌府志》见《馆陶县志》。"③ 李钰所修正德《东昌府志》，除《明史·艺文志》著录外，朱睦㮮《万卷堂

---

① （清）万青黎、周家楣修，张之洞、缪荃孙纂：《（光绪）顺天府志》卷122《艺文志一》，光绪十二年（1886）刻本。

② （清）沈庠《（正德）上元县志序》，载（明）程三省修，李登等纂《上元县志》卷12，民国三十七年（1948）铅印《南京文献》本。

③ （清）嵩山修，谢香开纂：《（嘉庆）东昌府志》卷40《经籍一》。

书目》、黄虞稷《千顷堂书目》卷六《地理类》上、王鸿绪《明史稿·艺文志》等均有著录。可见此志刊刻较多，流传亦较广。侯宜正所修正德《东昌府志》则未见明清书目著录。《（嘉庆）东昌府志》卷20《名宦一》之《侯宜正传》称："侯宜正，字汝立，洛阳人，正德间进士。以武选司郎中知东昌府，严重有风节。始至，擒巨猾数人，置诸法，奸党避迹。内使贡献所过，非礼虐求，悉裁抑之，民赖以安。参订郡志，人谓其有功于文献，升按察司副使。"① 再检《（嘉庆）东昌府志》卷15《职官一》称："李珏，开州进士，正德八年任。雅度能容，不苛扰。侯宜正，洛阳进士，正德十年任，廉能著治绩。"② 二人前后相继担任东昌府知府。李钰所修《（正德）东昌府志》，明清书目多有著录，则其纂修成书，且流布较广，当无疑义。侯宜正为李钰之后任，曾"参订郡志，人谓其有功于文献"③。据此，则侯宜正当认为李钰所修之志尚有未备，故加参订，或仅有稿本，并未刊刻传世，故传播不广。

（四）嘉靖至崇祯朝（1522—1644）《东昌府志》的纂修

嘉靖、隆庆两朝《东昌府志》之纂修情况尚未考见。至万历朝，东昌府知府王命爵、李士登遂再修府志。《（嘉庆）东昌府志》卷15称："王命爵，庐陵进士，万历二十三年任，修《郡志》。李士登，洛阳进士，万历二十六年任，继命爵修成《郡志》。"④ 此志卷首有万历二十八年（1600）杨光训所作《序》。据此可知，东昌府知府王命爵自万历二十三年（1595）就任后，即着手纂修府志，至二十六年（1598）李士登继任知府后，亦续加纂修。至万历二十八年（1600）方修竣刊刻。此志凡二十二卷，为存世最早的《东昌府志》，国家图书馆、北京师范大学图书馆均有存藏。此后直至明末，东昌府未再纂修府志。

入清之后，《东昌府志》续有纂修。清康熙五十年（1711），东昌府知府孙元衡有纂修府志之意，遂于"守东郡之明年，方有事于郡志修辑

---

① （清）嵩山修，谢香开纂：《（嘉庆）东昌府志》卷20《名宦一》。
② （清）嵩山修，谢香开纂：《（嘉庆）东昌府志》卷15《职官一》。
③ （清）嵩山修，谢香开纂：《（嘉庆）东昌府志》卷15《职官一》。
④ （清）嵩山修，谢香开纂：《（嘉庆）东昌府志》卷15《职官一》。

之举，帖下属邑”①。按孙元衡任东昌府知府在康熙四十八年（1709），翌年即命所属各州县纂修方志，以备府志之修。刘淇主纂《堂邑县志》成，孙元衡认为此志“批隙导窾，技进乎道”②，遂“欲延卫园先生刘淇修之”。然康熙五十年（1711）孙元衡母亲去世，“以忧去，不果”③，府志之修，仅积累了属邑县志等修志资料，未能正式启动。此后，金启洛亦有纂修《东昌府志》之举。金启洛任东昌府知府在雍正二年（1721），“镇静平易，建铁尚书庙，以府志修于前明，延时耄续纂。旋以吏议罢官，稿竟佚失”④。胡德琳《东昌府志序》亦称：“后金公启洛⑤又修之，稿垂成而去任，稿旋散失。”⑥ 按金启洛卸任东昌府知府在雍正六年（1725），任职时间较长，纂修府志时间亦较为充裕，所修府志已有草稿。然继任者未能续修，至胡德琳乾隆三十五年（1770）任东昌府知府时已45年，金修志稿已散佚不可见。胡德琳好读书，喜修志，任职山东后，先后主修《济阳县志》《历城县志》，积累了丰富的修志经验。他记述此次修志情况称：“因于壬辰之春，复集一二同志，广为搜辑，互相讨论。历二载，凡数易稿，误则辨之，阙则补之，疑则存之，其职官之不相联属者阙之，以待后人。”⑦ 可见，此次修志始于乾隆三十七年（1772），时胡德琳任职东昌府知府已两年，对地方情形已较为熟悉。而他所延请主持纂修府志的周永年、吴霁、盛百二均为饱学之士，亦曾参与《济阳县志》《历城县志》之纂修。胡德琳修志成稿后，未及刊刻，随即去职，此志遂由继任东昌府

① （清）孙元衡《堂邑县志序》，（清）卢承琰修，刘淇纂：《（康熙）堂邑县志》卷首，康熙五十年（1711）刻本。

② （清）孙元衡《堂邑县志序》，（清）卢承琰修，刘淇纂：《（康熙）堂邑县志》卷首，康熙五十年（1711）刻本。

③ （清）胡德琳《东昌府志序》，（清）嵩山修，谢香开纂：《（嘉庆）东昌府志》卷首，嘉庆十三年（1818）刻本。

④ （清）胡德琳《东昌府志序》，（清）嵩山修，谢香开纂：《（嘉庆）东昌府志》卷首，嘉庆十三年（1818）刻本。

⑤ “金公启洛”，即金启洛。启洛曾任东昌府知府。《（嘉庆）东昌府志》卷20《名宦一》：“金启洛，字劭堂，广济人。雍正二年知东昌府，镇静平易，建铁尚书庙，以府志修于前明，延时耄续纂。旋以吏议罢官，稿竟佚失。后殁于台上，枢过郡，士民哭奠者相属。”

⑥ （清）嵩山修，谢香开纂：《（嘉庆）东昌府志》卷20《名宦一》，嘉庆十三年（1818）刻本。

⑦ （清）胡德琳《东昌府志序》，（清）嵩山修，谢香开纂：《（嘉庆）东昌府志》卷首，嘉庆十三年（1818）刻本。

知府完颜赫绅泰于乾隆四十二年（1777）刊刻。至乾隆五十七年（1792），张官五就任东昌府知府，"重事修葺，较前志颇为辨洽"①。然未及成书，即迁去。嵩山于嘉庆五年（1800）就任东昌府知府后，以"政务繁剧，夙夜经画，常存闭阁思过之心"，未即修志。至嘉庆十三年（1808），"查核存稿，率多漫漶剥落"，恐日久散佚，遂就"已定之规模，详为校正"。此次修志，以续补为主，"其错杂重复者删之，职官、选举、名宦、节烈等类则按年续入，容有采访未全者阙以俟补"②，增补乾隆四十二年（1777）之后事迹较多。此后清代未再纂修府志。

今据以整理明清两代《东昌府志》纂修情况表如下：

表1　　　　　　　　　《东昌府志》纂修一览表

志　名	卷册数	时间	纂修者	著录情况	存佚
《东昌府图志》	4册	洪武朝	—	《文渊阁书目》卷19"旧志"类、《明书·经籍志·拾补》"旧志"类	佚
《东昌府志》		永乐朝	—	《永乐大典》存其志文	佚
《东昌府并属县志》	1册	永乐至正统朝	—	《文渊阁书目》卷20"新志"类	佚
《东昌府志》	9卷	正德朝	李珏	朱睦㮮《万卷堂书目》、黄虞稷《千顷堂书目》卷6《地理类》上、《明史·艺文志》、王鸿绪《明史稿·艺文志》	佚
《东昌府志》		正德朝	侯宜正	《馆陶县志》	佚
《东昌府志》	22卷	万历二十八年（1600）	王命爵李士登	《中国地方志联合目录》《山东省地方志联合目录》	国家图书馆、北京师范大学图书馆藏

① （清）嵩山《东昌府志序》，（清）嵩山修，谢香开纂：《（嘉庆）东昌府志》卷首，嘉庆十三年（1818）刻本。

② （清）嵩山《东昌府志序》，（清）嵩山修，谢香开纂：《（嘉庆）东昌府志》卷首，嘉庆十三年（1818）刻本。

续表

志　名	卷册数	时间	纂修者	著录情况	存佚
《东昌府志》		雍正二年（1724）	金启洛 耿贤举	《（嘉庆）东昌府志》卷40《经籍一》	佚
《东昌府志》	50卷 首1卷	乾隆四十二年（1777）	胡德琳 周永年	《中国地方志联合目录》《山东省地方志联合目录》	国家图书馆、清华大学图书馆等藏
《东昌府志》	50卷 首3卷	嘉庆十三年（1808）	嵩山 谢香开	《中国地方志联合目录》《山东省地方志联合目录》	国家图书馆、山东省图书馆等藏

　　由上可知，《东昌府志》的纂修始于明洪武朝，至明万历中先后6次纂修，其中亡佚5种，存世1种。明初洪武朝、永乐朝两次纂修，较为繁密，永乐朝修《东昌府志》得以采入《永乐大典》。此后正德朝、万历朝亦先后纂修府志，其主修者均为东昌府知府，符合明代方志由地方官主持纂修之惯例。其中流布较广者为正德朝李钰及万历朝王命爵、李士登所修《东昌府志》，篇幅较长，内容颇翔实，刊刻亦精美，为学界公认的明修佳志。入清之后，《东昌府志》续有纂修，除金启洛于雍正朝所修府志散佚不存外，乾隆朝、嘉庆朝两次修志，内容较明修府志更为丰富。惜此后聊城未再纂修府志，清嘉庆朝后之聊城方志资料遂散见于所属各州、县方志中。

　　聊城市存世方志均为明代以来所纂修。除府志先后9次纂修，存世3种外，存世州县志数量亦较大，今据《中国地方志联合目录》《山东省地方志联合目录》及存世方志序跋等文献资料，编制聊城方志纂修表如下。

表2　　　　　　　　　聊城州、县志纂修一览表

	弘治	正德	嘉靖	万历	崇祯	顺治	康熙	乾隆	嘉庆	道光	光绪	宣统	民国	合计
聊城				1(1)			1				1	1	1	5(1)
堂邑				1(1)			2							3(1)
临清			1(1)				1	2						4(1)
高唐			2(2)				1	1		1	2		1	8(2)

续表

	弘治	正德	嘉靖	万历	崇祯	顺治	康熙	乾隆	嘉庆	道光	光绪	宣统	民国	合计
清平							2(1)		1			1	1	5(1)
茌平			2(2)				2					1	1	6(2)
博平		1					1			1	1			4
东阿	1(1)		1(1)			1①	2		1				2	8(2)
阳谷			1(1)	1(1)	1(1)		2				1			6(3)
寿张				2(2)②			3③				1			6(2)
莘县		1					2				1		2	6
观城							1			1	1			3
朝城			1(1)				1						1	3(1)
冠县				1			3(1)			1	1		1	7(1)
合计	1(1)	2	6(6)	8(7)	1(1)	1	24(2)	3	1	5	9	3	10	74(17)

注：表格内数据，前者为纂修方志总数，后面括号内为其中亡佚方志数目。

　　由上表可知，在聊城市域内，明清时期共设有州、县14个，纂修方志74种；存世57种，占方志总数的77%。其中明代纂修方志18种，占方志总数的24.3%；存世方志3种，占明代存世方志的16.7%。清代纂修方志56种，占方志总数的75.6%；存世方志54种，占清代存世方志的94.7%。就目前掌握的文献情况来看，聊城市纂修州、县志集中于明代中叶之后，明代纂修方志数量相较于清代数量较少，尚处于上升与积累阶段。至清代，聊城纂修方志总量有了较大增加，显示出方志发展趋于繁荣的整体态势。就方志存佚情况来看，明代方志因纂修较早等原因，亡佚较为严重，存世不及五分之一；清代方志纂修较晚，则基本保存至今。就明清各朝纂修方志情况来看，明代各朝纂修方志相对均衡，嘉靖、万历两朝时间跨度较大，分别纂修6种、8种，数量亦多于相对较短的正德等朝。清代方志纂修集中于康熙朝，纂修方志24种，占清代纂修方志的42.8%。此种情况的出现，与康熙帝颁布纂修各省通志之命有直接关系。而时间跨度与康熙朝相当的乾隆朝纂修方志仅3种，悬殊颇为巨大，显示出方志的纂修所受影响因素较多，具有较大的偶然性。

---

　　① 《（顺治）苫羊山志》列入东阿县。

　　② 《（万历）安平镇志》列入寿张县。

　　③ 《（康熙）张秋志》列入寿张县。

就各州、县纂修方志而言，数量最多的为高唐、东阿，均纂修8种，存世6种；最少的为堂邑、冠城、朝城，均仅纂修3种，差别亦较大。

三　聊城方志的纂修机制

方志纂修者的身份决定了方志的纂修目的、纂修方式及内容安排，是方志纂修的基础要素，也是方志纂修的起点。从方志纂修情况来看，即使是堪称方志纂修快速发展及全盛时期的明、清两代，相对于两朝前后近六百年的时间跨度和全国所设府州县数量之大，方志的纂修亦尚难称频繁。究其原因，实与大多数地方官员之从政理念直接相关。李光地《东阿县志序》称："余谓今之为吏者多矣，大都簿书期会，希合上指己耳。畴肯留心文献，为继往开来之举乎？"① 任克溥《博平县志序》称："夫志作于神宗辛卯，去今七十余年间，绾墨绶、来莅兹邑者共二三十人，曾未议及。盖作述之难，抑留心文教之鲜耶？"② 王赠芳《博平县志序》亦称："第修志者守土之职，而守土者少久任，率不一二岁辄迁去。其久于是土者，又卒卒于簿书期会间，未暇理学士业。而欲纂集旧闻，以神治道，难矣！"③ 认为县令等基层官员自身素质、为政理念、任职不久及簿书繁杂，均为各地修志不多的重要原因。从这个意义上说，方志的纂修与纂修者的个人情况有着较为密切的关系，纂修者对于保障地方文献作出了较大的贡献，存世方志亦应得到应有的重视与利用。

入明以后，山东方志的纂修主要以官修为主，各级地方官成为方志纂修的发起人和组织者。方志内容的确定、方志资料的选择，均由各级地方官员决定，地方志成为名副其实的官书。为保证纂修活动的正常推动，形成了较为严密的纂修机制。

（一）循例呈报的修志请示机制

纂修方志作为地方政务之一端，往往在正式启动之前，即需呈报上级

① （清）李贤书修，吴怡纂：《（道光）东阿县志》卷首《序》，民国二十三年（1934）铅印本。
② （清）杨祖宪修，乌竹芳纂：《（道光）博平县志》卷首《序》，道光十一年（1831）刻本。
③ （清）杨祖宪修，乌竹芳纂：《（道光）博平县志》卷首《序》，道光十一年（1831）刻本。

批准。李士登《（万历）东昌府志》卷末跋称"于志之缺，慨叹不能已已"，遂"请于当道"①，得上司允准之后，方有修志之举。《东昌府志》卷首有山东道监察御史、奉命巡按山东杨光训所作《序》，杨《序》对此志大加赞许，并称："中丞王先生（即王汝训），千载人也，所为郡志类《汉书》，余故弁而多出汉事商焉。"又称"郡守李君（即李士登）方兢兢汉治……余亦借君以后世矣"②，对王汝训编修方志及李士登在东昌府之施政均给予了很高的评价。可见，得到上司允准而修志，志成而得上司为文以刊行，实为《（万历）东昌府志》纂修的重要环节。《（康熙）临清州志》卷首《宪行》收录东昌府命下属纂修方志之公文，其文末称："照河南、陕西通志款式纂辑成书，钉砌整齐，绫函壳套，一样四部，差人星夜送府，立等转文送司，详报抚院，咨部施行。"③ 虽临清州之具体办理情况，此志并未载明。但亦由此可见，朝廷修志之命层层下达，推动了上自通志、下至州县志的纂修，此亦为康熙朝聊城府州县志纂修刊刻较多的重要原因。

（二）细密严谨的修志分工机制

明确纂修分工和职责，为顺利修志提供了有力的保障。聊城方志卷首多存有修志衔名，著录参与纂修方志人员及其分工。今择府志 2 种、州志 1 种、县志 1 种，据以编制表格如下：

表3　　　　　　　　　　聊城部分方志纂修衔名表

方志名称	职责	纂修人员（人数）
《（万历）东昌府志》	编次	东昌府知府庐陵王命爵、洛阳李士登，聊城县知县宁晋刘文炳，郡人副都御使王汝训（4人）
	同修	郡人右给事中逯中立、郡人通判张鲤（2人）
	校正	府儒学教授袁伯明，训导李朝宾、孔弘荩，聊城县儒学教谕程邦图，生员李天植、夏曰瑚、庞大中、耿灏、白汝玉、王嘉佑（10人）
	督工	聊城县县丞彭应弼（1人）

---

① （明）王命爵、李士登修，王汝训纂：《（万历）东昌府志》卷末《跋》。

② （明）王命爵、李士登修，王汝训纂：《（万历）东昌府志》卷首《序》。

③ （清）于睿明修，胡悉宁纂：《（康熙）临清州志》卷首《宪行》。

续表

方志名称	职责	纂修人员（人数）
《（乾隆）东昌府志》	总裁	东昌府知府胡德琳、赫绅泰、张官五（3人）
	分校	聊城县知县韩龙震、范汝载，堂邑县知县汤桂，署堂邑县知县赠道员陈枚，博平县知县陈天民，茌平县知县叶敏，清平县知县李孝洋、唐洪绪，莘县知县顾昌运，冠县知县赵玉槐，馆陶县知县陈陪敏，高唐州知州汤登仕、张寓，恩县知县黄栻（14人）
	纂修	翰林院检讨周永年、丁丑进士吴霁、进士淄川知县盛百二、浙江举人叶梦麟、丁卯科举人毕以田（5人）
	参订	翰林东昌府教授董元度、乙未进士邓如勤、优贡生梁鸿翯（3人）
《（乾隆）临清州志》	汇辑	临清州同知李森（1人）
	协编	临清州儒学学正吕俹（1人）
	参阅	临清州判官金人文、临清州儒学训导王珂（2人）
	采访	拔贡生州人杜金声，贡生州人曹湘、张汉超、杨宜，生员州人张抱仁、颜梦资、戈奕（7人）
	监局	州同知州人周朴、监生州人赵敏义（2人）
《（道光）东阿县志》	鉴定	赐进士出身山东泰安府知府加十级杨惠元（1人）
	裁定	山东泰安府东阿县知县戊子科乡试同考官李贤书（1人）
	纂辑	山东济南府邹平县知县前署东阿县事乙酉科乡试同考官吴怡（1人）
	分辑	东阿县学教谕张光绪、东阿县学训导韩有台、东阿县县丞管裕畴、署东阿县县丞刘金镛（4人）
	督梓	东阿县典史袁嵋、东阿汛把总刘丕振、贡生刘万鳌（3人）
	分纂	恩贡生候选教谕张汝霖、廪贡生于万俊、济南府运学廪生赵士元、监生贺岱（4人）
	缮写	廪生张全东、庠生刘庆华（2人）
	校订	廪生王鈊、廪生陈廉（2人）
	采访	岁贡生师保观、郭景伊、魏光垫、刘方乾、高青云，廪生姜柏、秦凤池、秦禹东、马照、王绍元，增生张元浩，附生贺咸五，监生房仙源（13人）
	绘图	候选未入流李文锦（1人）
	查卷	吏房吏典李珊、户房吏典刘桐、礼房吏典刘景明、兵房吏典孙廷臣、刑房吏典王相时、工房吏典乔廷魁（6人）

聊城方志的纂修衔名标明了方志纂修的分工情况及纂修机制，保留了对方志纂修情况进行研究的基础信息。概言之，参与者之职责主要有以下几方面。一是纂修的主持者。《（万历）东昌府志》"纂修名氏"首题王命爵、李士登、刘文炳三人，其衔名之前虽未标明在修志中之职责分工，然三人为主修者当无疑义。嘉庆《东昌府志》卷40称："王汝训《东昌府志》二十二卷，知府庐陵王命爵、洛阳李士登、聊城知县宁晋刘文炳修。"① 亦可与此印证。地方之主要官员名列主修之目，为明代纂修方志之通例。王命爵、李士登先后担任东昌府知府，代表官方主持此次府志纂修事务，负责组织人员、协调分工，主要负有推动之责。他们可能并未参与到具体修志工作之中，但是在此次府志纂修中发挥了重要作用。聊城县为东昌府首县，刘文炳时任聊城县知县，亦为地方主要官员，在具体推动修志中不可或缺，故亦列入主修之目。《（道光）东阿县志》在"纂辑"衔名之前设"鉴定"，列赐进士出身山东泰安府知府加十级杨惠元，亦充分考虑到其声望与影响。二是纂修的办理者。《（万历）东昌府志》"纂修名氏"中"编次""同修"所列之王汝训、逯中立、张鲤担负修志事务的具体管理之任。而"校正"所列东昌府、县两级儒学教授及各生员均有一定的文化素养，能够胜任搜集材料、编排整理之责，故担负府志纂修的具体文字工作，并将所纂志稿交由王汝训等人审核删改。"督工"则主要负责在府志定稿后，主持相关刊刻事务。《东昌府志》专设此职，并由聊城县县丞负担，亦可见对府志刊刻之重视。《（乾隆）东昌府府志》设"纂修"，列翰林院检讨周永年、丁丑进士吴霁、进士淄川知县盛百二、浙江举人叶梦麟、丁卯科举人毕以田等五人。《（道光）东阿县志》设"分纂"，列恩贡生候选教谕张汝霖、廪贡生于万俊、济南府运学廪生赵士元、监生贺岱等四人，亦为实际办理修志事务的纂修人员。

（三）妥帖合理的主纂选择机制

从方志衔名来看，方志纂修的主持者，大多并不具体办理修志事务，因此在选择主纂人员上颇为慎重。明代府志纂修选有名望之乡贤主持编修之例子较多。如《（嘉靖）临清州志》即由时任临清州知州成宪以"殿撰

---

① （清）嵩山修，谢香开纂：《（嘉庆）东昌府志》卷40，嘉庆十三年（1818）刻本。

两江方君博物洽识，时称良史之才，乃肃币礼"①，延聘纂修州志。王命爵等纂修府志，亦延聘王汝训编修此志。就《（万历）东昌府志》而言，选择王汝训担任主纂，则考虑到多方面因素。一是王汝训官位较崇、行修品端。王汝训，字古师，聊城人，"隆庆五年进士，除元城知县。万历初，入为刑部主事，改兵部，累迁光禄少卿、吏科都给事中"，后弹劾陈与郊，并称："科道以言为职，乃默默者显，谔谔者绌，直犯乘舆，屡荷优容，稍涉当涂，旋遭摈斥。"以直言谪任南京，亦足见其气节品格。后"入为太常少卿，孟秋飨庙，帝不亲行，汝训极谏。帝愠甚，以其言直，不罪也"②。王汝训早岁入仕，直言敢谏，且在任内弹劾权臣。在他去世后，朝廷予谥"恭介"，其品格为舆论所推崇，颇有声望。二是王汝训时正家居，可以躬亲修志。王汝训于万历二十二年（1594）改任左佥都御史，旋进右副都御史，巡抚浙江。后以办理祭酒范应期案不力革职，家居十五年。至万历三十七年（1609），方起为南京刑部右侍郎，改工部，署部事，"节冗费数万，卒赠工部尚书"③。《（万历）东昌府志》之修起自万历二十三年（1595），成于万历二十八年（1600），时王汝训正革职家居，无政务缠身，正可以全力编修府志。三是王汝训身为郡人，熟悉府情掌故。王汝训为聊城人，颇重桑梓之情，以修志为己任。他曾作《观朝城旧志》诗称："冠山武水秀灵多，孝子忠臣正气峨。溪冢神芝产百本，平林茂竹长千柯。李公华表声闻远，江老佳城永不磨。文士诗豪相继出，宋杨德政致民和。"④可见他对东昌府各属之旧志、典故的熟悉。因此，王汝训在编修府志上更能尽心尽力，比由他人主持编修方志更为妥帖。

此外，列入"同修"之目的右给事中逯中立、通判张鲤亦为级别较高的官员。逯中立，字与权，聊城人，为万历十七年（1589）进士，由行人擢吏科给事中，遇事敢言。后升任兵科右给事中，以直言触万历皇帝之怒，十九年（1591）被贬为陕西按察司知事。逯中立引疾归，家居二

① （清）王俊修，李森纂：《（乾隆）临清州志》卷1《旧序》，题"嘉靖临清州志后序"，乾隆十四年（1749）刻本。

② （清）张廷玉等：《明史》卷235，中华书局1974年版。

③ （清）张廷玉等：《明史》卷235，中华书局1974年版。

④ （清）祖植桐修，赵昶纂：《（康熙）朝城县志》卷9，康熙十二年（1673）刻本。

十年卒。张鲤亦为聊城人，由恩贡万历四年（1576）任三河县主簿，后升玉田县县丞，转任知县。[①] 他们或赋闲家居，或任职地方，均有心修志，故能实心任事，保证了《（万历）东昌府志》的纂修质量。

（四）务求精美的刊刻保障机制

聊城不少方志之刊刻颇为精美。如《（万历）东昌府志》字体工整，刷印清晰，既与王命爵、李士登等方志主修者确定的较高刊刻标准有关，也与有效的刊刻保障机制密不可分。《（万历）东昌府志》的刊刻质量在明修方志中居于上乘。如《（嘉靖）山东通志》虽为一省之志，尚不如《（万历）东昌府志》字体之精美、版式之舒朗。《东昌府志》的刊刻保障机制较为完善。一是筹集经费。《（万历）东昌府志》的纂修经费主要来自地方长官资助，李士登《东昌府志跋》称，为修志而"捐俸捐薪"。胡瑾《博平县志序》称，在县志修成之后，"乃遂捐俸命工以刻之"[②]。李森《临清直隶州志序》称："王公出俸金三百缗，付剞劂，期年而刊成。"[③] 均属此类。地方长官的支持，为方志的刊刻提供了有力保障。二是刊刻管理。为保证刊刻质量，聊城方志往往设有"督工""监刻"等，专门负责方志的刊刻环节。如《（万历）东昌府志》所设之"督工"由聊城县县丞彭应弼担任，《（康熙）阳谷县志》所设之"监刻"由阳谷县典史俞尧年、荆门驿驿丞周遥、荆门闸闸官李京、阿城闸闸官王以清、七级闸闸官范良相担任，《（康熙）朝城县志》所设之"督梓"由典史吴士斌担任，均做到了方志刊刻的专人管理。

三是延请刻工。为保证刊刻质量，要求较高的方志往往延请高水平刻工刊刻书板。《（万历）东昌府志》的刻工即为专门聘请。如《（万历）东昌府志》卷一第一页版心下刻"裴沙一百四十五"，卷二第一页版心下刻"裴沙三百二十八"，卷三第五页版心下刻"裴国秋"，卷三第十一页版心下刻"裴汀"，卷二第十六页版心下刻"吴三百七十"，卷二第五页

---

① （清）陈伯嘉纂修：《（康熙）三河县志》卷上，康熙十二年（1673）修康熙钞本。

② （明）胡瑾《博平县志序》，载（明）胡瑾修，葛茂、邓恭纂《（正德）博平县志》卷首，正德十二年（1517）刻本。

③ （清）张度、邓希曾修，朱锺纂：《（乾隆）临清直隶州志》卷首《旧序》，乾隆五十年（1785）刻本。

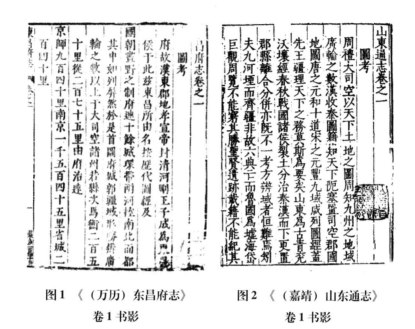

图1　《（万历）东昌府志》　　　图2　《（嘉靖）山东通志》
　　　　　卷1书影　　　　　　　　　　　卷1书影

版心下刻"泗二百□四"，卷二第十九页版心下刻"邢三百三十八"，等等，均为刻工为计算工值而刻。其中裴沙除参与刊刻《（万历）东昌府志》，还刊刻了《廉平录》五卷（万历十六年谭耀刻本）、《续韦斋易虚裁》八卷（万历四十二年沈藩重刊本），而"吴"或即裴吴，曾刻《类隽》三十卷（万历六年汪珙刻本）。可见，《东昌府志》之刻工多为经验丰富、技艺高超的刻书良工，有效保障了《（万历）东昌府志》的刊刻质量。如比较《（万历）东昌府志》与《（嘉靖）山东通志》书影，可以看出在板式疏密、字体工拙、刊刻精粗方面，《（万历）东昌府志》均胜《（嘉靖）山东通志》一筹，由此亦可见《（万历）东昌府志》对方志刊刻环节的重视。

四　聊城方志的主要内容

聊城方志数量较多，文献资料丰富，全面记述了聊城数百年自然历史与经济社会各方面情况，是重要的区域历史文化研究基础文献资料。

（一）聊城方志对城池衙署等建筑的记述

聊城方志大多设有建置志，对府、州、县衙署等记述颇为详悉。其中《（万历）东昌府志》卷1《图考》、卷2《地理志》、卷3《建置志》对东昌府的历史沿革、自然风貌与城垣建置均有重要记述。如明代万历中东昌府城之建筑格局，在《（万历）东昌府志》卷1《图考》之《府城图》中有直观的表现。

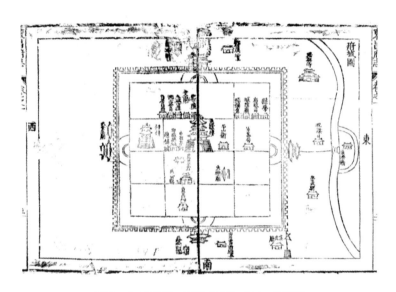

图3 《（万历）东昌府志》卷1《图考》

据图3，可以直观了解明万历中东昌府城之规制。一是府城街道呈三纵三横棋盘式格局，且各条道路分布均匀，道路之规划与修造当有统一的设计。二是府城各衙署机构多位于城北。如光岳楼以东依次为平山卫、军需局，以西为聊城县衙；东北为县学、布政司、城隍庙、预备仓，西北为察院、文庙、按察司和东昌府衙。三是运河位于府城东侧，运河之上有通济闸，上有通济桥，方便商贾百姓东西往来；通济桥之东有月河，以便疏浚河道时船只通行；通济桥北有隆兴寺，在运河西侧；通济桥西为税课局，以征收来往赋税；通济桥以南有崇武驿，以管理南北水陆交通。此图中之光岳楼、隆兴寺铁塔及运河尚存，但图中不少建筑，如火神庙、军需局等今已倾圮，其明代之规制及风貌尚可据此图略窥端倪。

此外，《（万历）东昌府志》对聊城旧有山川名目的记述，对于了解聊城自然历史颇有价值。如其卷2《山川》记述"平山""茌山"称：

> 平山，在府城中，平山卫以此得名。博平县西二十五里亦有平山，今俱无迹。
> 茌山，在茌平县内，土赤，横亘五百余步。相传金元间凿土筑城，山平。

前述东昌府城内光岳楼东有平山卫，即因府城中之平山得名。平山卫设于洪武四年（1371），并屯兵驻守。顾祖禹《读史方舆纪要》卷19称："城中有二阜，谓之平山，明初建卫于此，因名。"① 而对于茌山的记述，亦为今聊城市茌平区之得名提供了有价值的信息。平山、茌山至明万历中已经消失无迹，尚可据此志得其梗概。

聊城方志不仅记述城垣基本情况，而且记述了与之相关的历史背景。如在运河城镇城垣修建方面，张秋镇城垣较为集中地体现了诸多因素的综合影响。《（康熙）张秋志》卷2《建置志》称："正德辛未……蹂践其区，几陷鱼肉，土人始有修城之役……辛丑、壬寅之际，会……数深入，诸郡戒严，督河使者张公文凤乃建议修故城。"② 可见，正德辛未（六年，1511），刘六、刘七起义的侵扰为张秋修建城垣的直接原因。而万历辛丑、壬寅（二十年至二十一年，1541—1542）之际，蒙古入侵，则大大增加了修城的紧迫性。杨胤贤为安平修城所作《记》称："辛丑、壬寅之际，虏酋俺答凭聘鸷黠，数犯边圉。又深入内地，横肆劫掳。又诡诞凶骄，敢问平阳、临清路，由是中外戒严。"③ 工部主事张文凤主持重修张秋城垣，可见保障漕运成为修城的重要因素。由此不仅可以了解战乱对运河漕运的影响，同时也体现出包括河务官员在内的地方官员对运河城镇城垣的重视和对修城事务的积极参与。

此外，聊城方志还对东昌府及各属重要建筑设施进行了多方面的记

---

① （清）顾祖禹：《读史方舆纪要》卷19，稿本。
② （清）林芃修，马之骦纂：《（康熙）张秋志》卷2。
③ （明）朱泰、游季勋修，包大爟纂：《（万历）兖州府志》卷17。

述。一是记述城池。如记东昌府城称："国朝洪武五年，守御指挥陈镛陶甓甃焉。周七里有奇，高三丈五尺，基厚二丈，门四，东曰'寅宾'，南曰'南薰'，西曰'纳日'，北曰'锁钥'。楼橹二十有五，环城更庐四十有七。附城为郭，郭外各为水门钓桥，横跨水上。池深二丈，阔倍之。三护城堤，延亘二十里。万历七年，知府莫与齐奉抚按檄重修。"① 保留了对明万历中东昌府城基本规制的记述。府城之城垣及护城堤今已不存，而护城河的规制亦改，据此尚可了解当时的基本情况。二是记述衙署。东昌府各衙署在方志中亦多有述及。如《（万历）东昌府志》卷3《建置志》之"公署"记述临清州相关衙署称："户部榷税分司，枕会通河西岸，内有玉音楼、阅课亭，宣德间主事刘澄建。距州治西南三里许，为工部营缮分司，弘治十一年主事刘祥建；又三里，为都水分司太仆行署，今废。"② 保留了明万历中临清州城内各衙署的重要信息。三是记述桥梁楼台。《（万历）东昌府志》中记述楼台、桥梁等颇详，今多不存，尚可据此志了解部分信息。如此志卷3《建置志》之"桥梁"记述高唐州境内之杨官屯桥、夹滩桥、囤家桥、南镇桥、郑桥等的方位，部分列出了修造时间及修造者。而"宫室"则记述了东昌府的楼观堂阁，如记堂邑县之楼阁称：

> 警宵楼 在县会通河渠北，元堂邑令张养浩建，有记。
>
> 四知堂 在县治内，元张养浩建，自题云："袖有归来赋，囊无暮夜金。"
>
> 宣化堂 在县治，元至正间，张云装建，廉访遣事李哲题。③

据此可知，张养浩在堂邑任职期间，曾建造一楼一堂，此志并记述具体方位。此外，堂邑又有宣化堂，此志亦记述宣化堂之方位、建造时间及建造者。以上三楼堂均为元代所建，用语虽简，但保留了这三座元代楼阁的重要基础信息。此外，《（万历）东昌府志》卷10《祀典志》对东昌府及各属儒家及释道等祠祀建筑亦有记述。如记述冠县境内祠庙有文庙、启

---

① （明）王命爵、李士登修，王汝训纂：《（万历）东昌府志》卷3《建置志》。
② （明）王命爵、李士登修，王汝训纂：《（万历）东昌府志》卷3《建置志》。
③ （明）王命爵、李士登修，王汝训纂：《（万历）东昌府志》卷3《建置志》。

圣祠、名宦祠、乡贤祠、城隍庙、马神庙、八蜡庙、邑厉坛、乡厉坛、冉薛公祠等。如其记述冉薛公祠称："在县北二十里王段村，祀冉仲弓，天顺二年，训导徐节建。正德八年副使王金修葺。每岁春秋仲月上庚日祭。"① 记述其本末较为详悉，对于了解冠县当地之祠祀，具有较大的价值。

山东临清位于汲卫两河交汇处，"闸坝林立，商贾辐辏，大量徽商、晋商、洞庭商帮在此经营，从事布匹、粮食、金银、丝绸、铁货、烟草、茶叶等商品的买卖"②。临清方志对临清运河衙署的记述颇为详悉。如《（康熙）临清州志》卷 1 称："户部榷税分司，在会通渠西浒。"③ 同书同卷又称："会通税课局，在中洲，明洪武己未，知县李真卿建，正统十三年改隶户部榷税分司。"④ 此条下注"今废"，则此局至清康熙初年即已不存，但据方志尚可了解其基本规制：

> 户部榷税分司署，明宣德年设，在会通河新开闸西浒，大堂三间，左为科房，其下为皂隶房，右下为巡房，堂后有轩，轩后有二堂三间。堂左下为厅，北为仓库各一。后为内宅。仪门之外，南为舍人房，后为单房，北为小税房，为船料房，为土神祠，为协理官宅。又前为正门，坊二，曰"裕国"，曰"通商"。中为坊一，曰"如水"。坊之左为税课大使署，南北为则例刊榜。前为玉音楼，毁于古。⑤ 又前为坊一，曰"以助什一"；又临河为坊一，曰"国计民生"。坊之北为官厅，后为阅货厅。河内为铁索，直达两岸，开关时则撤之。隆庆元年，榷关主事刘某呈买北邻民房五十余间拓之，有碑记。国朝乾隆十年，巡抚喀尔吉善檄知州王俊重修。⑥

此条对临清钞关的记述颇有条理，对衙署各部分之方位及职能均有涉及。据此可知，临清钞关以"仪门"为限，分为两个部分，仪门之内为

---

① （明）王命爵、李士登修，王汝训纂：《（万历）东昌府志》卷 10《祀典志》。
② 郑民德：《明清小说中运河城市临清与淮安的比较研究》，《明清小说研究》2021 年第 2 期。
③ （清）于睿明修，胡悉宁纂：《（康熙）临清州志》卷 1。
④ （清）于睿明修，胡悉宁纂：《（康熙）临清州志》卷 1。
⑤ "古"字，或当为"火"，似因字形相近而误。
⑥ （清）张度、邓希曾修，朱锺纂：《（乾隆）临清直隶州志》卷 9《关榷》。

衙署，分为前后两部分，前部分为办公区，分"大堂""二堂"两进院落，并有"科房""皂隶房""巡房"等，为具体办事差役之所。后部分为居住区，即"内宅"。仪门之外则为差役办事之所及仓库、神祠等附属设施。此外还有门前牌坊及临河之验货收税厅房。此署临河而建，既符合常规衙署之规制，亦因具体功能之要求而建设了相关屋舍。其"税课大使衙署"，《（康熙）临清州志》注称"今废"，而《（乾隆）临清直隶州志》则标其情形称："坊之左为税课大使署，南北为则例刊榜。"则此署或在经过清初之战乱废弃后，因其收税职能尚存，故此后又加以重建。

（二）聊城方志对运河水工漕务的记述

黄河、运河两岸堤工绵亘数千里，"大汛经临，修防更为吃紧，需充足人力，投身防险，奔走效劳，方不致贻误"①。东昌府为京杭大运河所经的要地，聊城方志对境内运河水工漕务进行了全面细致的记述。一是对保障运河漕运重要性的深刻认识。《（万历）东昌府志》首先肯定了运河漕运的重要性："国家都燕，仰给东南，唯是一衣带水，以供天府，而郡绾其会。"但"汶、卫合而水盛，秋至时时啮溢，往常间殚为河矣，防之何可不豫焉？"指出了保障漕运难度之大。与此相对应，此志亦指出了保漕职责之重："群职分仕经理，岁漕以数百万，春夏水涸，胶不任舟，政在治河使者。先事蓄潴疏引，守津吏以时启闭，然后郡受转漕之利。"②显示出河务官员治理河道、保障漕运的自觉意识。二是概述了东昌府境内运河开凿疏浚及管理状况。《（万历）东昌府志》记述临清之闸坝及河道称："弘治庚戌，侍郎白昂出治河，建临清东闸。正德间，都御史刘恺建南板、新二闸，以后岁遣都水司主事一员治河。嘉靖七年，主事郑允璋奏革闸务，并隶砖厂营缮司，河道改属张秋都水司。"③即存录了临清段运河闸坝修建及管理制度变化情况。三是保留了明代万历中聊城运河工程的基础信息。《（万历）东昌府志》卷14《河渠志》记述东昌府境内运河河道设施情况较为详悉，今据以绘制表格如下：

---

① 王玉朋：《清代山东运河河工经费研究》，中国社会科学出版社2021年版，第134页。
② （明）王命爵、李士登修，王汝训纂：《（万历）东昌府志》卷14《河渠志》。
③ （明）王命爵、李士登修，王汝训纂：《（万历）东昌府志》卷14《河渠志》。

表4　　　　　万历二十八年（1600）东昌府境内运河闸坝设施表

州县	浅铺数量	河闸	减水闸
聊城县	23 处	周家店闸、李海务闸、通济桥闸、永通闸	官窑闸等 5 处
博平县	6 处	—	老堤头北闸等 1 处
堂邑县	7 处	梁家乡闸、土桥闸	土城中闸等 2 处
清平县	9 处	戴家湾闸	魏家湾、李家口闸等 2 处
临清州	19 处	新开上闸、南板闸	—
夏津县①	8 处	—	—
武城县	29 处		

　　据此可以了解，在临清以南的运河会通河段，因需段段截蓄河水，避免船行浅涩，故多设河闸，仅聊城县境内即设河闸四处。其中周家店闸距离阳谷县七级下闸十二里，李海务闸距离周家店闸十二里，通济桥闸距离李海务闸二十里，永通闸距通济桥闸二十五里。各闸相距在一二十里之间，设置颇密。《（万历）东昌府志》亦记述了每闸所设闸夫。以聊城县为例，周家店闸设闸夫三十人，李海务闸设闸夫三十人，通济桥闸设闸夫四十人，永通闸设闸夫十五人。这些记述对于了解明代晚期山东运河的疏浚及管理，具有较大的价值。

　　漕粮征集与运输为聊城地方官员的重要政务，聊城旧志中亦有不少相关记述。如志中列举当时征缴与漕运有关的各类税收，其记述赋役较为准确可靠。《（康熙）临清州志》卷2记述康熙十三年（1674）之前临清州与漕运有关的税负情形称：

　　　　一、漕粮兑军儹运本色正耗米七千九百五十三石二斗六升六合九撮二圭二粟六颗〇轻赍银五百九两九厘二丝四忽五微九纤〇席草银五十三两八钱三厘四毫二忽二微八纤〇盘费银三百三十九两八钱一分九毫六丝七忽六纤〇临清仓改兑本色正耗米三百七十二石二斗一升二合八勺四抄九撮九圭六粟六颗〇席草银二两六钱九分二毫七丝一微三纤〇盘费银一十六两九钱九分五毫四丝八忽三微四纤。

━━━━━━━━━━

① 夏津县、武城县，明代属东昌府管辖。

一、运军行月二粮○运军行粮本色米一百一十七石一斗五升二合六抄九撮七圭七粟七颗○府库盐钞银四十两一钱七分一厘五毫五丝一忽九微一纤。①

此段记述保存了清初康熙中山东临清与漕运有关之赋役情况，对于区域赋役及漕务研究，提供了重要的第一手资料。

（三）聊城方志对东昌府名宦人物的记述

历史上大量人物在东昌府留下了或多或少的印记。方志作为对一方历史的记述，对这些与东昌府有关的人物进行了或详或简的记述，保留了大量重要的基础材料。《（万历）东昌府志》卷6《职官志》记述东昌府辖地自汉代以来之历代职官，其记述明代东昌府知府、同知、推官、教授、训导等各职官的籍贯、功名及任职时间，信息简明连贯，对于查找相关人员资料提供了重要的线索。如明代书目著录李钰曾纂修《东昌府志》，《（万历）东昌府志》卷六《职官志》记述李钰称："直隶开州人，进士，正德八年（1513）由刑部郎中任，雅度能容，政不苛娆，调常州府。"②再据继任之知府侯宜正于正德十年（1515）就任可知，李钰纂修《东昌府志》在正德八年至十年之间。《（万历）东昌府志》卷七《选举志》逐科记述东昌府考中进士之名录，实为东昌府进士题名记，据此亦可了解东昌府科举之盛衰。如弘治庚戌科有萧渊、王景、张瀚三人，弘治癸丑科有庞璁、郑端、徐淮三人，而弘治己未科仅有耿明一人。至万历朝，东昌府考中进士人数有所增加，如万历癸未科有刘大武、杜华先、潘敦复、曹楷、江中信、岳万阶等六人，其中临清占两人；万历丙戌科有韩学信、刘大文、于天经、柳佐、方元彦、汪应泰、王都、王鳌正、谢希贤、田畴等十人，其中临清占四人。由此可见，东昌府之学风与科举在明代呈逐步兴盛之势，这与社会逐步稳定、生产逐步恢复有关，也与京杭运河贯通促进了临清等沿运城市文化发展繁荣有关。《（万历）东昌府志》卷16《名宦志》记述东昌府地域内自春秋以来有功绩于百姓之官员。特别是不少明

---

① （清）于睿明修，胡悉宁纂：《（康熙）临清州志》卷2。

② （明）王命爵、李士登修，王汝训纂：《（万历）东昌府志》卷6《职官志》。

代以来之名宦，其生平颇多初见于府志。如其记述主持建造光岳楼的陈镛之生平称："洪武初间，为平山卫指挥金事。东昌旧土城，镛始甃以砖石，树楼橹，作潜洞水门，肇建平山卫，作光岳楼，军旅之事，多所更定。在镇十有二年，军民安堵，有古良将风。"① 对于了解光岳楼之建造及明初东昌府之卫所军制，亦有较大的帮助。

治河人物对运河通塞的影响巨大。沿线居民往往为有功于百姓的治河人物修建祠庙，并加祭祀，以求其佑护。在山东沿线地域纂修的方志中，保存了大量相关记述。如对陈瑄、陈豫的祭祀即为典型一例。《（嘉靖）山东通志》卷18记"功襄侯祠"称："恭襄侯祠，在临清州西南。永乐间建，祀恭襄侯陈瑄，以疏会通河有功。"其记"黔国庄敏公祠"称："黔国庄敏公祠，在临清州东，成化七年建，祀恭襄侯孙庄敏公陈豫。"《（康熙）山东通志》卷七仍之，但文字稍有差异。其"恭襄侯"条，在"临清州"后有"治"字；其"庄敏公祠"条，建祠地点作"临清州永清门"，较《（嘉庆）山东通志》更为准确。而《（乾隆）临清直隶州志》卷五记述"庄敏公祠"更为详悉："黔国庄敏公祠，在新城永清门内迤东，祀平江侯陈豫。公三镇临清，有保障功。明成化甲寅得列秩祀，乾隆四十四年州人重修。"② 不仅在记述时段上更加拉长，而且记述了陈豫对临清之功绩。

陈豫曾在景泰中镇守临清，《（乾隆）临清直隶州志》卷10称："正统十四年秋八月，上北狩，众多议和。于谦曰：'社稷为重，君为轻。'遣人申戒各将，分守宣府、大同、天寿、昌平，命平江伯陈豫守临清。"③（明）陈循《送平江侯陈豫镇守临清》称："武烈垣垣振后先，已看三世续貂蝉。九重城闱熊罴侣，千里关河将相权。国以忠勤专付托，民依节钺遂安。东风把酒都门道，相送南行稳着鞭。"④ 据此，亦可了解陈豫奉命出京镇守临清之片段。陈豫抵达临清后，大力整治武备，抚循百姓，"也先入犯……建城堡，练兵抚民，安静不扰"⑤。对于保障临清之安宁，起到了重要的作用。

---

① （明）王命爵、李士登修，王汝训纂：《（万历）东昌府志》卷16《名宦志》。
② （清）张度、邓希曾修，朱锺纂：《（乾隆）临清直隶州志》卷5。
③ （清）张度、邓希曾修，朱锺纂：《（乾隆）临清直隶州志》卷10。
④ （明）陈循：《芳洲诗集》卷3，万历二十一年刻（1603）后印本。
⑤ （清）张度、邓希曾修，朱锺纂：《（乾隆）临清直隶州志》卷10。

（四）聊城方志对聊城民俗文化和社会生活的记述

运河是非物质文化遗产的富集区，"从中我们可以了解当时人们的生存状态、生活方式、生活习俗以及他们的思想感情、思维方式、价值取向和艺术追求"①。聊城方志保存了大量民风习俗的真实记述，是区域社会研究的重要资料。《（万历）东昌府志》卷2《地理志》之"风俗"记述了明代东昌府之风俗变迁过程颇为详悉。明初东昌府民俗质朴："有明涤垢振靡，旷然一新。当时土著少，诏徙旁郡民填实之。俗务纤啬治生，不喜为吏，有司试辄跳去。"经过明初的休养生息，至成化中，"盛修诗书之业，服食朴素，士宦归里，不张车盖"。其民风重耕读科举。至明中叶"嘉靖间，生齿滋蕃，盖藏露积，庠序之间断断如也。里党谶会，少长不均，茵席而坐"。而至隆庆之后"风恣侈靡。庶民转相仿效，器服诡不中度，游闲公子舆马相矜。盛饰好蟒之习，意气扬扬，娿鄙闾里，濒河诸城尤甚"②。东昌府经过明前期的休养生息，经济逐步恢复，受传统儒家文化之影响，读书求仕进之风渐浓。至明中期之后，运河商贸对东昌府特别是"濒河诸城"的影响逐步扩大，商业元素与奢华之风成为聊城土风民俗的新特点。

此志对东昌府各属州县之民俗记述亦颇为精当，现移录数条如下：

> 聊城县：为府治，居杂武校，服室器用竞崇鲜华，公议严于三尺，士夫逡巡自爱，百姓讼稀少。然多呰窳，寡积聚。由东关溯河而上，李海务、周家店居人陈椽其中，逐时营殖。
>
> 清平县：邑旧割博平县之灵明寨，居民才数百家，土垣茅屋，四郊平沙曼衍，俗近朴约。城以西多士族，人磊落阔达足智。
>
> 莘县：士风淳笃，男女勤于耕纺。俗严事城隍，岁时祷赛，牢具香楮相望。人有冤苦，抱牒叩庙而呼，讼较他邑甚简。
>
> 临清州：绾汶卫之交而城，齐赵间一都会也。五方商贾鸣橹转毂聚货物，坐列贩卖其中，号为冠带衣履天下。人仰机利而食，暇则置

---

① 胡梦飞：《山东运河文化遗产保护、传承与利用研究》，中国社会科学出版社2021年版，第81页。

② （明）王命爵、李士登修，王汝训纂：《（万历）东昌府志》卷2《地理志》。

酒征歌，连日夜不休。其子弟亦多椎埋剽掠，不耻作奸，故兵道弹压之。士人文藻翩翩，犹愈他郡。

　　高唐州：郡困邮传，赋役烦重，物力凋耗，百姓攻苦力穑，无声伎狗马之好。

　　邱县：士谨愿朴野，百姓务稼穑，有垂白不涉公庭者。俗尚猛悍少虑，大类燕赵气概。①

　　由以上诸条对东昌府各属民风之记述，可见士风民俗受到不同因素的影响。一是齐鲁文化的影响。司马迁《史记》称："齐人……宽缓阔达，足智好议论……地重难动摇。"②此志称清平县士族"磊落阔达足智"；司马迁《史记》称邹鲁人"好儒""俭啬"③，此志称临清州"士人文藻翩翩"，高唐州"百姓攻苦力穑，无声伎狗马之好"，均与之相合，可见传统齐鲁文化在明代万历中仍有深厚的影响。二是燕赵文化的影响。东昌府北邻燕赵，亦受慷慨劲健的燕赵文化之影响。此志称临清州"其子弟亦多椎埋剽掠，不耻作奸"，称邱县"俗尚猛悍少虑，大类燕赵气概"，均有燕赵豪侠敢斗之气。三是农耕文化的影响。此志称莘县"士风淳笃，男女勤于耕纴"，称邱县"士谨愿朴野，百姓务稼穑"，均显示出以农为本、耕织为业的生活方式及相应产生的淳笃、谨愿等性格特点。四是运河文化的影响。此志称聊城县"服室器用竞崇鲜华"，称临清州"五方商贾鸣櫂转毂聚货物，坐列贩卖其中"，而"人仰机利而食，暇则置酒征歌，连日夜不休"，均显示了运河商贸繁荣及鲜明的商业文化色彩。

（五）聊城方志对百姓田赋差役的记述

　　明代百姓除缴纳田赋外，还需服差役。《（万历）东昌府志》对东昌府各属百姓负担田赋及差役情况的记述颇为详细完备。其赋役标准当采自官方文书，对于了解明代后期东昌府百姓赋役数量及类型，提供了重要的第一手资料。《（万历）东昌府志》卷11《田赋志》称："赋额夏税、丝

---

① （明）王命爵、李士登修，王汝训纂：《（万历）东昌府志》卷2《地理志》。
② （汉）司马迁：《史记》卷129《货殖列传》，中华书局1959年版。
③ （汉）司马迁：《史记》卷129《货殖列传》。

绢、秋粮、马草、盐钞,而土贡、马额、盐课、子粒附焉。"①此志记述万历中东昌府共有官民田地十六万零九百余顷,夏税小麦九万五千九百余石,秋粮粟米二十二万三千余石。此外,马草折银,马额折银,盐引及土贡种类及数目、府税课司课程等,均有详细记述。其中对部分类目,并进行了较为详细的说明。如其称官盐销售:"府境官盐通行,地多斥卤,小民岁煮糊口,不胜私捕之禁。按月征钱,不足克扣摊派。有司捏名报捕获起数,行盐使者入境按比,越宿去。"其称税收:"课程无定额,临清榷税自宣德四年始,成化间罢。弘治四年复设,岁遣户部主事莅之,督收船料商税,大约岁五万金,钞不盈百贯者名曰小税,掌于税课局官,分季解京。后增至八万两。至万历己亥,两中官分出境内,时事亦难言矣。"②

除记述东昌府田赋外,《(万历)东昌府志》亦对差役情况进行了详细记述。其卷12《户役志》保留了东昌府户口增长的基础数据。今据以编制东昌府人口增长表及万历二十八年(1600)东昌府各属人口表如下:

表5   东昌府人口增长表

年号	洪武二十四年 (1391)	天 顺 (1457—1464)	正 德 (1506—1521)	隆 庆 (1567—1572)	万历二十八年 (1600)
户数	2270	54239	65774	65774	288235
口数	24134	424494	579540	579540	662473

表6   万历二十八年(1600)东昌府沿运各州县人口及差役一览表

	户数	口数	银差银	力差银	里甲银
东昌府	288235	662473	38951	—	49818
聊城县	14559	34694	2261	3344	4418
堂邑县	20501	42023	3343	3338	2477
博平县	10897	32331	2721		1309
茌平县	11247	35798	3949	—	1053
临清州	30823	66743	6611	5610	4514
馆陶县	21850	66497	4474	1979	1989
恩 县	22417	42667	3785	2108	5595

---

① (明)王命爵、李士登修,王汝训纂:《(万历)东昌府志》卷11《田赋志》。
② (明)王命爵、李士登修,王汝训纂:《(万历)东昌府志》卷11《田赋志》。

由上表可见，因元末明初之战乱，东昌府之人口损耗颇多，仅有 2 万余人。经过洪武、永乐朝多次迁移人口，东昌府人口快速增长，经过五六十年的休养生息，至天顺中即增至 42 万余人，此后至明代后期之万历朝，增至 66 万余人。以万历二十八年（1600）为时限，从沿运各州县人口来看，临清州作为滨河重要商业城市，其人口最多，接近 7 万人，而一般县则仅有 3 万至 4 万人左右。如加上客居临清经商的外地人，临清之人口数量则更为巨大。根据东昌府各属之人口数，银差、力差、里甲等银额，可大致匡算出普通百姓之赋税劳役负担，对于明代社会研究，亦具有重要的意义和价值。

（六）聊城方志对地域诗文的选录与保存

聊城方志中收录了大量诗文，对聊城民生、民风、民俗有生动细致的记述，是研究聊城历史文化的重要原始文献，也是对时代精神和相关作家志趣爱好的直观展现。一是记述官员之德政。如元明善所撰《堂邑令张养浩去思碑》记述张养浩在堂邑之治绩称："下车恪勤厥职，除一弊若堤水而扑火。""取太尉震之言，榜其堂曰'四知'，曰：'人不闻于教而务寻鞭挞，是虐之也。老者使笃伦理，幼者、壮者登之于学而教之，敢有弗率，罚之无宥。'"① 保留了张养浩施政治民有价值的片段。二是记述名胜古迹之风貌。《（万历）东昌府志》卷 3《建置志》记堂邑县之警宵楼，仅简单记述称："在县会通河渠北，元堂邑令张养浩建，有记。"②《（万历）东昌府志》之《艺文志》收录张养浩自作之《警宵楼记》称："兹镇介二漕渠，曰临清，曰会通，实朔南转输襟喉"，遂"胥地会通渠北，为楼两楹，二阿广丈崇倍。今集贤大学士张孔孙扁其额，曰'警宵'"。③ 对建造警宵楼的缘起及警宵楼的规制亦作了精要的记述。三是记述治河等重大工程。《（万历）东昌府志》中不少记文为重大工程完工后，相关官员为文以记述其本末。如此志卷 20《艺文志》著录《武功伯徐有贞奉敕修河道碑》，记述徐有贞景泰中奉命治理张秋沙湾决河，经五百余日，终于治河完工之情况，其记述治河所用物料及治河方略颇为详悉。而此志所

---

① （明）王命爵、李士登修，王汝训纂：《（万历）东昌府志》卷 20《艺文志》。
② （明）王命爵、李士登修，王汝训纂：《（万历）东昌府志》卷 3《建置志》。
③ （明）王命爵、李士登修，王汝训纂：《（万历）东昌府志》卷 20《艺文志》。

录徐溥所作《会通东大闸记》记述临清修闸以便漕运之情形称："檄东昌知府赵琮、临清知州张矕出公钱，为财用、人力之费，而委推官戴澄专共事。若工部郎中吴公珍、主事陈公玉、按察司副使阎公仲宇皆分司其地，实总督之。经始于庚戌三月，至六月而工毕。"此闸距离旧闸约有百丈，"崇广长阔悉如规制，其深则与河等。于是水势既平，舟行上下，如乘安流，公私便之"①。

此外，聊城方志中亦保存了不少诗歌作品。一方面，详细真实地记述了诗人的生活。如《（万历）东昌府志》卷21《艺文志》所收李攀龙《送东郡谢茂秦》，评价谢榛称："孝宗以来多大雅，布衣往往称作者。谢家玉树操郢音，其音弥高和弥寡。"并称赞其诗："文章千载一知己，交结何须钟子期？此物有神兼有分，富贵浮云不与之。"② 保留了明代前七子中李攀龙与临清著名诗人谢榛交往的真实记录。另一方面，生动记述了明代东昌府的风貌。如敖山《题光岳楼》：

> 一上高楼思迥然，薰风弦管列群仙。挥毫此日诗三百，竿目中原地九千。
>
> 王气东南归紫极，神功西北补苍乾。凭虚更觉沧溟近，山驾灵鳌亿万年。③

其描写登上光岳楼之后登高望远、襟怀开阔、逸兴遄飞的景象，表现出光岳楼的巍峨宏伟，亦颇为生动传神。

五　聊城方志的现实意义

聊城方志时间跨度大，具有很高的文献价值，对区域社会研究具有较大意义。

一方面，从保存文献、研究聊城丰富久远的历史方面，方志具有较高

---

① （明）王命爵、李士登修，王汝训纂：《（万历）东昌府志》卷20《艺文志》。
② （明）王命爵、李士登修，王汝训纂：《（万历）东昌府志》卷21《艺文志》。
③ （明）王命爵、李士登修，王汝训纂：《（万历）东昌府志》卷21《艺文志》。

的意义和价值。历史研究离不开基础材料的支撑。聊城历代纂修的府州县志中，不少文献资料采自当时东昌府所藏之基础档案资料，保留了明代聊城经济社会的基础数据。如《（万历）东昌府志》卷11《田赋志》记述东昌府之土贡称："狐狸皮一百八十四张，麀皮一十七张，药物防风、细辛、杏仁、蜂蜜、阿胶、通草、蒺藜米、白桑皮、黄芩、荆芥、三棱、泽泻、桔梗、连翘、知母、苍术。"其中聊城县之土贡为"狐狸皮一十七张"①。对研究明代东昌府百姓赋税类型及负担轻重，具有较大的价值。再比如为维持驿传之畅通，在东昌府境内设置不少驿站。《（万历）东昌府志》对各驿站之人员、费用记述亦颇详悉，其卷15《驿传志》记述"临清渡口水驿"各人员称："库子五名，每名银四十六两，该二百三十两，冠县编；馆夫三名，每名银九两，该银二十七两，夏津县编；水夫二百八十名，每名银十两，该银二千八百两，本府所属编；过关支应银四百两，邱县、冠县、朝城县编。"② 据此可以了解明代驿站人员构成、薪水标准及费用出处。这些资料，往往仅存于方志之中，在相关历史文化研究中，具有较大的价值，值得进行深入的挖掘和充分的利用。

另一方面，科学把握聊城方志与区域经济社会发展的结合点，可以充分发挥方志在区域传统文化保护与传承中的独特作用。

（一）有利于科学保护重要历史遗迹

充分利用方志相关记述，积极开展田野调查，可以更加深入充分地了解域内各类文物的历史和价值，并进行科学有效的保护。如《（万历）东昌府志》卷16《古迹志》记述"摄城"称："在县西二十里。《左传》云：'聊摄以东。'京相璠曰：'聊城县东北有故摄城，即此。'"③ 保留了关于聊城得名地摄城的重要记述。据方志所记，可以进行相关考察，明确摄城位置。同卷记"马陵"称："在旧城北三十里，即春秋成公十年会盟于马陵，又孙膑伏弩射庞涓处。至今回堤盘互，行者迷道。"④ 为了解明

---

① （明）王命爵、李士登修，王汝训纂：《（万历）东昌府志》卷11《田赋志》。
② （明）王命爵、李士登修，王汝训纂：《（万历）东昌府志》卷15《驿传志》。
③ （晋）杜预：《春秋左传集解》"昭公二十年"，上海人民出版社1977年版。
④ （明）王命爵、李士登修，王汝训纂：《（万历）东昌府志》卷16《古迹志》。

代马陵道的情况，提供了有价值的记述。这些古迹今虽不存，但是在方志中尚有记述，亦为相关保护与研究提供了有价值的线索。将《（万历）东昌府志》的相关记述与实地田野调查和考古活动结合起来，可以有效保护聊城旧有历史遗迹，对聊城历史文化研究，具有较大的意义和价值。

（二）有利于积极弘扬优秀传统文化

利用方志文献，充分挖掘聊城传统文化中的积极、健康元素，更好地传承非物质文化遗产，可以进一步丰富时代精神，促进社会主义精神文明建设。大运河文化是聊城重要的文化特色，《大运河文化保护传承利用规划纲要》指出："挖掘京津、燕赵、齐鲁、中原、淮扬、吴越等大运河沿岸地域文化特征，推动分类集中、功能衔接、融合发展，布局六大文化高地，构筑大运河实体与地域文化伴生共荣的集中展示空间。"聊城地处冀、鲁、豫三省交界处，历来受到燕赵、齐鲁和中原文化的影响，在大运河文化带建设中处于各文化区交叉重叠地带。借助聊城大运河文化资源优势，可以有效加快大运河文化带建设。运河商贸的兴盛，促进了运河文化的繁荣与发展。如临清作为重要的运河城市，以繁荣的运河经济为根基，其文化亦呈现出加快发展的态势，并向教育等领域延伸。《（万历）东昌府志》记述临清"清源书院"称："在州治西南，嘉靖癸巳，兵备副使改镇守府建。副使张邦教题其堂曰'志伊学颜'。左右为斋，后为濂洛关闽祠。前为重门，门之左右曰'正谊''明道'二坊。"① 此外，聊城方志亦保留了大量特色鲜明的地域文化资料。《（万历）东昌府志》卷19《人物志》记述了明后期之前东昌府范围内的乡贤名士的重要基础信息。如聊城七贤堂中明代大儒穆孔晖，此志之《人物志》完整细致记述其生平，并录其观点："鉴照妍媸，而妍媸不着于鉴。心应事物，而事物不染于心。自去自来，随应随寂，如鸟过空，空体弗碍。"② 穆孔晖受到王阳明心学的深刻影响，是北方有影响的大儒。《（万历）东昌府志》中关于穆孔晖的记述，对于广大市民更好地了解传统儒学、融入传统文化，亦具有积极的意义。

---

① （明）王命爵、李士登修，王汝训纂：《（万历）东昌府志》卷9《学校志》。
② （明）王命爵、李士登修，王汝训纂：《（万历）东昌府志》卷19《人物志》。

（三）有利于有序开发丰富的历史文化资源

利用方志文献，找准地域文化建设切入点，实现传统文化与现代商业模式的有机结合，让丰富的地域文化资源活起来，更好地融入文化旅游开发之中，对于加快实现区域经济社会又好又快发展，具有特殊的意义。《（万历）东昌府志》中对聊城手工技艺的记述，对于保护和开发聊城非物质文化遗产，具有较大的价值。如其卷2《地理志》记述聊城出产木棉："高唐、夏津、恩县、范县宜木棉，江淮贾客列肆赍收，居人以此致富。"同卷又记述东昌府纺织业的发展称，东昌府"地寒土疏浅，独宜畜牧，毡罽之利，什居六七。阖境桑麻，男女纺绩以给朝夕。三家之市，人挟一布一缣，易担石之粟"。而临清纺织业更加发达，水平也更高："临清工组帕幔，备极绮丽，转鬻他方。濒河村聚，织薄纬萧为生。"① 较为完整地记述了明代晚期东昌府的纺织业类型，特别是记述了临清纺织业发达、织品精美、畅销外地的情形颇有价值。《初刻拍案惊奇》卷12《陶家翁大雨留宾　蒋震卿片言得妇》记明代成化中，浙江余姚书生蒋震卿途中偶遇两个女子，"一个头扎临清帕，身穿青绸衫，且是生得美丽"②。由此可见，临清手帕在明代即已远销浙江一带。因为临清帕幔"备极绮丽"，且濒临运河，交通便利，因此得以在沿运地域广泛销售，成为年轻女子喜欢佩戴、工艺辨识度颇高的高档织品。此外，《（万历）东昌府志》中保存了大量对聊城文化古迹的记述，也有利于丰富聊城资源的保护与开发。如许成名《光岳楼怀古》诗称："落木飘鸿万里秋，壮心衰发强登楼。仲连有道尊周室，巢父无踪访帝邱。天地海桑千古变，青齐勋业几人收。即看大厦须梁栋，雄跨东南数百州。"③ 屠隆《光岳楼诗》："高楼崔巍切太虚，大荒东去独踟蹰。凭陵白日离窗合，陡插中天绣柱孤。万里风尘连海岱，千家烟火接淮徐。闲呼浊酒供长啸，一带微茫见舳舻。"④ 对登上光岳楼所见所感作了细致的记述，同时亦颇朗朗上口。屠隆等人为明代著名的学者和诗人。利用聊城中名人诗文，加大宣传和包装，对于增加地域名胜古迹的知名度和美誉度，亦有较大的促进作用。

---

① （明）王命爵、李士登修，王汝训纂：《（万历）东昌府志》卷2《地理志》。

② （明）凌濛初：《初刻拍案惊奇》卷12《陶家翁大雨留宾　蒋震卿片言得妇》，崇祯中尚友堂刻本。

③ （明）王命爵、李士登修，王汝训纂：《（万历）东昌府志》卷21《艺文志》。

④ （明）王命爵、李士登修，王汝训纂：《（万历）东昌府志》卷21《艺文志》。

东昌府

一 《（万历）东昌府志》

《（万历）东昌府志》，二十二卷，王命爵、李士登修，王汝训纂，万历二十八年（1600）刻本。分图考、地理志、建置志、帝迹志、封爵志、职官志、选举志、学校志、祀典志、田赋志、户役志、兵戎志、河渠志、驿传志、古迹志、灾祥志、名宦志、人物志、艺文志、别志等二十门，约四十万字。

此志为存世最早的《东昌府志》，保存了大量明代风俗、物产、经济等方面的资料，如记本地农民多以植棉为业，"居人以此致富"，市镇居民因运河商贸繁荣，民习多奢，显示出世风民俗之变迁。其田赋、户役二门详列所属州县田赋差徭数字，并对已实行的"一条鞭法"之利弊进行了辨析，具有较大的价值。

《（万历）东昌府志序》[①]

杨光训

《汉书》东郡[②]隶县二十二，为户无虑四十万，口百六十五万九千有

---

① 此《序》载《（万历）东昌府志》卷首。

② "东郡"，我国古政区名。司马迁《史记·秦始皇本纪》："五年，将军骜攻魏，定酸枣、燕、虚、长平、雍丘、山阳城，皆拔之，取二十城，初置东郡。"其范围包括今河南省东北部、山东省西部，治濮阳。汉因之，辖二十二县，仍治濮阳，属兖州刺史部。

奇。勿论开置诸侯王国不得齿，即内史部冯翊、扶风①而较，户口犹称缩焉，东郡于古称雄剧哉！我明改建东昌②，隶州邑十又八，盖郡在赵、魏、齐、鲁之交，代相分割，今不能仍汉半。屈指州邑，广轮若削汉十二，而人民户口视昔有加。迫近上都，亦犹在粟米内也。《志》称郡俗尚精急而高气势③，子路④、夏育⑤刚武不屈，民慕以成习。又云农桑务本，户口殷富，家知礼逊，人多读书，固矣，而奢汰则有之。冰纨纯丽之物，果蓏嬴蚌之产，时亦不乏。而嫁娶送死事过度无经，弹弦跕躧，六博鼓饮。⑥ 其在万货之聚，若依神橐。然操持作具，以相诳惑而靡金钱，岂其于先不兢，则风流世变之为尔。此自昔一切之为东郡也。

迩年昊天不吊⑦，旱暵水潦相因仍，舄卤淳卤弥望如赭，蔡蔡穛棘之类漂发无一焉。而乃析骸易子、人膳人羞⑧、以延沟壑旦夕之命者，在所而是也，民困久矣。金堤不戒，时溃厥防；衔舻之粟，蔽河而浮，尽属子

---

① "内史部冯翊、扶风"，我国古政区名。班固《汉书·地理志》："内史，周官，秦因之，掌治京师。"内史不但为管辖京师的职官，亦为秦代和西汉早期京城附近的行政区划。颜师古称："京师，天子所都……秦并天下，改立郡县，而京畿所充特号内史，言其在内，以别于诸郡守也。"西汉前期，内史划分为左、右内史。至武帝时，右内史更名为京兆尹，左内史更名为左冯翊。"扶风"，政区名，与京兆尹、左冯翊合称"三辅"。

② "改建东昌"，汉宣帝刘洵封清河王刚之子成于聊城，为东昌者见侯，即东昌得名之始。至元十三年（1276），元世祖忽必烈改州为路，原博州易名东昌路。洪武元年（1368），设东昌府，属山东布政使司。

③ "俗尚精急而高气势"，班固《汉书·地理志》："邯郸北通燕、涿，南有郑、卫、漳、河之间一都会也。其土广俗杂，大率精急，高气势，轻为奸。"

④ "子路"，即仲由。仲由（前542－前480），字子路，又字季路，鲁国卞人，孔门十哲之一。仲由性情刚直，好勇尚武。后任卫国大夫孔悝之蒲邑宰。鲁哀公十五年（前480），卫国内乱，子路冒死救援孔悝，在混战中被蒯聩击杀。

⑤ "夏育"，周朝时著名勇士，卫人。司马迁《史记·范雎蔡泽列传》："乌获、任鄙之力焉而死，成荆、孟贲、王庆忌、夏育之勇焉而死。"裴骃《集解》引《汉书音义》称："或云夏育，卫人，力举千钧。"

⑥ "弹弦跕躧，六博鼓饮"，班固《汉书·地理志》："赵、中山地薄人众，犹有沙丘纣淫乱余民。丈夫相聚游戏，悲歌忼慨，起则椎剽掘冢，作奸巧，多弄物，为倡优。女子弹弦跕躧，游媚富贵，遍诸侯之后宫。"

⑦ "昊天不吊"，指苍天不怜悯保佑。《诗经·小雅·节南山》："不吊昊天，不宜空我师。"

⑧ "羞"，同"馐"，精美的食品。

人疲儳以奉漕，犹不给，而阉尹①头箕②之役寻复继之。清源首难，一二妄贩夫以身试钺，白日鬼趋，几同罗刹，亦甚岌岌已③。且又闻昔岁冈隶辈睥睨纪纲，意欲甘心髡守，赖天之灵，咄嗟就获，则频年一切之为东郡也。

　　余行部④郡城，嗟嗟曰畴其以覆东昌，畴其以兴东昌，盖三叹而有感于昔人之为吏也。韩延寿守东郡⑤时，承上恩泽，崇礼尊谏，表孝弟而置正长，其所为奢靡饮博之俗计未萌芽，其始有则必胜转移之。礼让气谊，劝农力本，人则其上焉。于时大司农非调奉上精意，缘河所灌郡而调均钱谷，大发河南以东漕船若干具，徙民居丘陵。今郡间岁一为鱼而诏不发，将如何？于时东郡草被烧，而上为悼慨，下淇园之竹以为揵，而几成功。诸凡治河者著外繇以六月计。今郡土赭矣，而征草如故。无食而枵腹以供漕者踵相接，头首相骈以枕死也，又何言？繇而诏不发，将如何？此无乃向者汲仁⑥、郭昌之所羞乎？至于妄贩夫冈隶人小不逞而假，值明汉时，则又翟汝南、耿巨鹿所不足平，而无烦张皇愕错，撼马椊而仆仆符传为也。赫赫阉尹于焉听命于深宫，而无所短长。其启事小臣之舌徒敝矣，无所动天矣。余有愧于

---

　　① "阉尹"，指管领太监之官。《吕氏春秋·仲冬》："是月也，命阉尹，申宫令，审门闾，谨房室，必重闭。"高诱注称："阉，宫官；尹，正也。"《后汉书·郑玄传》："遇阉尹擅势，坐党禁锢十有四年。"

　　② "头箕"，即"科头箕裾"，意为不戴帽子，席地而坐，形容不拘礼法。

　　③ "清源首难，一二妄贩夫以身试钺，白日鬼趋，几同罗刹，亦甚岌岌已"，指万历中临清百姓反对税监的斗争。天津税监马堂兼任临清税监，在临清招雇流氓恶棍数百人，以征税为名，搜刮民脂民膏，草菅人命，致使临清大半工商业者家破人亡。万历二十七年（1599），临清州民万余人反抗征税，被官府射杀两人，激起暴动，杀死马堂爪牙三十七人。抗税斗争失败后，王朝佐为保护暴动州民挺身而出，自认为抗税首领，从容就义。临清百姓为他建祠立碑纪念。

　　④ "行部"，巡行所属部域，考核政绩。班固《汉书·朱博传》："吏民欲言二千石墨绥长吏者，使者行部还，诣治所。"

　　⑤ "韩延寿守东郡"，韩延寿（？—前57），字长公，西汉名臣，因遭御史大夫萧望之弹劾，称其在东郡时散放官钱千余万，又治饰兵车，僭上不道，于五凤元年（前57）被处死刑。班固《汉书·韩延寿传》："数年，徙为东郡太守……延寿为吏，上礼义，好古教化，所至必聘其贤士，以礼待用，广谋议，纳谏争；举行丧让财，表孝弟有行；修治学官，春秋乡射，陈钟鼓管弦，盛升降揖让，及都试讲武，设斧钺旌旗，习射御之事，治城郭，收赋租，先明布告其日，以期会为大事，吏民敬畏趋乡之。又置正、五长，相率以孝弟，不得舍奸人。闾里仟佰有非常，吏辄闻知，奸人莫敢入界……在东郡三岁，令行禁止，断狱大减，为天下最。"

　　⑥ 汲仁，西汉濮阳人，武帝时为九卿。元封二年（前109），河决瓠子二十余岁，梁楚之地连年饥荒，遂奉命与郭昌发卒数万人塞瓠子决河，自后梁楚之地无水灾之害。

郡汲长孺①实多也，而徒哆口援古人勤勤恳恳无已者，抑有意于数百提封之东郡，欲复四十万、百六十万户口，畴曩之故，而几观蕃庶阜殷之成绩乎？则所以为诸有位及我不腆之躬，镜㦄亦美疢药石尔矣。

中丞王先生②，千载人也，所为郡志类《汉书》，余故弁而多出汉事商焉。其或藉之千载，则青云之士之所籁获附声施于后世也。郡守李君③任昔所无杀青，而方競競汉治甚，余亦借君以后世矣。

万历庚子岁中元日，赐进士第文林郎山东道监察御史奉命巡按山东关中杨光训汝若甫④书。

二 《（乾隆）东昌府志》

《（乾隆）东昌府志》，五十卷首一卷，胡德琳等修，周永年等纂，乾隆四十二年（1777）刻本。此志卷前有完颜赫绅泰、胡德琳《序》，约一百万字。

此志分总纪、地域、山水、户赋、建置、古迹、经籍、金石、封建、职官、选举、宦迹、列传、遗文、遗诗、杂缀等十六门、七十目。首以总纪为经，上溯两周，下至本朝，凡历代本地人事，皆赅要备载。地域

---

① "汲长孺"，即汲黯。汲黯（？—前112），字长孺，濮阳人，汲仁之兄。汉景帝时任太子洗马。汉武帝时初为谒者，后任东海太守，升主爵都尉，位列九卿。汲黯为人耿直，好直谏廷诤，被汉武帝称为社稷之臣。后以小罪免官，居田园数年，召拜淮阳太守，卒于任上。

② "中丞王先生"，即王汝训。王汝训（1551—1610），字古师，号泓阳，聊城人。隆庆五年（1571）进士。万历初任刑部主事，改兵部，累官至光禄寺少卿，因忤大学士王锡爵，谪任南京。万历二十二年（1594）迁右副都御史，巡抚浙江，因与巡按御史彭应参力锄豪右，革职家居十五年。三十七年（1609）以工部右侍郎署部事，"在部岁余，力清夙弊。中官请乞，辄执奏不予，节冗费数万"。后卒于任，赠工部尚书，谥恭介。

③ "郡守李君"，即李士登。《（嘉庆）东昌府志》卷15："李士登，洛阳进士，万历二十六年任，继命爵修成郡志。"

④ "杨光训汝若甫"，杨光训，字汝若，陕西渭南人。《（光绪）新续渭南县志》卷8《人物志》"乡贤"："杨光训字汝若，万历丙戌进士，授南充令。下车，即询利病兴废之，后任阆中，兴学赈荒不扰民间，爱书不烦胥吏，累雪冤诬，称神君焉。擢山东道御史，督课两淮，盐政一清。发刘世延诈冒罪之时，三殿灾，上书极陈时政阙失，言多批逆。寻改巡漕，奏河漕归并一臣，劾田中秘虚妄、鲁少监遣查之罪。东省税使马堂以峻刻激乱清源，光训单骑往谕，罪首事者，一方安堵。疏罢矿税，备陈蠹国之害。已而长陵明楼灾，再上修省实政，言更剀切。仕至顺天府丞。光训生平直谅，多大节，与人交，以道义相终始，事伯父母如其出。"

详记地理沿革与风俗物产，山水详志漕渠川泽，文献著述收入经籍，历代金石碑目别立金石，皆详其出处，注其序跋。此外，职官、宦迹、人物、选举等门亦多考明事迹，续补增佚。此志纲目井然，内容详核，《续修四库全书提要》称其"体制既备，叙述亦详，诚地志中之佳构"。

《（乾隆）东昌府志序》[①]

完颜赫绅泰

昔先君子守武定[②]，十余年间，政成事举，而糜岁月殚心力者，尤在郡志一书。盖武定自本朝雍正间始置，郡各属邑乘大半修于前明，散佚漫灭，多不可读，故当时加意修葺，既久且勤。常命赫绅泰[③]曰："修志一大难事，升降之际，尤非草草。夫志所以备史之不逮，非独遗文遗事足供操觚家之采撷而已。即制度兴废以及忠孝、节烈之大，无时不有。若非当局者随所闻见，表而出之，不独湮没无传，即何以正人心而望风俗之厚乎？"赫绅泰谨佩而志之。然窃念士大夫抱是心者不必习其事，习其事矣，而又不必有其权。以是故有所作，而成之不易也。

今上甲午，余以部曹从舒文襄公[④]治兵临清，即军中蒙授东郡。时方

---

　①　此《序》载《（乾隆）东昌府志》卷首。

　②　"先君子守武定"，"先君子"即完颜赫绅泰之父赫达色。赫达色，字素庵，满洲镶蓝旗人。雍正七年（1729）补放骁骑参领、镶黄头甲喇（清代满族以血缘和地缘为单位的社会组织形式，三百人为一牛录，五牛录为一甲喇）。乾隆十四年（1749）知武定府。是年为武定升为府之第十五年，尚未修府志，所属州县志书亦多纂自前明。赫达色认为"不有成书，何以列眉指掌，了然于求治者之心哉！"遂于乾隆二十三年（1758）纂修府志。此志刊刻于乾隆二十四年（1759），凡三十八卷，分星土、沿革、疆域、风俗、山川、城池、学校等纲，体例完备，详略得当，开武定府修志之先河。

　③　"赫绅泰"，即完颜赫绅泰。赫绅泰，满洲镶蓝旗人，乾隆四十二年（1777）十月，由东昌府护理济东泰武道，四十三年（1778）正月离任。

　④　"舒文襄公"，即舒赫德。舒赫德（1710—1777），字伯容，号明亭，满洲正白旗人，雍正六年（1728），由笔帖式授内阁中书。十三年（1735），迁监察御史，在军机处行走。乾隆三年（1738），迁内阁侍读学士。四年（1739），擢副都御史、刑部侍郎。十三年（1748），授正黄旗汉军都统。十四年（1749），授参赞，加太子太保，参与平定大金川土司、准噶尔部与回疆贵族叛乱。二十八年（1763），任经筵讲官，兼署工部尚书、步军统领，加太子太保。三十一年（1766），署陕甘总督。三十六年（1771），擢伊犁将军、户部尚书。三十八年（1773），晋武英殿大学士，兼管刑部事务。三十九年（1774），兼翰林院掌院学士。是年，领兵镇压山东王伦起义，因功加三级，得云骑尉世职。四十一年（1776），任文渊阁领阁事。四十二年（1777）卒，谥文襄。

抚顺荒余，文事固无暇及。窃意郡志之修，不知视武定久近若何。既晤今莱州太守胡公①，以全稿畀余，则公前莅是邦，手自编纂。胡公故练习吏事，而于是书随缮随梓，更见勤敏。余受而读之，类例该备，卷帙浩繁，原原本本，举数十年名物事实、因革损益，靡不周摭。呜呼，备矣！抑当胡公载笔时，郡属领州邑凡十有四。军旅后，以控制稍远，耳目较难，因以临清直隶监司②，而武、夏、邱三邑附之，则井疆广狭已异。昔时即草窃卒发，危城不守，堂邑令陈君首先死事。③ 其下官弁士民，如吴璟、杨兆相、陈元梁、吴文秀等，或殉其官守，或激于义气，率皆遇贼不屈，视

---

① "今莱州太守胡公"，即胡德琳。胡德琳，字碧腴，一字书巢，广西临桂人，乾隆十七年（1752）进士，授四川什邡知县，补山东济阳、历城知县，擢济宁、东昌、莱州、登州知州，升济南知府、署山东粮储等职，后被罢官，执教于曹州书院。胡德琳喜以诗文会友，与李文藻等人结为知交。他为官每至一地，即搜罗当地文献，聘请地方文人编修方志。乾隆三十一年（1766），胡德琳知历城，次年即开志馆，延李文藻、周永年合纂《县志》。乾隆三十六年（1771）书成，三十八年（1773）刊行。乾隆三十五年（1770）任东昌府知府，自乾隆三十七年（1772）起纂修《东昌府志》，历时两年，数易其稿，至三十九年（1774）修成。四十年（1775）去职，四十二年（1777）复任，遂梓行《东昌府志》。胡德琳在东昌府任内，曾于乾隆三十八年（1773）修依绿园，园内建有砥斋、晚晴书屋、小玲珑洲、丽农山房、南window山房、小浪沧、环碧草堂、接叶新巢、小云根石、皱绿池、金沙泉、楼鹤亭等十八景，被誉为江北名园，东昌八大胜景之"绿云春曙""古鳌铺琼"两景即与此园有关。乾隆三十九年（1774），胡德琳在东昌府城内孙家胡同设立启文书院，后由知府张官五建设完备。此书院内有照厅、门房、讲堂、卧碑、东西庑、正房、西厢、文昌阁、东西对楼、南北书斋，并有回廊、书室等，周墙复壁，橼角焕然，为东昌府最大的书院，传胪朱学笃等名家先后在此讲学。胡德琳爱好藏书，有"碧腴斋"等藏书处，书籍满屋，无暇整理，来访者几无坐立之地，遂有"书巢"之称。著有《碧腴斋诗》《东阁闲吟》《书巢尺牍》《西山杂咏》《燕贻堂诗文集》等。

② "以临清直隶监司"，临清于明弘治二年（1489）升为州。领邱县、馆陶二邑，属东昌府，为运河要地。乾隆帝称其"临清傍运河，富庶甲齐郡"。乾隆三十九年（1774）王伦起义后，为加强对临清的管理，于四十一年（1776）升为直隶州，辖邱县、夏津、武城三县。

③ "堂邑令陈君首先死事"，乾隆三十九年（1774）九月，王伦起义军在攻克寿张、阳谷县城后，乘胜北上，攻打堂邑县城，卸任知县陈枚、武举陈元梁、把总杨兆相、训导吴标各率兵分守四门，城旋破。详见《高宗实录》卷九百六十八。俞蛟《梦厂杂著》："陈枚者，浙人，以孝廉截取，发山左试用。堂邑宰汤桂计谐入都，因摄其篆。而是日汤适返，陈已交印绶，脱然事外矣。会贼至，分守西城。城垣颓败，又乏守兵，无可捍御，贼因驱马直入。陈躯肥重，其仆牵马至，四五人扶掖不能上，挟之而趋。贼尾至文庙前，仆皆散去，遂就擒，至演武场。先是，贼帅归太以货私盐为业，数月前被陈擒，治荷校当途。其党劫之去，陈不知也。今欲泄愤，杖以百数，且割其势，置口中，而后脔割之。归太凶逆之罪，可擢发数乎？"

死如归。居尝谓豪杰树立，世不多见，故舍生取义，虽贤圣盖犹难之。若兹之炳炳皇皇、叨荣赠恤者又何人哉？由今去胡公时不三数年，而创革之逡巡，事变之奄忽，节行之昭著，人物之杰出挺生，可泣可歌者，一一已须补载。过此千百年，更有抚往迹而征求遗事，丛委填溢，又可胜其掇拾耶？爰亟为雠订，更为殉难诸君标祠立传，以藏其事。既成胡公之志，又服先君子之深识如烛照数计，即今了了可验，尤当每事效法不忘也。用识其概，附之简端。

乾隆四十二年嘉平①，护理济东泰武道知东昌府事完颜赫绅泰书于济南之三省堂。

《（乾隆）东昌府志序》②

胡德琳

志不易修也。余自来山左，历济阳、历城、济宁，并以志自任，身阅甘苦，愈知其难。东昌为古清河、平原、东郡错壤之地，则疆域之土断难审也。水有漯，有清河，有屯氏河，故迹难考，俗更以马颊乱之。又唐、宋黄流假道于此，虽有诸川之故道，亦被其冲决蹂躏。则一举川，而首尾之相应难也。又郡无名山可以识别，而郡邑故城往往再三徙。且昔之城堞，今或化为陂泽矣，则核实取信难也。昔人谓作史有三难③，而此数端者又在三难之外，谈何容易？

余于庚寅岁，蒙恩擢守兹郡。首阅郡志，问之故老，云：康熙五十

---

① "嘉平"，即农历十二月。

② 此《序》载《（乾隆）东昌府志》卷首，又载《（嘉庆）东昌府志》卷首《原序》。

③ "三难"，刘知几任史官，认为写史有三难，即学、才、识。刘昫《旧唐书》卷102《刘子玄传》："礼部尚书郑惟忠尝问子玄曰：'自古以来，文士多而史才少，何也？'对曰：'史才须有三长，世无其人，故史才少也。三长谓才也，学也，识也。'"刘知几在《史通》中阐述学、才、识三者之关系称："有学无才，犹愚贾操金，不能殖货；有才无学，犹巧匠无楩楠斧斤，弗能成室。"而三者之中，史识尤为重要：有学无识，胸迷苍素，又为徒读矣。故《史通·杂说下》称："假有学穷千载，书总五车，见良直而不觉其善，逢牴牾而不知其失。葛洪所谓'藏书之箱箧''五经之主人'。而夫子有云：'虽多亦安用为'，其斯之谓也。"

年，孙公元衡①欲延卫园先生刘淇②修之，以忧去，不果。后金公启洛③又修之，稿垂成而去任，稿旋散失。今存者，系前明万历所修，而十四属之志亦有修于胜国者，有百年或数十年不修者，漫漶脱落，不一而足。稽之文卷，则职官在五十年以前者，令长已难全备，而况丞簿以下乎？及今不考，则将来之网罗更难。因于壬辰之春，复集一二同志，广为搜辑，互相讨论。历二载，凡数易稿，误则辨之，阙则补之，疑则存之，其职官之不相联属者阙之，以待后人。按《周官》土训、诵训之职④，地志自古有

① "孙公元衡"，即孙元衡。元衡，字湘南，岁贡，湖南桐城人。《（嘉庆）东昌府志》卷15："孙元衡，桐城岁贡，四十八年任。"《（嘉庆）续修台湾县志》卷2："孙元衡，字湘南，江南桐城人，由贡生授四川汉州知州。康熙癸未，迁台湾府同知。性温厚，于物无忤，而刚正不屈于权势，诸不便民者悉除之。会岁旱，令商船悉以载米，多者重其赏，否则有罚。于是南北艘云集，台民得饱而歌。数摄诸县篆，署府符，所在有善政。秩满，迁东昌知府。在台时著有《赤嵌集》，深为王新城所赏。"《（道光）续修桐城县志》卷12："少孤力学，以明经为山东新城令。邑苦水患，元衡濬孝妇、小青两河，以杀其势。筑堤十八里，以扦其冲。捕蝗赈饥，活者无算。以廉能卓异，擢蜀之汉州牧。汉故荒僻，招徕流亡四千余户，给牛种，教以耕。会炉蛮蠢动，身历行间，设法转运，筹备尽善。复以卓异擢台湾同知。莅任后，即建文庙，设义学，置荡缨船，以侦樵沙，请开米禁，通商利民。寻升东昌知府，值饥馑，买谷数万以赈，复减价平粜，以甦十八城之民。整躬率属，爱人礼士。以母丧去官，郡民塞道号泣。归里后，建宗祠，设墓田，为弟与侄置田宅。族人婚嫁、丧葬，咸身任。学宫倾圮，捐金增修之。居乡平易仁惠，人与之亲。所著有《赤嵌集》《片石园诗》，祀乡贤祠。"

② 刘淇，字武仲，号南田，确山人，与弟汶受知于清世宗，时有"二难"之目。国泰《助字辨略序》称其"博闻强记，生平喜著书。性恬澹，不妄与人交"。《（嘉庆）东昌府志》卷34："刘淇，字武仲，确山人，聪辩多所究知，尝客居堂邑，修辑堂邑志，详核有法。"著有《助字辨略》《禹贡说》《卫园集》等。

③ "金公启洛"，即金启洛。启洛曾任东昌府知府。《（嘉庆）东昌府志》卷20《名宦一》："金启洛，字劬堂，广济人。雍正二年知东昌府，镇静平易，建铁尚书庙，以府志修于前明，延时耄续纂。旋以吏议罢官，稿竟佚失。后殁于台上，枢过郡，士民哭奠者相属。"

④ "《周官》土训、诵训之职"，《周官》之《地官·司徒》："土训掌道地图，以诏地事。"地事指不同地区所宜之事。郑玄注称："道，说也。说地图九州形势、山川所宜，告王以施其事也。若云荆、扬地宜稻，幽、并地宜麻。"《周官》之《地官·司徒》又称："诵训掌道方志，以诏观事。掌道方慝，以诏辟忌，以知地俗。"郑玄注称，"方志"为"四方所识久远之事"，"以诏观事"为"以告王观博古"，"方慝"为"四方言语所恶也"，故方志导源于《周官》之说由来已久。如司马光《河南志序》称："周官有职方、土训、诵训之职，掌道四方九州之事物，以诏王知其利害。后世学者为书以述地里，亦其遗法也。唐丽正殿直学士韦述《两京记》。近故龙图阁直学士宋君敏求，字次道，演之为《河南》《长安》志。凡其废兴、迁徙及宫室、城郭、坊市、第舍、县镇、乡里、山川、津梁、亭驿、庙寺、陵墓之名数与古先之迹、人物之俊秀、守令之良能、花卉之殊尤，无不备载。"即从北宋宋敏求纂修的《河南志》和《长安志》上溯到唐韦述所撰《两京记》，再将其源头直追至《周官》的职方、土训和诵训，并将其作为方志之渊源。

之。然唐以前勿论，宋元之志，如吴郡、新安、临安、会稽、嘉禾、吴越之际，往往间有，而北地则求之前明以前，已不可得矣。是修中原之志更难于南方也，故曰志不易修也。

乾隆三十九年甲午正月，桂林胡德琳识。

三 《（嘉庆）东昌府志》

《（嘉庆）东昌府志》，五十卷首三卷，（清）张官五、嵩山修，谢香开、陈可经纂，嘉庆十三年（1808）刻本。卷前有嵩山、张官五《序》，约九十万字。此志之修，始于嘉庆元年（1796），成于嘉庆四年（1799）八月，未及付梓，张氏迁官去，由继任嵩山对志稿校补刊刻。

此志参稽《（乾隆）东昌府志》，变更部分门类，分舆地、建置、食货、秩祀、学校、职官、名宦、选举、列传、经籍、金石、古迹、物产、艺文、异闻、志余十六门、五十一目。其职官、选举及列传人物增补乾隆四十二年（1777）以后事迹较多，其他诸门多因前志旧文，稍有增补。

《（嘉庆）修东昌府志序》①
嵩 山

修志之难，前守胡公已详言之。顾修之难，而成之亦难。仕宦分驰，萍踪无定，兼以簿书鞅掌，日不暇给。偶一检阅志书，欲加厘定，而援古证今，非旦夕可竟之事。或匆匆受代，委之以去矣。岁甲午，胡公数易稿，剞劂业已葳事。一朝迁秩，尚有未及载者。复赖赫公继至，一一增补。越二十余年，张公②莅任，重事修葺，较前志颇为辨洽，而未能观厥成也。嵩山恭膺简命，来守斯郡，政务繁剧，夙夜经画，常存闭阁思过之

---

① 此《序》载《（嘉庆）东昌府志》卷首。
② "张公"，即张官五。官五，浙江萧山人，监生，乾隆四十九年（1784）任罗江县知县，五十二年（1787）任沅州府知府，五十七年（1792）任东昌府知府，嘉庆五年（1800）离任。

心。今瞬历八载，退食之余，查核存稿，率多漫漶剥落。若复迟之又久，断简残编，奚□考证？《周礼》：外史掌四方之志，训方氏①掌道四方之政事。是志乘原以备輶轩②采择。况东郡为南北水陆冲衢，圣天子巡幸东方，銮辂所经，动关睿虑。苟弗胪列成编，何以仰副纳贾陈诗之命乎？爰尅期编葺，即已定之规模，详为校正。其错杂重复者删之，职官、选举、名宦、节烈等类则按年续入，容有采访未全者阙以俟补。惟艺文一类既载诗文，而古迹中连篇累牍，不啻倍之，殊非体裁。特以篇幅鳞次，未易更张，是以姑仍其旧。其他损益改定亦正不少。一切资费，皆捐廉自修。今虽编纂粗就，点窜金根③，尚恐贻讥固陋，而别风淮雨④之讹，更所不免，乃益信成之之难也。是为序。

嘉庆十三年嘉平月⑤，知东昌府事长白嵩山⑥识。

《（嘉庆）东昌府志序》⑦

张官五

史与志体例同，而意旨不同。史以综一代之治乱得失，寓《春秋》褒讥之微意，故其为年表，为世家，为列传，敷陈事迹，以垂鉴于后世。

---

① "训方氏"，官名，为《周礼》夏官之属，负责向君王报告诸侯政事，诵说四方传说，兼掌民众教化。《周礼·夏官》："训方氏，中士四人，府四人，史四人，胥四人，徒四十人"，"掌道四方之政事与其上下之志，诵四方之传道。正岁，则布而训四方，而观新物。"

② "輶轩"，古代使臣乘坐的一种轻车，后代指使臣。（汉）扬雄《答刘歆书》："尝闻先代輶轩之使奏籍之书，皆藏于周秦之室。"

③ "金根"，指文字遭谬改。李绰《尚书故实》："昌黎生者，名父子也，虽教有义方，而性颇暗劣。尝为集贤校理，史传中有说金根车处，皆臆断之，曰：'岂其误欤？必金银车。'悉改根字为银字。至除拾遗，果为谏院不受。俄有以故人子悯之者，因辟为鹿门从事。"

④ "别风淮雨"，指书籍中因错别字而以讹传讹。刘勰《文心雕龙·练字》："《尚书大传》有'别风淮雨'，《帝王世纪》云'列风淫雨'。'别''列''淮''淫'字似潜移。'淫''列'义当而不奇，'淮''别'理乖而新异。"（宋）王应麟《困学纪闻》卷十九："《周书·王会》'东越海蛤'，或误为'侮食'，而王元长《曲水诗序》用之，其'别风淮雨之类乎？"

⑤ "嘉平月"，即农历十二月。

⑥ 嵩山，东昌府知府。《（嘉庆）东昌府志》卷15："嵩山，满洲镶黄旗人。嘉庆五年任，增修府志。"

⑦ 此《序》载《（嘉庆）东昌府志》卷首《原序》。

若夫志，即古《周官》职方氏①之所掌，必先占其一郡、一邑之星纪，详其南朔东西之方域，参以历代沿革之异同，一成而不可移。而后货财之所入、赋税之所出、人物之所钟，胥于是附丽焉。其文无取乎铺张，其事易邻于擳拾，考据偶有未确，其何以昭信守哉？东昌古为齐、卫、赵、魏之交，历后汉、魏、五代，以迄于唐，割据分雄，壤土相错。宋纪南渡，夷于辽金，戎马在郊，文献遗野，求之于古，不可复矣。而又黄、运交汇，迁徙无常。自前明永乐间，疏开会通河，由是粮道经东昌直达京庾。我朝定鼎，区一中夏，有循前明之旧者，亦有因时改制，星罗棋布，悉协于至中者。是法必积久而大备，志即当阅岁而间修。

东昌郡志自乾隆三十八年续修于前守胡公，三十九年遭寿张叛民变逆，蹂躏至于临清。经大学士文襄舒公督兵剿灭。四十年，奏议割东昌之临清为直隶州，而以夏津、武城、邱县属焉。五十七年，余奉简命，出守是邦，披览志乘，星野疆域已不侔合。又以古今事迹及灾异、恤政汇列一门，名之曰总纪，未免失之驳杂。且自三十八年以后，屡蒙蠲贷，更当敬谨纪载，俾生逢明盛，咸知圣泽之麻隆。余下车之始，即谋所以辑之。而水旱不时，抚绥无暇。五十九年，广被恩诏，逋欠悉除。比岁以来，耕余丰稔。嘉庆元年，上其请于大宪。于是解捐廉俸，与一二宿士昕夕搜讨。并饬州县学详加采访，节去临清州属，而就隶府辖者分门别类，纲举条晰。讹者正，漏者补，不妄为附会，不没其幽潜。修于嘉庆元年二月，成于四年八月，阅四载而始得遂其初志焉。夫士君子上承天子命，俾以疆土，抚临其人民，而于所辖者尚不知古今之因革、习俗之异宜，安所得政教之本乎？唯愿后之守是邦者，随事随时博稽而损益之，俾志乘递传不坠，是则余之厚望云尔。

嘉庆四年己未秋八月，知东昌府事萧山张官五识。

---

① "周官职方氏"，《周官》卷8《夏官司马》称："职方氏掌天下之图，以掌天下之地，辨其邦国、都鄙、四夷、八蛮、七闽、九貉、五戎、六狄之人民，与其财用、九谷、六畜之数要，周知其利害，乃辨九州之国，使同贯利。"职方氏执掌天下之图，辨明各地之山川湖泊、薮泽、人民、物产、财用等，亦为后世方志所载，故此处认为《周官》职方氏为后世方志之端倪。

聊城县

一　《（万历）聊城县志略》

　　《（万历）聊城县志略》，二卷，韩子廉纂修，万历十七年（1589）刻本，今佚。此志分为方域、建置、赋役、官守、人物、艺文等七纲，三十九目，纪事迄于万历十七年，内容较为简略。《（康熙）聊城县志》分为六纲，多与此志同，或袭用此志而有所增益。

《（万历）聊城县志序》①
韩子廉

　　聊城县志，志聊城也。今之邑即古之国，今之志即古之史。国必有史，邑可无志乎？不肖丙戌承乏兹②土，首以志询，咸曰：聊为附廓，无专志也，自古而已然矣。因窃叹曰：典籍大备，宣子识周礼之在鲁；文献不足，夫子慨杞宋之无征。志于地方，其关系为何如者！即欲纂修，以镜得失、昭鉴戒。适时值大裬③，且有潢池④之警，弗暇及也。

　　不肖视聊篆业已三年于此矣。险阻艰难，其备尝之；民之情伪，

---

　　① 此《序》载《（康熙）聊城县志》卷首，又载《（宣统）聊城县志》卷首。
　　② "兹"，《（宣统）聊城县志》卷首韩子廉《序》作"斯"。
　　③ "大裬"，《（宣统）聊城县志》卷首韩子廉《序》作"末流"。
　　④ "潢池"，积水的池子，代指微不足道的造反。班固《汉书·循吏传·龚遂》："海濒遐远，不沾圣化，其民困于饥寒而吏不恤，故使陛下赤子盗弄陛下之兵于潢池中耳。"

其尽知之。想巢父牧犊之遗意，慕仲连射书之高风，而又范围于高阳氏乘坎执权之化。① 乃于政暇，会萃成帙②，因携诣学，辄与师生共讨论焉。佥曰：是可志已。删润者学博③任其责，校阅者诸生分其事，每定一例、出一说④，不肖未尝不从而折衷也。第才谢三长，功⑤难创始。其曰志略云者，亦以见事有所未备也。□⑥夏玉郭公夫子且犹传疑，矧幺麿小子⑦，安敢以意而妄有所增损乎？去岁戊子，督学吴公大比录士时，尝有嘉惠聊邑至意，谆谆面命，言犹在耳，铭之灵台，曷敢顷刻忘？不肖籍⑧是可以塞责矣。因具笔，命工缮写，且付剞劂氏锓梓以行。种种⑨诸费，悉捐俸余，毫无所干⑩于民。知我罪我，其在斯编也夫，其在斯编也夫！

时大明万历十七年岁次己丑客冬⑪望吉⑫，知聊城县事泾阳韩子廉⑬撰。

---

① "而又范围于高阳氏乘坎执权之化"，《（宣统）聊城县志》卷首韩子廉《序》无此句。

② "帙"，《（宣统）聊城县志》卷首韩子廉《序》作"编"。

③ "学博"，唐代为经学博士之省称，明清时期为各级儒学教官之别称。马端临《文献通考·职官考》卷17《录事参军》："唐府郡置经学博士各一人，掌以五经，教授学生，多寒门鄙儒为之。"璩崑玉《新刊古今类书纂要》卷五《仕宦部·儒学》："教授，从九品；学正、教谕、训导，校官，学官也，又曰学博。"

④ "定一例、出一说"，《（宣统）聊城县志》卷首韩子廉《序》作"至各出一说"。

⑤ "功"，《（宣统）聊城县志》卷首韩子廉《序》作"殊"。

⑥ 此字原书漫漶不清。

⑦ "幺麿小子"，"幺麿"又作"幺麽"，指微不足道的人。《玉篇》："幺麽，细小。""小子"，为对自己的谦称。

⑧ "未备也。□夏玉郭公夫子且犹传疑，矧幺么摩小子，安敢以意而妄有所增损乎？去岁戊子，督学吴公大比录士时，尝有嘉惠聊邑至意，谆谆面命，言犹在耳，铭之灵台，曷敢顷刻忘？不肖籍"，《（宣统）聊城县志》卷首韩子廉《序》作："不及，姑且籍。"

⑨ "种种"，《（宣统）聊城县志》卷首韩子廉《序》无。

⑩ "干"，《（宣统）聊城县志》卷首韩子廉《序》作"取"。

⑪ "客冬"，上年冬天。

⑫ "客冬望吉"，《（宣统）聊城县志》卷首韩子廉《序》无。

⑬ 韩子廉，字兰野，泾阳人。时任聊城县令。《（宣统）聊城县志》卷2："由乡科万历十四年任，升户部主事，才猷盖世，鲠介当时，修纂志书，设谷备赈，详见仓场，宜入名宦。"后于万历二十八年（1600）任永州府知府。《（道光）永州府志》卷13《良吏传》："公廉明敏育，士爱民时。当征播之役，佥议抽丁挽运，费既不赀，民患离析，所在惊惧。子廉创议各属，酌派募夫银，于彼附近召募，民以安聚，合郡颂德焉。"

二　《（康熙）聊城县志》

　　《（康熙）聊城县志》，四卷，何一杰纂修，康熙二年（1663）刻本，为存世最早的聊城县志。此志卷前载任克溥、傅以渐、何一杰《序》、明万历韩子廉旧《序》及县图四幅，卷后附杂志，约十万字。

　　此志参稽旧志，并加增易，分方域志、建置志、赋役志、官守志、人物志、艺文志六门、四十三目。其赋役志记明代本县户口里甲、赋税徭役尚赅备，官守志、人物志记述明代之前聊城职官名录及乡贤人物，亦可备采择。

《（康熙）聊城县志序》①
傅以渐

　　余尝读中秘所藏职方舆地图，知帝王大一统之模，不可寡闻浅见窥也。首之以京畿十三省，中之以边镇，终之以川海、江山、河岳、漕黄、马政、朝贡，各有图说，各有方略，盖直举魏俊民等所上之形势、驿站②，桂萼之详四方阨塞③、政俗善败之故，罗洪先之计里画方④，

---

　　① 此《序》载《（康熙）聊城县志》卷首，又载《（宣统）聊城县志》卷首。

　　② "魏俊民等所上之形势、驿站"。明洪武三年（1370），太祖朱元璋为"昭同轨同文之盛"，使"功业永垂"，命儒臣魏俊民、黄篪、刘俨、丁凤等缓修《大明志书》，"类编天下州郡地理形势、降附颠末"，凡十二省、一百二十府、一百〇八州、八百八十七县、三按抚司、长官司，东至大海，南到琼崖，西至临洮，北到北平，都在记载范围之内。

　　③ "桂萼之详四方阨塞"，桂萼（？—1531），字子实，号见山，江西安仁人，明代地理信息学家，官至内阁首辅，著有《明舆地指掌图》。

　　④ "罗洪先之计里画方"，罗洪先（1504—1564），字达夫，号念庵，江西吉水人，明代学者，杰出的地理制图学家。《明史·罗洪先传》："洪先归，益寻求守仁学，甘淡泊，炼寒暑，跃马挽强，考图观史，自天文、地志、礼乐、典章、河渠、边塞、战阵、攻守，下逮阴阳、算数，靡不精究。至人才、吏事、国计、民情，悉加意谘访。曰：苟当其任，皆吾事也。"《明史·艺文志》称"罗洪先增补朱思本《广舆图》二卷"。罗洪先《自序》称其制图原委："尝遍观天下图籍，虽极详尽，其疏密失准，远近错误，百篇而一，莫之能易也。访求三年，偶得元人朱思本图，其图有计里画方之法，而形实自是可据，从而分合东西相佯，不至背舛。于是悉所见闻，增其未备，因广其图至于数十。其诸沿革统驭，不可尽载者，咸具副纸。山中无力佣书，积十余寒暑而后成。"其《序》后附记称："朱图长广七尺，不便卷舒，今据画方，易以简编。"据元朱思本图缩小增改。

胡松之增表。①唐虞以下大都会，若春秋而降会盟征伐之所，悉归标列。即细至墩军、占验、凭限、户口不遗焉，辄不禁叹为地理家第一书。

余既生长东昌，曾不能举一府之故实，为后人示则效，岂不见笑于大方之家也哉？然亦尝参考东昌之志矣。其书为泓阳王公所定，不溢美、不妄传，每一叙论，多咨嗟傲惕之词。卓哉，先辈之典型乎！已而搜求聊城旧志，则仅寥寥二卷，分为方域、建置、赋役、官守、人物、艺文，名之曰略，诚哉其略也！乃欲一旦而详之，则戛戛乎其难言。何者？心灵法天，实学法地，千万世不改。封山浚川之《禹贡》，亦千万人难掩；华衮斧钺之《春秋》，夫妇可以与知，荐绅反难措手。当鼎革兵火之后，册籍多亡，况凤夜在朝数年，乡风颇变；床第养病，咨访维稀。幸逢泾阳何父母②来主县政，慈仁性秉，练达学成。抚旧志之止于万历之十五年，修之者知县韩公，亦泾阳人氏，屈指计之，已七十载。此七十载中，乡图何以散而并，风俗何以醇而巧，古迹形胜何以存而荒，城池何以坚守而独不惧大难，官署何以姑为补葺？仓场虚而铺舍颓也，坊牌沦而户口凋也。天下多故，先其急者。物力已竭，是救时之不得不然者。而最不可一言尽，无如赋役一事。万历末有新饷之加，天启、崇祯间有剿饷、练饷之加，徭车日起，民兵肆讧；税课多而漏，河漕滞而增，俵马③皆无用之肥，盐法为有名之窟。我世祖章皇帝开辟中夏，即革三饷，而兵马一总于满洲，此非百姓之变更生者乎？辛丑偶一加派，旋即报罢，故二十年来稍见丰盈。我

---

① "胡松之增表"，《广舆图》卷首胡松《序》称："佐余意程梓办费，是正雠校，则武进左子丞之劳宜多矣。"韩君恩《序》称："念庵罗先生考订增定，从而广之，家藏未传，冢宰我柏泉胡夫子刊布著论，始传于浙，犹歉未广。夫子以恩为门下士，付刊本，命翻刻焉。"据此可知，胡松曾刊《广舆图》，韩君恩踵而翻刻。罗洪先《自序》附记其图有"二直隶十三布政司图十六""九边图十一""洮河松潘虔镇麻阳诸边图五""黄河图三""漕河图三""海运图二""朝鲜朔漠安南西域图四"，又称："凡沿革附丽，统驭更互，难以旁缀者，各为副图六十八。"此图除黄河、漕河、海运实各一图，而分画二三幅外，又有琉球、日本二图。胡松《序》又称："为补倭及琉球两图。"据此，则上述两图即为胡松刊刻时所增。

② "泾阳何父母"，即何一杰。何一杰，陕西泾阳人，崇祯十二年（1639）举人。《（宣统）聊城县志》卷6《职官志》："何一杰，字彦修，泾阳县举人。顺治十六年知县事。续修县志，留心民瘼，时论称之。"

③ "俵马"，明代江北地区的一种杂役。官府将官马分派给民户饲养，过一段时间后再由民户将马解送指定地点，由官府验收。谢肇淛《五杂俎·地部二》："江北俵马之役最称苦累，而寄养之户尤多败困。"

聊城物价平贱，丁口殷聚，则官守之得其人也，故当志官守；人物亦较前朝震发者多人，故当志人物；其旧志阙遗者增而入之，景行高山，固为后学定法程哉！艺文有关风化，不惮备采于其后，何公用心可谓勤矣。且每聆其绪论，无日不以恤民爱土为念，而有不得如所怀来者，则时势为之。其微指隐跃于断论之间，吾又忽有感于《汉书·循吏传》矣。

时康熙二年岁次癸卯秋八月朔吉，少保兼太子太保大学士今养病邑人傅以渐①谨题。

《（康熙）重修聊城县志序》②
朱鼎延

昔萧相国入关中，独收秦丞相御史律令图书藏之。后汉高帝定天下，皆取稽于此，识者以为知大体。此非独以具知天下阨塞、户口多少强弱、民所疾苦，而风俗之醇漓、人物之臧否，以及历代章程因革损益，通变宜民，使前有所鉴，而后有所陟。即以为致治之权衡，理天下之大纲在是矣。

聊摄③属兖州域，至春秋为齐西鄙。迨鲁仲连射书聊城而名，至今因之。密迩邹鲁，渐圣人之化，虽世代递变，而斌斌文学，风俗朴茂，一洗功利夸诈之习。至明为东郡首邑，英隽蔚起，鸿儒卿相，领袖人伦。文学吏治、砥行慕义之士亦各显名振俗，甲于属邑。至我清而文运大开，名谏词林连翩鹊起，助流圣化者指不胜屈。

乃稽邑志，仅有二册，为泾阳韩公重修，今已七十余年矣。我何父母西秦博物君子，来莅聊土。下车即以修纂邑乘为首务，取籍而阅之，知前之作

---

① 傅以渐（1609—1665），字于磐，号星岩。山东聊城人，祖籍江西永丰县。顺治三年（1646）状元，任弘文院修撰，次年充任会试同考官。五年（1648），任《明史》纂修官。八年（1651），任国史院侍讲。九年（1652），充《清太宗实录》纂修官。十一年（1654），升内秘书院大学士。十五年（1658），偕李蔚任会试主考官，授武英殿大学士兼户部尚书。同年十月，因病请假回籍。十八年（1661），赴京奔顺治帝丧，旋以病解任回籍。康熙四年（1665）去世。傅以渐为清代首位状元、学者、史学家，以清勤著称于世。他学识广博，精通经史，工于诗文，金称星岩先生。

② 此《序》载《（康熙）聊城县志》卷首。又载《（宣统）聊城县志》卷首。

③ "聊摄"，古地名，春秋齐之西鄙。《左传·昭公二十年》："聊摄以东。"杜预注："聊摄，齐西界也，平原聊城县东北有摄城。"摄本邢地聂北，邢亡后入齐，改称摄，为齐之西界。

者亦泾阳人也，前后数十年，若有同心。乃取旧志已载者因之，未载者补之。七十余年之间，父老之习见者已少，而耳闻传说多失其真。公细访博采，参以舆论，必得当而始为信史，盖数月而始告厥成也。余得而寓目流览，以为于今长吏率精力耗于簿书，奔走以觊当世取容，博名声而求速化，尊官厚禄以为光宠。至风俗之醇漓、穷檐之利弊，以及人物之臧否，则弁髦①置之，此其于安上②治民、移风易俗之道何如也！公有得于致治之原，而考稽旧乘、博参时务、酌古准今、以作信史者，施于有政，此岂俗吏之所能及也？异日被朝廷任使，为大僚庶长，必能先急务以辅皇猷，久安长治，实嘉赖之。萧相国收律令图书，而以为知大体，余于公修邑乘亦云。

时康熙二年岁次癸卯中秋日，工部尚书管吏部左侍郎事加一级③朱鼎延④谨题。

《（康熙）重修聊城县志序》⑤

任克溥

稽古志之大原，起于《尔雅》。如史称马迁、书称班固、典称华峤⑥、

---

① "弁髦"，弁为黑色布帽，髦为童子眉际垂发，喻弃置无用之物。古时男子行冠礼，先加缁布冠，次加皮弁，后加爵弁。三加后，即弃缁布冠不用。并剃去垂髦，理发为髻，弁髦遂无用。《左传·昭公九年》："岂如弁髦，而因以敝之。"

② "上"，或当作"土"。

③ "加一级"，清代官员考核成绩优良或有功绩者，或记录，或加级，以资奖励。加级有加一级、加二级、加三级之别，记录三次以上者加一级。凡加级者照所加之级加俸或予衔。

④ 朱鼎延（1603—1668），字元孚，号嵩若，兖州平阴人。明末避乱，奉母徙居聊城。崇祯十六年（1643），中进士。清顺治初，巡抚方大猷举为礼部主事，又迁郎中，考选云南道御史。上疏言治平、戡乱之策，建议广开言路，分辨忠佞，名声大振。顺治三年（1646），巡查河东盐务，复安抚宣大兼学政；十年（1653），任太仆寺少卿；十一年（1654），任左右通政、太常寺卿；十二年（1655），任通政使、工部左右侍郎，督乾修清宫；十三年（1656），升工部尚书；十四年（1657），调管吏部左侍郎事，加一级；十五年（1658年），以母病乞归。康熙七年（1668）卒。

⑤ 此《序》载《（康熙）聊城县志》卷首，又载《（宣统）聊城县志》卷首。

⑥ "典称华峤"，华峤（？—293），字叔骏，平原郡高唐县人，西晋学者、史学家，曹魏太尉华歆之孙，华表之子。华峤以门荫入仕，任大将军（司马昭）掾。西晋建立后，受封关内侯，累迁侍中、尚书、秘书监，受封东乡侯。著有《汉后书》97卷，时称"有迁固之规，实录之风"。《汉后书》为纪传体，记载自光武帝到汉献帝之东汉历史。因《尚书》中有《尧典》，故《汉后书》改"志"为"典"，凡十"典"。

录称张勃①，第其中或浮于论议，或略于事实，未若《尔雅》详且备，志之难言久矣。不佞辛丑自长安以艰归，诸凡未遑及。越癸卯，谨搜邑乘，念自我朝定鼎以后，未经载言，无从考质，尝抚心深思焉。邑侯何公以恺悌君子，莅兹多历年所，清和咸理。政暇思聊城甲二东、当孔道，人文所窟宅，冠盖所辐辏，清以前往固彰矣，而来无所镜，不几成阙典哉？公慨然曰：邑有故志，讹跷亡纪，文献曷征？乃博采籍传，洞窥今昔，延文学数辈，遍历岩谷，咨访父老，质勘同异；复询荐绅先生，馨所睹记，一一重加编辑，为若干卷。起壬寅，历癸卯，始告竣事。不佞受而卒业，上下数千百年，洞若观火矣。遂序曰：志图说，提封百里，闾泽欲流；志封域，势压齐鲁，天下之中；志形胜，汶水潆纡，献秀逞奇；志旧迹，流风兴感，怀古不忘；志陵墓，佳气翁蔚，想像仪型；志风俗，先进匪野，纯俭吾从；志城池，王公设险，保障居先；志户口，百年累积，编齿滋蕃；志田赋，则壤有制，版籍载清；志徭役，节以制度，期于休息；志方物，不产珍奇，布帛菽粟；志祀典，礼阴礼阳，期格精裡；志兵防，慎固封守，以备不虞；志官师，敢告在位，作土勤民；志名宦，流风政善，须借良吏；志选举，经明行修，应运网罗；志忠节，忠肝天植，大义凤敦；志隐逸，发潜阐幽，高树懿矩；志烈女，冰霜凛凛，力挽颓波；志恩锡，报隆所自，华衮载褒；志艺文，陈诗观风，考古镜今；志利病，哲人明炳，先事消弭。凡此，皆何公苦心编摩、焜耀奕世之大业也。不佞更有申焉。政莫大于经时，教莫重于宏化，事莫准于稽古，法莫要于宜民，此安取衷哉？孟子曰："君子反经而已。"② 明道术，正人心。人心正而学术明，教化行而习俗美，是司牧者责也。所借以风之者，斯志之功大矣。

是志也，润色旧编者什六，创起新观者什四。何公沉毅渊邃，好修稽古，史才也，其功当与志终始云。若夫邑缙绅士力赞规画，功成可述，兹难遍及。

---

① "录称张勃"，张勃，敦煌人，吴大鸿胪张俨之子，西晋武帝时官至太子仆，曾撰《吴录》三十卷。是书为纪传体史书，记载三国孙吴史事，有纪、传、志，可补陈寿《三国志·吴书》之缺略，裴松之《三国志注》多有征引，《隋书·经籍志》有著录。全书久佚，陶宗仪辑得数条，又有王仁俊辑本一卷、叶昌炽辑本一卷。

② 语出《孟子·尽心下》："君子反经而已矣，经正则庶民兴，庶民兴斯无邪慝矣。"

时康熙二年岁次癸卯中秋日，翰林院提督四译馆太常寺少卿任克溥[1]谨题。

《（康熙）聊城县志序》[2]
何一杰

聊城为东郡之附郭[3]，形胜则北拱神京而东联泰岱，人物则帝丘普济而名相挺生焉。官斯土者，亦往往多飙举之英贤，载在志乘，可钦可慕。

余初握聊篆，博考旧章，得所为《志略》者分上下二卷，为韩公子廉所纂修，断自万历十七年止。其志七，目凡三十九，虽曰略之云乎，而未始不类目详备。及遍观《东昌府志》，纲且各分为二十，有伦有要，媲美《汉书》，辄不禁追踪之思，而所载之事，较之县志又多十年。则七十年来无继起而修之者，抑谁氏之责哉？

夫天下当鼎革之后，风土人情几不可问。地腴者荒，风朴者诈，赋烦役重，官窳民瘵，而聊城犹得古初之意，不至于大坏不可收拾者，岂非先正之典型尚在、新朝之甲第叠兴、道学既有源流、风俗未有不相观而丕变者？则此志之不可不亟修理也，势也。顾捐资必须大众，而采书全仗名流。知大人君子先生盍有鉴裁，不怯囊橐，共成巨刻。余当竭力为之，以续我泾阳韩子之后。

大清康熙贰年岁次癸卯初夏望吉，知聊城县事泾阳何一杰修纂。

三 《（宣统）聊城县志》

《（宣统）聊城县志》，十二卷首一卷，附《耆献文征》五卷，

---

① 任克溥（1618—1703），字海眉，山东聊城人，顺治四年（1647）进士，康熙十二年（1673）刑部侍郎，为官清正；十八年（1679）还乡家居。康熙三十八年（1699），康熙帝南巡，过临清，克溥前往接驾。康熙四十二年（1703），康熙再次南巡，过聊城，至任克溥所居绮园，赐"松桂堂"匾，并题"绿水本无忧，因风皱面；青山原不老，为雪白头"联，赐尚书衔。

② 此《序》载《（康熙）聊城县志》卷首，又载《（宣统）聊城县志》卷首。

③ "附郭"，指中国古代没有独立县城而将县治附设于府城、州城的县。明清时期，内地各省绝大多数府城至少有一个附郭县。

陈庆藩修，叶锡麟、靳维熙纂，宣统二年（1910）刻本。此志卷前载叶锡麟、靳维熙、陈庆藩《序》及旧志《序》五篇，约三十二万字。此外又有稿本（不全），藏山东省图书馆。

此志融裁旧志，增补近闻，分方域志、建置志、田赋志、学校志、典礼志、职官志、选举志、人物志、列女志、艺文志、通纪、杂缀十二门，凡七十目。其中方域、建置、田赋、学校、通纪诸门续补康熙以后史实较为详备。所附《耆献文征》五卷，收文六十四篇，其中卷上、卷又上为序记，卷中为传状，卷下、卷又下为碑志，皆为正编所不载者，颇有保存乡邦文献之功。

《（宣统）续修聊城县志序》①

陈庆藩

县志一书，所以补史乘所不及，而备輶轩之采择者，故《易》曰："先王以省方观民设教。"②《礼》曰："入其国，其教可知也。"③ 聊城为古齐郡，地当南北通衢，其间疆域之沿革、户口之多寡、风俗之纯驳、赋役之重轻，官斯土者与有责焉。

旧志修于国朝康熙甲辰，迄于同治乙丑，垂二百余年。军兴以来，练勇筹饷，百务殷繁。迨同治七年削平捻逆，东境肃清，诸绅耆襄办善后事宜，未暇从事编辑，历今又逾四十年矣。陵谷变迁，老成凋谢，旧闻轶事多无有能称道之者。

光绪庚子以来，朝廷锐意变法，力行新政。往岁省城设通志局，长吏檄各属重修志书，用资编纂。时汉军豫君幼竹④宰是邑，见旧志书板漫漶，残缺已甚，稔知邑人叶云台学博⑤家藏续稿，购求得之，思缵成此

---

① 此《序》载《（宣统）聊城县志》卷首。

② 语出《周易·观卦》。《诚斋易传》："风行地上而无不周，故万物日见。""天王省天下而无不至，故天下日见；圣人随其地观其俗，因其情设其教，此省方之本意也。"

③ 语出《礼记·经解》："入其国，其教可知也；其为人也，温柔敦厚，诗教也。"

④ "豫君幼竹"，即豫咸。豫咸，镶蓝旗汉军，进士，光绪三十二年（1906）正月署聊城县知县，至三十三年（1907）二月调任。

⑤ "叶云台学博"，即叶锡麟。叶锡麟（1790—?），字云台，东昌府聊城县人，道光十七年（1837）举人，曾官高苑县教谕，咸丰十一年（1961）归里家居，续修县志，成稿本，藏于家。

志。旋豫君以升任去，不果成。余忝斯任，深惧不克担荷，爰请绅耆悉心商榷，而秉笔则首推靳约斋学博①，起例发凡，一遵旧志。大纲十二，细目七十有五，较旧志暨叶稿加详，仿《通志》例也。夫时会迁移，一瞬万状。文明日进，月异而岁不同。故新猷颁布，如巡警、邮政、电报、学堂，凡本邑所举行者均附各志之末，俾观风者入境问俗，焕然特增一新气象，则诚余之所厚望也！

是役也，维始于光绪丙午，阅四载而告成。将付剞劂，在事诸君子问序于余。余素谫陋，又以簿书坐困，学殖久荒，辞不获已，因志其巅末如此。

时宣统二年岁次庚戌冬月，知聊城县事泉塘陈庆蕃②谨叙。

《（宣统）叶稿自叙》③

叶锡麟

续修与创修不同。创本自定体例，要必出乎严；续则接述前言，原不妨于宽。康熙二年旧志，何邑侯纂修，傅相国、朱任两尚书鉴定，俱有序。无论体例何如，在重修者踵而增之，勿轻更易，方是续述之本怀。

咸丰甲寅，余客睢陵，将捧檄之菀城。时杨至堂④先生开府袁江，刘

---

① "靳约斋学博"，即靳维熙。靳维熙，字约斋，东昌府聊城县人，光绪十四年（1888）优贡生，曾任莒州学正，兼理日照县教谕、训导，以知县用，宣统三年（1911）解组归里。靳维熙与聊城海源阁主人杨保彝交好，曾设帐于杨氏海源阁。光绪三十二年（1906），受聊城知县陈庆蕃之托，以叶锡麟手稿为基础，主持纂修《聊城县志》，并于宣统二年（1910）雕版付梓。民国二十年（1931），受东阿县县长周竹生之托，主持纂修《东阿县志》。

② 陈庆蕃，福建泉州人，监生，光绪十九年（1893）任候补主簿通州通流闸闸官，宣统元年（1908）任聊城县知县。

③ 此《自叙》载《（宣统）聊城县志》卷首。

④ "杨至堂"，即杨以增。杨以增（1787—1855），字益之，号至堂，别号东樵。聊城县人，清代官员、藏书家。道光二年（1822）进士，始任贵州荔波县知县、松桃直隶厅同知，后任广西左江、湖北安襄荆郧道员，累升甘肃按察使、陕西布政使、陕西巡抚。道光二十八年（1848）升任江南河道总督，咸丰五年（1855）卒于江苏清江浦任所，谥"端勤"。杨以增曾就学于叶锡麟之父叶葆，与叶锡麟交谊深厚。

渔村①同年来自历下，爰往小聚，同流连节辕者十日。谭次间，念先君子尝及邑乘，与其并侍在侧，往往举一人，述一事，即一文一诗靡不召令手录，以备入志。今往矣，追忆曩闻，未敢一日去诸怀。渔村有史才，取则不远，幸即勉为之。讵知此别不旋踵而落落如晨星之散也。余既茫无意绪，亦遂置之。辛酉退而归里，扫除旧塾，因取家藏旧志，悉心检阅，参之旧、新郡志，凡有旧志以后所未载续之，郡志甫修所尚缺补之，不敢遽谓成先志也。顾余谨遵所闻，与二三同好商确，所以续述旧志者得留此本，其不足为后人取裁之助也乎？用敢附数语于后。

同治四年乙丑冬至日，邑人叶锡麟自记。时年七十有五。

　　云台先生渊源家学，为邑名宿。晚岁由高苑学博致仕归里，续辑《聊城志稿》若干卷，成先志也。溯旧志修于康熙甲辰，去先生之世已历十有五纪，迄今且二百四十余年，其间人事代谢，风化攸殊。凡夫河运之不通、漕粮之改折、科场之废弃、新政之迭兴，皆为旧志所不载，而先生未之见也。兹者踵而成书，于所缺者补之，略者详之，虽不免窃附己意，而增乎其所不得不增、易乎其所不得不易，是则所以续先生之志，亦即所以成先生之志也。编定，用附数语，以志缘起。

　　宣统纪元冬月，乡后学靳维熙谨识。

《（宣统）耆献文征弁言》②

靳维熙

　　叶云台先生纂续《聊城志稿》，特注意于艺文一门，广事搜辑，多逾百篇。然如《府庙学记》《郡遗爱碑》有为县志所不宜载者；又如诸先达诗文集序、家传、墓志有为志乘不及详载者。而片羽吉光，要皆乡邦文献

------

　　①　"刘渔村"，即刘广文。刘广文，号渔村，叶锡麟同年。自道光十九年（1839）起，杨以增子绍和即拜师问学，前后凡十九年。杨绍和《刘渔村广文夫子》称："经师与人师，天禄阁巍然。负笈一万里，问字十九年。久坐春风中，慧业三生缘。"《聊城县志》卷8《杨绍和传》称："（绍和）生前笃于师友，如刘渔村、梅伯言、包慎伯，故后均刻其著作行世。"
　　②　此《弁言》载《（宣统）聊城县志》附《耆献文征》卷首。

之精神所寄，概摈弃焉，未可也。爰择要载入《艺文志》，为一邑政令、风教之助。而以其余荟萃成帙，揭其目曰《耆献文征》，分序记、传状、碑志，为上中下三卷，同付剞劂，庶先正典型永永不坠，而斯爰斯传亦津逮后学为匪浅矣。

宣统纪元冬月，靳维熙识。

四 《聊城县乡土志》

《聊城县乡土志》，一卷，向植奉学部令纂修，光绪三十四年（1908）石印本。是志卷末附向植《跋》，约二万五千字。

此志卷前有全县地舆全图，分历史、兵事录、耆旧录、山水、户口、宗教、地理、实业、学堂、道路、物产、商务，其兵事录记清代王伦、宋景诗等农民义军在境内之活动，商务记清末本地进出商品品种及数量，均有较大价值。

《聊城乡土志跋》①
向 植

人民爱国家，必自爱乡土始。乡土者，国之内容，民生所以食息也。域民之谓国，国字起于计口授戈、守卫疆域。凡以食息于一地者，外界务竞争，内界务均平，人人爱国，实乃人人自爱其乡土，而地方自治，规模不外乎此。《传》曰："君子不以所恶废乡。"②《语》曰："小人怀土。"③然则君子、小人有不爱乡土者谁乎？外人讥中国数千年有国史无民史，非史不求详于民也。由秦汉以下，民生爱力衰薄，国家思想无从发现，故史氏亦无从纪载也。《乡土志》之编，为民史起本，学者童而习之，俾知吾身将与国家有密切之关系，其为舆地第一要义，较之杨子云《州箴》④、

---

① 此《跋》载《聊城县乡土志》卷末。
② 语出《左传·哀公八年》："且夫人之行也，不以所恶废乡。"
③ 语出《论语·里仁》："君子怀德，小人怀土；君子怀刑，小人怀惠。"
④ "杨子云《州箴》"，即扬雄仿《虞箴》而撰写的地理总志《十二州箴》，简称《州箴》，早佚，（清）廖寅、王谟共辑得十二条。

班氏《汉书·地理志》，顾不重哉？聊城，春秋、战国之世为齐西边县，有夷仪聚①，盖邢、卫之旧也。五十年前物产丰而人文盛，最为商贾辐辏之区。自漕艘停运，会通河淤垫，不以时修，稍形敝矣！然其故家遗俗犹足称海邦一大雄镇。是编邀集绅士商订，经始光绪丁未冬，讫戊申年二月。凡阖县乡土事例所应志者循而志之，匪第摅怀旧之蓄念，抑将以奋作新之精神。余虽暂权于兹土，有厚爱焉。是为跋。

准补博平县调署聊城县知县向植②谨跋。

---

① "有夷仪聚"，在山东省聊城县西南十二里。《后汉书·郡国志》："东郡聊城有夷仪聚。"夷仪为周代邢国之都，在今山东聊城西南。周惠王十八年（前659），赤狄攻邢。邢溃，迁都于夷仪，齐、宋、曹等国为之筑城。周襄王十八年（前635），卫灭邢，其地归于卫。该地后世有夷仪聚。

② 向植，湖北沔阳州人，举人，光绪三十三年（1907）署理聊城县知县。

堂邑县

一 《（万历）堂邑县志》

　　《（万历）堂邑县志》，王应乾纂修，万历三十八年（1610）刻本，今佚。卢承琰修、刘淇纂《（康熙）堂邑县志》卷20："县之有志也，自明万历三十七年知县王应乾始也。同纂修者，教谕孙学诗，训导王褒、王卓，邑人举人刘鸿业，贡生张焕如，生员许衣、倪崇德、马云从、王云凤、徐永福、许球、侯效忠、苏成性、饶孔廉、张凤翼，而应乾为之序。"保存了此志纂修的基本信息。

　　此志刊成后，"至崇祯季年，知县杨希震增修，同局者教谕刘永祚，训导尹汤佐、郭建成，邑人知州苏成性、生员张令之、黄松年、苏士伟、乔宧、张石麟"①。此崇祯增修本《堂邑县志》今已不存。入清后，"顺治三年，知县郭毓秀稍加厘定，然去崇祯间岁月近，无甚大损益于旧也"②。可见郭毓秀顺治增修本《堂邑县志》所据为万历修、崇祯增修之本，基本保持了明修县志之面貌，而稍作增补。《（顺治）堂邑县志》分方域志、田赋志、建置志、职官志、人物志、艺文志、灾祥志、杂志八门，内辖三十六目，凡三卷，其中纪述明代历朝户口田赋数字及多件官牍，当即为《（万历）堂邑县志》之旧文。

---

　　① （清）卢承琰修，刘淇纂：《（康熙）堂邑县志》卷20《缘起》，康熙五十年（1711）刻本。

　　② （清）卢承琰修，刘淇纂：《（康熙）堂邑县志》卷20《缘起》。

《（万历）堂邑县志序》①

王应乾

邑之不可无志，犹国之不可无史也。堂故文献区，而志独阙不讲。先是，黄君元春②令是邑，尝从事于斯。然薰莸杂拾，未竟而去。喻君绳祖③继至，谓一邦故实，必邦人能悉之。适宪副许公④在，告币请焉。诺，未果。已而郡伯陆公⑤下檄，谆谆纂修，是属时别驾柯公⑥摄，复待命许公，且割养廉以需成事。及乾至⑦，问邑乘无有也。即亦诣许公请，又不果。今且叨饩三载矣。予既于役久，耳目睹记，少少得梗概，益搜猎省、郡二志，遍诹乡三老，更与学博诸君子分校雠焉。志成，既杀青，抚卷踟蹰，不觉恧然怍，犹然疑，终则逌然自醳⑧已。

夫志，政之经也，化之所由基也，绵既往而诏将来也。必赅必文，而后可以观，可以训。予才乏三长，挂者尠而漏者众，璞者十而琢者一，宁不滋览者掩口乎？然史之为道，无嫌于阙文，无恶于存质，是编虽铅椠卤

---

① 此《序》载《（康熙）堂邑县志》卷20。

② "黄君元春"，即黄元春，万历二十年（1592）任堂邑县县令。（清）卢承琰修，刘淇纂《（康熙）堂邑县志》卷8《职官》："黄元春，江西金谿县人，举人，万历二十年任，留意兴革，多所建置。"

③ "喻君绳祖"，即喻绳祖，万历三十二年（1604）任堂邑县知县。（清）卢承琰修，刘淇纂《（康熙）堂邑县志》卷8《职官》："喻绳祖，四川内江县人，进士，万历三十年任，升大理寺评事。"

④ "宪副许公"，即许维新。许维新（1551—1628），字周翰，山东堂邑人，万历元年（1573）举人，十七年（1589）进士。初授山西泽州知州，历任刑部清吏司员外郎，户部清吏司郎中，直隶宁国府、浙江松江府知府，河南、山西按察使司按察史，光禄寺少卿，户部侍郎，以疾乞归。卒，诰封都察院右都御史。公耿直廉洁，恶奢侈，恤贫困，鄙奸佞，藐魏忠贤等。文章高古，力尤工书。著有《河东兵事略》《郡邑谈》及文集若干卷。

⑤ "郡伯陆公"，即陆梦履。陆梦履，昆山人，进士，万历三十二年（1604）任东昌府知府。

⑥ "别驾柯公"，即柯时遇。柯时遇，黄岩选贡，万历三十五年（1607）任东昌府通判。

⑦ "及乾至"，"乾"即王应乾，万历三十五年（1607）任堂邑县知县。（清）卢承琰修，刘淇纂《（康熙）堂邑县志》卷十一："王应乾，南直隶睢宁县人，进士，万历二（按，当作'三'）十五年为知县。才力恢赡，多所兴建，革除大户收解之累，行挨甲募派收头之法，民便利之。历官至大名道副使。"

⑧ "醳"，同"释"。

莽，斐然不足，而事不滥，言不饰，庶几称实录焉。昔邰人存善㘎①者，其㘎之言，率军国大计。邰侯闻之，惧而修政，国用乂安。㘎也犹尔，矧简策章章如是，傥后之君子有概②于中，砥修鼎树，流润无方，则是编未必无小补，或可媲于邰人之㘎乎？即予以不贶不文，而滋览者掩口，甘之矣。

二 《（康熙）堂邑县志》

《（康熙）堂邑县志》，三卷，张茂节纂修，康熙十一年（1672）刻本。此志今存卷二、卷三，卷一及卷前序文佚，其修志原委已不可详考。此本为存世孤本，藏国家图书馆。卢承琰修，刘淇纂《（康熙）堂邑县志》卷二十称："康熙七年，知县张茂节增修。同局者训导隋之杰，邑人中丞黄图安，同知李之矩，训导李教典，生员李观生、苏士任、苏化鳞、穆统祖、景捷然。"《中国地方志联合目录》著录为康熙十一年（1672）刻本，则此志当始修于康熙七年（1668），而刊刻于十一年（1672）。其纂修者张茂节康熙二年（1662）至十一年（1672）任堂邑县知县。《（康熙）堂邑县志》卷八："张茂节，字蔚宗，江南沭阳县人，贡生，康熙二年任，惠爱才敏，吏不敢欺。劝垦正赋，悉如原额，而民不知累。凡所利惠，不惮兴除，一遇灾祲，诚恳请命。举废理坠，唯力是视，至今称之。"则此志之刻，当在张茂节任堂邑县知县之末年。

此志更易旧志部分门类，其卷二为名宦志、职官志、人物志、选举志、灾祥志；卷三为艺文志、杂志，约五万字。增补明末以来人事较备。前志不立名宦，选举并入人物，是志增立名宦，分立人物、选举，门类更加完备。艺文亦有增补，如黄图安《田赋公议五条》论及明清之际田赋之弊，具有较高价值。

---

① "㘎"，同"吆"。
② "概"，通"慨"。

《（康熙）堂邑县志序》①

许宪副者，即许侍郎维新也。侍郎有《邑谈》一卷，考证辨驳，颇为浩博，而旧志都不采一语，其故何耶？侍郎屡见请而未果者，慎而难之耳。然未几内召去，王宰遂依据郡、省二志，掇拾赋役、职官、人物之属，以足成之耳。《邑谈》之作，当在志成之后。既不可与令争短长，且辑而藏之，以待来者，故王宰不复见也。然县故有高士穆策②撰志六卷，自谓准康修撰海《武功志》例③而作。其所载人物亦多王志所略。王即不见《邑谈》，亦当不求穆水耶？然策自云：志凡六十纸，其目五十六，十纸则过简，五十自④则过繁。许明经泓所求得残编，未知是策所以否？而仅仅六十纸，则与其言应。顾其述人物较详耳。至于讲求因革，贯穿今古，则犹吾大夫崔子焉。

大凡著述必赖依缘，凭虚而造，虽圣者不能也。太史公采《左传》《国语》《世本》《战国策》，而为《史记》。班氏因刘向歆父子、扬雄、史岑、冯衍辈，续撰《史记》，而成《汉书》。下逮陈、范，莫不皆然。

---

① 此志卷首《序》及卷一已佚，此《序》载《（康熙）堂邑县志》卷20，称"王序"，然不详其名。

② 穆策，堂邑人，儒学大家穆孔晖之从子，尝撰《县志》六卷。《（康熙）堂邑县志》卷十七："（策）绩学有文声，弱冠为诸生，应解试，见唱名夹持，露索汹汹，叹曰：'此岂所谓宾兴乎'？投其笔研而还，隐居骆驼山村，自号为'驼山'，颜其室曰'伐檀'，啸歌其中。好为诗，有数千篇，疏野沉至，如老树婆娑，意态自生。文简之同年生尝赠诗曰；'驼山才藻旧知名，笔底烟云万化生。可恨不为廊庙用，只将吟咏自陶情。'策尝撰《县志》六卷，载职官、人物特为详审，颇自矜许。屡谋刻而不能。明经许泓渊明于蠹册中得之，幸大半存，然后相与求其轶事录之，殆将湮没焉。且其投笔事与华亭陈征士继儒绝相类。陈传而策隐，岂非通都大邑，朋友之助多与？然其人既尝已矻矻用心，必不至于卒湮没，而鬼神亦将呵护之，则今日之撰录，非偶然也。"

③ "康修撰海《武功志》例"，康海纂《武功县志》三卷，分为地理、建置、祠祀、田赋、官师、人物、选举七目，二万余字，历来评价颇高。王士禛称："予所闻见前明郡邑之志，不啻充栋。而文简事核，训词尔雅，无如康对山志武功。"石邦教称：《武功志》"七篇，文简而明，事核而要，且其义昭劝鉴，尤严而公，乡国之史，莫良于此志矣。"《四库全书总目提要》加以征引，并且肯定二人之评"非溢美也"。而章学诚《文史通义》外篇三《书武功志后》对此志颇有批评："今观其书，芜秽特甚。盖缘不知史家法度、文章体裁，而惟以约省卷篇，谓之高简，则谁不能为高简邪？"

④ "自"，或当作"目"。

欧阳公《五代史》殆同腐迁之瀵，而华瞻博丽则远谢曩哲，良由乱代崩离，文字灭裂，无可载耳，以故欧公常形叹恨。今之撰录，岂敢仰攀庐陵？而旧志无征，将均斯恨矣。《史通》云："为史之道，其流有二。书事记言出自当时之简，勒成删定归于后来之笔。然则当时草创者资乎博闻实录，若董狐、南史是也。后来经始者，贵乎隽识通才，若班固、陈寿是也。必论其事业前后不同，然相须而成，其归一揆。"① 夫博闻实录，既不著于前，虽隽识通才，亦无所展于后矣。且世有拙工，不安厥分，妄以蠡管之识，篡易不刊之书。岂惟斫小大木，亦且行伤其手。如其闻见最审，别为续略，如《邑谈》之类，以待能者，便是南董②之流矣，又何病耶？非识则陋，非学则空，非才则拙。叙一事一物不可，而况于大纪载乎？然则兼长备善，未可责之人人。而巢居抔饮，固飀流所自，又不可以或略者也。爰次前志根起大凡，及其一时同局姓氏，庶览者有所考焉。

三 《（康熙）堂邑县志》

《（康熙）堂邑县志》二十卷，卢承琰修，刘淇纂，此志为奉府檄纂修，有康熙五十年（1711）刻本。《中国地方志联合目录》著录为康熙四十九年（1710）刻本。今检卷前孙元衡《序》作于康熙五十年（1711），故系此志初刊于五十年（1711）较为妥帖。光绪十八年（1892），堂邑县县令赵昉熙重刊。本书所录，皆据此本。是志卷前载黄奉璋光绪十八年（1892）重刻《序》及康熙中卢承琰、孙元衡《序》，约十二万字。

此志分疆域、建置沿革、星野、形势、城池、里甲、山川、封建、公署、学校、户口、赋役、仓庾、祠祀、兵防、铺递、漕渠、桥梁、坊表、寺观、古迹、丘墓、风俗、物产、灾祥、职官、名宦、选举、人物、艺文、缘起、述例三十二篇目。是志平列各目，眉目明晰，增轶续补，翔实精审，其疆域沿革引证谨严，多所考证；户口、赋役依据档册，详录其数；增立缘起、述例，考述历次修志原委，并

---

① 此段转引自刘知几《史通》卷十一《史官建置》，文字稍有不同。

② "南董"，春秋时代齐国史官南史、晋国史官董狐之合称，二人皆以直笔不讳著称。

述此志各目之大旨，颇有史风。

《（康熙）堂邑县志序》①
黄奉璋

县之有志，犹国之有史、家之有乘也。我堂旧志焚燬，欲修未能。邑人士咸以无所考稽，不能重修为憾。去岁，胡公启煐②于朱去矜先生家得旧志一部，继又于姚正华先生处获旧志对样一部，然书虽间出，而存者罕有，好古积学之士深以为忧。幸今春邑侯赵公昉熙③来莅吾邑，始慨然于志书之刻。凡置邑沿革、赋役职官、人物宦绩皆详于是，抑亦宰斯土者所宜留意也。爰捐俸重刊，命余与许君公绍付工剞劂，历月而工竣。同志者皆乐于此书之成，斯文不坠，悉由邑侯之力也。曰是不可以不志，因不揣固陋，用述巅末云尔。

后学者华黄奉璋较刊，介卿许公绍参阅。

《（康熙）堂邑县志序》④
卢承琰

紫阳朱子⑤守南康，甫下车，辄问郡志⑥，论者以为知所先务，良以疆理之险夷、风俗之美恶、政事之醇疵、民生之利病，莫备于志，而有心治平者之不可以或略也。

---

① 此《序》载《（康熙）堂邑县志》卷首。
② "胡公启煐"，即胡启煐。启煐，字少卿，江苏江宁府监生，光绪十二年（1886）任德平县知县，后任堂邑县知县。
③ "赵公昉熙"，即赵昉熙。昉熙，四川宜宾人，举人，光绪十三年（1887）任莱芜县知县，十八年（1892）任堂邑县知县。
④ 此《序》载《（康熙）堂邑县志》（光绪十八年）卷首。
⑤ "紫阳朱子"，即朱熹，紫阳先生为朱熹之尊称。朱熹（1130—1200），字元晦，一字仲晦，号晦庵，晚称晦翁，又称紫阳先生、考亭先生、云谷老人，谥文，又称朱文公。祖籍南宋江南东路徽州府婺源县，出生于南剑州尤溪。朱熹为南宋著名理学家、思想家、哲学家、教育家，闽学派代表人物，世称朱子，为孔子、孟子以来最杰出的儒学大师。
⑥ "辄问郡志"，朱熹初任南康守，即询郡志，对志书颇为重视。《（康熙）西宁县志》之《后序》："昔紫阳朱夫子守南康，下车即询郡志，识者谓其知治体。"

堂邑志创始明万历中，大抵依并郡志为之，草昧权舆①，岂曰非贤？然而体例无章，叙述失次，舛讹相望，逸脱恒多。虽屡有增修，而纷拏②弥甚，每一展绎，未尝不掩卷喟然也。承琰代匮兹邑，于今五年，直仍歉之余，黾勉倥偬，日不暇给，安能复治簿书外事？但望古愧负而已。郡伯龙眠孙公③以韩、欧之才，布龚、黄之化，二年政成，民大和会，乃讲求郡志，将更张之。爰檄属城各举厥职，为削稿之资焉。琰才力绵劣，方以大不克承公志是惧。而确山刘君淇武仲不我鄙夺，惠后肯来，爰乃开局从事。邑孝廉侯君祜纯锡、明经许君泓渊明等温文谨愨，取信乡党，一言一行，博采精讨，弗滥弗遗，以佐厥成。凡为篇三十有二，有体有要，事核义深，严简畅茂，蔚为令典。譬如李临淮代将朔方④，士马旌麾一皆故物，经其号令，壁垒皆新，岂唯一邑之伟编，斯方舆之令躅也？昔者汝南之政成于孟博⑤，南阳之功推诸公孝⑥。而二守任善之声，亦闻方内。琰

① "权舆"，起始。《诗·秦风·权舆》："今也每食无余，于嗟乎！不承权舆。"朱熹《诗集传》："权舆，始也。"

② "纷拏"，混乱错杂貌。王逸《九思·悼乱》："嗟嗟兮悲夫，肴乱兮纷拏。"

③ "龙眠孙公"，即孙元衡。孙元衡之生平见前文注释。

④ "李临淮代将朔方"，李临淮即李光弼。李光弼（708—764），营州柳城人。天宝十五年（756），任河东节度副使，东出井陉，参与平定安史之乱。乾元二年（759），任天下兵马副元帅、朔方节度使。上元二年（761），以河南副元帅、太尉兼侍中出镇临淮，震慑诸将。次年，安史之乱平定，李光弼"战功推为中兴第一"，绘像凌烟阁。广德二年（764）病逝，年五十七，世称"李临淮""李武穆"。李光弼足智多谋，治军威严有方，善于出奇制胜。《旧唐书》卷152："观军容使鱼朝恩以（郝）廷玉善阵，欲观其教阅。廷玉乃于营内列部伍，鸣鼓角而出，分而为阵，箕张翼舒，乍离乍合，坐作进退，其众如一。朝恩叹曰：'吾在兵间十余年，始见郝将军之训练耳。治戎若此，岂有前敌耶？'廷玉凄然谢曰：'此非末校所长，临淮王之遗法也。太尉善御军，赏罚当功过。每校旗之日，军士小不如令，必斩之以徇，由是人皆自效，而赴蹈驰突，有心破胆裂者。太尉薨变已来，无复校旗之事，此不足军容见赏。'"

⑤ "汝南之政成于孟博"。孟博即范滂。范滂（137—169），字孟博，汝南征羌人，与郭林宗、宗慈、巴肃、夏馥、尹勋、蔡衍、羊陟并称为"八顾"。范滂举孝廉，后调任光禄勋主事。太守宗资聘为郡功曹，委以政事。建宁二年（169），汉灵帝刘宏诛杀党人，范滂就义。《后汉书》卷67记范滂为政："太守宗资先闻其名，请署功曹，委任政事。滂在职，严整疾恶。其有行违孝悌、不轨仁义者，皆扫迹斥逐，不与共朝。显荐异节，抽拔幽陋。滂外甥西平李颂，公族子孙，而为乡曲所弃。中常侍唐衡以颂请资，资用为吏。滂以非其人，寝而不召。资迁怒，捶书佐朱零。零仰曰：'范滂清裁，犹以利刃齿腐朽。今日宁受笞死，而滂不可违。'资乃止。"

⑥ "南阳之功推诸公孝"，"公孝"即岑晊。岑晊，字公孝，东汉末棘阳人，才高而有大志，五经六艺，无不洞贯，被南阳太守成瑨聘为功曹，与刘表、范滂、范康、张俭、孔昱等八人称"江夏八俊"。岑晊不畏权势，不避豪强，时人称"南阳太守岑公孝，弘农成瑨但坐啸（闲坐无事）"。

也不才，窃自喜比踪二守矣。虽坐啸画诺何病焉？然向非明府君启发督勉，则疲薾小宰，亦鞅掌因循，卒见诟为不知务耳。此子舆氏所谓有待而兴者乎？琰滋愧矣。

大清康熙四十九年岁次庚寅涂月①，文林郎堂邑县知县辽海卢承琰②撰。

《（康熙）堂邑县志序》③

孙元衡

九州之志，谓之九邱④，言九州所有、土地所生、风气所宜皆聚此书也，志之为书尚矣。今之《一统志》总汇各省《通志》以为书，《通志》荟蕞《郡志》以为书，而《郡志》亦即搜辑诸州各邑之志以为书，是故志莫先乎州县也。详而核，明而有体，多不涉支，寡不病漏，如是而已，庸讵骋词锋笔锷之恢张诞漫，大者罩天地之表，细者入毫纤之内，侈丽斗靡云尔乎？凡以鉴古准今，酌兴革而定从违，阐幽微而彰风尚，是用本乎劝戒也。且夫事无难易，振而后兴，因仍窳堕，其所为弛而弗张者岂少哉？

往昔官于其地而志之者，所在多有。樊绰撰《云南志》，洪遵撰《东阳志》，周彦广撰《临安志》，董令升撰《新定志》，任弅撰《梁益志》，刊正蜀志之谬，冯拯撰《番禺纪要》，刘恂撰《岭南异录》。他如李琮《相台记》，命文学掾陈申之撰之。陈晔《鄞江志》，俾昭武士人李皋为之。赵学俊《长沙志》，令教授褚孝锡撰之。大抵撰述厘定，非一人一手之烈。而读其书者，辄以觇治绩之所存。余守东郡之明年，方有事于《郡志》修辑之举。帖下属邑，于是堂邑卢君征文征献，延致确山刘子武

---

① "涂月"，又名腊月，指农历十二月。《尔雅·释天》："十二月为涂。"俞樾《群经平议·尔雅二》："十一月为辜，十二月为涂。辜之言故，涂之言除也。一岁至此，将除去故旧而更新矣，是以十一月谓之故，十二月谓之除也。"

② 卢承琰，字禹锡，奉天人，康熙四十五年（1706）任堂邑县令。

③ 此《序》载《（康熙）堂邑县志》（康熙五十年）卷首。

④ "九邱"，传说中我国古书名。《左传·昭公十二年》："楚左史倚相趋过，王曰：'是良史也，子善视之，是能读'三坟''五典''八索''九丘'。'"杜预注："皆古书名。"《〈尚书〉序》："九州之志，谓之'九丘'。丘，聚也，言九州所有、土地所生、风气所宜，皆聚此书也。"

仲，与邑诸生之博见洽闻者考核典籍，采摭群言，援据旧闻而更新之。凡数阅月而堂邑一志裒然成帙，得巨观矣。刘子淹雅有声，艺林多所推服，其所甄录良非苟然。书既成，刘子谓余曰：镜往范来，发潜甄逸，颇单厥怀，此撰志之大要，而尤纂续旧志者所宜研虑。极心笔削，迄无遗憾而后快者也。余既衔恤卸篆，未遑聿观厥成，嘉叹刘子批隙导窾，技进乎道。卢君知人善任，两相得而益彰。爰泚笔而弁其端，其将以此为《郡志》之嚆矢乎？

康熙五十年岁次辛卯夏五，中宪大夫东昌府知府桐城孙元衡撰。

临清州

一 《（嘉靖）临清州志》

《（嘉靖）临清州志》，十卷，成宪修，方元焕纂，嘉靖四十年（1561）刻本。宁波天一阁原有藏，至清末散佚不传。

此志为平目体，张祥鸢《序》称此志分表二、记二、书九、传十，秦祐《序》称此志凡二十八目，《（乾隆）临清州志凡例》称此志"州孝廉两江方君撰书十卷，列目二十又二"，著录各有不同。方元焕为临清人，此志"征考确凿，义例详明，最为善本"，颇受后人重视。康熙十二年（1673），以"奉文重修，当事者以宪行限促，乃就方志漫加改削"，则《（康熙）临清州志》所记明事当多为此嘉靖修《临清州志》之旧文。

《（嘉靖）临清州志序》①
张祥鸢

成大夫②守临清，按州之志，以征俗而出政焉。州故有志，所从来旧矣。俗移于时之屡迁，俗不可以旧文征也。又迩事阙未志，志宜修。乃征

---

① 此《序》载《（康熙）临清州志》卷首"临清州志旧序"，又载《（乾隆）临清州志》卷一"旧序"，题"嘉靖临清州志前序"。

② "成大夫"，即临清州知州成宪。《（康熙）临清州志》卷1《职官》称："成宪，无锡人，举人，嘉靖辛酉修临清州志。"《（同治）重修宁海州志》卷12《职官志》记宁海州知州题名称："成宪，无锡举人，嘉靖四十一年任。"据此，则成宪在临清州知州任内主持纂修《临清州志》之次年，即转任宁海州知州。

学士家修焉，而授简于方君①。阅再月而志成，斯已勤矣。表凡二，维是州之徙置代殊者、疆里之奄亘者表书之。记二，星分之主其地者、民风之代相沿者记。书之志九，自雉堞、台署以下，凡为州所缮创者、川梁之萦带者、以使事吏事临者、祀秩载在令甲与秩而令甲未载者、材之境产而上输者、士之第若贡者、戎事禁网之森设者、祥祲之间现者，志书之。传十，宦誉乡评可以表俗俗所俎豆者、贤而未俎豆需时者、侨籍者、独行者、以虒封贵者，仙释异流例得志者，传书之，而志终焉。

夫志，事以经之，时以纬之，其裁严，其文核，志体也，事具而后俗可征。秦人未适越者，不识舟楫何状，披越之志而按焉，则若鼓柁而行乎泽国之中。故韩宣子之观鲁②，季子之观列国③，咸于其文征也。仕者之始入境也，俗之未谙，何啻秦越？志具而可征，则拱手而坐乎幄中，流览四境，穷阎僻里之情状森陈于阶序，可接而瞭焉。张弛挥霍，政不庋俗，

① "方君"，即方元焕。方元焕（1368—1620），字子文，又字晦叔，别号两江，歙县信行人，山东临清籍，嘉靖十三年（1534）乡贡，明代著名文学家、书法家。善草书，挑达横放，有狂旭颠素之态，齐鲁人极重之，而江左不重也。时有"家无两江字，不是大人家"之誉，"安南驿使不惜千金买其字"。周思兼评其书法称："两江书如卫霍子弟兵，千里赴利，神气自倍；又如鹰隼乘风搏狐兔，转顾自如。"《艺苑卮言》评价方书"作行草，自矜以为雄伟有力，而疏野粗放，署书稍胜"。方元焕善诗，亦为时所重，《古欢堂集》卷29《谢四溟故宅记》："又清渊人与茂秦同时者孝廉方元焕，字两江，以行草擅名，亦能诗。王元美斥以为疏野粗放，备诸恶道。以余观之，要其才致翩翩，亦四溟之亚欤？"

② "韩宣子之观鲁"，韩宣子，名起，晋国贵族，辅佐晋悼公复兴霸业，后任中军元帅。鲁昭公二年（前540），奉命出使鲁国。《左传·昭公二年》："二年春，晋侯使韩宣子来聘，且告为政而来见，礼也。观书于大史氏，见《易》《象》与《鲁春秋》，曰：'周礼尽在鲁矣。吾乃今知周公之德，与周之所以王也。'"

③ 季子，即吴国公子季札。《左传》："吴公子札来聘……请观于周乐。使工为之歌《周南》《召南》。曰：'美哉！始基之矣，犹未也，然勤而不怨矣。'为之歌《邶风》《鄘风》《卫风》，曰：'美哉，渊乎！忧而不困者也。吾闻卫康叔、武公之德如是，是其《卫风》乎？'为之歌《王风》，曰：'美哉！思而不惧，其周之东乎？'为之歌《郑风》，曰：'美哉！其细已甚，民弗堪也，是其先亡乎？'为之歌《齐风》，曰：'美哉！泱泱乎，大风也哉。表东海者，其大公乎？国未可量也。'为之歌《豳风》，曰：'美哉！荡乎！乐而不淫，其周公之东乎？'为之歌《秦风》，曰：'此之谓夏声，夫能夏则大，大之至也，其周之旧乎？'为之歌《魏风》，曰：'美哉！沨沨乎，大而婉，险而易行，以德辅此，则明主也。'为之歌《唐风》，曰：'思深哉！其有陶唐氏之遗民乎？不然，何忧之远也！非令德之后，谁能若是！'为之歌《陈风》，曰：'国无主，其能久乎？'自《郐风》以下，无讥焉。"

民习而安之。志具也，气化人事之代谢升降也。世异而岁不同，不胶于陈迹，而与时推移，斯谓因时之政。志具而时变阙焉，即具犹无征也。执南讹①之民，而使其观东作②之历以兴事，此所谓舛也。故志之茸，不嫌于亟也。志时也，具且时，则必述已事，网时变。拾毛琐之繁，以芜其大者、急者，甚则是非颇谬于舆论，而去取失真，此其所以敝也。滋兰之畹不蕃，冗卉惧蔓之乱芳也。史迁叙数千载之事，其文不半于魏收③。后之评史者，卒良迁而秽收，黜芜蔓也。志乌可以无裁而徒滋蔓耶？其裁严，则其文简。史氏惧其简而近于陋，从而文之，文浮而实暗矣。谈汉事者，未闻稽诸《两都赋》④文也。里巷闺门之讴吟，太史采而陈之，而民风可观，其实存焉耳。故志核而后俗可征也。志体也，方君出其所茸志观予，而属序于予。序曰：君所茸志，志之体存焉。赡而不逸，时而不违，裁而不秽，核而不靡，志矣哉！若夫按志而知道有升降，政由俗革，则少史氏之论备矣。宜存之，以告夫观民风暨吏于兹土者。

---

① "南讹"，指夏时耕作及劝农等事。

② "东作"，即春耕。《尚书·尧典》："寅宾出日，平秩东作。"孔传称："岁起于东，而始就耕，谓之东作。"司马迁《史记·五帝本纪》："敬道日出，便程东作。"

③ "其文不半于魏收"，指司马迁《史记》之篇幅尚不及魏收《魏书》之半。魏收（507—572），字伯起，小名佛助，钜鹿郡下曲阳县人。收出身巨鹿魏氏，机警敏捷，颇有文采，与温子升、邢邵并称"北地三才子"。初仕北魏，拜太常博士。再仕东魏，拜散骑常侍、中书侍郎、撰修国史。北齐建立后，拜中书令、秘书监、著作郎，掌管诏诰，总议监五礼事，参与修定律令。天保八年（557），加太子少傅。武平三年（572）去世，谥号文贞。天保二年（551），魏收受命撰写北魏历史，《北史·魏收传》："收于是与通直常侍房延佑、司空司马辛元植、国子博士刁柔、裴昂之、尚书郎高孝干专总斟酌，以成《魏书》。辩定名称，随条甄举。又搜采亡遗，缀续后事，备一代史籍，表而上闻之。勒成一代大典：凡十二纪，九十二列传，合一百一十卷。五年三月，奏上之。秋，除梁州刺史。收以志未成，奏请终业，许之。十一月复奏十志：天象四卷，地形三卷，律历二卷，礼乐四卷，食货一卷，刑罚一卷，灵征二卷，官氏二卷，释老一卷，凡二十卷。续于纪传，合一百三十卷。分为十二表，其史三十五例，二十五序，九十四论，前后二表一启，皆独出于收。"此书繁冗，并多脱漏。书成之后，众口喧嚷，指为"秽史"。魏收三易其稿，方成定本。

④ 《两都赋》，班固作，为汉大赋代表作，分《西都赋》《东都赋》两篇。《西都赋》由假想人物西都宾叙述长安形势险要、物产富庶、宫廷华丽等情况，暗示建都长安的优越性；《东都赋》则由另一假想人物东都主人对东汉建都洛阳后的各种政治措施进行美化和歌颂，意谓洛阳当日的盛况，已远远超过了西汉首都长安。

嘉靖辛酉相月①之吉，赐进士第承德郎户部主事京口张祥鸢②撰。

《（嘉靖）临清州志序》③
秦 祐

夫予以言放归，退处荒圃，闭门省愆有年也。俯仰今昔，优游岁月，以适造化而已。二守④秀水张君⑤过庐而告之曰：愚奉州主无锡成君命，谓宪司南充石洲张公⑥、海阳井居成公⑦相绪斯土，共道新志完，行将梓

---

① "嘉靖辛酉"即嘉靖四十年（1561）。"相月"，即七月。《尔雅·释天》："七月为相，八月为壮。"郝懿行义疏："相者导也，三阴势已成，遂导引而上也。"张岱《夜航船·天文部·时令》："三秋曰相月、壮月、玄月。"

② 张祥鸢（1520—1586），江苏金坛人，《新纂云南通志》卷128《名宦传五》："张祥鸢，江南金坛人，进士。万历初，任云南知府，学问渊邃，督书院诸生课艺，时加评骘。政事明决无停牍，无冤民。"张祥鸢工诗，著有《华阳洞稿》二十二卷，前有万历己丑王樵序。纪昀等《四库全书总目提要》卷178《集部》三一别集类存目五《华阳洞稿提要》称："明张祥鸢著。祥鸢字道卿，别号虚斋，金坛人。嘉靖己未进士，历官河东运司同知、知云南府。是编文十三卷，诗九卷。祥鸢多与嘉靖七子相往还，而诗能不涉其窠臼，然其所造尚未深也。"《翁方纲撰四库提要稿》记述张祥鸢生平与此略同，而评《华阳洞稿》则较详："祥与嘉靖七子相往还，而诗尚不染其习，时人传其'雁嘶江塞月，人枕戍楼霜'之句。是稿第十三卷以前皆文，后九卷皆诗。应存目。"

③ 此《序》载《（乾隆）临清州志》卷一《旧序》，题"嘉靖临清州志前序"。

④ "二守"，本指春秋时齐国国父、高傒两守国重臣。《左传·僖公十二年》："王以上卿之礼飨管仲，管仲辞曰：'臣，贱有司也，有天子之二守国、高在。若节春秋，来承王命，何以礼焉？'"杜预注称："国子、高子，天子所命为齐守臣，皆上卿也。"此当代指临清州知州。

⑤ "秀水张君"，即张浣。浣，浙江秀水人，嘉靖中曾任临清州同知。

⑥ "南充石洲张公"，即张鉴。鉴，四川南充人，嘉靖二十九年（1550）进士，授浙江会稽令，升山西巡按使，又以右金都御史巡抚山东。张鉴诚朴无华，持身高洁，一心为公，务去民害。见田多荒芜，上垦事宜，清除其宿欠，免役三年；又请官给流民还者以田契、牛、种，因而受命兼理营田，行丈粮垦田、保甲弭盗法。后以疾归，复起为总督粮储。张鉴平生廉洁，卒时囊无一金，著有《皇极经世衍义》《赋役法》《屯操奏案》《石州奏疏》等，曾刻印苏洵《嘉祐集》十五卷，《四川通志》有传。《（康熙）临清州志》卷1《职官》记张鉴称："南充人，进士，历仕本省左参政。"

⑦ "海阳井居成公"，即成子学。子学，字怀远，号井居，潮州海阳人。嘉靖十六年（1537）举人，二十三年（1544）进士，初任江西峡江县令，裁减革除苛捐杂税。曾师事王守仁，深得"良知"要旨。江西吉水罗洪先学问深湛，为王守仁私淑弟子，两人交往密切，书信往还，共同探究心学。成子学去世后，地方人士奉为乡贤崇祀，并为其建"侍御坊"。《（康熙）临清州志》卷1《职官》记成子学称："海阳人，进士。"

之。梓宜序，序其两溪秦公乎？用求文藻，以丽册籍。予闻而惕然曰：以吾弃置之余，又值日薄之境，潦倒庸劣，徒遗豁达之诮耳。坚辞不获，不得已应之。张君遂出所携志，拜而授焉。连日翻阅，乃作而叹曰：休兹哉，殿撰两江方君，其良史之才、希世之彦也乎？当闻吾郡志久缺，文献实无所稽。正德间，始纂述以成帙，简而略，略则疏，疏则难以示征。嘉靖初，复增葺以裨帙，富而繁，繁则冗，冗则难以示信。匪征匪信，其何能惧？金每病之。

嘉靖辛酉，无锡成君筮仕吾郡守。下车后，留心此志，欲黜芜敦懿，以综全编，计上宪司于石洲张公，于井居成公，咸是之。乃礼延于殿撰方君而颛局焉。盖恐涉于筑室道旁之恙也。方君素抱奇思，夙蕴宏学，渊览而洞识，穷搜而博考，繁者删之，略者补之，事不必侈，惟其核，语不必赘，惟其确，提纲演目，例为十卷廿有八条，理明见定，义正辞严，郁郁哉其雅矣乎！溯而言之，天道为之昭焉，地道为之则焉，人道为之备焉，国计为之周焉，民用为之裕焉，宦迹为之审焉，文物为之彰焉，劝戒为之悉焉，杂记为之翼焉，是皆心上经纶，敷为纸上轨范，《周礼》职方氏之英谋、司马子长公之逸驾也。辉煌郡志，黼黻洪猷，其利益岂浅浅哉？

窃以志也者，政之本也；政也者，志之用也。非志则无实可宗，何以言政？非政则无据可行，何以言志？合而一之，神而明之，则存乎其人焉尔。人存政举，四境宁谧，天下师而效之，熏蒸溶液于变，时雍之化可协和矣，岂止一郡而已哉？故曰：天下者，郡邑之集也。昔李吉甫作《元和郡县志》，谓执此可以治天下。噫，李公者，其古之名言者邪？

郡人两溪秦祐①序。

---

① 秦祐，山东临清人，正德十一年（1516）进士，曾任修武县知县，并作《琴堂清暇》诗："来禋汉帝冢，随上百岩岑。月色中天地，泉声自古今。苔文前代石，杯酒此时心。宾主忘归去，临流坐夜深。"后任礼科给事中，以在大礼议中持反对态度，于嘉靖四年（1525）与王科、沈汉等人俱以"扶同妄奏，发原籍为民"。

《（嘉靖）临清州志序》①
方元焕

州旧有志，凡再举矣。余往为诸生，尝厕局末。顾始者例衍而事逸，其后附闻望以为雄，掂浮冗以为富，观者咸无取焉。州伯无锡成公祇敷政教，旁及兹典。而南充张公、海阳成公并以宪节提兵在州②，因为文以请，二公是之，授以审画，乃介同知秀水张君即愚谋焉。愚谢不敏者三，又窃念身州产也，曾无寸劾，辄黾勉从事。夫今州县，古列国也；志，列国史也。昔者，鲁史，圣人作之，以道权天下之是非，岂易言哉？顾吾州肇基西京，受名后赵，徙置不常。虽弹丸之封，入国家则漕川之委汇、畿甸之喉襟，郁为南辅，称雄海内。故斟酌物轨之变，图惟窳隆之风，要非他土比也。纪核不密，乌望默定而神移之？此三更辑正，岂嫌复哉？陆次公有言：志一方而天下可征矣。此之谓也。若曰政不必皆官，识法者即可立；教不必皆师，见道者即可端，则吾岂敢，则吾岂敢？

两江方元焕序。

《（嘉靖）临清州志后序》③
成　宪

州地于古，当中原之都会。明兴，肇建两京，而吭搤辐持于其中。昔人谓镈天中区，控地四鄙，咽喉九州，阃域函夏。吾于临清亦云历二百禩，祖宗之经画、风气之渗漉、人文政纪赜焉流错，比予剖

---

① 此《序》载《（乾隆）临清州志》卷首《旧序》，题"嘉靖临清州志后序"。
② "以宪节提兵在州"，即担任分巡东昌道。《（康熙）临清州志》卷1记述此职称："按察使司副使凡诸所要害出使贰人提兵莅之，曰兵备。明成化甲辰始设，问理刑名，操练人马，协同抚按控制一方。府一：东昌；州二：临清、高唐；县十有五：聊城、清平、茌平、博平、堂邑、冠县、莘县、馆陶、丘县、夏津、武城、东阿、平阴、阳谷、寿张；卫三：平山、东昌、临清；巡检司五并受管辖。"
③ 此《序》载《（乾隆）临清州志》卷1《旧序》，题"嘉靖临清州志后序"。

竹承乏，皇皇如也，将披图籍以求康治之计。顾旧志者多历年所，镜往证今无从矣。适石洲张公、井居成公先后明厘兹土，宪得伏台议之。咸谓《诗》幸典型之尚在，孔惜文献之无征，盍慎图之？因出宪帑，以俾成事。殿撰两江方君博物洽识，时称良史之才。乃肃币礼请，君方读礼而综研，有暇力，不再月，其稿帙设表体国，取裁于职方；总核物赋，摹形于《禹贡》；缵缉典训，准义于《尚书》；苞举庶类，参俸于国史。天人之际，事物之宜，如视诸掌。予曰：懿哉，州化其繇成与？或称，州凤治仍之，如何？夫汉风淳而禁纲疏，文翁[1]修其贲；唐民靡而吏治详，常衮[2]道以雅。故土沃棘则错财用，俗登下则易化术。时常变则兵张弛，狱繁靖则刑慎滥。风移思变，民袭尚革，皆政之不可但已也。是故觇几敷化，相疡投砭，上裨王瓯，下视民常，志之罣漏奚训矣？仍其故，岂专城者之思居哉？若其作述体备，是非大公，卓然勒成一家之语，临清自有他州，自无世，有具眼，当必识之。

后山成宪序。

《（嘉靖）临清州志后序》[3]

翟居简

志，史之翼也。夏昉《禹贡》，周详职方。春秋列国，亦皆有史。汉迨班固，始广为志。历魏、晋、隋、唐以还，而郡邑之志种种矣。察俗以立政，省方以立教，不遍天下而悉知其故者，惟志为然。略则弗备，猥则弗精，弗备曷稽，弗精曷信，志曷取乎？甚哉，志不易作也，文通所以难之欤？

---

① 文翁（前187—前110），名党，字仲翁，庐江舒县人，西汉循吏。汉初四川成都一带为边陲。文翁治蜀，首重教育，选派小吏至长安，受业博士，或学律令，结业回归，择优"为右职，次举官至郡守刺史者"。又在成都兴"石室"，办地方官学，入学者免除徭役，以成绩优良者补郡县吏。班固《汉书》评论称："至今巴蜀好文雅，文翁之化也。"

② 常衮（729—783），字夷甫，河内郡温县人。天宝十四年（755），状元登第，授起居郎。永泰元年（765），授中书舍人，后升礼部侍郎。大历十二年（777），拜相，独揽朝政，封河内郡公。唐德宗即位，贬为河南少尹，再贬潮州刺史，迁福建观察使。常衮注重文化教育，增设乡校，亲自讲授，闽地文风为之一振。

③ 此《序》载《（乾隆）临清州志》卷1《旧序》，题"嘉靖临清州志后序"。

临清逵达两都，五民错居，百货灌注，重镇也。相宜以出治，志是观焉。前志经复订，而当书不书、不当书而书者不可每指。不当书书则猥，当书不书则略，稽往信来奚据耶？顷岁，南充张公、海阳成公两夫子继登宪台，肃清兹土。政教既洽，谓当厘而新之。维时州牧伯无锡后山成君谋诸简曰：两江方君漱芳六籍，摘引百家，逸思邃涵，英藻横出，才足以括繁，言足以传远，所见不泥己，所闻不狗人，古之明史曷以尚诸？新厥志，不两江君不可，乃议之台请专局焉。君参之睹记，博之诹询，剟其瑕砾，搴其萧稂，升其元致，标其洞涉，谬者更，讹者正，佚缺者修矣。志成，成君俾简为之序。简读其书，设义命词，依经以昭训；发凡举例，准史以宏规。其综核也审，其进退也严，天壤毕举，民物咸彰；得失并陈，美刺互见。备而不迂，精而不刻，往者存焉，来者考焉，可谓协伦鉴之要，深邱、索①之情者矣。浮而近夸，华而损实，昔之论左氏、司马子长者，有一于是耶？劝戒凛于衮钺，翕辟的于寒暄，洵乎名史之直笔也。一凝睇，而政于斯、教于斯者，察俗省方之概如视诸掌，从革不爽其宜，州治其兴乎？则志之攸系匪轻也。

呜呼，郑侯入关，先收图籍，知天下阨塞户口，树造汉之功。广川建于孝武，郡国计书，先上太史，而丞相入其副，以时钩考。宣宗纂天下风土，为处分语需览省中，而大中之业隆焉。英君硕佐犹汲汲于此，而况寄托专城，于民犹亲；而况兹镇之重，于国家尤急，志顾可缓乎？后山之成是志也，康阜之盛心；两江之作是志也，文献之懿式。虽志一州，匪一州志也，楷今垂后，羽翼国史，则于圣天子万年文明之化，岂不与有助耶？

安阳翟居简②序。

二 《（康熙）临清州志》

《（康熙）临清州志》，四卷，于睿明修，胡悉宁纂。此志始修于

---

① "邱、索"，即"八索""九丘"。"九丘"之注释见前文。《左传·昭公十二年》，楚灵王称赞左史倚相："是良史也，子善视之，是能读'三坟''五典''八索''九丘'。"孔颖达引旧说称："八卦之说，谓之八索。索，求其义也。"

② 翟居简，安阳人，岁贡，曾任大名府内黄县学训导，嘉靖中任临清州学正。嘉靖三十七年（1558）主持修凿临清州文庙泮池，并设三桥石栏。

清康熙十一年（1672），次年成稿，有康熙十三年（1674）刻本，为存世最早的《临清州志》。《中国地方志联合目录》著录为康熙十二年（1673）刻本，然检此志，孔胤樾《后序》及李胤豸《跋》均作于康熙十三年（1674），则此志之刊刻，当在十三年（1674）。此志卷前载于睿明、胡鼎文、贺王昌《序》及旧志《序》一篇、州图三幅，卷后有胡悉宁、孔胤樾、李胤豸《序（跋)》，约十万字。

此志篇目简明，记注赅备，卷一为建置沿革、疆域、星野、古迹、风俗、城池、河渠、公署、职官，卷二为庙祀、学校、赋役、夫役、土产、选举、荐辟，卷三为兵防、名宦、人物、乡贤、孝义、列女、侨寓、地封、仙释、祥异，卷四为艺文。其建置沿革记述临清城垣修造历史，村市详列临清之街、市、巷、厂、口、铺、胡同的名称与坐落方位，对考见明清时期临清城市规模与商业状况提供了丰富资料。

《（康熙）临清州志序》①

于睿明

自仓颉作书，制文字，已肇万世作志之鼻祖矣。由斯以谭六经，皆志也，而不以志名，谓天地古今事物之所陈者，综其全，虽在圣哲，莫之能损益也，故尊之曰"经"。经、史、志，同出而异名，不相离也。自班固纂十《志》，曹大家注补志。②嗣是历代之作志者如充栋。而审所尚，大抵史简而严，志繁而宽。史必衷之馆阁，志不褒夫韦布。昔关尹喜有云：室中有常见闻矣。既而之门、之邻、之里、之党，见闻各异。既而之州、之山、之川，见闻又各异。信夫，高之存金玉，卑之存瓦石③，形上形

---

① 此《序》载《（康熙）临清州志》卷首。
② "曹大家注补志"，曹大家，即班昭。班昭（约49—约120），东汉史学家，名姬，字惠班，扶风安陵人，史学家班彪之女，班固、班超之妹。班固死时，所作《汉书》之"八表"及《天文志》遗稿未能完成。她奉命与马续共同续撰。《汉书》初出，读者多不通晓，她又教马融等诵读。班昭十四岁嫁给同郡曹世叔为妻，汉和帝时，她常出入宫廷，担任皇后和妃嫔们的教师，被称为曹大家。著有《东征赋》《女诫》等。
③ "高之存金玉，卑之存瓦石"，语出关尹子《文始真经》，原文作："不知道妄意卜者，如射覆盂。高之，存金存玉；中之，存角存羽；卑之，存瓦存石。是乎，非是乎，惟置物者知之。"

下，皆道皆器，而猥以六经、《史记》尽之，则是造物者寂甚矣，故一州一邑必有志。

岁壬子之秋，俞旨修志。① 宪檄行州，膺斯任也，遵何道而快愉。常试度之，天下至大，四海至广，计清源一州，不犹大块中之一微尘乎？州有志，不犹列星中之一孤曜乎？志有修，不犹黄钟之奏之一细响乎？不知大块者，微尘之积；列星者，孤曜之聚；黄钟者，细响之推也。此固然，其无足怪。而况清源由县升州②，地居神京之臂，势扼九省之喉，连城则百货萃止，两河而万艘安流。或耕或商或游，如织如鹜如归，既邹鲁文学本于天性，复燕赵悲歌出自慷慨，懿哉！若乃高阜长堤、桥梁塔寺诸景胜，难以琐举。无名山之观，而亦匪僻壤可比，诚东南之一大都会也。

披旧志，修于明嘉靖辛酉，州孝廉元焕方公笔也。方善古文词，以字学鸣天下，迹其所编纪，无愧刘知几三长之说矣。顾事不一手，如钱粮，正供也，而杂之于土产；兵防，戎政也，而牵之以武科。空载群书之名，概曰艺文；长言路氏之谱③，无与献征。甚之，有不必书而书者，有当书而不书者。有既已书之矣，而又为复说以书之者，何多舛也？用是与州绅前刑科掌印给事海若胡公④偕众绅士而谋之，而厘正之，而博采精求之。自旧志迄今一百一十三年之实录，务使洞如秩如，罔敢失坠。上之不

---

① "岁壬子之秋，俞旨修志"，康熙十一年（1672），大学士卫周祚向康熙帝提议纂修《一统志》："各省《通志》宜修，如天下山川、形势、户口、丁徭、地亩、钱粮、风俗、人物、疆圉、险要，宜汇集成帙，名曰《通志》，诚一代之文献。迄今各省尚未编修，甚属缺典，何以襄我皇上兴隆盛治乎？除河南、陕西已经前巡抚臣贾汉复纂修进呈外，请敕下直省各督抚聘集凤儒名贤，接古续今，纂辑成书，总发翰林院汇为《大清一统志》。"康熙帝接受了他的提议，明诏有司督促各郡邑纂志书，以备编纂《一统志》之参考。

② "清源由县升州"，弘治二年（1489），临清升为州，领丘县、馆陶二县，属东昌府。清初沿明制，临清州仍属东昌府。

③ "路氏之谱"，路敬淳（？—697），贝州临清人。少有志学，足不履门。居亲丧，倚庐不出者三年。后举为进士，迁崇贤馆学士。著《姓略》《衣冠系录》等书。唐初姓谱学，唯敬淳名家，后有撰次者皆本之郡氏。尽究姓族之根源及枝脉，当时无出其右者。

④ "前刑科掌印给事海若胡公"，即胡悉宁。胡悉宁，字海若，山东临清人。《（乾隆）临清直隶州志》卷8《人物》记述胡悉宁生平称："胡悉宁，号良庵，顺治六年进士，仕为新昌令。治事勤慎，戢吏抚民，咸得其善。甲午，充本省同考官，殿元史大成，悉宁所得士也。督抚重其才，交荐之，擢刑部主事，历户、礼、刑、工四科都给事。母忧，服阕，改陕西甘山道，秦人颂德不忘。"

负朝廷之巨典，次之不负宪台之明训，中之不掩前人之美，夸示抑扬，下之不丛后人之疑，以为矜才好议者口实。斯志成，而亦可以无憾矣。或曰：志成，俾司牧者得观览焉。历考古来循吏，如龚、黄①、召、杜②、卓、鲁③辈，绩人人殊，曾未闻以志书为衣钵，而收效于戈戈之馀。无亦唯是天地古今事物之所陈者，不可不详也。虽然，为之者亦极难耳。汉司马迁作《史记》，班固讥之。班固作《汉书》，范晔讥之。范晔作《东汉书》，晁氏、陈氏讥之。逮宋司马光作《资治通鉴》，而胡文定④又有举要、补遗之作救其失。州志，一方之书也，不可同年而语。第以簿书下吏，成于心手之交，才弗克荷，闻见又寡，不有名世之笔削，敢付良工而刊垂？

　　康熙十二年岁次癸丑五月仲夏之吉，壬辰进士奉训大夫知临清州事加

---

　　① "龚、黄"，为西汉循吏龚遂与黄霸的并称。《汉书》卷89《循吏传序》："是故汉世良吏，于是为盛，称中兴焉。若赵广汉、韩延寿、尹翁归、严延年、张敞之属，皆称其位，然任刑罚，或抵罪诛。王成、黄霸、朱邑、龚遂、郑弘、召信臣等，所居民富，所去见思，生有荣号，死见奉祀，此廪廪庶几德让君子之遗风矣！"

　　② "召、杜"指西汉召信臣、东汉杜诗。二人先后任南阳太守，行善政，有"召父杜母"之称。《汉书》卷89《循吏列传》："召信臣，字翁卿，九江寿春人也。以明经甲科为郎……举高第，迁上蔡长。其治视民如子，所居见称述……迁南阳太守，其治如上蔡。信臣为人勤力有方略，好为民兴利，务在富之。躬劝耕农，出入阡陌，止舍离乡亭，稀有安居时……其化大行，郡中莫不耕稼力田，百姓归之，户口增倍，盗贼狱讼衰止。吏民亲爱信臣，号之曰召父。"《后汉书》卷31《郭杜孔张廉王苏羊贾陆列传》："杜诗，字君公，河内汲人也。少有才能，仕郡功曹，有公平称……七年，迁南阳太守，性节俭而政治清平，以诛暴立威，善于计略，省爱民役……时人方于召信臣，故南阳为之语曰：'前有召父，后有杜母。'"

　　③ "卓、鲁"，指汉代循吏卓茂、鲁恭。孔稚圭《北山移文》："笼张、赵于往图，架卓鲁于前箓。"卓茂（？—28），字子康，南阳郡宛县人。生性仁爱恭谨，颇受乡邻朋友敬爱。汉元帝时，师从博士江生，学习《诗经》《礼记》和历法算术，号称"通儒"。初为丞相府史，颇受丞相孔光称赞，后任黄门侍郎。出为密县令，政绩突出，百姓爱戴，官吏信服。王莽篡汉，卓茂称病辞官回乡。东汉建立后，前往河阳觐见光武帝刘秀，拜太傅，封褒德侯。建武四年（28）去世。鲁恭（32—112），字仲康，扶风平陵人。于东汉章帝建初（76—84）时任中牟县令，注重道德感化，不重刑罚惩治，遇有讼争，尽量说服，使犯法者自感愧悔，深受人民爱戴，有"鲁恭三异"（蝗不入境，化及禽兽，竖子有仁心）的传说。

　　④ 胡安国（1074—1138），字康侯，号青山，谥文定，学者称武夷先生，后世称胡文定公，建宁崇安人。哲宗绍圣四年（1097）进士，为太学博士，旋提举湖南学事，后迁居衡阳南岳。提倡修身为学，主张经世致用，重教化，讲名节，轻利禄，憎邪恶。胡安国潜心研究《春秋》，所著《春秋传》为后世科举士人必读的教科书。又著《资治通鉴举要补遗》一百卷、《文集》十五卷。

二级三韩①于睿明②君临氏谨序。

《（康熙）临清州志序》③

胡鼎文

肇自马迁作《史记》，创为《天官》八书，而班固则有十《志》。嗣是，后汉、晋、隋以下，诸书莫不有志。三国以志名，而独无志，略也。诸公之志，奇奥精博，细大毕该，上以明天文，下以晰地理，中以览人事。考制度之因革，辩风俗之贞淫，悉物产而任土作贡之义昭，核边防而克诘戎兵之道备。理财出政，孰略孰详，选举任官，畴得畴失，一代典章，开卷灿列。而唐之岐阳杜氏宗之、夹漈郑氏、番阳马氏、明之琼台丘氏又总萃各朝掌故，为《通典》《通志》《通考》《衍义补》，使人居晚近而识千古，处一室而达万情，直可甲乙数而年月按，皆志也，则皆史也。志之有关于治，讵不大矣哉？志为史家一体，而郡邑之有志，则凡自星野、疆域各条以外，人物皆为立传，虽一体而史体寔全备焉。近代惟范文穆、姑苏康太史、武功徐文学会稽三志最名简当。其他汗牛充栋，概未有闻。盖一褒一贬，荣辱昭垂。捼④笔者既鲜三长，罕能尽善，亦戛戛乎其难之矣。

前岁，余令狄道时，奉旨有纂修志乘之举。郡大夫不以余为鄙野，俾总辑《临洮府志》，网罗放失旧闻，博访询询，取而折衷之，编成付梓，一时当事者俱谬称详备。康熙癸丑之秋，蒙恩迁秩临清。甲寅二月就道，

---

① "三韩"，此指辽东。顾炎武《日知录》："三韩，今人谓辽东为三韩者，考之《书》序'成王既伐东夷'传：'海东诸夷驹丽、扶余、干、貊之属。'正义：'《汉书》有高驹丽，扶余、韩。无此干，干即韩也，音同而字异耳。'《后汉·光武纪》：'建武二十年，东夷韩国人率众诣乐浪内附。'《东夷传》：'韩有三种，一曰马韩，二曰辰韩，三曰弁辰。'《书》作'弁韩'。马韩在西，有五十四国，其北与乐浪、南与倭接。辰韩在东，十有二国，其北与貊接。弁辰在辰韩之南，亦十有二国，其内亦与倭接。凡七十八国，百济是其一国焉。大者万馀户，小者数千家，各在山海间，地合言四千余里，东西以海为限，皆占之辰国也。马韩最大，共立其种为辰王，尽上三韩之地。"

② 于睿明，辽阳人，正蓝旗满洲人，顺治八年（1651）进士。据《（雍正）神木县志》卷2，于睿明于康熙十三年（1674）曾负责神木监收厅事务。

③ 胡鼎文此《序》载《（康熙）临清州志》卷首。

④ "捼"，同"操"。

东行五十日，抵境受事。而前任于侯重修州志，剞劂适成。余读之，而喟然曰：有是哉！世变不同，若江河日下。而长民者之难易遂判天渊也。由后魏设县，以至于今，盖不知几废兴于其间矣。自开渠通运，始为要津。故于其未城也，亟议城之；于城之未广也，亟议广之。升县为州，隶之两邑，稍尊其秩，以资弹压。方是时，譬草木之萌芽而渐以壮盛也。用是漕艘飞挽，以为咽喉；储积庾廪，以备仓卒；商贾辐辏，税额充盈，数百年来未之有改。我国家德威远届，一候尉而混车书。汶、卫之交流蓄泄无滞，南北之舟楫晓夜云蒸。百货涌溢，列肆错互，挥汗联袂，毂击肩摩。至止其地者，孰不指为岿然重镇、畿南齐鲁之交一大都会乎？而不知赋以兼并逃①亡日加耗，户以冒伍充役日加残，俗以逐末好奢日加敝。邮符猬至，师旅旁午，供顿绎骚，调发恐后。览城垣之迢递，计修筑以何施；视水际之空仓，徒仰屋其奚补？赖各上台皆留心民隐，疾苦是咨，而时值艰难，动多掣肘。有司支吾进退，救过不遑。其能以休养生息施之闾阎而增其富庶乎？是以作是志者，己寓意于不言；而读是志者，不禁绸缪厝火积薪之虑也。犹冀少需岁月，徐理乱丝，政通人和，百废具举，以无得罪百姓者仰报朝廷之委任，此则余所有志焉而未逮者也。若夫士好经术，阔达足智，具载前史，儒林文苑，代不乏人。况先达掌科胡公辈，日以书诗训其子弟。乡里式化，文教蔚兴。如其礼乐，以俟君子，又岂余能侈然敢自任者乎？要使自今以往，蠹政日去，风尚还淳，逐末者归而力田，奢汰者转而朴茂。人敦礼义，户重廉耻，四维毕张，聿生忠孝，则后有续修杜、郑、马、丘之书者，犹将采厥美以风励后世。斯志之有功，迨不仅观感乎一方已也。志凡四卷，前列地图，为目自建置至艺文共二十有四，灿然成一家言。前序论之详矣，兹不赘焉。

时康熙十三年岁次甲寅夏五之吉，奉直大夫知临清州事山阴胡鼎文②谨序。

---

① "逃"，同"逃"。

② 胡鼎文，字完修，山阴人。《（康熙）临清州志》卷1《职官》记述胡鼎文宦迹称："革里下管支之弊，复钱粮吏收官解之制，民间二百年积害一旦顿释。举行乡饮久旷大典，选检得人。余药生、胡允恭、柏时畅，皆一郡硕德宿望，观者钦服。虔丁祀，郑重科举、宾兴，皆其善之不可没者。"

《（康熙）临清州志序》①

贺王昌

清源，东郡名区，西北控燕赵，东接齐鲁，南界魏博，河运直抵京师，水陆交冲，畿南一大都会也。予髫年计偕过之，景物萧条，所见不逮所闻。今秋承乏，蒙上台檄催，暂署州事。予以代庖，驱车入境，见其甲第连云，人物熙攘，漕运万艘，衔尾北上。市肆毂击肩摩，不减临淄、即墨，猗欤盛哉！非圣天子德化沦洽涵濡，乌能顿复中原承平之旧如此哉？追入署受事，因念古人三宿桑下，尚尔有情，郭林宗逆旅一宿，亦扫地而去。况予承上台委任之重，受代亦必数月，敢以五日京兆、蘧庐传舍视之，而不一留心民瘼哉？于时州志垂成，予得受而卒业焉。见其义例详明，褒贬不苟，足以彰往劝来，有班马遗风，可以传矣。尤于国计民生三致意焉。知良有司棠阴之荫远，而贤乡绅桑梓之情殷，故为之计长久如斯也。

予因而考民生之利病，稽风俗之奢俭，乃作而叹曰：是不能不深吾忧矣。今之清民，可谓盛哉。即使其极盛也，壮阳之下，一阴已伏。月盈日昃，已厪有识之虑。况所谓盛者，特郛廓耳。外腴而中枯，貌有余而内不足也。盖此地五方走集，四民杂处，商贾辐辏，士女嬉游，故户列珠玑，家陈歌舞，饮食谦乐，极耳目之观，此见吾善者几也。至于本境之民逐末者多，力本者少，徭役之烦，牵挽之苦，四郊之外，有家无儋石、半菽不饱者。岁比不登，一有风尘之警，兽穷搏人，鹿挺②走险，其烦有司之区画者多矣。昔宋太宗上元宴群臣，见楼下士民喧集，指谓辅臣曰：五代生民凋瘵极矣，不意今日富庶如此。辅臣对曰：辇毂之下，易见有余，都城之外，便有民不聊生者。上为之怃然。今日之清何以异此？救弊起衰，何从着手？能使国奢示俭、国俭示礼乎？能驱逐末尽缘南亩乎？能秉光明烛、焫流亡之屋乎？能使市无佩犊、野有驯雉乎？力所不能为，而时所不及为者种种也。予所以顾影汲汲，惜阴爱日，留一日为一日之事，宽一分使民受惠一分，聊以尽吾心，以莫负上台委任之重而已。予猥以菲材，拔

---

① 贺王昌此《序》载《（康熙）临清志》卷首。
② "挺"，或当作"铤"。

自先帝，绾银黄而付民社者有年，每思报称无地。今日借以慊梦，魂酬知己，又乌容已哉？志成，敬题数语，使后之览者，肯以不佞之心为心，则清民庶有瘳乎？予且暮望之矣。

康熙十二年岁次癸丑十二月季冬之吉，赐同进士出身高唐州州判署临清州事、前峄县知县练水贺王昌①谨序。

《（康熙）临清州志后序》②
孔胤樾

域中三不朽，立德、立功、立言。自造物生人，烂熳片时，凄凉千古，烟飞云散，无不销沉于其间。其得与于三者之数，要亦溟海之一勺、大仓之一粟耳。史册所载，传其人，并传其事，维厥难哉！昔《周官》小史志邦国，外史志四方。郡乘邑志，县史之属也。清源自丁闯变，铜驼荆棘，陵谷沧桑，人器凋伤，风流散失，问昔之华榱高栋，今且为墟矣；问昔之沃野良田，今且为莽矣；问昔之商贾辐辏，今且市廛空虚。其水陆交冲，驿递如织，耰悬于室，鸿嗷于野，几不可以州为，尚何志之遑及哉？

幸圣天子垂拱以来，泽枯嘘朽，恩被九埏，贤有司承流宣化，惠洽万户，则稍见起色，而人怀更生之乐矣。奈灾祲频仍，井闾萧落，天实厄之，其谓之何？余自天雄过里，给谏胡公③以纂定州志见示。余思胜国《一统志》草创于洪武，更定于景泰。嘉靖以后，复有桂文襄、郑端简辈

---

① 贺王昌，字祥伯，丹阳人。《（康熙）临清州志》卷1《职官》记贺王昌："丹阳人，进士，署州事，捐俸刊志书。"《（光绪）峄县志》卷19引"旧志"记贺王昌："贺王昌……顺治十三年以进士任，综核精详，申牍剀切。纤夫苦民，力请以邹、滕、沂、费、郯协济。金派河夫，一秉至公，设立输单之法，至今遵行之。辩正德胜闸夫，甚赖其力。未一岁，以贡舫夫左迁。今补高唐州判。"康熙十二年（1673），曾以州判之职，参修《（康熙）高唐州志》。在高唐县任上，曾倡捐十方院地藏殿，为作记文；并于十方院侧近购地七亩，作为义冢，并为作记文，以述其本末。《民国临清县志》之《秩官志》："贺王昌，丹阳人，由进士以高唐州判署临清州。旧志不为立传，而录《署中即事诗》四首，《东昌志》又载《清心斋小记》一首。玩其人，必清简绝俗之君子也。在官日，杞菊萧然，每晨起，即纳被襆，中州人犹有能言之者，其介节可风矣。"

② 此《后序》载《（康熙）临清州志》卷末。

③ "给谏胡公"，即胡悉宁。胡悉宁之生平见前文注释。

相与酬酢而损益之。然其间有不当书而书者，等于裨官之杂；所宜书而未书者，祇为遗珠之匮。则志之难修也亦可知矣。今读其书，建置之有沿革、田赋之有荒熟、祠祀之有举废、官师之有去留，与夫选举之时盛时衰、人物之或臧或否、艺文之为繁为简，以及灾祥之卜丰歉、议论之备考稽，无不重与厘正，昭若列眉。

噫！清源之无志久矣。自干戈气骄，诗书数奇，向来载籍半沦没于青燐碧火，后起者又乌从而识之？若此谨言传信，无悖史裁，其得之中郎之帐乎，抑扣之王弼之冢乎？仓时而就，无愧刘安之捷；点金以市，不殊《吕览》之精，一代之典章备矣。因思服田输赋，谨身守法，此庶人之分也。诵诗读书，入孝出弟，此诸弟子之分也。敦仁笃礼，以德化于乡党，此缙绅之义也。至于君子以好义，小人以寡过。礼教修明，民安事治，统受成于守土之贤大夫，而波恬尘息，此沐于光化之泽，于有永矣。胡公谓余：子亦里人也，岂可以无序？故不敢以鄙陋为辞，而书数言于简末。

康熙十三年甲寅初秋，分巡大名道前巡按苏松常镇等处监察御史素裔孔胤樾①谨题。

《（康熙）临清州志后序》②

胡悉宁

州志而既成矣，宜有后序。州大夫于公咨于余。余曰：是举也，大夫非文词之谓，其谓一方之土宇从此详，四民之服习从此勤，而文经武纬之职业从此振也。夫法古者无过信矣，以古御今，不能达变，抑又信矣。由

---

① 孔胤樾，又名衍樾，字心一，山东临清人。《（乾隆）临清直隶州志》卷8《人物》："孔衍樾，字心一，至圣六十五代孙，顺治丙戌进士。初任河南杞县，行取刑部主事，遇幸学观礼，转礼部主事，迁本部员外郎。顺治十八年八月，抗疏直言，上嘉纳焉，疏载《阙里志》。寻迁本部郎中，历江南巡按监察御史、河南学政、大名金事道，后补广东罗定巡道，未莅任，病卒。有《退耕堂文集》行世。"《（乾隆）临清志》卷11《艺文》："《退耕堂文集》，孔胤樾撰。"柯愈春《清人诗文集总目提要》（上）称："民国《山东通志》称其顺治三年进士，未见进士碑录列名。历官广东罗定巡道。著有《退耕堂文集》，今未见传。"孔胤樾有《孔心一诗》一卷，福清魏宪辑入《皇清百名家诗》，有康熙间枕江堂刻本，中国科学院图书馆藏。其文未见结集，尚登岸《未山堂集》有衍樾康熙十五年（1676）所作序。

② 此《后序》载《（康熙）临清州志》卷末。

是推之，舍州志以图治，犹左书而右息，执州志以图治，犹朝揉轮而夕乘车。舍而执之，两可以图治，犹绝长以为短，续短以为长。故羿之技非射也，造父之术非驭也，奚仲之巧非斫削也。绎管敬仲之言，夫亦愈知治矣，愈知州志之成之慎以周矣。唯是劳苦而功高，修州志较他州志不无足多者。州有称名论世，必断自唐虞。州有郊圻定域，必准诸职方。辨危昴之次于毫厘，虽巧历不过。析兖、冀之交于千里，非察智弗及。吊古徘徊，问俗向慕，壮新旧之堞，知楼季不轻犯；溯汶卫之源，思阳侯亦効能。由职官而田赋，而兵防，养民卫民之法既具；由学校而选举，而荐辟，造士进士之典又详。而且土产不贵异物，而且侨寓不弃同人，以天治民，则影响是诚；以神治民，则俎豆是荣；以人治民，则表章是公。然犹虑左道，而藐姑、舍卫之属不概录；幸斯文，而龙门、少陵之遗勿容湮。噫嘻，尽之矣！

夫夏后氏之璜，天下之重宝也。不有雕琢，何以历世？肃慎氏之矢，天下之利器也。不有砥砺，无言及远。而况州志，守土者之宝器，其历世及远，又岂但夏后之璜、肃慎之矢而已哉？此才、学、识三者，史氏家之所由贵也。昔穆叔对范宣子曰：太上立德，其次立功，其次立言，谓之不朽。[1] 今州志成，大夫之言立矣。而德而功，即于此乎在。故广之可以备当宁之并观，可以翼史臣之博采，可以供石室之珍储，可以示草野之灼鉴，可以征制字之前无文，可以悟焚书以后多纪，可以喻造物之无尽藏，可以料后世之作者继厥业，而厥谋攸同。

康熙十二年岁次癸丑九月季秋之吉，赐同进士出身奉直大夫前刑科掌印给事中州人胡悉宁谨序。

《（康熙）临清州志跋》[2]

李胤豸

志何昉乎？古盛时，天子采风问俗，而列邦国，各志其风土习尚、古

---

① 语出《左传·襄公二十四年》："太上有立德，其次有立功，其次有立言，虽久不废，此之谓不朽。"孔颖达疏："立德，谓创制垂法，博施济众……立功，谓拯厄除难，功济于时；立言，谓言得其要，理足可传。"

② 此《跋》载《（康熙）临清州志》卷末。

绩废兴、政事繁简，以及贡职典要，班班笔之于册，而彰善坊①淫、作法垂戒诸微②权，莫不上之太史，以成一代龟鉴，此物此志也。

今上龙飞之十有一年，特谕各直省郡邑州卫莫不修志，所以备故实，昭法守，为典最巨。而东昌之临清，则吾东名区也。虽值兵燹之余，民生不免凋敝，而土宇宽旷，风物繁秀。且值运河之冲，五方杂聚，殆洋洋乎大观矣。今年初夏，豸承乏一毡入署，薄理冗务之暇，谒乡先达海若先生于私第，见其慷慨坦易，表里洞达，棱棱侃侃之气爽人眉宇，固心仪其为人。已复出临清志相示，盖志竣，而先生实董成也。且命豸赘一言于后，豸则曷敢？虽然，窃闻之矣。古之称良史者有三，学欲博，识欲精，心欲正。学不博不能穷理，识不精不能晰疑，心不正不能服物，三者缺一不得。而愚谓心之务正，视学与识为尤亟。一邑之区，故迹事类载之于书，搜辑编汇，良工心苦。独是习俗淑慝，行谊媺③恶，或隐而待宣，或纷而鲜决。或疑似当前，而事久则论定；或法戒昭著，而时殊则议乖。此际，若非秉公心，不顾俗眼，正恐盈廷发言，无敢执咎。一时之是非失实，百年之劝惩莫据，所关良非尠已。今约计志之所书，殆不啻数十百万言。其纪风土肥瘠，何所习尚，淳漓何自，古绩废兴何年，政事繁简贡职典要何宜，愚则乌足以知之？惟知董成得人，则所以特书志善，微词志微，上之不负圣天子采风问俗之意，而下之有裨于世道人心，为善去恶之趋者，固知其必有合也。乃若叙事典赡，纪实详明，则此邦之贤邑牧、名公卿觏缕言之，又何敢袭其说以赘？

时康熙十有三年季夏上浣日，临清州儒学署学正事举人海曲后学李胤豸④谨题。

---

① "坊"似误，或当作"防"。

② "微"似误，《（乾隆）临清州志》卷首《旧序》所录此《跋》作"微"。微权，指权谋，机变。《黄石公三略·中略》："使智使勇使贪使愚。智者乐立其功，勇者好行其志，贪者邀趋其利，愚者不顾其死，因其至情而用之，此军之微权也。"刘寅注："微权，权之微妙者也。"

③ "媺"，同"美"。

④ 李胤豸，字谏臣，山东日照人，康熙五年（1666）举人。曾任临清儒学学正，在《（康熙）临清州志》纂修中负"订正"之责。

三 《（乾隆）临清州志》

《（乾隆）临清州志》，十二卷，王俊修，李森纂，乾隆十五年（1750）刻本。《中国地方志联合目录》著录为乾隆十四年（1749）刻本。今检此志，崔纪、高晋等作《序》在乾隆十五年（1750），则此志之刊刻当在乾隆十五年（1750）。

此志之修，始于乾隆十一年（1746），成于乾隆十四年（1749），卷前有准泰、崔纪、高晋、赵之垛、王俊等序。是志为平目体，卷一为《凡例》《旧序》《州图》，卷二为星野志、建置志、疆域志、山川志，卷三为城池志，公署志，卷四为民赋志，卷五为学校志，卷六为选举志，卷七为漕运志、关榷志，卷八为秩官志，卷九为名宦志、人物志、列女志，卷十为兵制志、祠祀志、古迹志，卷十一为市廛志、寺观志、风俗志、物产志，卷十二为祥褆志、侨寓志、仙释志、艺文志，约二十万字。此志之城池志记明、清两代临清城区变迁，民赋志载康熙以后田赋之弊及徭役变化，漕运志记漕运制度、钞关建置及临清砖窑，市廛志记临清商业及手工业发展情况等，皆翔实具体，对考见明清时期山东运河区域商业发展，具有较大的参考价值。

《（乾隆）重修临清州志序》①
准 泰

州邑之有志也，所以备国史之取材也。史取材于直省之通志，而通志又取材于州邑之志。史之体简以要，志之体核以详，其源出于周京之官礼，而其名始于班氏之十志。

余奉天子命，来抚东土。下车逾载，政事之暇，考求掌故，以为敷施之本，知省志之修成于今上龙飞之元年，而州邑之志未见有取而新之者，岂物力之维艰欤，抑亦牧令辈仅从事钱谷簿书，而于志乘之攸关国史者，

① 此《序》载《（乾隆）临清州志》卷首。

固未暇补缀，而学识亦有所不逮欤？岁十二月，锁篆①之辰，临清牧王君俊以其重修州志来丐序。余维清源弹丸地，介在通津，漕运商舶，皇华冠盖之所必经，户部分司榷关在焉。虽无名山大川之胜，而漳、卫、汶合流于兹。我盛朝恩泽覃敷，州近在畿南数百里间，沐休养而被教化者，盖百有余年矣。其疆宇制度之建置损益，财赋地土之高下腴瘠，与夫风俗之淳漓，人物之秀异，官吏之贤不肖，类皆有足志以昭炯鉴而备史料者。谁司民社而可漠然勿讲耶？王牧能率其寮属士民，网罗而荟萃之，不可谓非能识其大者矣。

夫搜辑考订，司牧之职也。激扬董劝，则封疆之任也。他日令官斯土者鉴于某也贤，某也不肖，则相与饬簠簋而戒尸素，生斯土者，鉴于某也秀异，某也不才，则相与敦伦纪而习诗书，民物恬熙，风俗醇茂，輶轩之使采其风谣，上诸当宁，登于汗青，以仰承圣主一道同风之盛治，斯志其始基之，而余亦得藉手以报命焉。王牧其益勉之，并以告夫凡为牧令者。

乾隆十有四年岁在己巳嘉平下浣，巡抚山东等处地方督理营田兼提督衔节制全省军务督察院右副都御史长白准泰②书。

《（乾隆）临清州志序》③

崔　纪

临清之为州，昉于明弘治间，未为古也。而其置县，则自石赵始，遥遥千七百载，可不谓古焉？古则建置之沿革、陵谷之变迁、政教风俗之时衰时盛者，不赖志以志之，顾时愈久，则事愈繁，志岂易言作哉？非擅作史之三长者不能也。虽然，作志难矣，不若修志之尤难，何则？无志而作之，繁与简出己耳，华与朴由己耳。譬诸裸壤④而睹衣缯，但见其夺目，而已不辨其疏密工拙也。若有志而修之，前人之制作具在，披沙拣金，集

---

① “锁篆”，及封印，指古代官吏在农历春节前将代表权力与地位的印绶封存起来，暂停办公。

② 准泰，号健庵，满洲正黄旗人，乾隆十二年（1767）任山东巡抚都御史。

③ 此《序》载《（乾隆）临清州志》卷首。

④ “裸壤”，指裸身之国。赵至《与嵇茂齐书》：“今将植橘柚于玄朔，蒂华藕于修陵，表龙章于裸壤，奏《韶》舞于聋俗，固难以取贵矣。”李善注：“裸壤，文身也。”谢惠连《雪赋》：“北户墐扉，裸壤垂缯。”李周翰注：“裸壤，不衣之国也。”

狐取腋，繁与简均不容意为，且附著述之林者，各骛其心思才力，前后相形，而华朴见焉。苟呫笔濡墨，不能度越前人，则不如其已也，故曰难也。

虽然，此第就著述言之耳。若居官而肩修志之任，其难又不在此。或谓临清之为州，当舟车水陆之冲，簿书期会，日不暇给，有能退食委蛇，纂辑志乘，是所谓难乎？而我所谓难又不在此。州既古矣，官斯土者，贤豪代兴，光于史册，修志时试一自考焉，能如苏琼之清节①乎，郭中锡之定乱②乎，蔡挺之弭盗③乎，如赵彦可之好士爱民④，李充嗣之浣衣脱粟⑤乎？况志民赋，则抚字奚若？志学校，则教化奚若？志风俗，则淳漓奚若？有一不堪质对，则纂辑之际，将泚然汗出，搁笔而不能下，遑问著述之繁简、文词之华朴哉？此我之所谓难也。

娄东王君松叔⑥以名孝廉由邑宰而迁州牧，莅临清者六年于兹，政绩

---

① "苏琼之清节"，苏琼，字珍之，长乐武强人。北魏时任东荆州刺史府长流参军；北魏孝武帝永熙元年（532），任刑狱参军，后任南清河太守。他清廉谨慎，从不接受别人的礼物，连瓜果等一概拒绝。后任大理卿。北齐灭亡后出仕北周，为博陵太守。《北史·苏琼传》："琼性清慎，不发私书。道人道研为济州沙门统，资产巨富，在郡多出息，常得郡县为征。及欲求谒，度知其意，每见则谈问玄理。研虽为债数来，无由启口。其弟子问其故，研曰：'每见府君，径将我入青云间，何由得论地上事。'师徒还归，遂焚责券。"

② "郭中锡之定乱"，陆应阳《广舆记》卷2："郭中锡知博州，州兵欲胁众为乱，锡戮一人，黥二人，乃定。奏至，仁宗曰：'临事如此，岂易得耶？'"

③ "蔡挺之弭盗"，蔡挺（1014—1079），字子政，宋城人，仁宗景祐元年（1034）进士。河北多盗贼，朝廷精选各郡郡守，以蔡挺知博州。蔡挺申饬属县加强保伍制度，捕获居停奸盗者数人，缓其债务，补为吏，司警戒，每有盗贼，旋被捕获。

④ "赵彦可之好士爱民"，《（康熙）临清州志》卷3："明赵彦可，江南崑山人，洪武初为临清知县。公清寡欲，好士爱民，民戴之如父母。"

⑤ "李充嗣之浣衣脱粟"，《明史·李充嗣传》："李充嗣，字士修，内江人。给事中蕃孙也。登成化二十三年进士，改庶吉士。弘治初，授户部主事。以从父临安为郎中，改刑部。坐累，谪岳州通判。久之，移随州知州，擢陕西佥事，历云南按察使。正德九年，举治行卓异，累迁右副都御史，巡抚河南。岁大馑，请发帑金移粟振之，时流民多聚开封，令煮糜哺之。"

⑥ "王君松叔"，即王俊。王俊，江南太仓人，举人，乾隆八年（1743）任临清知州。《（民国）临清县志》之《秩官志》："王俊，字松叔，太仓州人，大学士掞之孙。未冠举于乡，起家县令，由历城升临清知州，在任九年。下车之日，值前任修学宫未竟，俊毅然倡捐，以竟其事。朔望谒庙毕，进多士，与之讲论文艺，兼博诹地方利弊，以次见诸施行。某年，卫河骤涨，下湾街一带河堤危甚。募夫修筑防护，适遭霪雨连昼夜，俊长跪堤上汀淖中祷河神，迄水退，竟无冲溃之害。州志自方元焕纂后，知州于睿明重修，又阅七十年，俊乃考征事典，与州同李森编辑成书，称详赡，捐廉数百金付梓。五年而后告成，可谓勤矣。升任戒行，士民攀辕者数万人，依依不忍舍，为留别诗，有'求生心折程书夜，省过神伤闭阁时'，其居官用心于此可见大概云。后以同州守请告归，卒，无子。"

赫然有闻。岁在屠维大荒落①值计吏之典，余忝掌藩条，采访舆论，上其治行于大中丞，首列荐疏，王君将以五马去临矣。乃出其所修州志，乞序于余。余置其纂辑之善，而以余所谓修志之难者复之。王君必有相视莫逆者，可为长吏之修志者进一说也。是为序。

乾隆十五年岁次庚午正月，蒲坂崔纪序。

《（乾隆）临清州志序》②
高 晋

自职方辨土，掌天下之图，小史、外史并列《周官》。外史志四方，其今郡县志所自昉欤？龙门八书而后，若班固、范晔，并以史才见称后世，而律以刘知几三长之说，犹不免为一家之言，况下此者乎？顾汉、唐、宋以来，史皆有志，则志虽史之分类，而编在郡国。纪名物，辨疆理，谨风俗，网罗放失，探综图纬，则壤成赋，救弊补偏，式王度而召来兹，所系亦綦重矣，易言志哉！

清渊当赵东鄙，自汉兴置县得名。建平之初，逮明孝宗朝，稍迁其秩，为州邦伯，以迄胜国之季，其间兴废既多，凋瘵亦甚，文献之征，不绝如线。正德以前，旧志既无可考，嘉靖间，尝再修之。我朝重辑后，倭指星纪，又七十余载矣。

国家重熙累洽，远近移易，凡属版图，罔弗维新。恭惟我皇上膺篆嗣服，正域四方，风俗人心，时厪宸虑。既命儒臣编纂通志，复俾郡县随宜采辑，以备陈风之助。独念清渊一郡，宿应昂室，地控兖冀，承平以来，生聚日繁。而漕川委汇，汶卫交流，当畿南重镇，挽输者无虑日数千艘，五方杂处，风气渗漉，未免逐末为多，兴除不易。乃司牧王公莅事之余，留心掌故，既切国奢示俭之意，复厪相宜出治之思。于是搜访旧闻，殚心厘定，二载志成，请序于余。余既览终卷，慨然叹曰：是其有志于良史者乎？夫莫为之前，虽美弗彰。莫为之后，虽盛弗传。此志初创于两江方孝

---

① "屠维大荒落"，即"己巳"，乾隆己巳为十四年（1749）。
② 此《序》载《（乾隆）临清志》卷首。

廉，迨后抢攘①变削，几于亥豕之讹②。而王君独能毅然搜罗遗轶，斟酌失坠，凡事经时纬之义，沿革形势之殊，三农四术之宜，河渠运榷之利，人官物曲之书，与夫禋祀之举废，故迹之盛衰，习尚之淳漓，灾祥之异致，莫不原原本本，除繁去汰，皎若星日，信诸名山，可不谓理明识定，义正辞严，有裨世道者欤？

昔西门豹治邺，旁搜宇内之山川，周览四方之风气，绘图以进。则是志也，虽不必兼三长而窥八书，亦足以成一家之言，而备《周官》外史之阙。异日者輶轩下及，登之黼座，即以为《豳风》入告，《无逸》上陈，稽古省方，于是乎在。其视西门治邺之绩，曾何远耶？王君勉焉，井疆风雨之思，体国经野之意，且于是焉信之。

乾隆十五年岁次上章敦牂③三月既望，钦命江南安徽等处承宣布政使司布政使、兼理江宁织造龙江西新关税务、前山东等处提刑按察使司按察使、纪录二次长白高晋④序。

《（乾隆）临清州志序》⑤
赵之埰

州邑之不可无志，旧志之不可不修。夫人而知之也，顾往往残阙漫漶，朴僿⑥芜蔓，旷数十年而寂无过问者，岂尽物力之不充欤？夫亦载笔

① "抢攘"，纷乱貌。《汉书·贾谊传》："本末舛逆，首尾衡决，国制抢攘，非甚有纪，胡可谓治？"

② "亥豕之讹"，指书籍传写或刊印中文字因形近而误。亥和豕的篆文字形相似，容易混淆，故有此说。《吕氏春秋·察传》："子夏之晋，过卫，有读史记者曰：'晋师三豕涉河。'子夏曰：'非也，是己亥也。夫己与三相近，豕与亥相似。'至于晋而问之，则曰'晋师己亥涉河'也。"

③ "上章敦牂"，即庚午。乾隆庚午为十五年（1750）。

④ 高晋（1707—1778），字昭德，高佳氏，满洲镶黄旗人，高斌之侄。雍正十三年（1735），由监生授山东泗水知县。乾隆间累擢为江南河道总督，开引河，使里下河积涝渐消，后迁两江总督仍兼南河事。官至文华殿大学士。乾隆四十二年（1778）卒于治河工地，谥文端。

⑤ 此《序》载《（乾隆）临清州志》卷首。

⑥ "僿"，缺乏诚意，不诚恳。《史记·高祖本纪》："太史公曰：夏之政忠，忠之敝，小人以野。故殷人承之以敬，敬之敝，小人以鬼。故周人承之以文，文之敝，小人以僿。故救僿，莫若以忠。"

非才，更替太速，簿书期会，视同传舍，而无意于不朽之盛事也。余自戊辰之冬，由西曹出守东昌，甫下车，诸牧宰次第来谒，例执志书，随板以进。公余检阅，新旧繁简不同，就此邦相较，末有若《临清州志》之善者。盖出明孝廉方两江名笔，中间虽更芟易，其蓝本固自过人也。然自三韩于公修葺以来，几八十年矣。

夫临清为畿南一大都会，水陆辐辏，甲于二东，胜国时文有监司，武有总镇，部曹之衔命而出者三焉。国朝虑官多足以扰民，兵众足以耗食，次第裁减，委诸守土，而事无不理。设以协阃，而兵不妨农。兼以全漳入卫，而漕舟无胶涩之虞；关赋轻额，而商廛有掉臂之乐。是皆圣天子湛恩汪濊，声灵遐畅，官斯土者诚宜欢忻珥笔，以扬休美于无穷。其他属吏有分合，民赋有乘除，选举有盈绌，人物有迭兴，风俗有污隆，货产有登耗，烟云过眼，月异而岁不同。苟非修志者为之，按部就班，随时纂辑，几何其不沦于澌灭哉？虽然，才非子羽，则修饰违宜。淹不三年，则废坠莫举。得才以久任，而其志不存。则虽坐堂皇，绾铜墨，如白驹过隙而无所留迹，此修志之所以难也。而旧序乃以为龚黄卓鲁，未闻以志书为衣钵。噫，此以之掉文则可耳。若夫文武之道，布在方策，诸侯去籍，孟子恶之。圣人垂空文以诏万世，厥功且贤于尧舜。而萧相入关，亦以先收图籍为策勋最。自古循良奏绩，宁有师心自用，幽冥而莫知其原者耶？

娄东王君，自癸亥来牧是州，今已七载。忆癸卯后之莅斯土者，固未有若斯之久也。咏相门之骏烈，标孝廉之清芬，诚民卓俗，其为功于是州者，固不独一志。而修志之成，又出巨手，即此已知其仕优而学薪，至于古之立言者矣。

余欲为临民留此良牧，如借寇君故事，而缁衣公好，不能自已，遂胪其治行于计典，大中丞以闻于朝，又嘉其能成是志，锡弁言，以风牧令，可谓志与才称，而又久于其任者之明效大验也。余既乐书其缘起，且展帙以自鉴。盖临清隶于东昌，东昌得郡为最古，而郡志之旷不复修者，其几何时？余壹不知前人之更至迭嬗，奄忽百年，而不计及此者，其用心为何如耶？行将以是书为嚆矢，而亟有赖于前事之师也。若夫体例之绩详，词章之典核，有目者当共赏之，故不复云。

乾隆十五年岁次庚午七月，宁夏赵之埰①序。

《（乾隆）临清州志序》②
李　森

　　山东郡县志书，向推新城、泗水，以其出名公巨手，故能考据确凿，不失志体。其他略无足观者。临清有志，自明嘉靖，迄康熙癸丑续修后，阅今七十有八年矣。岁月之深，人事之异，俗吏不急目之，有心者不得不皇皇求之也。余读方两江旧志，当前明嘉、隆时，庙堂之上向意此都，文武重臣分巡弹压，岿然重镇焉。以故一州之内，关河雄峙，甲第联翩，烟火万家，舳舻千里，一时富商巨贾辐辏而至者，辽海蔓貂，东吴秔稻恒往往不绝。厥后，崇正壬午间，丁闯逆之祸，而蹂躏一空，举向所为衣冠文物之盛，销灭于烽烟兵燹之余，元气之斫丧，盖匪独一州一邑然也。

　　我朝奄有以后，涵濡休养，渐奏恬熙矣。然而人多逐末，户习侈靡，移易之道，正难言也。州守王公真有心人哉！甫下车，即锐意地方大务，尤时以志不克修为憾。以余为闲官而属之，敢以鄙陋辞耶？时方冬月，役调稍息，余坐卧斗室中，目览手披，挑灯雪案不疲也。阅三月脱稿，王公出俸金三百缗，付剞劂，期年而刊成。向使州之志一日不成，则州守之志一日不遂。守之志一日不遂，则志守之志者不得一日藉手。呜呼，王公真有心人哉！今志事竣矣，征往诏来，勒成一书，守之功不朽矣。若罣漏芜蔓、鲁鱼亥豕之讹，则余之罪，种种无可推卸。亦曰姑存之，以俟后之君子云尔。

　　昔癸丑志成，乡先辈云阳贺公③以高唐判官摄州事。今余以王公异政入觐，代庖于兹，而书又适成。噫嘻，一书之成，其亦有因乎！

　　金坛李森④书。

---

　　①　赵之埰，甘肃贡生，雍正十三年（1735）任东昌府知府，乾隆十七年（1752）任济南府知府。

　　②　此《序》载《（乾隆）临清直隶州志》卷首《旧序》。

　　③　"贺公"，即贺王昌，康熙中曾以高唐州判署理临清州事。

　　④　李森，金坛人，副榜，乾隆十五年（1737）署理临清州知州。《（民国）新纂云南通志》卷182称，李森于乾隆十九年（1741）"任云龙知州。勤政恤民，设法调剂窭困，建仓积谷，以备凶荒，民呼为慈父母。解任后，民立德政碑，以志不忘"。

《（乾隆）临清州志序》①

王 俊

志以考盛衰，观得失，政教于是出焉。临清自元开渠通运，明初复加疏凿，为挽漕之喉，为萃货之腹，舟车络绎，商贾辐辏。天下之行旅出乎其途，岿然一重镇矣。由永乐以迨我朝，临清置三仓，岁受山东、河南之粟，以节漕力，户部官属莅之。国家凡有营建，恒需砖，临清因帆樯之集，而以砖附之。设工部营缮司员外郎于其地，督征砖价，分窑成造，输之京师。宣德十年，置清源关榷税，以御史领之。弘治初，户部岁出主事一人。景泰以来，屡以文武重臣奉敕临莅。天顺间，以中官为镇守，为督饷，更代数十年不绝。备兵则有东昌道，武有总戎，设左、右、中、前四营游击各四员，额兵四千人。由是兵民错处，丰阜之余，习于侈靡。后渐裁并，而市廛日亦衰落。康熙癸丑岁，州人孔大参序旧志，不胜俯仰②之感。迄今又八十年矣。乃民贫而俗尚不易，仆亦绮罗，婢皆翡翠，陈歌设舞，不必缙绅，婚丧之仪，越礼逾制。而不顾骄奢，相效巧伪成风，岂独外腴中枯已乎？识者有隐虑焉。

俊承兹土之乏，所以维之，而材力弗逮。七年之久，未能有所移易。彷徨怵惕，中夜自讼，因志之成，爰书之以彰吾失，冀后之君子力为补救焉。念我皇上视民如伤，各宪臣痌瘝一体，敝政尽除，而民间生计转蹙；年谷屡丰，而市价未甚平减。此不独一邑为然，而清尤甚，牧民者其何以筹之？志为类二十有六，山川、漕运、人物、列女，手自编辑。他类之搜罗荟萃，则同寅李蔚林之力居多。虽然，敢曰可以信今而传后哉？览者或于盛衰得失之故，微有征焉已尔。其详已具凡例，兹不载。是为序。

乾隆十四年己巳十二月，知临清州事娄东王俊序。

四 《（乾隆）临清直隶州志》

《（乾隆）临清直隶州志》，十一卷首一卷，张度、邓希曾修，朱

---

① 此《序》载《（乾隆）临清州志》卷首。
② "俯仰"，《（乾隆）临清直隶州志》卷首《旧序》作"沧桑"。

钟纂，乾隆五十年（1785）刻本。志前载张度、邓希曾各一《序》及《凡例》《州图》，约三十万字。

此志在前志基础之上调整纲目，内容亦较前志详细。卷首为宸章、御翰、恩恤及旧志《序》，分疆域志、建置志、田赋志、学校志、典祀志、秩官志、选举志、人物志、关榷志、兵防志、事类志，凡十一门、六十九目。前志于州、户、工、兵各部职官集于一门，是志改列户、工、兵三部职官表分隶于关榷、兵防门内，查考方便。田赋志增立仓庾，详载"广积""临清""常盈"三大粮仓建置始末、储粮品种及数量，对考见明清时期漕粮储存提供了重要资料。建置志、关榷志增补有关临清城市商业与钞关税额等的记载，亦有较大的价值。

《（乾隆）临清直隶州志序》①

张　度

乾隆四十一年，皇上用大臣议，进临清为直隶州，而属以武城、夏津、邱县，体崇事殊，非复属东昌时比。且旧志之修，距今已三十余年。岁丁酉，部檄曰：其修州志。顷宪檄又督催严。度适承乏于此，其何可复诿？考之古天子巡守，命太史陈诗观民风，命市纳贾观民之所好恶。② 而《周礼·地官》土训③掌道地图，诵训④掌道方志，王巡守，则夹王车，是盖志书所由昉，而守土者之职即于此具焉，固不徒备史馆之采择已也。我皇上东巡、南巡回銮时，阅视运河，必经临清，且为驻跸

---

① 此《序》载《（乾隆）临清直隶州志》卷首。

② 《礼记·王制》："天子五年一巡守，岁二月，东巡守，至于岱宗……命大师陈诗，以观民风；命市纳贾，以观民之所好恶，志淫好辟。"郑玄注："陈诗谓采其诗而示之。"《春秋公羊传·宣公十五年》注称："从十月尽，正月止……男年六十，女年五十无子者，官衣食之，使民间求诗，乡移于邑，邑移于国，国以闻于天子。故王者不出牖户，尽知天下所苦，不下堂而知四方。"

③ "土训"，《周礼·地官·土训》："土训掌道地图，以诏地事。道地慝，以辨地物而原其生，以诏地求。"郑玄笺称："道，说也。说地图九州形势山川所宜，告王以施其事也……训，谓能训说土地善恶之势。"孙诒让《正义》："土训者，此官与诵训并掌训说土地图志之事，故亦属司徒。"

④ "诵训"，《周礼·地官·诵训》："诵训掌道方志，以诏观事。掌道方慝，以诏辟忌，以知地俗。王巡守，则夹王车。"

所。然则地方之利弊，皆在睿鉴之中。志之修也，其何可以不虔且慎？

夫地域，古掌于封人①。志之，则欲其经以画也。都邑古掌于县师。志之，则欲其修以固也。志田赋，古载师②所掌，则观其任之者何政。志户口，志物产，古闾师③所掌，则观其任之者何事。若学校，若选举，在古即属乡大夫与州长之职，则欲其以劝，而以戒赞废而赞兴也。人物是志，贤者在焉，所当尊；列女是志，风化关焉，所当旌。至于仓储、关榷，一则生民之命脉，一则国家之经费系之。而兵防，则又卫国与民者也。将来皇上南巡，有司以是自述其职守，圣天子即可以是洞察其能否。然则是志之修，岂徒补旧志三十余年来之典故哉？度初膺民人之寄，日以此为兢兢。故修志一役，不敢少诿，更不敢不虔且慎。而时思靖共其职，以上报也。

乾隆四十有七年壬寅嘉平月下浣，署知临清州事红亭张度④序。

《（乾隆）临清直隶州志序》⑤

邓希曾

书与志同起于一时，皆自包牺氏⑥始。盖天下之大经大法，必藉志而详，志即考也。自龙门、扶风立史志书，遂为正史定名。江淹云：修史之

---

① "封人"，古官名，《周礼》谓地官司徒所属有封人，掌管修筑王畿、封国、都邑四周疆界上的封土堆和树木。春秋时各诸侯国亦设封人，以典守封疆。《周礼·地官·封人》："封人掌设王之社壝，为畿封而树之。凡封国，设其社稷之壝，封其四疆。造都邑之封域者，亦如之。"

② "载师"，官名，《周礼》谓地官司徒所属有载师，设上士二人、中士四人及府、史、胥、徒等人员，掌土地赋役之事。《周礼·地官·载师》："载师掌任土之法，以物地事，授地职，而待其政令。"

③ "闾师"，官名，为《周礼》地官之属，《周礼·地官·闾师》："闾师掌国中及四郊之人民、六畜之数，以任其力，以待其政令，以时征其赋。"闾原指里巷的大门，后指人聚居处，古代以二十五家为一闾。

④ 张度，河南夏邑增贡，乾隆四十七年（1782）任临清直隶州知州。

⑤ 此《序》载《（乾隆）临清直隶州志》卷首。

⑥ "包牺氏"，即伏羲氏。《易·系辞下》："古者包牺氏之王天下也，仰则观象于天，俯则观法于地……于是始作八卦。"陆德明《释文》："包，本又作'庖'。"

难，无出于志。① 矧其为郡邑志乘，备輶轩之所采，恭纪时巡，观民好恶，尤宜考核精详者耶？

我圣天子建极之四十一年，特进临清为直隶州。按清渊自汉置县，逮明孝宗朝，迁秩为州，以属东昌。自元开渠通运，为挽漕之咽喉，当舟车水陆之冲，固商贾辐辏之区也。且近畿南数百里间，沐圣朝之休养教化，浃髓沦肌，风俗民心悉归醇厚。凡夫仓储、关权、户口、田赋、学校、屯卫莫不修举，是皆我皇上湛恩汪濊之所致。莅兹土者，有不欢忻纪实，以扬休命于无疆也哉？

希曾承乏是州，值前任张公修志未竣，因于公余细校其鲁鱼亥豕，编辑考订付梓，以踵其成。并恭纪迩年来我皇上南巡回銮御制诗，及五十年加恩赏给两月口粮，凡臣民之感戴皇恩于靡既者，皆司民牧者之所宜拜手而扬言者也。若夫搜罗荟萃，则同寅张公之力居多，而迹之散见于前志者，悉可顺而摭也。夫我朝重熙累洽，桑麻井里无一不厪宵旰之深衷，而德洋恩溥，足以信今而传后者，尤宜敬谨备书，以为志乘之纲者也。爰撮其要，以补前志之所未备焉。是为序。

乾隆五十年乙巳立冬后五日，知临清州事宛平鲁堂邓希曾②序。

五 《（民国）临清县志》

《（民国）临清县志》，十三册首一册，张自清修，张树梅、王贵笙纂。此志为奉省府修志通令纂修，有民国二十四年（1935）铅印本，约四十五万字。《中国地方志联合目录》著录此志为民国二十三年（1934）印，今检此志，孙宝贤《后序》作于民国二十四年（1935），则是志之印当在是年。

此志前有首册为图像；第一册为序、凡例、大事记；第二册为疆

---

① "修史之难，无出于志"，江淹（444—505），南朝济阳考城人，字文通。历仕宋、齐、梁三朝。齐高帝建元元年（479），为骠骑大将军豫章王萧嶷记室参军。二年（480），初置史官，与司徒左长史檀超共掌其任，拟订撰修齐史条例。所著《齐史》仅十三卷，未完成。又以修史之难，无出于志，著有《齐史十志》。

② 邓希曾，直隶宛平举人，乾隆四十八年（1783）至五十七年（1793），任临清直隶州知州。

域志；第三册为建置志；第四册为经济志；第五册为党务志、教育志；第六册为礼俗志、防卫志；第七册为选举志；第八册为秩官志；第九、十册为人物志；第十一至十三册为艺文志。后附崔长楷、孙宝贤《跋》。是志在保留旧志内容基础之上更易门类，增辑续补，内容丰富。经济志记清末民初临清社会经济状况，金融记民初币制类别、纸币兴废、银价消长与债息利率，工艺记丝织、制陶、皮革等传统手工生产，商业记商业区域、商会组织、商品种类及商品流通等，均详明具体。其党务、教育诸志记述民国以来政治及教育制度变迁，记事载文，亦翔实周备，可资参考。

《（民国）临清县志序》[1]
赵仁泉

余驻兵临境三年，于兹戎机之暇，考察是邦文献，而道听途说，莫衷一是。盖县志之缺修者百数十年矣。自前清末造，继修者凡四次，或浅尝而辄止，或半涂而中辍，或功匮于一篑。良以地处通津，政事萦繁，而又数经兵燹，载籍多缺。陵夷至今，万绪待理，已有刻不容缓之势。若再蹉跎岁月，坐令掌故销沉，后之人虽欲搜订，亦何从而求之者？二十年夏，邑绅张秋潭首倡重修县志之议，余闻之，喜其事而知其难，并皇然于主编之人选也。乃采访久之，编纂久之，甫经脱稿，而邑之名流文士金以为未当。于是推翻前辙，改弦而更张之，期年成书，就正于余。余涉猎一周，见其条目分明，叙述详尽，草创润色，两有可观。凡地理、人事、政治、经济、教育、实业，与夫今昔代谢之关、文野递嬗之迹，无不穷源探本，博考而备书之。洵现时代之作品，非徒以述古称也。有志文献者，庶几得所问津焉。

第二路民团军总指挥赵仁泉[2]书。

---

① 此《序》载《（民国）临清县志》卷首。

② "赵仁泉"（1896？—1951），别号博源，河北雄县人。1931年任鲁北民团指挥兼临清、惠民两区公署专员。1937年1月任山东省第四区行政督察专员，同年3月兼保安司令。1946年11月当选"制宪国民大会"山东省区域代表。1948年5月派为河北省第六区行政督察专员兼保安司令。北京和平解放后，潜居城内砖塔胡同。1951年镇反时被逮捕，押送原籍枪决。

《（民国）临清县志序》①
申景苏

鲁西重镇，古称清渊。县志失修，百五十年。文献无征，掌故就湮。大雅不作，考订维艰。重修数度，终未成篇。寂寂至今，遗憾当前。翳自麟经绝笔，信史无传。梼杌志乘，同病相怜。后有作者，拘墟谬牵。略今详古，故辙同沿。惟是时事，风云变迁。民俗国政，沧海桑田。墨守旧株，宁非枯偏？幸于去岁，提议重编。此邦人士，共任仔肩②。搜罗散失，力瘁心研。经年草创，润色精妍。义取乎时，例不背先。洵称杰著，非同偶然。

第二路民团指挥部参谋长申景苏识。

《（民国）重修临清县志叙》③
徐子尚

余阅《临清县志》，所载皆百余年以前事。自清乾隆末叶以迄于今，文献无征，读者憾焉。民国二十年夏，始有续修之举。第事迹中阙，得诸父老传闻，又语焉不详。且时易势殊，国体更易，采录今事，似尤有重于考古者。是以当局诸君子博访周谘，阅时三载，一再易稿。旧者宜补补之，新者宜增增之，附图、备像、列表、补注，凡五十万言，目十有二，计日可付梓矣。是编之作也，名虽为因，实则为创，幸诸君子竭其心智，汇集成书，不格于旧例，不务于词华，事征诸实，义取乎时，举凡考询所获及与近今社会经济有关者，莫不类分项别，井然有条。故政俗之沿革、文化之升沉、民生肥瘠之原、商业赢④亏之数，无不胪陈梗概。诸君子之有功是邦文献者不亦多乎？是为序。

---

① 此《序》载《（民国）临清县志》卷首。
② "仔肩"，指担负责任。《诗·周颂·敬之》："佛时仔肩，示我显德行。"
③ 此《序》载《（民国）临清县志》卷首。
④ "赢"，同"赢"，满，有余。

中华民国二十三年十一月，实授临清县县长兼督修徐子尚[1]敬题。

《（民国）重修临清县志序》[2]

张树梅

　　县志者，所以志一县之事，国史之具体而微者也。惟自麟经绝笔，吾国数千年来有君史而无民史，有官府史而无社会史。凡秩官、乡贤、勋阀、选举、科第、人物，大而升迁去留，小而轶闻琐事，靡不旁求博征，记载精审。而于政俗之变迁、文化之升降、经济之赢缩，以及农工商业之演进与衰落，则略而不书，或语焉不详。其失也，详人而略事，重古而轻今。参观各县志乘，今昔同辙，如一丘之貉，非独吾县旧志为然也。虽然专制之朝政体所限，非此不足称信史，非此不足征文献，稍违其例，则歧而外之，曰野史；夷而叶之，曰稗史。入主出奴之见演为风气，后之作者又多顾忌瞻狗而莫敢独异，于是乎直笔绝而史道荒矣。不知《春秋》为史家所宗，而桓正文谲所载莫非时事；《诗》《书》开纪录之始，而《豳风》《无逸》立言不遗农村。舍此而言史，是直为陈人塑偶像耳，为官吏作年谱耳。然则志何补于县，县亦何贵而有志哉？《记》有之曰：时之为义大矣。今者国体非故，思潮更新，学术事业进步蒸蒸，均有瞬息千里之势。若生今反古，墨守故株，更何以觇世变而应时需者？此吾县续志之所由作也。

　　然而作志难，作临清志尤难，续作临清县志于今日则难之又难。临清以冲繁疲难之地，当汶、卫交通孔道，其事赜[3]，其俗殊，其因革治乱波逐而云诡。虽假以时日，广为搜订，而罣漏之讥犹所难免。况县志自清乾隆五十年失修，百五十年中，迭经兵燹，图书典籍半付灰烬，采访编纂，势处两困。加以民国二十年来，戎马倥偬，地方多故，档册缺残，稽考棘手。而又名流凋丧，秉笔无人。于斯时也，述往事则传闻异词，纪新闻则

---

　　① 徐子尚，字镜澄，湖北恩施人，民国二十一年（1932）任临清县县长，参与纂修《（民国）临清县志》。

　　② 此《序》载《（民国）临清县志》卷首。

　　③ "赜"，精妙，深奥。

朝兴夕革，其中困难实百倍于邻封，亦势之无可如何者也。二十二年夏，郡人议修县志，复奉省府通令规定修志大纲。梅①以菲材，滥竽斯役，汲深绠短，知难胜任。惟本管见所及，为之网罗散失，考察现状，历时年余，与张君秋潭、王君晋庭、孙君东阁分任而共成之。志类十二，凡五十万言，于人群代谢、社会文野，言之缕缕，俾后之读者得以明其乘除递嬗之迹，而知所改进，聊以存一邑之掌故，而备国史之缩影。义取乎时，言不择雅，辞费之嫌，未遑辞也。

民国二十三年十一月，邑人张树梅识。

《（民国）重修临清县志序》②

王贵笙

民国二十三年一月，山东省府主席韩公以方志之修关于地方政治、文化者至重且巨，于是通饬属县各修厥志，无久无近，剋期赴功。笙③以其时适与于临清县志编辑之役，未匝年，志书告成，同人等以笙从事斯役较久，今幸观厥成，对于修志之经过与同人之指趣，均不可以无言。笙辞不获已，乃曰：邑志者，上以供国史之搜讨，而下以征地方之文献者也。顾其间今古异时，质文异变，因革异俗，新旧异宜，且也事不核不足以信今，言不文不足以行远。然则操觚之士欲兼三长而衷一是，盖綦难哉！

临清县志自清乾隆间重修后，距今殆一百五十年矣。中更多故，简册荡然。光绪以来，屡议兴修而未果。民国二十年，邑人张君秋潭始倡议重修。乃招集各界人士开会议决，筹备进行。次年迄今，笙以菲材，与侯君介石、张君仲修、孙君东阁等先后担任编纂。惟兹事体大，繁重难膺。自愧疏庸，见闻不逮。兼以取材未富，参考乏书，备检阅者除省志、县志及其他县志三两帙外概属缺如。于是同人撰述，下笔为难。往往因一例之商榷、一事之搜求，智尽能索，各瞠目不作一语。有时忽矜得解，相视而

---

① "梅"，即张树梅。树梅，字仲修，山东临清人，宣统元年（1909）优贡，山东优级师范选科毕业，曾任江苏补用直隶州州判，民国十九年（1930）任临清教育局长。

② 此《序》载《（民国）临清县志》卷首。

③ "笙"，即王贵笙。贵笙，山东清平人，宣统元年（1909）拔贡，曾任湖北补用知县。

笑，振笔即书。曾不逾时，又成刍狗。以故分门别类之中，或再易稿而始定，或三易稿而犹弗定。甚或审定以后，已发缮矣，因新有发见，久定者又忽而难定。人或讥为道旁筑舍，而不知实其难其慎，未敢掉以轻心也。昔刘知几作《史通》，谓载笔难其人。章实斋论修志，谓义例不可苟。然则处道丧文敝之余，聚三数章缝①，吮墨濡毫，妄意千古不朽之业，可谓无人矣。当时指摘，其又奚辞？顾载离寒暑，卒底于成。事务翔实，言戒荣华，是编体例虽未能登著作之堂，然以备一邑之掌故，而副省宪之殷心，舍是又将何以哉？

清平王贵笙序。

《（民国）临清县志跋》②
崔长楷

按临清有志，创始于明嘉靖方晦叔先生。洎清康熙壬午知州于公睿明修之，乾隆己巳知州王公俊续修之，壬寅知州张公度又续修之，迄今已百五十余年矣。矧其间又经咸丰甲寅之变，文献沦亡，有心人实抱殷忧。光绪中叶，知州陶公锡祺③聘名翰林尹皋卿主讲临院，慨然兴修志念。于是征张君贤庭、靳君西樵为采访，并拟以赵孝廉素堂为监修。未举行，而尹

---

① "章缝"，即章甫缝掖，指儒者或儒家学说。《礼记·儒行》："丘少居鲁，衣缝掖之衣；长居宋，冠章甫之冠。"

② 此《跋》载《（民国）临清县志》卷末。

③ "陶公锡祺"，即陶锡祺。锡祺，字铨生，江苏阳湖县监生，同治二年（1863）以候补县丞署理峄县知县。《（宣统）重修恩县志》卷6："陶锡祺，号铨生，江苏阳湖县人。光绪四年知恩县事，有理繁治剧之才，遇事不劳而理。在任三年，以治最称，升临清州。"《（民国）续修历城县志》卷38："陶锡祺，字铨生，江苏阳湖人，以军功迭保至知县，分发山东，历膺繁剧，卓著循声。光绪九年，署历城县。正值黄河溃决，巡抚陈士杰设局收养灾民。先放急赈，旋在省城设立工赈总局，均派官会绅董其事。秋间，侍郎游百川衔命来东查勘，议者或谓宜守大堤，不与水争地。或谓宜守民堰，以束水攻沙。锡祺建议，谓二者不可偏废。盖恃堰内之民守堰，则民之身家所系，其防护必力。而悉官家之力以防堤，虽堰决，而河患亦轻。侍郎深然之。议未定，而河复决，历境被灾尤重。时库帑奇绌，灾民赈苦不给。锡祺则以宁滥无遗向上宪力争，并陈以工代赈策。上宪许之。于是议赈议抚，昕夕罔懈。每散放钱米、棉衣，皆躬亲检点，从不假手胥吏，穷黎皆霑实惠。堤段所占地亩，亲偕员绅勘量，如值发价，一时廉干之声远近交颂。权篆一年，当受代。乡民扶老携幼，遮中丞卤簿，乞留不可得。去任日，历之绅商士庶下至贩竖走卒莫不远送于郊，遮道攀辕数十里不绝。后洊保道员，以疾卒于京师。"

归道山，陶亦去任。知州庄公洪烈①任内又拟兴修，乃聘名孝廉赵子开为总纂，赵与吾钟师少甫为癸巳同年，予癸巳荐卷，又与赵同出向笃生师房，故赵之纂辑，吾与钟师兄吉人得左右赞襄之。三载稿成，订为五册，方拟锓板，而吉人考膺司选，又擢拔贡，事遂寝。其稿本保存于予家者有年。至民国十年，绅民正拟以赈余重行修志，推陈君月林主其事。适陈之高足沙君月坡为陕西教育厅长，迎师赴陕。及旋临未年余，而陈又殁矣。近缘张君秋潭等发起，邀集阖邑士绅组一重修临清县志局，予又得滥竽其间。癸酉春，初稿成，予携赴济南，就正于孙君介卿、沙君月坡，均主张尚须修改。维时予在济抱病两月，几以身殉稿。幸蒙天佑，得完璧而归。呜呼，抱遗订坠之功，予虽不敢自居，然回想经过，波折抑何其多也！今志成，予不禁额手称庆，并略陈颠末，附于册尾。至其中之微言大义，诸公弁首之序早已揭明，奚待予言？

邑人崔长楷谨跋，时年七十有四。

《（民国）重修临清县志后序》②

孙宝贤

民国二十年秋，宝贤③以联立乡师事，由省回籍。适邑人张秋潭等有重修县志之举。二十一年冬稿成，付修志委员会审查。佥主修改，并推予与于修改之役。予辞不获已，乃勉强任职。予于志乘之学素无研究，然窃以为时代既非昔比，修志者若但循旧例，不知变更，势必贻讥通方之士。故此次修志文字力求浅近，事类必务简赅。其间因革捐益，总以不背时代、有关社会为主旨。自二十二年夏着手修改，迄二十三年秋始行竣事。志目较前稍更，内容亦视昔加备。并增图像一项，凡名胜古迹、碑匾佛

---

① "庄公洪烈"，即庄洪烈。洪烈，江苏武进县人，宣统三年（1911）任济宁州知州，入民国仍继任济宁县知县。

② 此《后序》载《（民国）临清县志》卷末。

③ "宝贤"，即孙宝贤。宝贤（1880—1965），号东阁，河北临西人，毕业于国立北京高等师范。1919年，任聊城第三师范校长。1930年，任山东教育厅指导员。1931年，任临清、夏津、馆陶、邱县、清平、冠县等六县联立乡村师范首任校长。1937年，抗日战争全面爆发后，赴川陕任教。中华人民共和国成立后，任教于历城县中学，后任山东省文史馆馆员，当选山东省政协常务委员。1965年，病故于济南。

像，有关于一县文化者，冈①不搜集拍照，制铜版以刊诸志端。地图除全县区里图外，并请专家绘制城区、河流、土质详图各一，无不精工明确，了如指掌。总计此次修志，自开始采访，至印刷成功，为期将近四载，用款尤复不赀，可谓作始简而将毕巨矣。志既成，爰述其巅末如右。至各志目之范围及编纂之体例，前序并《凡例》中论之已详，兹不复及云。

中华民国二十四年四月，孙宝贤序于联立乡师。

---

① "冈"原文作"罔"，或误，当作"罔"。

高唐州

一　《（嘉靖）高唐州志》

　　《（嘉靖）高唐州志》，二卷，王大化纂修，为继天顺四年（1460）高唐州学正卢瑞《（天顺）高唐州志》（六卷）而修。由林文俊《序》，可知此志记述高唐之疆域、风俗、人才、官师、民赋颇为全面，且取舍较为精严。王大化任高唐州知州在嘉靖元年（1522），据林文俊《序》，此志之修在王大化任高唐州知州一年之后，十旬而竣，则此志当修成于嘉靖二年（1523）。林文俊《序》称自卢瑞修志，"今六十有五年矣"，则林《序》作于嘉靖四年（1525）。据此，王大化此志修成后或未即刊刻，其付梓时间姑系于林文俊作《序》之嘉靖四年。

《（嘉靖）高唐州志序》[①]
林文俊

　　古者列国皆有史，自秦罢侯置守宰，而列国之史废，于是郡邑之志寝兴焉。志，盖史之类也。而其所载，则史略而志详。作志者，非具良史之才，则亦莫之能为也。予尝病近世之为志者，非太繁而失之冗杂，则太简而失之遗漏。其或免于斯二者，则又其议论或诡于正道，其是非或谬于圣人，而其失弥甚焉。是志之难，尚矣。非志之难，作志者之难其人耳。

---

①　此《序》载《（道光）高唐州志》卷首，题林文俊撰。

　　高唐州旧有志六卷，天顺庚辰①学正卢瑞②修之，今六十有五年矣。嘉靖壬午③，仪真王君④以进士来知州事，亟欲重修之。属当兵后，民居官廨多燬于火，有司露居以莅事，遑及他乎？甫期岁，政教大行，百废寝举，于是乃出所藏图志诸书，命庠生李潜等穷搜博访，分类编纂，凡十旬始克成书，总为二卷。其所当书者，虽细必录，不嫌于太繁；其所不当书者，虽巨必遗，不嫌于太简，其义例严矣。

　　呜呼，是志成，而后疆域之废置、风俗之升降、人才之盛衰、官师之良窳、民赋之登耗，灿然如指诸掌，不惟为政于斯者因革损益，得其所资。而凡有志之士，欲考四方之故者，不必亲履其地，一展卷而尽得之矣。此其所系顾其小也哉？然非有良史之才，则亦不足以与于此也。使今之为府州县者，皆能究心于是，而天下无阙志矣。以志之详，补史之略，而天下无阙事矣。昔宋景文公出知郑州，犹兼修《唐书》，是以有司领史职也。予故因事是志，而有致望于今之贤有司焉。君名大化，南畿乡闱第一人。其举进士也，于予有场屋⑤之雅，故以志属予为之。

---

　　① "天顺庚辰"，即天顺四年（1460）。
　　② 卢瑞，广东香山人，天顺中曾任高唐州学正。《（嘉靖）香山县志》卷6："卢瑞，字廷圭，麻洲人，少颖悟，从同舍先辈曾贤游，有声庠序，时称曾卢。正统甲子乡荐，与贤名在上第，有司皆录其经义以传，计偕北上，贤道亦明。及中乙科，众多辞职，瑞独念母老在堂，需禄为养，师矇在外，孰相其归？遂就职，得横州学正，送贤至家，而后奉母就养，人皆韪之。瑞善讲经，士皆解颐。任内三科，举子十三人，进士一人，前此未有也……以内艰归……起复改高唐州，州久无甲第，瑞择其秀颖者加意教之，三年中得进士二人，刘魁为御史，梁镛为给事中。二人每谓人曰：吾辈非卢先生不至此。秩满，士子群送至二三百里，亦有抵京师而后返者。考最，擢（误，或当作'擢'）思恩府学教授……岑英以土人为知府，颇知书，以宦游士夫多求索，往往轻之，独于瑞加敬。岁饥，从瑞请，发仓赈之，民赖以甦。会缺同知，众曰：卢先生生我，我无以为报，请于英乞以瑞补。英遂闻于朝，然已有岷府长史之除矣。瑞至藩，王与世子皆尊礼之，僚属卒隶受约束惟谨，上下各得其欢心。岁余，卒于官，年五十四。后藩府有事逮至，都台御史刘魁通典狱事，讯及其人，咸泣曰：使卢长史在，岂有是哉？魁于是状其行，丘文庄公濬为表其墓焉。瑞天性孝友，廉洁不苟取，为学教尚古道，尤潜心性理，为诗文不事雕刻，有《拙庵稿》藏于家。"
　　③ "嘉靖壬午"，即嘉靖元年（1522）。
　　④ "仪真王君"，即王大化。《（康熙）高唐州志》卷7："王大化，字玄成，仪真人，乡举南畿第一人，登进士第。嘉靖间，知高唐，悯州人逋租，田芜不治，出课税之余缗，给牛种费，岁余复业者千余家。新学宫，暇引诸生讲艺郡庭，随材陶铸，尤严师巫佛老之禁。历三载，擢嘉兴府同知，州人绎思其德，为立去思碑，又建生祠祀之。"
　　⑤ "场屋"，科举考试的地方，又称科场。

二 《(嘉靖)高唐州志》

《(嘉靖)高唐州志》，七卷，胡民表修，金江纂，嘉靖三十二年（1553）刻本，为存世最早的《高唐州志》。《中国地方志联合目录》著录此志为"金江纂修"。今检此志卷首金江《序》，可知金江具体负责纂修之务，著录"金江纂"较为准确。卷前载金江《序》及叙志。

此志分图表、郡县志、秩官表、人物志、天文志、地理纪、政治述、列传、艺文类、杂述纪，凡十门、四十目，约四万字。其天文志所载气候特征，地理纪所载市镇乡图、户口门所载地亩及物产风俗多能反映当地特色，对考见明代北方地区的社会经济状况，具有较大的参考价值。

《(嘉靖)高唐州志序》①
金 江

高唐州新志成，缙绅先生佥谓江②当有序，江不可以辞。序曰：志，史也。古者，史以纪事，昭往式来，明道考迹，识因稽革。先王经世宰物之征权也。秦易封建为郡县，史亦随废而志随兴。故统志、通志、郡志、州县志斯作矣。志也者，史之遗也。

高唐居中原冲衢，海内兵作，先被荼棘。金元之际，干戈倥偬，为戎马蹂躏之场。迨国朝混一，列圣相承，仁渐义摩，百八十年来，四方文治盖极盛矣。天顺间，学正卢瑞作前志，继而州守王大化作后志。江求而览焉，卢志略，王志芜，且多漫漶不存，又其废者三十余年，识者不无憾焉。尝闻时有升降，政由俗革。今景运熙洽，正修典章、隆文献之时，而

---

① 此《序》载《(嘉靖)高唐州志》卷首。
② "江"，即金江。金江，字孔殷，浙江义乌人。江博通群籍，以著述为事。由太学两佐州治，职务修举，未尝以吏事妨学，所著有《续纲目书法》《续敬乡录》《端本要略》《华川文派录》《义乌人物志》、太仓、高唐二州志，总八十卷。

况中原名区如斯州者乎？迺谋诸寅长我山胡子①，胡子有志纂正，而吏事丛委，日不遑给，咸属笔于江。江不揣固漏，迺据前后志，证诸经史，参诸郡志，旁搜博采，订讹补漏，三阅月而脱稿，质于胡子裁定之，复授乡荐士熊子芝，太学生穆子伯澄、崔子若无，庠生刘子仲龙而雠校焉，撮遗攉实，为图四，为表三，为纪二，为志、为述、为传、为类各一，总为纲七，为目四十有一，附目十有一，厘为七卷。图地景而方舆备矣，表编年而古今稽矣，志天文而星土昭矣，纪地理而典则具矣，述政治而官政著矣。传人物而士习劝矣，类艺文而文献征矣，纪杂述而见闻广矣。又逾年始克成编，其于因风设教、稽古作则者，不无少助焉。昔司马迁作《史记》，其文雄深雅健，为百代文章之祖。而班固讥之，有"序道德先黄老而后六经"②之目。夫迁，良史也，未可轻为讥评。然班之言，后世亦无贬焉。甚矣，著述之难也！矧旧典湮灭，后学寡闻，其能无挂漏之弊、偏颇之失乎？审核致确，尚有赖于后世之博雅君子也。庸书以告嗣宦兹土者。

嘉靖癸丑③季冬朔旦，同知州事义乌金江谨□④。

三 《（康熙）高唐州志》

《（康熙）高唐州志》，十二卷，刘佑纂修，有康熙十二年（1673）刻本。卷前载刘佑序。分地理志、建置志、武备志、田赋志、职官志、选举志、宦绩志、人物志、艺文志，凡九门、六十九目，约二十万字。是志增辑续补清初事迹较备，武备志记明末清初高唐州境兵事活动甚悉；田赋志记清初本地人口及田赋数字，为研究清代赋役之基础资料；艺文志收载颇丰，保存乡邦文献，可供采择。

---

① "我山胡子"，即胡民表。民表，字具瞻，江西龙泉人，举人，嘉靖二十九年（1550）任高唐知州。
② 语出班固《汉书·司马迁传赞》，原文作："论大道则先黄老而后六经。"
③ "嘉靖癸丑"，即嘉靖三十二年（1553）。
④ 此字原书漫漶，或当作"序"。

《（康熙）高唐州志序》①

刘　佑

　　昔杨用修纂《四川总志》②，广搜三代金石鼎彝之文，最为详备③，而复以雄文健笔文采葩浏览之，如观乐洞庭之野，而阅战昆阳、广武之间，斯宇宙之奇诡也。予谓用修浸失史意。志，史之滥觞，而史又实本于春秋，乃经世之书，非夸多斗靡，止以侈耳目之观已也。其大旨别淑慝，昭劝惩，以佐赏罚之不逮。纪名物象数，以备掌故，又其次也。使郡邑而④无志，志而仅以侈耳目之观，则劝惩废矣。贤愚同一丘之貉，而臧谷两亡其羊。⑤将兰芷与蔓草俱萎，而祥麟与梼杌⑥偕没矣，可乎哉？故志宁质勿华，宁简勿繁，要不失史与《春秋》之大旨而可矣。尝考古者，生子间史书之间者，二十五家之谓也。二十五家且有史，而况于郡邑乎？予髫年授书，即明此意。初任蕲春，延请绅士纂修蕲志。书成，亦自斐

---

①　此《序》载《（康熙）高唐州志》卷首。

②　"杨用修纂《四川总志》"，指明刘大谟等修，杨慎、杨名、王元正等纂《（嘉靖）四川总志》。杨慎（1488—1559），字用修，号升庵、升庵。四川新都人，明代三才子之首。杨慎博览群书，后人论及明代记诵之博、著述之富，推杨慎为第一。他又能文、词及散曲，论古考证之作范围颇广。其诗沉酣六朝，揽采晚唐，创为渊博靡丽之词，造诣深厚，独立于当时风气之外，后人辑为《升庵集》。杨慎、杨名、王元正都是进士出身，其中杨慎是状元，杨名是探花。三人有文采，均曾在翰林院任职，且都为遭贬的人。刘大谟称："王氏玉垒、杨氏升庵，杨氏方洲俱以雍益之豪俊、科第之伦魁、良史之名笔谪戍遐荒，周流万里。"

③　"广搜三代金石鼎彝之文，最为详备"，杨慎负责编《艺文志》，收录颇为宏博。（明）陈继儒称："读天下志，（嘉靖）《四川总志》为第一，其金石鼎彝、秦汉以下之文网罗几尽，而立例亦古。"（清）宪德亦称："（四川总志），迨前明之世屡经修辑，惟杨慎、王元正辈所纂称善。"《（嘉靖）四川总志》之《艺文志》后来单独刊行。《四库全书总目》评其"包络网罗，极为核洽"，《益部谈资》称其"网罗金石鼎彝，秦汉之文几尽，可谓博矣"。此志所收的很多文章为他书所未收，具有较高的辑佚价值。如李商隐《重阳亭铭》，李商隐文集未收，《文苑英华》亦未收。再如（宋）罗泌《姓氏谱》、元费《古器谱》部分内容赖此志得以保存。

④　本《序》自开头至"使郡邑而"，《（康熙）高唐州志》卷首所录此文有残缺，今据光绪三十三年（1907）刻《（光绪）高唐州志》卷首《序》校补。

⑤　"臧谷两亡其羊"，喻事不同而实则一。《庄子·骈拇》："臧与谷二人，相与牧羊而俱亡其羊，问臧奚事，则挟筴读书；问谷奚事，则博塞以游。二人者，事业不同，其于亡羊均也。"

⑥　"梼杌"，一种人面虎身、凶狠狂暴的猛兽。《神异经·西荒经》："西方荒中有兽焉，其状如虎而大，毛长两尺，人面虎足，口牙，尾长一丈八尺，扰乱荒中，名梼杌。"

然。量移海陵，海陵，文献之邦，古牒可稽，英流鳞萃。始设局鸠工，而予以报罢归矣。继补鱼丘①，鱼丘为东郡要地，每览前史，名乡硕彦，代不乏人。予下车之初，即欲网罗遗事，续成一郡之书。而旧志无存，无从着手。后朱华胤先生从浙中觅旧志二册见寄，急披阅之。脱略漫漶，半不可识，乃本州州同义乌金君江所纂修者。其书至嘉靖癸丑而止，迄今已百余年矣。抱此遗编，稍觉统绪可寻，便欲续加修辑，以酬夙志。适圣天子稽古右文，有各省修志之旨，功令炳于日星，予益不敢以不敏辞矣。但鱼丘屡遭兵燹，搜断碣于幽隧，征往事于瞽宗②，极意采访，十不获一，所幸襄阳之耆旧犹存，东鲁之灵光③尚在，得以依风请教。而僚友诸君子或名高虎榜，或望重鳣堂④，亦皆以丰才博学匡予不逮，学校诸子亦代为检阅咨讨，备极苦心。友人津逮遂裒集而润饰之，彬彬乎质有其文矣。予则秉以公虚，加之详慎，奇丽博雅虽不敢望，用修后尘，然别淑慝而昭劝惩，亦期不失史与春秋之大旨而已。借手群贤，幸而卒业，续貂附骥，叨光多矣。敬题数语，以识一时共事之雅云尔。

时康熙癸丑初夏，曲周刘佑⑤谨序。

四 《（康熙）高唐州志》

《（康熙）高唐州志》，十二卷首一卷，龙图跃修，李霖臣纂，有康熙五十一年（1712）刻本。卷前有龙图跃《序》，约二十五万字。

---

① "鱼丘"，为高唐旧称，此处代指高唐。高唐设县较早，后于五代梁改为鱼丘县，唐复为高唐县。晋又改为齐城县，汉初复为高唐县。蒙古至元七年（1270）为高唐州治，明洪武初废县入州。

② "瞽宗"，殷代贵族子弟学习音乐的学校，代指学校。《周礼·春官·大司乐》："凡有道有德者使教焉，死则以为乐祖，祭于瞽宗。"《礼记·明堂位》："瞽宗，殷学也；頖宫，周学也。"

③ "东鲁之灵光"，指鲁灵光殿，喻仅存之有声望的人或事物。王延寿《鲁灵光殿赋序》："鲁灵光殿者，盖景帝程姬之子恭王余之所立也。初，恭王始都下国，好治宫室，遂因鲁僖基兆而营焉。遭汉中微，盗贼奔突，自西京未央、建章之殿，皆见隳坏，而灵光岿然独存。意者岂非神明依凭支持，以保汉室者也？然其规矩制度上应星宿，亦所以永安也。"

④ "鳣堂"，指讲学之所。《后汉书·杨震传》："后有冠雀衔三鳣鱼，飞集讲堂前。都讲取鱼进曰：'蛇鳣者，卿大夫服之象也。数三者，法三台也。先生自此升矣。'"

⑤ "刘佑"，字云麓，河北曲周人，贡生，康熙九年（1670）任高唐知州。

此志因袭前志门目，分地理志、建置志、武备志、田赋志、职官志、选举志、宦绩志、人物志、艺文志九门、七十七目。其续补康熙十二年（1673）以后事迹尤存故实。职官志增入游击、守备、千总、把总等清制武官；艺文志补入有关本地故实的疏引、诗文，颇存乡邦文献。

《（康熙）高唐州志序》①

龙图跃

州之有志，犹国之有史也。史以昭崇信，示惩劝，纪实以诏将来。其有关于世道人心者綦重，亦綦严也。乃云志与史媲美，似夸非夸也。今天下幅员万里，声教遐暨，南至于台湾，北至于蒙古诸部落，东抵于三韩，西抵于三苗，迈秦汉而超唐宋，千古所未易有。我圣天子御极五十一年，屡下蠲赋之诏，开解网之仁，揆文奋武，地平天成，亦百王所未易见，猗欤休哉！版图之孔厚，风俗之时雍，且梯山航海，莫不率俾来享来王。举凡雕题黑齿之邦②、日出无雷之国③，咸献琛奉朔，稽首天子，岂非奉三无而抚九有④之一人有庆乎？乃轸念直省，加惠元元，特命儒臣修《一统志》，且行取曲沃贾中丞⑤刊行陕西、河南《通志》，为天下作志令式。使臣工士民知所适从，诚哉一代之巨典、百代之宪章也。

---

① 此《序》载《（康熙）高唐州志》卷首。

② "雕题黑齿之邦"，指我国古代南方雕额文身之部族。《楚辞·招魂》："雕题黑齿，得人肉以祀，以其骨为醢些。"《礼记·王制》："南方曰蛮，雕题交趾，有不火食者矣。"郑玄注："雕文，谓刻其肌以丹青涅之。"孔颖达疏："雕谓刻也，题谓额也，谓以丹青雕刻其额。"

③ "无雷之国"，汉时西域国家，《汉书》卷96《西域传》："无雷国，王治卢城，去长安九千九百五十里。户千，口七千，胜兵三千人。东北至都护治所二千四百六十五里，南至蒲犁五百四十里，南与乌秅、北与捐毒、西与大月氏接。衣服类乌孙，俗与子合同。"

④ "奉三无而抚九有"，"三无"为天没有私覆，地没有私载，日月没有私照，君主之德为奉承三无；"九有"指九州。《诗经·商颂·玄鸟》："方命厥后，奄有九有。"毛传："九有，九州也。"即荆、梁、雍、豫、徐、扬、青、燕、冀。君主之功为安靖九州。

⑤ "贾中丞"，即贾汉复（1606—1677），字胶侯，号静安，山西曲沃人。初为明副将，顺治间降清，隶正蓝旗汉军。历任工部右侍郎、右副都御史、兵部尚书。曾修葺汉南栈道六百余里，疏浚长安龙首、通济二渠，任内曾奏免荒芜丁役皇粮，百姓感戴，官终陕西巡抚。贾汉复在担任河南巡抚、陕西巡抚期间，曾纂修两省《通志》，康熙十一年（1672），大学士卫周祚请以贾汉复所修二志为范本，颁旨命各地纂修通志。

图跃①前承乏江南，散官六年，视府贰篆者四载，每见各郡志邑乘，留心翻阅，始信志之与史实相表里者也。史约而志博，凡舆图之陋要、山水之流峙、人物之贞邪、官师之臧否与夫学校之或废或兴、赋役之或轻或重、户口之或登或耗、风尚之或俭或奢，及于城池、祠祀，何者宜亟缮修；沟洫、舆梁，何者宜图濬治；兵防、驿递，何者宜酌减增；祥瑞、灾祲，何者宜勤修省。溯循其初，卒研究其宏纤，张弛因革，救敝补偏，于以奠民生而补治道，惟志为权衡。是故经济之士不出家，而天下事如指诸掌焉。故志之媲美于史，似夸实非夸也。

图跃自己丑移守是邦，见旧志自癸丑迄今，几四十年不为增辑。不特枣梨残阙失次，垂帝虎鲁鱼之谬、三豕渡河之疑，而其间挺英植秀、纤紫拥皂、孝友忠贞、淑德懿行泯无可征，将何以示信，从而成一州之志也耶？图跃不揣固陋，谬司民牧，自维上之不能为圣主立不朽之事功，下之不能为一州二万户兴永远之利济，恶焉而惭，惕焉而惧，于一二公事外屡存修堕举废之意，有心无力，徒托空言，而无补于世，是以此修志之举所不敢缓者也。爰广搜博采，撷拾见闻，质诸舆论，有者登之，亡者补之，未尽者续举而增入之，皆二三亲友考订至再，宁质毋文，宁减勿诞，以期少有裨于世道人心。除沿革事宜增删损益，惟求可信可考而已。至于忠孝之轶事、节义之苦心，三致意焉。有美必传，有善必录，勿附会，勿夸毗，以其可崇可信可劝可惩，无愧于心，无玷于志，而后即安。自秋历春，克竟其业，所喜者信之于今，得以传之于后。所惧者搜罗恐未备，采访恐未周，端有望于后之同志者循旧增新，补遗继续，悉心为之，不遗余力，此又一州之深幸也夫。

时康熙五十一年岁在壬辰夏四月，山东东昌府高唐州知州加二级纪录八次天津龙图跃谨序。

五 《（乾隆）高唐州续志》

《（乾隆）高唐州续志》，二卷首一卷，毕一谦修，耿举贤纂，乾

---

① "图跃"，即龙图跃，字飞占，直隶天津人，贡生。康熙四十八年（1709）任高唐州知州，五十五年（1716）任汝宁府知府。

隆七年（1742）刻本。卷首载毕一谦《序》，约八万字。

此志续接前志，分地理志、建置志、赋役志、武备志、职官志、选举志、宦绩志、人物志、艺文志九门、二十六目，凡前志已载者不复录，其记注尚嫌简略。

《（乾隆）高唐州续志序》①

毕一谦

高唐之名旧矣，肇于《左氏》，传于《孟子》，杂出于史汉百家之书，其间有盼子②之武略、刘寔③之清操、华峤④之著述、阎复⑤之文章，炳炳可称。迨至本朝鼎兴，旌麾方面，后先勋业相望，遐哉盛矣！何莫非土厚风醇，有以发为人物之光华也哉！

余自滇中别驾来守是邦，至官，见其地南通吴会，北拱神京，车盖辐辏，允为往来孔道。急欲咨求文献，考稽典章，而经畴昔灰烬之余，仅得一编于刘、龙二公，掇拾之，所获且近。今目见耳闻，苟不及时蓄贮，又将同于澹烟冷草，渐灭以至于尽，为踌躇者久之。既已先务是急，新文

---

① 此《序》载《（乾隆）高唐州续志》卷首。

② 盼子，齐国大臣，韩婴《韩诗外传》："齐王曰：寡人之所以为宝与王异。吾臣有檀子者，使之守南城，则楚人不敢为寇，泗水上有十二诸侯皆来朝；吾臣有盼子者，使之守高唐，则赵人不敢东渔于河。"

③ 刘寔（220—310），字子真，平原郡高唐县人。刘寔出身寒苦，品德高洁，好学不倦，初以计吏入洛阳，调任河南尹丞，后迁任尚书郎、吏部郎，封爵循阳子。西晋建立后，历官少府、太常、尚书，晋爵为伯。元康初年，晋爵为侯，累官太子太保兼冀州都督。元康九年（299）拜司空，后转任太傅。永嘉四年（310）去世，谥曰"元"。

④ 华峤（？—293），字叔骏，平原郡高唐县人，西晋学者、史学家，曹魏太尉华歆之孙。曹魏时以门荫入仕，起家大将军（司马昭）掾。西晋建立后，受封关内侯，任太子中庶子、散骑常侍，累迁侍中、尚书、秘书监，封东乡侯。华峤才学深博，著有《汉后书》九十七卷，时称"有迁固之规，实录之风"。元康三年（293）去世，谥曰"简"。

⑤ 阎复（1236—1312），字子靖，号静轩，东平高唐人。初入东平府学，拜名儒康晔为师，经рект好问校试，预选他与徐琰、李谦、孟祺四人，号"东平四杰"。元世祖即位，拜翰林学士。十九年（1282），升翰林侍讲学士；二十年（1283），改集贤侍讲学士；二十三年（1286），再擢翰林学士承旨，朝廷诏旨多出其手；元武宗朝晋阶荣禄大夫，授中书平章政事，后辞官居家。皇庆元年（1312）卒，赠光禄大夫、大司徒、上柱国，封永国公，谥"文康"。

庙，作泮宫，设义塾于各乡，蟠叟黄童咸为鼓舞率从。乃询于众曰：州志之无征也，殆四十余年矣，曷续诸？佥曰：诺。遂遴老成诸生八人，分行四隅，凡金石之镌、枣梨之刊、青箱素竹之记、田畯桑妇之谈，无不广搜博采，俾其无壅而闻。既乃开馆分局，广延名儒，发凡起例，提纲振目，浃月而告成，将谋开雕，名之曰《续志》。由于继刘、龙二公而为书也。或诘余曰：是岂不可以专家自命，而胡谓续为？余曰：不然，夫朝有良法，而无以承流而宣化者，怠也。野有善俗，而无以扬清而激浊者，耻也。国家幅员四垂，无远弗届，列圣深仁厚泽，沦入肌髓。恭逢皇上崇道右文，礼明乐备，余小臣得于簿领余闲，讨论典故，克成此编，虽于刘、龙二公前书不敢曰踵事增华，然异日者太史有采风之举，司市有纳价之陈，将以考鱼邱之往事，资经国之宏谋，或庶几于是书犹有取焉？何不可以续志云乎哉？

时乾隆七年岁次壬戌冬十月谷旦，奉直大夫高唐州知州铁岭毕一谦①谨序。

六 《（道光）高唐州志》

《（道光）高唐州志》，八卷，首一卷末一卷，徐宗幹修，陈仅、杜阶纂，道光十五年（1835）刻本。是志封面题"高唐新志"，扉页右上镌"光绪丁未镌"，中题"高唐州志"，左下镌"州库藏板"。卷首载祝庆谷、徐宗幹《序》、旧志《序》五篇及州图，卷末附旧志例言，约三十五万字。

此志以纪、考、传、录四体统摄各门，义例严整。卷一为天章纪、盛典纪；卷二为方域考、建置考；卷三为田赋考、学校考；卷四为祠庙考、典礼考；卷五为人物传；卷六为列女传；卷七为政绩录、金石录；卷八为艺文录、杂稽录。高唐以植棉著称，在此志中亦有较多体现。卷首图考绘有《唐寺棉市》及《采棉图》，从中可见清代高

---

① 毕一谦，字益之，铁岭人，满洲镶蓝旗人，贡生。雍正十一年（1733），在广西府任上重修庙学；乾隆元年（1736），曾于署理曲靖府马龙州知州时设立义学。乾隆七年（1742），任高唐州知州。

唐棉业之盛。卷三田赋考除详载田赋钱粮数字外，并附与本地植棉有关之文告多篇，颇有价值。金石录收辑历代碑刻资料，皆详加考订，可备一方之文献。其他诸门亦考订精审，详明赅备，具有较高的参考价值。

《（道光）高唐州志序》①

祝庆谷

高唐以县改升为州，与恩、博、清、茌及济南、临清所辖十州县疆圉交错，为南辕北辙之冲，故称剧焉。其地坟衍，其土多白壤，其谷宜黍，其利木棉，其民愿而朴。作牧者审地脉之肥硗，而赋税分缓急焉，则催科中抚字也。詧民俗之淳漓，而惩创寓劝勉焉，则刑罚中教化也。树人刺史②自道光癸巳，由泰安擢任此邦，闻泰山父老攀辕留之不可得，而州人士已额手相庆。今莅任将三载矣，戢奸暴，培善良，废者举之，弛者张之，士风以淳，民俗以楙。兹以新修志乘示余，余知其学，而信其仕；观其仕，而益嘉其学也。树人年方强仕，展布猷为，正未有艾。爰缀数语，为树人勖，并望后之官斯土者勉焉。

---

① 此《序》载《（道光）高唐州志》卷首。
② "树人刺史"，即徐宗幹。徐宗幹（1795—1866），字伯桢，号树人，江苏通州人，嘉庆二十五年（1820）进士，以知县分发山东。历曲阜、武城、泰安三县知县及高唐、济宁知州等职。道光二十八年（1848）四月授福建台湾道。时姚莹方去，凡所规画多继承之。宗幹为治，循名核实，举凡策防夷、申禁烟、理财赋、议积储、设屯丁、开番地，无不勉力为之。尤其台湾遭英人窥扰之后，士民蓄愤，自立乡约，禁不与贸易，宗幹亦著防夷之策。是时绿营废弛，宗幹移镇管束，改建营房处之，兵民始分。又议改澎湖募兵，变通船政，清理人犯，语多可行。咸丰三年（1853），林恭、洪泰等起事，陷台湾、凤山两县，宗幹与民守御，防剿兼施。四年（1854），擢按察使，为闽抚王懿德所劾，解任。旋召至京，命赴河南帮办剿匪。同治元年（1862），擢福建巡抚。三年（1864），李世贤、汪海洋等由广东入闽境，逼漳州，龙岩、云霄相继陷，宗幹偕闽浙总督左宗棠以次平定。五年（1866），病卒，优诏褒恤，谥清惠。七年（1868），祀福建名宦祠。著有《斯文信斋文编》。雅好金石，宦鲁二十余年，在济宁时修学宫、纂州志，广交许瀚、冯云鹓等山东及寓鲁金石学家，切磋学问，纂修《济宁金石志》八卷。

时道光乙未长至日①，诰授中宪大夫即升道知东昌府事祝庆谷②撰。

《（道光）高唐州志序》③

徐宗幹

古治州曰牧。牧者，知其利而字之，知其害而芟夷之，必先辨其疆域，识其物产，审其风俗，征其文献。《周官》所谓周知地域广轮之数、掌道四方之政者，此物此志也。昔之司牧者抱残守阙，于兵燹煨烬之余，辑为成书，俾后来者得有所承藉，功良巨矣。久之又久，而沿革废置，今昔殊异，耆旧典型，渐将残缺湮没。后之视今，犹今之视昔。官斯土者，不能谢其责焉。

夫一行作吏，此事遂废。役役于簿书期会之末，而于制度文物学古入官之道阙如者，陋也。躬膺民社之大，而寄情豪素，抱儒书弗释，泥古而荒今者，迂也。余自癸巳春，由泰山量任此邦，疆域不过百里，民多朴愿，惟与十县交错，良莠杂糅，去蟊贼，养嘉禾，余不敢以迂治也。捕之逐之，置之法而屏移之，民心秉彝，岂甘蹈刑罔④哉？岁或不登也，比年秋熟，犯者鲜矣。复为宣遒铎⑤之令，立课士之程，严左道之禁，申保伍之约，待罪三载，而惴惴焉，恐陨越是惧。乃者，都人士缮宫墙，行乡饮礼，举李义贞节士女，旌其间，并以志乘请。余不敢以陋自安也，溯自毕君续编以来，将近百年，稽考则远者无征，谘访则难于核

---

① "长至日"，即夏至。夏至白昼最长，故名。《礼记·月令》："（仲夏之月）是月也，日长至，阴阳争，死生分。"孙希旦集解："孔氏曰：长至者，谓日长之至极。大史漏刻，夏至昼漏六十五刻，夜漏三十五刻。愚谓以昏明为限，则夏至昼六十五刻，夜三十五刻；以日之出入为限，则昼六十刻，夜四十刻也。"一说指冬至。自夏至后日渐短，自冬至后日又渐长，故名。

② 祝庆谷，河南固始人，监生，嘉庆十一年（1806）任涿州州判。《（光绪）乐亭县志》卷7记述其担任乐亭县知县之经历称："祝庆谷，河南固始人，监生。嘉庆二十二年署邑篆，公正廉明，讼无留滞，期年而民大服。于其去也，士民数千人送于东门外，相与泣下沾巾，公亦挥泪，失声而别。既去，乐之人又具状府院，欲遮留之。当事者深以为忌，以为天下之官多矣，何独尔之能得民如是耶？时值大计，并一卓异不可得。"后升任东昌府知府。

③ 此《序》载《（道光）高唐州志》卷首。

④ "罔"，同"网"。

⑤ "遒铎"，古代宣布政教法令用的铃铎。《尚书·夏书·胤征》："遒人以木铎徇于路。"孔传："木铎，金铃木舌，所以振文教。

实，有志焉而未之逮。读嘉庆五年新修《郡志》，得以采辑增补，合前志、续志并纂为八卷，未敢遽谓可信可传，而所谓疆域广轮、文物损益，固可周知其数，借以求无负牧民之称而已。唯是才识谫督，鞅掌纠纷，率尔成书，聊存规略，修饰而润色之，循旧增新，补遗继续，以俟后之君子。

赐进士出身诰授奉直大夫山东东昌府高唐州知州、戊子辛卯甲午乡试同考官南通州徐宗幹撰。道光十五年岁次乙未九月望前一日。

《（道光）高唐州志附记》①

各郡邑志乘恭载恩纶，并蠲恤旷典，以志荣幸。窃思湛恩汪濊，中外沾濡。历年惠洽灾黎，亦全省普及，圣德荡荡难名，不敢以一州一邑登记焉，谨纪。

志，志疆域也，志人物也。各志多侈谈天文，又辩论之。夫志以州，而一邑而上，求之躔度，亦廓甚矣。唐、宋天文志、地理图经，齐分元枵②之次。元枵所属，自女、宿二度起，女宿入元枵十度半，又虚宿占十度，入危宿，入元枵十度止，共得二十九度半，兹于卷首以"虚危之分、元枵之次"二语括之。旧志无图，今循各志通例补之，备览观耳。

顾祖禹《方舆纪要》云："联络博、济，翼带德、景，居齐、赵之郊，为津途之要。且西去漕渠不过数十里，此亦用兵者之先资矣。"③ 夫纪方舆，而于高唐独言及用兵者，益亦有见面④云。然兹编于营制独详，论兵革虽非他志之例，亦本前贤而为之，不列专门者，仰体圣朝耀德止戈之意也。

田赋多异，学校多同。各志皆然，要其叙列贵详略得宜。若谓赋役无取繁细，则条款不明；学校无取统同，则典章不备。一州之乘为一州修

---

① 此附记载《（道光）高唐州志》（道光十五年）卷末。
② "元枵"，即玄枵，十二星次之一。与二十八宿相配为女、虚、危三宿，与十二辰相配为子，与占星术之分野相配为齐，属青州。《左传·襄公二十八年》："玄枵，虚中也。"杨伯峻注："玄枵有三宿，女、虚、危。虚宿在中。"《史记·天官书》："北宫玄武虚、危。"张守节《正义》："虚二星，危三星，为玄枵，于辰在子，齐之分野。"
③ 此引文语出顾祖禹《读史方舆纪要》卷19。
④ "面"，或当作"而"。

也，未可以他志已详，而独从其略。或曰"史略而志详"①，或曰"纪繁而志简"，窃谓详其可详，简所当简，则得之兹编。学校位制谨遵通礼，合阙里诸志篇次之先先贤，次先儒，视他志为简明。西庑孔子忠孟皮子也，窃谓应祀崇圣祠。宋臣孙复②、石介③为濂、洛、关、闽④诸先贤师承所自，并应从祀，谨附识之，以待上之礼官。黎襄勤公言：修志有三戒，戒附会，戒俶诡，戒琐屑。夫附会莫如古迹，且即凿凿言之，亦无关政治也。如州南南镇有圣迹碑，孔子临河故迹也。又有绵驹故里⑤、东方朔故里碑，乾隆乙未年，州判陈兰芝刊立。表彰前哲，亦司风化者之任。然不能确指所在，存疑焉可也。旧志绵驹列隐逸，其亦蹈附会之戒欤？惟盼子墓在涸河庄西，询访父老，皆以为传信。然按盼子守高唐，旧地当在今齐河境也。汉以下史书所称平原人、清河人、博州人，然无可确指者，不敢附会录之。旧志人物、艺文均缺唐代。查唐时改名崇武，五代而复曰鱼邱，曰齐城，非尽有高唐人氏之明文也。旧志沿革，鱼邱作重邱。

金石之录，考古证今，非炫博也，所以征实也。旧志碑版多未载，久

---

① 林文俊《高唐州志序》称："志，盖史之类也。而其所载，则史略而志详。"除前修《高唐州志》有此观点外，其他修志者亦有持此观点者，如陈子达《（康熙）陕西通志序》称："史以记事，志以备物，史略而志详，读史而不观志，不足以稽得失察兴衰也。"

② 孙复（992—1057），字明复，号富春，晋州平阳人，北宋理学家、教育家。孙复幼年贫寒，父亲早亡，但学习不辍，饱读六经，贯穿义理。后退居泰山，专心于讲学授徒。其门下多出贤良之士如石介、文彦博、范纯仁等，皆一时精英，大有作为，人称"泰山先生"，又与胡瑗、石介合称"宋初三先生"。至和三年（1056）被荐，后迁殿中丞。嘉祐二年（1057）病逝。

③ 石介（1005—1045），字守道，一字公操，兖州奉符人，北宋初学者，思想家。天圣八年（1030）进士。曾任国子监直讲，"从之者甚众，太学之盛，自先生始"，官至太子中允，和孙复、胡瑗提倡"以仁义礼乐为学"，强调"民为天下国家之根本"，主张"息民之困"。从儒家立场反对佛教、道教、标榜王权，为宋初加强中央集权提供论据。曾创建泰山书院、徂徕书院，以《易》《春秋》教授诸生，开宋明理学之先声，为"泰山学派"创始人，世称徂徕先生。他关于"理""气""道统""文道"等论对"二程"、朱熹等影响甚大。著有《徂徕集》二十卷。

④ "濂、洛、关、闽"，宋代理学的著名代表人物的合称。"濂"指周敦颐。因其原居道州营道濂溪，世称濂溪先生，为宋代理学之祖，程颐、程颢的老师。"洛"指程颐、程颢兄弟，因其家居洛阳，世称其学为洛学。"关"指张载，因其家居关中，世称横渠先生，张载之学称关学。"闽"指朱熹，朱熹曾讲学于福建考亭，故称闽学，又称"考亭派"。

⑤ "绵驹故里"，绵驹，春秋时齐国歌手，以善歌著称。《孟子·告子章句下》："淳于髡曰：'昔者王豹处于淇，而河西善讴；绵驹处于高唐，而齐右善歌；华周、杞梁之妻善哭其夫，而变国俗。'"据记载，绵驹去世后葬于高唐故里。民国初年，高唐县城东门外路南不远处有"绵驹故里"碑一通，再向南里许有绵驹墓一座，墓西南方三丈处有"弟子安琪守墓处"石碑一通。此两碑今均不存。

将就湮。故博采附之，大半以类附各卷，便稽考也。

志以考典章、观风俗也。非艺苑书也。故旧志入艺文者有关建置因革，文虽浅近必录，各以类附。字句漫漶，从阙文，原本冗长者节删之，削其可削，用《史通》点烦之例①，非敢作聪明也，其起例悉详各卷。至于台司文檄、僚友禀详，有关教养之大，切中此地利弊者附录之，一以示州人士有所观法，一以俟后来者酌而行之，但非志例也。

志，志不忘也。官职之现任者、耆宿之尚存者，或录其文章，或记其行事，皆非也。唯比方利弊所关，有行之而虑其未久者，有欲行而未逮者，不能不附存之，以俟君子，然未敢博名誉于一时，而使后此者不能继也。至于都人士乐善捐资，亦不可没其名，所以乐劝也。但不以入传耳。

各邑志书新修，则旧志悉付之无何有之乡矣。然误改金根，安见今之必胜于古也？龙、毕旧志原板尚存，又于梓人穆祥家得初印之本，藉资校补。新志既成，旧板与初印本仍藏之州库，俟后来者有所参观。今于各卷损益，改易十之八九，艺文、传记之全删者，外纪也，纪华歆也，庆祝祠也，与志乘无涉也，文词之近俚者也。至节录者，各条系注，无用复叙。其字句正讹，于本条下注明，笔误则改正之，不必赘词也。删改原本者，如《守城纪略》，堂翁之称忠烈李襄传老四。老四之语，地藏殿碑牛头马面之文，毋乃太简乎？若夫明知州杨贵洪武年任，而宦迹误为杨贵洪；金应奉文字阁詠，而乡贤误列金应奉为一人，尤亟宜校正者。

郡志出于州县志，而郡志纂修在前，则州志所援引，悉本郡志，志为张本也。故逐条标列之，其有旁采他志及近人著述各书，亦注明所由，不欲掠人之有也，非赘也。

---

① "《史通》点烦之例"，"点烦"即"点繁"。刘知几《史通·点繁》："夫史之繁文，已于叙事篇言之详矣。然凡俗难晓，下愚不移。虽六卷成言，而三隅莫反。盖语曰：'百闻不如一见。'是以聚米为谷，贼虏之虚实可知；画地成图，山川之形势易悉。昔陶隐居《本草》，药有冷热味者，朱墨点其名；阮孝绪《七录》，书有文德殿者，丹笔写其字。由是区分有别，品类可知。今辄拟其事，抄自古史传文有繁者，皆以笔点其繁上。凡字经点者，尽宜去之。如其间有文句亏缺者，细书侧注于其右。或回易数字，或加足片言，俾分布得所，弥缝无缺。庶观者易悟，其失自彰。知我撼实谈，非是苟诬前哲。"

人物统选举，而以列传附于本名。舒化民①新修《长清志》也，《人物传》《烈②女传》，兼用《元史》总叙之例，周云凤新修《东平志》也，皆曾摄州篆者，皆旧令尹之政也，志例之变而善者也，今参用之。夫传非易作，传难其人，作者益难其人，慎之也，非苟焉而已也。

各卷因革损益，稽核校正，罔或疏漏，而人物传及列女、节孝，尤三致意焉。或增修，或节修。前志应录未录而补遗者曰"补纂"，据郡志增列者曰"增纂"，采访续登者曰"新纂"。必雠校至再，盖一字之错，无能再铸；所传异辞，则没其真矣，可不慎与？然或有检校不到者，虽已成书，仍随时更正之。

始乙未夏，终丙申冬，而书始成。众弟子及诸生徒同校之。费省工易，均割俸发刊，乡耆陈仉等捐资争助，未可以善小而不录也。陈仉制钱三十千、徐经邦十千、尹世坦十五千，孙烈、孙峻、彭浩、林在和、于呈图、王之桂、赵思笃、王海、赵方城、麻东庵、孙大经、张永和、栾有敬、王之兰、臧德基、王坤元、王之芳、杨福来、陈重器、郑方盛、李金榜、刘发祥、界本初、吕统华、赵敬占、王之壮、丁玉臣、白义德、朱现各五千，皆齿德俱优之耆宾也，附识之。

邑志，一邑之文献也，非比他书，可流播坊间，往往年久无稽。龙、毕二公之书已残缺，无怪乎前此者之归于乌有矣。盖志板藏于官，民间印本较少，日久散失，无可稽考。今将旧板及旧志一部存库交代，新志板留学署，每部连函工价共纹银一两。十路绅耆愿收藏者将工价送学，饬发刷订若干部，并分散各庄，庶阖州之人咸得观览。岁久修校，得有初印本，易于考证也。

① 舒化民（1782—1859），字以德，号自庵，清江西靖安人。嘉庆十二年（1807）中举，二十二年（1817）会试大挑一等候补知县，署山东福山县。自道光四年（1824）起，历任山东费县、长清、历城知县，升德州知州。二十二年（1842），补授苏州知府。二十五年（1845），兼任苏松常镇太督粮道。二十八年（1848），任杭嘉湖海防兵备道。二十九年（1849），兼任按察使。三十年（1850），兼任盐运使。所至严禁吏胥需索，兴利除弊，尤以敦风化为先。咸丰九年（1859）卒。著有《左传汇解》《宝砚堂集》等。

② "烈"，或当作"列"。

七 《（光绪）高唐州志》

《（光绪）高唐州志》，八卷首一卷末一卷，周家齐修，鞠建章纂，光绪三十三年（1907）刻本。此志封面题"光绪新志"，扉页右锲"光绪丁未镌"，中题"高唐州志"，左锲"州库藏板"。是志卷首载周家齐《序》《征士鞠君华轩建章事略》、旧志《序》六篇及州图考二十六幅，全文约四十万字。

此志因袭前志门类，卷一为天章纪、盛典纪，卷二为方域考、建置考，卷三为田赋考、学校考，卷四为祠庙考、典礼考，卷五为人物传，卷六为列女传，卷七为政绩录、金石录，卷八为艺文录、杂稽录。是志续补道光以后近七十年事迹，而尤以人物、政绩、杂稽诸门续补较详。

《（光绪）高唐州志序》①
周家齐

高唐州之在春秋，齐之西鄙境也。元以后，改升为州。其初一邑而已，其地四面平楚，无高山大川、清灵淑秀、蜿蜒郁积之奇，可生殊技异能创巨观以名世。又未闻有造化之妙、孳生之巧，如虫鱼禽鸟之凡可新观听者。噫，是欲搜罗散佚，成一家言，弁诸志首，不犹横涝之于河海、稊米之于太仓乎？虽然，吾闻之，物之尤者其性殊，器雕绘者其质疏，民佻巧者其天漓。故上古之民朴，中原之土敦，琳琅珊瑚，玭珇翠羽，犀象齿革，蛇龙珠涎不产于中土，不重于圣人。而遐荒化外之氓乃至忘生命、触蛮瘴而求之，抑多见其愚也。圣人者，开物成务，意在持久，倡为务本抑末、濬源节流之法，累千万言以为中土士夫庶人命，俾各安其恒产，以养生送死，长保无虞。而又设为刑禁，俾不敢为高旷恢诡之谈、惊世矫俗之行，以趋于纯实。而孝秀之生、灵异之产，乃亦往往不乏见，以此知道气之感神也。

---

① 此《序》载《（光绪）高唐州志》卷首。

州之有志，所以备后辀轩与后来者采风俗、考得失、知从违耳，非斗富丽也。而《高唐州志》自乾隆以至道光，屡有增续，迄今又六七十年。其间迭经兵燹，变为乐土，民俗敦庞之善、孝义无忝之风代兴代起，颇有足多，宜守土者毋令湮没其地灵之功也。况当朝廷励精图治，百度维新，各郡县改弦更张，非详之志乘，无以为征，则兹志之所以续修者，固不特纂旧闻，阐幽微，纪遗侠，旌死节已也。其民气之奋扬、学校之变革，方将新耳目于委巷，凿灵豪于浑敦，而要其归亦无悖乎先王务本之意，以励民者佑民耳。此则有司所宜殚究，而不容引喻失当、谦让未遑者也。齐①守兹土五年矣，秉性诚朴，政务因时，不敢以迂拘为信古，尤不敢以爱古而薄今。尝默观四海五洲、万国之众，其能自强于群雄之间者，其大经大法与古昔圣人间有一二不谋而合。究其卤莽灭裂者，类不免于商君秦法之苛。呜呼，世岂有新旧哉，亦视乎行法何如耳。是不可不登之志乘，以备后来者有所考镜而采择焉。

光绪三十三年岁次丁未仲秋月，知高唐州事合肥周家齐谨序。

　　附记：征士鞠君华轩建章事略

　　州志之成，有征士鞠君华轩②行品足多者，余延之以司其稿者也。生平善读书，优于文。年十五为州学冠军，冠后益攻苦，甲午秋举于乡。为人仁厚敦孝，友人无疏若戚咸德之。而识趣尤超卓可喜，与人论事，只一二语了其理，以阶资应得官邑宰，造苍生福。惜阻于时变，遂退而授徒，颛以奖成后进为心，贫者伙膏薪，鲁者变气质，一时信从之众，至有伐木以榜其门，为谣以传于后，盖古有道者流也。余是器之，且以志事尝柬招至署，一倾谭焉。不幸志成，而华轩不讳，卒令有土者徒以地有端人，不获长为矜式，以资治理，重可慨

---

　　①　"齐"，即周家齐。周家齐，字可均，安徽合肥人，举人，光绪二十八年（1902）任高唐州知州。周家齐勤政爱民，修缮城郭，清浚城壕，沿壕内外植柳，人称"周公柳"。清末，高唐初创学堂，周家齐多方筹款，建造校舍，城乡相继建立学校数十处，为高唐县的学校教育奠定了基础。

　　②　"鞠君华轩"，即鞠建章。建章（？—1907），字华轩，号仲甫，高唐县姜店乡人，光绪二十年（1894）举人，曾任觉罗教习、试用知县。后在家乡设坛施教，士林学子感其殚心授业之恩，赠其门匾曰"传经漯阳"。光绪三十一年（1905），应知州周家齐之聘，主编《高唐州志》。因积劳成疾，于光绪三十三年（1907）逝世。

也。因附记其略于左方，聊志钦恤之忱云。

丁未①冬，知州事周家齐拜撰。

八 《高唐州乡土志》

《（光绪）高唐州乡土志》，高唐州知州周家齐奉学部令纂修，光绪三十二年（1906）刻本。志首有周家齐《序》，全志约三万字。

此志分历史、政绩、兵事、耆旧、人类、户口、民族、宗教、实业、地理、山水、道路、物产、商业等十四目。志中户口、宗教、物产与商业内容，可补县志记载之不足。如户口记光绪时人口统计，宗教列西洋各教及教堂分布，商业记本县主要商号及进出货物品种、数量，均为较有价值的高唐清末社会经济文化史料。

《（光绪）高唐州乡土志序》②
周家齐

三代文质相尚，而《禹贡》不遗丝枲璆琳，《考工》必记攻金攻木。大而山河道里，细而骨角羽毛，开国成务之圣人未尝不兼收并用也。后世文胜，专重词章，去圣渐远，浮薄滋深，实学之不讲久矣。近欲崇实黜华，必先征今博古。学问之道，登高自卑；乡里不知，奚言或外？此乡土志所由作也。高唐地近齐鲁，代有名贤，河山之襟带非遥，生物之切用者众。爰就部颁条例，疏为门类，谨志简端，撮其大要，详细节目列表于下。

光绪三十二年十月，知高唐州事合肥周家齐序。

九 《（民国）高唐县志稿》

《（民国）高唐县志稿》，十六卷，赵仁泉修，王静一、张修一纂。此志为奉省府通令纂修，始于民国二十三年（1934），二十五年

---

① "丁未"，即光绪三十三年（1907）。

② 此《序》载《高唐州乡土志》卷首。

（1936）基本修成，因抗战爆发，未能付梓。此稿本亦随之流落，今藏山东省图书馆。1986年1月，高唐县史志办工作人员在山东省图书馆特藏部的协助下，在该馆找到此《志稿》手抄本原稿。高唐县政府拨出专款，委托山东社会科学院制版印刷，装订出版。因此志发现较晚，《中国地方志联合目录》未著录。

此志卷前载赵仁泉、王静一、张修一等人《序》六篇及图片二十余幅。分总纪，地理志（沿革、疆域、气象、山水、交通、建置、物产）、经济志（金融、合作、农业、商业、工业）、教育志（教育制度、教育行政、教育经费、中等教育、初等教育、社会教育、国术馆及童子军）、政治志（党务、县政、财政、司法、建设、警备、自治、临政、典礼、政迹、历代职官表、职官续表）、社会志（户口、人民概况、礼俗、惯习、宗教、会社、灾患）、人文志（人物、登进、艺文、古迹、志余），凡七门四十三大目，内另辖百四十小目，约七十万字。不少篇目除详明文字外，另详列各种统计数字，绘制成图表，可备参考。在体例上，《志稿》摒弃了首记皇言、盛典之类的封建志书通例，增立经济、社会、人文诸门，基本上符合现代志书的要求。志目设计从自然到社会，从经济到政治，结构合理，完善周备。

《志稿》取材广博，记注翔实，举凡本地自然地理、政治经济及社会人文诸大端，皆详载备述。在内容上，纠正了过去旧志重沿革、人物，而轻民生、经济的倾向，用较多的篇幅记载了有关民生及经济方面的内容。志中经济、教育、政治、社会诸门记民国以来本县社会政治、经济、文化状况尤为详明，其中经济诸门占全书内容的三分之二。《志稿》记载了当时科学技术的新成就，对被称为高唐"民之恒产"的棉业记载尤为详尽；对农、林、商、工业、金融等方面的内容以及高唐名贵中药天花粉等土特产也都有较详细的记载。《志稿》对某些历史人物的评价不墨守成规，敢于坚持独立见解。如对载入正史的华歆评价，旧志大都因袭旧说，把华歆作为反面人物列入另册，而《志稿》则不受前人束缚，肯定了其历史作用。对教育界名人及具有民族气节、抵御外侵，在历史上曾起过进步作用的其他历史人物，也都一一加以肯定，而对酷吏、劣绅等则持批判、否定的态度，显示出较为进步的修志观念。此外，人文志除载人物、艺文外，另以志余篇辑录历次旧志《序》及《凡例》，有裨考见本县修志源流。

《（民国）高唐县志序》①

赵仁泉

县志者，一县人民之生活史也。政教之得失鉴于此，风俗之良窳验于此，文化之精神表现于此，非特记载故事已也。惟处今日而纂修县志，其难有二，曰时代化，曰系统化。二者相辅而成，缺一不可，何者？吾国自改革以来，前后时代如日月然，一则为已死之冰球，一则为方融之液体。虽其躔度各异，不能相易，然终不能离我太阳系而分立也。近者世界潮流急转直下，政教变化瞬息万千。人之视为陈迹者，吾方讶为新奇，以故社会现状与时代之差不啻千里，是与固守冰球，而欲与恒星争辉者何异？此时代化之所以需要也。况自科学昌明，史学即居其一，而其内容所函，若政治，若经济，若教育等，类皆独立成科，自为系统，故今之县志虽不敢以科学组织相期，至低限度亦不应与科学相违。违科学即违时代，此其所以难也。虽然，时代诚需要矣，然自欧化东渐，好奇者受潮流之激荡，往往纵流忘反，堕入歧途，直有欲毁我太阳系而易之以他太阳系之概，故非系统化不可。此系统者非科学系统，乃吾民族永久不变之精神系统。如吾国礼义廉耻之德、修齐治平之道、大同大顺之旨，即一切科学之我太阳系也。吾民族向之所以颓靡不振者，徒以失此系统故耳。故政教不通于时代，则民族之精神郁而不彰。政教虽通于时代，而与民族精神相离，则政教必散而不整。县志既为政教所鉴，风俗所验，文化所表现，不时代化，乌乎可？时代化而不系统化，乌乎可？换言之，即县志须科学化，而科学须中国化也，不亦难乎？

自奉命修志以来，各县已刊行者有之，正在纂修中者有之，每思述兹管见，以为贡献，而以羁身戎政，且非职司所亟，有志未遑。廿四年冬，承命兼摄高唐县篆，县志设局殆已七阅月矣。徒以地方政局略有变动，先负责者多散去，经费无出，期限已过，而史材大半尚阙，其不阙者亦率不

---

① 此《序》载《（民国）高唐县志稿》卷首。

适用。盖一般人士受旧时修志之影响，仍以官府具文视之也。加以卷宗毁于劫火，耆旧先后凋谢，考查无据，咨询莫由。而总纂王君静一①以非邑人，于事尤多隔阂，不得已离职他往，局务直形停顿。余初来时，正在停顿时期也。未几，邑之旅外者复要王君于济，挽之而归，并来书敦属，俾观厥成。余曰：是余责也。向之有志未遑者，今则责无旁贷矣。因以余之所难质之王君曰：此二难者大而先者也，君任之；君所难者，小而后者也，余必为君成之。王君曰：诺。因出所为志例纲目观之，则与余所见不期而大略同也。爰集同僚及邑人士议而约之曰：某任斯，某任斯，款之缺者挹注之；卷宗之毁者访于他邑，以补充之；往事之轶者博采众说以抉择之。公其例目，遍访舆情，于是民众始恍然于新旧志之不同，互举所见，补苴隙漏。盖局设虽久，而正式工作寔从兹始。问其期，曰四月。余初以局内职事人少，王君不过坐总其成，患其事之难集，虽集亦不能如期也，迺及期而志竟成。及观其稿，则多为王君手自编校，曰：职责所在，优劣当自任之，不欲人之分吾过也。成之日，归功于余。余不敢有，归之王君。王君亦不敢有，归之同僚及邑人士。同僚曰：此邑人士之功也。邑人士曰：此时代产物也，归之时代可矣。于是覆按其稿，详审而精核之，佥曰：可！迺付剞劂焉。是为序。

民国二十五年七月□日，赵仁泉②识。

《（民国）高唐县志序》③

谢锡文

善将兵者，以通悉敌情为先，如对方之政治、经济、兵要，各种地理，刺探详尽，谓之军用志。善营商者，对于国际贸易，如外国之金融物产，民俗嗜好，以及水陆交通，均有详明之记载，谓之商业志。知县事者，当知一县之事，知其利而兴之，知其害而芟之，必先征其文献，辨其

---

① "王君静一"，即王静一。静一，字在密，山东诸城人，北京中国公学大学部毕业，曾任天津市志委员会委员、山东教育厅秘书、国务院秘书、天津特别市秘书。

② "赵仁泉"，字博源，河北雄县人，民国十八年（1929）任山东民团第二路指挥，二十四年（1935）冬，奉令兼任高唐县长。其详细经历见前文注释。

③ 此《序》载《（民国）高唐县志稿》卷首。

疆域，审其风俗，识其物产，此《周礼》所谓周知地域广轮之数、掌道四方之政者，此物此志也。今集乡士大夫于前，询及本县之地文、人文最要建设数十年之因陈代谢，皆呐呐然不出诸口，蚩蚩之□①，更无论矣。殊不知航海舶来客日以游历为名，踏遍中华四百余州，将各县之政治、经济、兵要侦查，如数家珍，除一二不需要外，致诸彼国之参谋部矣。无事时作为通商之指针，必要时即侵略中国之军用志也。人之视我，如观火，如聚米；我之视我，如盲，如聋，如坐井。审是县志之续修，乌可缓也？窃尝考之古籍，太师陈诗、外史掌志，古诗既亡，《春秋》始作。晋乘、梼杌，摩仿继起。翻阅三坟，间载地舆，是为史的滥觞。《禹贡》作书，划界分州，土壤、物产、货币、财赋与山脉、河流并纪。汉高亡秦，先收图籍，关中人口阨塞，按图索骥，是为《通志》的刍影。野史稗官采入外史，田氓桑妇亦列歌谣，柱下设史，职方名氏，古者养子，闾氏书之，是为郡县志之权舆。县之有志，犹国之有史，不过古之修志，偏重君父史，天章宸翰连篇累牍，职官登进叠床架屋，一邑之内，巨绅显宦；一姓之中，父子祖孙，官爵台衔，毕载无遗，县乘等于家乘，愚者艳羡，智者齿冷，而直接民生者盖鲜焉。是官僚史，即谓之官僚志。今之修志，偏重民史，犹之各代史中，职官、人物等志而外，尤详于地理、风俗、学校、食货各等志也。是社会史，即谓之社会志。依外界之潮流震荡以推进，不可泥古荒今，獭祭群编，矜淹博而已也。

　　曩者乔绾兵要，深畅斯旨，释甲学史，作宰胶县。适省府檄各县续修县志，当即延儒开馆，监督纂修，黔陬海疆岩邑，冲要之邦，附名简末，与有光宠。及量移夏津，复督修郇志，年余成书。历滕县、临清，复奉檄长高唐。该县志乘撰述方脱稿，在雠校中者，今又阅八九星霜矣。岂余与三数县之文献，有文字因缘耶，何其易纂而三督其成也？惟是高唐之名，见诸《春秋》者七八，见于《孟子》者一，杂出于《史》《汉》百家，地踞夫山东西鄙，合临夏、德、武，同为河朔咽喉。余生长禹津，去高百里而远，夏、临两邑为余宦游旧地。齐、赵之郊，生于斯，官于斯，亦余之扩大乡井也。乡井作宰，如户主之治家，熙来攘往者，皆吾赤子。惟是高唐苦匪祸久矣，良莠杂糅，去蟊贼，养嘉禾，萧规曹随，不敢以迂治

---

① 此字漫漶不清。

也。县令为亲民官，行田野，招父老，殷殷问疾苦，务使民隐上达，不敢以逸治也。去岁大熟，今春时雨，健讼风息，花落庭间，务使官民水乳，向一条线上趋。余虽不才，具此决心。他日邑人旅行北道，眷眷者皆吾故人也。乃者县志校勘完成，行将付梓，簿书余暇，时为浏览。序事或昔繁而今简，或昔略而今详，时代演变，是具有时代性，是明了民生观，与余所抱意旨，颇相吻合。若依样抄胥，固无取乎修也。以后登诸辀轩，存之职方，亦抽象的商业志也，亦军用志也。后之官斯土而治斯民者，庶展卷了然，此物此志也。现值国运复兴，各种建设风起云涌，锐化万进。此后数十年中，必有最新颖、最文明之纪录，是所望于后之诸君子矣。

民国二十六年六月□日，谢锡文①识于高唐县政府。

《（民国）高唐县志序》②
王泽普

记事之书，性质相同而各异者有三，曰史，曰志，曰新闻。以体言之，志与史略同，而与新闻迥异。以用言之，志与新闻相近，而与史则又不同。何则？史以时代为经，以人事为纬，前后连续而成系统，志亦然也。然史以过去时代及已然故事为对象，如穷河流，自源至委；如穿戒珠，一丝成贯。志则以现在时代及民生实况为前提，如观沧海，泉流自汇；如凿新渠，众脉皆通，体虽同而系统不一也。新闻以描写现实社会，发挥时代精神，介手政府与人民之间，宣政教于下，而达舆情于上，其重要在功用，志亦然也。然新闻仅注意最近之一幕，作临时之宣传，如水灾、政变，或述其淹没之区域，被淹者之惨痛；或述其战争之情形，胜负之经过。至于灾变丛生之因果及灾变造成之责任，则不遑问及。即或及之，亦不过如鳞爪之露耳。与志之功用虽同，而体则不同也。

民国二十四年，山东各县奉令纂修新志，并以注意时代性为令文要

---

① 谢锡文，字彩彰，山东德县人，天津北洋法政学堂肄业。民国十七年（1928）任河南考城县知县。十九年（1930）任胶县县长。后任夏津县、滕县、临清等地县长，于民国二十三年（1934）主持纂修《夏津县志续编》。二十五年（1936）任高唐县县长。

② 此《序》载《（民国）高唐县志稿》卷首。

点。盖以旧志事例，类皆汇列既往，而忽略现代，过于偶像，而缺乏机能，不足以表现民生真像，而为政教设施之标的故也。向读《高唐州志》，俨如钟鼎、尊彝之列目前，古色古香，未始不斑斓可喜。然按之实际，不如瓦击、箪壶之有补于国计民生也。既无补于国计民生，则县志之意义何属？易言之，县志意义既无所属，则国计民生之道穷矣。今者国家方力图国计民生之发展，而亟欲明了社会之真像。县志之需要，实基于此。高唐志局成立于二十四年五月，通例总副纂外，县长兼任督修，第五科长兼任协修。又其一曰兼修，第三科长任之。泽普①适备位斯职，得与总副纂日相过从。如上所述，皆常时研求所得，而新体例之所由出也。总纂王君静一素娴史学，主编南北各日报杂志几二十年，故能斟酌二者之间，以立新志之系统而著其功用。对于旧志体例，辄变更之，短碎者缀之使完，枝末者齐之使整，疏众流而汇一，附偶像以机能，然而固有之精神及前人之苦心，未之或失。《易》曰："穷则变，变则通，通则久。"此物此志也。志历十三阅月而蒇事，行将付刊，而征序于余。余忝厕监修之末，义不容辞，爰就平时所及知者书之。

王泽普识于高唐县政府。

《（民国）高唐县志序》②

韩长瀛

闲尝披阅高唐旧志，见方舆、人物杂然并陈，东搜西集，摭拾成册。然细考其内容，类皆社会上之寻常事务，并无奇特可载之价值。而关于社会之进化，政治之改革，农村之经济，以及历代可褒可贬之人物，又多不敢秉笔直书，致遭时忌。此乃受时代之影响，原亦未可厚非也。

民国二十四年九月，余奉命由淄川调任高唐县政府第五科科长，掌理全县教育事宜，适于此时，高唐已有续修县志之举，诸城王静一先生受高

---

① "泽普"，即王泽普。泽普（1893—？），字润生，山东惠民人。旧制中学校毕业，历任惠民县教育局局长、烟台渔港局埕口分局局长、淄川县政府第一科科长、高唐县政府第三科科长、第四区行政督察专员公署一等科员。

② 此《序》载《（民国）高唐县志稿》卷首。

唐县旅济同仁之敦请，来高主任总纂之职，并以本县张修一①先生担任分纂，竭诚襄助，以底于成。旁蒐博集，昼夜靡闲，未经年，而高□②之典章文物、时代变迁，咸荟萃于是编。余观其总纲，体例既严，眉目尤清，洵堪成为本县志书之典范。且本志编辑之方法悉依科学精神，举凡关于政治、经济、教育、建设以及历代社会之变迁等要项，靡不分类选辑，溯其本源，考其沿革，俾一般阅者，得鉴于往昔，勉兹未来，噫！斯志之成，微特为王公静一及分纂张修一君宿学之表现，亦不啻与高唐人士以圭臬也。时在丙子年六月，志书编辑竣事，行将付刊，征序于余。乃不揣谫陋，爰志崖略，以祝斯志之成功。是为序。

民国二十五年七月韩长瀛③。

《（民国）高唐县志序》④

王在密

在心为志，发言为诗，三百篇皆志也。古者采事以观民风，而验国政之得失。易言之，即国政之设施，须以众志为根据也。周末诸侯放恣，此意寖失，而史官之制裁已失其效力，故孔子借鲁史作《春秋》，以平民资格、公正态度代民众之喉舌，严是非之褒贬，移史官之职责为民众之公权，于是由口头的民意表现，进而为书面的民意表现；由浪漫的讥讽，进而为规律的批评，故曰"诗亡而后《春秋》作"。然则《春秋》非国史也，众志也，非以体制为褒贬，乃以民志为褒贬也；非为史官垂史例，乃上继诗歌于已绝，下开民众之志例也。总之，《春秋》以国政为宾，以众志为主，与大同宗旨本为一贯，与专制政体适相反对。后世史修于官，宾主之地位先已倒置，以现代之人修前代之史，意义及性质既失其时效，况

---

① 张修一，字献廷，山东高唐人。日本国立大学毕业，历任山东高等师范学校教务长兼教授、山东高等审判厅司法官等职。

② 此字原稿圈掉"邑"字，未补。

③ 韩长瀛（1901—？），字仙洲，山东平原人。山东省立第三师范学校毕业，山东教育局长考试及格，历任济南新民小学校长、莒县第三小学校长、广饶县教育局长、淄川县教育局长、淄川县政府第五科长、高唐县政府第五科长。民国二十五年（1936）十一月改五科为第四科，任第四科长。

④ 此《序》载《（民国）高唐县志稿》卷首。

君权之下，动有忌讳，史例、史实附会迁就，虽视《春秋》为金科玉律，奈凿枘不相入何？国史如是，县志亦当如是。

今者一翻专制之局，变而为民主政体。民权之真义复明，大同之宗旨以显。孔子开源于数千年之上者，至今日而始得归其正流。思继三百篇于既往者，至今日始得续其绝绪。先儒谨守经义，每于章句间争一字一言之褒贬，殊不知《春秋》之可贵，贵在意志，非贵在体例。体例可随时而变，意志永不可变。意志既变，而犹固守体制者，是犹以围棋之枰而着象戏。不易其枰，而只求是非美恶于棋子之中，其棋子任何精致，终不能着得一子也。况同一棋子，而质有精粗，度有大小，其质度有不同，则棋子亦必随之而异，此县志之所以注重时代性也。故《春秋》为反应①时代之作品，今日县志为适应时代之产物。昔则为民众呼吁，今则由政府征求。昔则为间接的希望，今则为直接的表现。主志政者，不过抄录编次之劳耳。至于款目则为史实所固有，事例则为时代所宜然，亦于主志政者无与也。本志自民国廿四年五月设局，廿五年七月蒇事，前后凡十三阅月。其经过前序已述之，勿庸赘及。是皆官方当局及邑人士之力也，于我何有？因读旧史，辄念《春秋》事例之终不得行方今之时代。不才如余，而得厕于纂修之林，故连类及之，非敢以为序也。

诸城王在密静一谨识。

《（民国）高唐县志序》②

张修一

古者列国有史，今之郡县志书当之矣。《周官》外史掌方道志，所以陈四方之风，备柱下之要删，非图经游记仿也。两汉以降，志乘之作，其体例类皆详于既往，而略于民生。近三十年来，英、日、德、俄等国学者曾著有中国通志、全志及局部的山东志、满洲志等书，其体例又详于现在，为经营中国之指针，而于中国之文献阙焉。

高唐处山东西偏，亦古齐之极西鄙。二千年来，物产之殷赈，人文之

---

① "应"或误，似当作"映"。
② 此《序》载《（民国）高唐县志稿》卷首。

荟萃，为河朔之奥区神皋，《方舆纪要》所谓用兵之先资者也。顾以地方冲要，迭经烽燧，凡夫魁士逸民之钜述、先哲硕彦之方闻，荡然付诸浩劫。有明天顺、嘉靖两朝，先后纂续《高唐州志》六卷，藉存本邦逸献。明清鼎易，州志复行散失。清州牧刘公佑有志撰辑，苦无依据，赖州人朱绅华允，从南中搜集州志二册，得依前徽，辑编成书，域中之记述，略备雏形。龙、毕二公先后纂续，又几阅百年。徐志续修，删定前书，事增文富，用逮方来，以迄周志之成，于今又阅三十沧桑矣。此三十年中物产如故也，礼教犹昔也，有司之举措，政治之利病、国体政体之改革、官署法令之变异。潢池弄兵，则有军旅之烦兴；土匪肆乱，致令民众之凋敝。头绪夥繁，纷至沓来，作志者无殊特眼光，非略即芜，难语精核；非详于沿革性，即略于指导性。故著作之难，莫难于志乘，非同专家别集，徒以文采风韵揭标帜于艺苑也。

王君静一为东武文学钜子，名满平津，此次敦聘总理纂修之任，郑重审定，虽云续纂，无异新修。迹似改弦易辙，实非妄事更张。凡关于民众者，罔不力攟博采，去郑存雅，剩简遗文，必有按据；民谣俗谚，亦登辒轩。非夸多斗靡，奢耳目之观，寔欲资史部之采择，为社会之典范。是一书成，而附丽以俱成者非尠也。《周礼》职方氏，所谓辨其疆域，识其物产，审其风俗，征其文献，是为作郡志之滥觞，犹未如此次具时代性质完备者也。近世以来，学者日趋新异，前民典籍，视同刍狗，历史、地理志观念或几乎熄焉。是书之成，益触人爱国爱乡之思乎？修以菲才，学殖久荒，出国入乡，常八九离桑梓，地方掌故，诸多隔膜。乃谬蒙推举，滥竽编辑，不过随大雅之后，查阅稿册，为一抄胥。得以附名简末，实为荣幸。今全志告成，行将付刊，因述其大要如此。

张修一谨识。

清平县

一 《（康熙）清平县志》

《（康熙）清平县志》，孙节纂修，康熙三年（1664）刻本。今佚。此志有孙节《序》、陈彦《跋》各一，康熙五十六年（1717）《清平县志》前录陈彦《跋》，然孙节《序》缺，仅知孙《序》作于康熙元年（1662），是年孙节调任，清平县令由郑骏接任。则此志之修，当完成于康熙元年（1662）夏，时孙节仍在任。陈彦《跋》作于康熙三年（1664），则是志在康熙元年（1662）修竣后未即刊刻，或续有修补，延至康熙三年（1664）方正式付梓。陈彦《跋》称此志"志星纪，因天也；志形胜，察地也；志坛壝、庙貌，格神也；志公室、仓廪、租税、力役，宜民也，安上而全下也；志方物、循良、茂材、卿相，利用也，廉能而光俊杰也。志文章、景物，标国华以壮球琳，采风谣而选名胜也"。则此志当为平目体，凡星迹、形胜、坛壝、公室、仓廪等十四目。

《（康熙）重修清平县志序》[①]

孙 节

（前缺）时大清康熙元年岁在庚寅孟夏上浣七日，知清平县事都门孙

---

① 此《序》载《（康熙）重修清平县志》（康熙五十六年刻本）卷首。

节①敬题于退思堂。

《(康熙)重修清平县志跋》②

陈　彦

晋韩宣子聘鲁，游柱下，观藏书，喟然曰：吾今知周之德与所以王也。由斯以谭，国有遗史，代有传文，讵不甚重？昔者殷周封国千八百，列辟各有史官，掌记时事。自秦罢侯置守，郡县兴而史止矣。史亡然后志书作，志诚史之遗意云。

余自聊摄道经古贝丘，贝丘即今清平地。稽其处在齐鲁之交，而近圣之居，其犹有古质行软？邑侯孙以县志示余。志残缺，侯重辑之。书成，因征叙。余固陋，言无文，敢谢不敏，弗获，爰为之序曰：古善致治者，弹琴咏歌，优游化理，有殊术哉？盖揽其要，则一方之赋税平，一隅之因革宜，一时之民情得不下堂而四境治，匪酌古准今不为功。邑有志，所从来久远。宰治者或苦于征调之繁□，或□于奔命之不□。□以图书在列，日不□□。环绕足志。况黉宫古□，□□畅茂，徽陵遗迹，形势可□③。若霁月，若云树，不独盛于当年；若晚渡，若烟雨，且有美于来兹。八景之歌咏有完缺，而一县之规模可约计。况王公莅任期月，讼简刑清，宣化五年，民安物阜，善政及于一域，仁声翔于六郡。不啻鲁公作宰，桑枯有驯雉之异；正如郭汲留守，儿童来竹马之迎。鸣琴花县，不下堂阶而自理，纂哉备矣！质而赅，详而有体，惟志无忝。然要其志星纪，因天也；志形胜，察地也；志坛壝、庙貌，格神也；志公室、仓廪、租税、力役，宜民也，安上而全下也；志方物、循良、茂材、卿相，利用也，廉能而光俊杰也。志文章、景物，标国华以壮球琳，采风谣而选名胜也。清有志，创始者难为功，继治者抑岂易为力哉？语曰：造父无轶马，尧舜无轶民。无轶马，善御也；无轶民，善政也。政载乎志，是不可以不修。是志也，其有功于世道不小也。是为序。

---

① 孙节，大兴人，副榜拔贡，顺治十五年（1658）任清平县知县。
② 此《序》载《(康熙)重修清平县志》（康熙五十六年刻本）卷首。
③ 以上数处，原刻本文字漫漶。

大清康熙三年岁次甲辰，年家眷寅弟陈彦顿首拜撰。

二 《（康熙）重修清平县志》

《（康熙）重修清平县志》，二卷，王佐奉旨纂修，康熙五十六年（1717）刻本，为存世最早的《清平县志》。卷前有王佐《序》、旧志《序》二篇、旧志文一篇及县图二幅，全志约六万字。

此志纲目分明，记述清晰，上卷为天文志、地理志、建置志、赋役志，下卷为官师志、人物志、物产志，凡五十六目。其中赋役志记康熙以来里社市集建置与田赋人口数字，物产志记五谷、菜、瓜、果、木、花、药、草、兽、鳞、介、货、虫等项，均颇有价值。

《（康熙）重修清平县志序》①
王　佐

余于癸巳之冬，躬应简命，来莅兹土。入其境，平原旷野；履其村，绣错相连；入其邑，雉堞圮毁，榛莽荒秽。及至公署，堂陛虽具，藩围虽完，求其焕然聿新者而无有。遂捐清俸，将堂宅稍为点补，略有可观焉。簿书之暇，每欲披览县志，按籍以考先王建县之微意，孰意其书非残缺而即模糊，维时甫动重刊之志。不二载，王事靡盬，奔驰沙漠，有志未遑。今岁丁酉，蒙圣天子采风问俗，征取天下志书，辄不禁慨然曰：是予之责也夫！因而遍访遗老，博稽前徽，务期志内天文之丽定者不爽其次，地理之奠定者不乖其宜，建设之位置者不泯其迹，赋役物产孰平而孰茂，官师人物孰贤而孰良，以及词翰之藻彩、杂赋之音律，灿然毕备而无遗珠之叹。纂修②弥月，方始成帙，剞劂之付，顾③可缓诸？虽然，予因兹有感矣④。清邑自兵燹以后，前志所存不过什一于千百，予不惮厘正而更

---

① 此《序》载《（康熙）重修清平县志》卷首。

② 此《序》自开头至"纂修"，《（康熙）重修清平县志》原本残缺，据《（民国）清平县志》卷首《旧序》补录。

③ "顾"字，原版漫漶，据《（民国）清平县志》卷首《旧序》补录。

④ "感矣"二字，原版漫漶，据《（民国）清平县志》卷首《旧序》补录。

新者，非徒粉饰治平，炫曜耳目已也。实欲按图听政，宵旰不遑，政和治洽，不至庶绩之怠忘；吏戢民康，不至㳀离之兴叹；移风易俗，不至浇薄之渐臻。他如庙貌之壮观、桥梁之利济、里社之整齐，少俟风雨时若，岁臻大有，以次就理，又其余事矣。岂乐终于境内之沙崩，村落之萧条，城郭之颓废，风清俗美之盛不再见于今日也哉？至于文庙颓败，启圣、明伦、名宦、乡贤各堂俱有名无实，余恻然数载①，寝食难忘。倘都人士有②同志者共勷盛事，协力捐修，俾③庙貌焕然，得以续入志内。将来人文蔚起，科第联登，未必不由此始。噫，顾安得有此一日也耶？

时大清康熙五十六年岁在丁酉仲夏上浣之朔，知清平县事襄平王佐④敬题于绵恩堂。

三　《（嘉庆）清平县志》

《（嘉庆）清平县志》，十七卷，万承绍修，周以勋纂，嘉庆三年（1798）刻本。卷前载万承绍《序》，全志约十五万字。

此志平列纲目，以纪、表、图、书、传五体统摄各门。卷一为恩泽纪，卷二为职官表，卷三为选举表，卷四为舆地图，卷五为建置图，卷六为水道图，卷七为吏书，卷八为户书，卷九为礼书，卷十为兵书，卷十一为刑书，卷十二为工书，卷十三为名宦列传，卷十四为乡贤列传，卷十五为前志列传，卷十六为列女列传，卷十七为前志列女列传。其中舆地、建置、水道诸门分别绘图，清晰直观；户书记本县种植棉花"过于种豆麦"，棉花集市交易每日"以数千金计"，并详载乾嘉时期银、钱比价及各种日用食品价格，均为重要的经济史资料，具有较高的参考价值。

---

① "数载"二字，原版漫漶，据《（民国）清平县志》卷首《旧序》补录。
② "有"字，原版漫漶，据《（民国）清平县志》卷首《旧序》补录。
③ "修，俾"二字，原版漫漶，据《（民国）清平县志》卷首《旧序》补录。
④ 王佐，满洲正黄旗人，举人，康熙五十二年（1713）任清平县知县。

《（嘉庆）清平县志序》①
万承绍

乾隆六十年乙卯，余以寿张知县捧檄治清平城垣，越二年城工将竣，绅士等以本县志书自康熙丁酉后，迄嘉庆戊午前，年几百岁，人隔高曾，若不及时修辑，无以传信来兹。合词呈请，情不获辞。予惟四方辑志，外史专官，五事登书，行人本业，而后世郡邑志由是兴焉。盖志以纪事也，则犹古者晋《乘》、楚《梼杌》之有史也。志以纪言也，则犹古者郑、卫、曹、桧十五国之有风也。舁洲氏曰：一代缺，而一代之迹泯如矣；一郡邑缺，而一郡邑之迹泯如矣。爰率绅士博访广咨，近自方域，远逮村落，凡传闻纪载足以观感者，必尽图求荒榛陇亩之中。断碣残碑，遗墟故址，三阅月而搜罗一遍。乃与浙江周孝廉以勋②订今校古，继晷焚膏，又三阅月而编次纪一、表二、图三、书六、列传五，凡一十七篇，体例厘分，纲条粗举，准以司马孟坚之成法，不为类书纂事之家言，于以备国史之搜罗，成一方之掌故，则他日之稿本于是乎在。志既成，而书其颠末如此。

嘉庆三年戊午，知清平县事兖州府寿张县知县南昌万承绍③书。

四 《（宣统）增辑清平县志》

《（宣统）增辑清平县志》，十六卷首一卷，陈钜前、傅秉鉴修，张敬承纂，宣统三年（1911）刻本。此志封面题"增辑清平县志"，扉页右题"增辑清平县志"，左题"宣统庚戌刊"。卷首载陈钜前、

---

① 此《序》据《（民国）清平县志》卷首《旧志》移录。

② 周以勋，字次立，号亦次，浙江嘉善人。乾隆五十一年（1786）举人，官至江宁府知府。

③ 万承绍，江西南昌人，监生，乾隆六十年（1795）任清平县知县。嘉庆二年（1797）任冠县知县，道光二年（1822）任峄县知县，《峄县志》卷19《职官考》："侯明达有识度，为政务崇大体，不尚苛察，而嫉恶尤严。惩艾奸民，不遗余力。时县有巨猾秃者暴于乡里，颇为民害。事发，公重笞之。每听讼，必使旁跪，以折辱之，远近莫不称快。公学识渊雅，所著《县志凡例》尤精密，合于古法，识者韪之。其后开局续修，采访事实皆用其例云。"

傅秉鉴等人《序》四篇，旧志《序》二篇，卷后附有《跋》，全志约二十万字。

此志分恩泽、图说、舆地、建置、食货、典礼、学校、武备、职官表、选举表、仕宦传、耆旧传、列女传、杂志等十四门、四十六目。是志在前志基础之上变更纲目体例，职官表、选举表及人物列传部分增补嘉庆以后事迹较为详备。

《（宣统）重修清平县志序》①
陈钜前

宣统二年秋，钜前再莅清平旧治，邑绅傅蔺唐先生续修县志告成，自京中归稿，示钜前而序之。是志也，补苴掇拾，体正词严，间有数条附以己见。关于政教风化者，大皆官治所未逮者也。溯乙巳岁春莅兹土，奉大宪檄，饬辑《乡土志》。因延订邑诸生采访，阅数月而成。适有以先生书来者，议续修县志，是诚盛举。顾维谫陋，弗敢率尔操觚。仍订诸生详细蒐葺，以作基础。越明年，遂以乞假离任。是时，朝廷励精图治，采取东西洋成法，兴学堂，设巡警，及调查统计一切，迄今地方自治亦成立矣。风会所趋，数年间已有不同者。况经百数十年中，即一乡一邑，其遗文轶事有待于纂集者，则县志乌可不修耶？

夫清平蕞尔邑，务农敦本，各事生业，所难者教化耳。钜前先后莅兹四稔，于地方鲜有裨益。幸此邦父老谅其有殷殷望治之心，而无因以为利之举，襄助良多。今续修县志之成，值地方自治之始。尤望各亲其亲，各长其长，渐图进化，大启文明，本力田孝弟之风，处天演竞争之世，则以自治辅官治所未逮者，将于斯志卜之。而先生纂集，独任其劳，其垂教于后来者远矣。

宣统三年季春下浣，清平县知县陈钜前②谨序。

---

① 此《序》载《（宣统）增辑清平县志》卷首。

② 陈钜前，字筱真，福建闽县人，光绪十八年（1892）进士，兵部车驾司主事，三十一年（1905）任清平县知县，后任掖县知县。

《（宣统）重修清平县志序》①

魏鸿翚

皇朝之有国史馆，省会之设通志局，凡以为纂集博采，掇拾补苴，勿使残缺而废坠也。清平诸绅之苦心孤诣，组织续修县志局，殆此意欤？夫风会所趋，或数百年而一变，或数十年而一变，东西诸邦文明日进，凿奇逞新，几于耳目闻见所未及。我国家锐意图强，采取列邦之政治，次第举行，思进而上之。我国民智识日开，风化大启，自京畿提倡，渐及二十二行省。推而至一郡一邑，靡不遵循。如学堂、巡警、统计、调查、地方筹办所、自治会，举凡各新政一一成立，要皆先哲所未兴，史乘所未载，缺点滋多。然则县志之修不为急所先务耶？鸿翚莅兹土，牧斯民，喜其风俗朴俭，各事生业，相安若素。而邑绅诸生尤以教育为担任之义务，以学问为进化之要素，草偃风行，民皆则效。由是农工商贾孝弟力田，文明之治可拭目俟之。此即自治之基础，而与官治相辅而行，尤望诸君之匡余不逮也。兹适续修县志书成，诸君出示傅蘅唐先生手稿及前邑宰陈君钜前所为序，而索序于余。余不文，顾亦何敢退让耶？爰录其大概，黾勉而赞成之。是为序。

宣统三年孟夏上浣，清平县知县魏鸿翚②谨序。

《（宣统）重修清平县志序》③

蒋离明

志者，记也。邑之有志，所以记往事、示来兹、征文献、备考据，或微显而阐幽，或观风而整俗。凡政治之沿革、人物之兴替，兼收博采，补阙拾遗，将以垂法戒于当时，示劝惩于后世者也。《清平县志》自嘉庆三年万公承绍续修后，失修已百余年矣。光绪乙巳春，大宪通饬各邑辑乡土志。

---

① 此《序》载《（宣统）增辑清平县志》卷首。

② 魏鸿翚，福建福宁府宁德县人，宣统三年（1909）任清平县知县。

③ 此《序》载《（宣统）增辑清平县志》卷首。

邑候陈公钜前延订诸生采访，嘱明襄助校对。时邑绅傅蘅唐先生①嘱留底稿，以为县志基础。嗣傅君以特简擢甘省太守，邑候陈公又以请假去，县志之耽延者久之。迨宣统庚戌秋，邑候陈公再莅清平。适傅君以续修县志稿自京寄董君玉良、崔君泽芳等赞成，并嘱明以旧留底本参考增订。自维老耄荒疏，曷敢僭与斯举？但诸君苦心孤诣，组织续修，又逢朝廷励精图治，采取东西洋政治，凡学堂、巡警、统计、调查、自治诸新政一一成立，皆先哲所未及，旧典所未备，时际革故鼎新、移风易俗，开千古维新之风化，启万姓灵异之智识，《易》所谓穷则变、变则通、通则久者，则县志实为古今兴革之关键，而续修犹可缓与？明忝列司训，未能教学相长。然观摩日久，既喜邑之人孝弟力田，由朴素而渐进文明，又乐诸绅耆采掇纂辑，黾勉告成，继往事而开来兹。而尤幸斯志之修，正任陈公钜前倡于先，权篆魏公鸿翚和于后，相继而序其事。明不揣谫陋，亦愿附骥尾，而显其名也。谨略叙颠末，妄缀数言，冀后之观斯志者有所观感而兴起云尔。

宣统三年孟夏上浣，清平县训导倪城蒋离明②谨序。

《（宣统）增辑清平县志序》③

傅秉鉴

清平县志之修，赓续于嘉庆三年南昌万氏宰治斯邑之岁，越至于今，代历六朝，年经百禩，其间时势之变迁，人事之更移，制度典章之以时增损，宜载之志乘，而缺而不载者不知凡几。秉鉴身居是乡，久志于此，而未获从事，意甚歉也。戊申中秋，自甘肃赴引，未至都，奉先慈张夫人讳，读礼家居，与同邑刘君昌猷、董君玉良、李君百年等谈及此，咸有同志。邑候筱真陈公亦乐提倡，共推余任编辑事。于是征文考献，经阅数月，不能无缺略之感。又近年来朝廷锐意变法，兵制、财政、学校、选举诸端皆有旨更新。清平小邑，虽一意奉行，尚无规模之可以纪述。盖此时

---

① "邑绅傅蘅唐先生"，即傅秉鉴。秉鉴，字蘅唐，邑进士，官至甘肃兰州知府，新疆财政正监理。

② 蒋离明，河南阳信县人，举人，光绪二十年（1894）任清平县训导。

③ 此《序》载《（宣统）增辑清平县志》卷首。

修志，固若斯之难也。己酉春，余奉命授新疆财政正监理官，修志之事将中辍。余维清平虽蕞尔邑，土地人民，皆为国家之一体，邑乘所载，应为《通志》《一统志》所取裁。此时不书，后将愈散逸焉。爰舆稿至京寓，偕临清张君敬承乘间取旧志而增辑之。余尝观万氏书，斤斤以交章自诩，强使体例之近古，其一纪、二表、三图、五列传，尚不支离。独以吏、户、礼、兵、刑、工六房所隶职务分纂六书，徒袭《史》《汉》以书名篇之义，而事太不称是编。变其体例，分叙其中事迹于各篇以纪实。旧志舆图不知计里开方，太嫌简略，亦变通旧式而另绘之。余虽有更易，多仍万氏之遗。益此书之成，以存旧也。新政功令，其开始奉行，有可纪录者，间亦书其梗概。假令法制修明，通国一律，俾踵修斯志者登之邑乘，上之国史。鄙人今日存旧之书届时一焕其光，是即私心所窃祝也夫。

宣统元年，四品卿衔新疆正监理官前甘肃兰州府知府傅秉鉴题于京寓松筠庵。

《（宣统）清平县志序》①

秦　鼎

乙卯春，清平县志书成已阅三载，鲁鱼亥豕未加校雠。总纂张贤庭先生续纂《耆旧》、《列女》等传，亦未付剞劂。窃维志乘，史也，纪实也。代远年湮，网罗为难。查旧志续修于嘉庆三年，迄今阅百余年，探访家所录事实多在咸、同以后，嘉、道年间事殊叹阙如。盖乡居之士时遇隆平，无奇行异迹震铄耳目，流风余韵数传而后，知者渐稀。观续成各传，所列反多近古。想见先正典型人往风微，掩没而不彰者，不知凡几。已定之稿，若竟听其放失，不复续刊，以示来兹，恐所见异词，所闻异词，所传闻又异词。后之视今，亦犹今之视昔，感慨系之矣。爰与董事诸君详加校阅，续付梓民，谨缀数语，以志其缘起。

时民国乙卯②阳历春三月，清平县知事会稽秦鼎③萧堂氏谨序。

---

① 此《序》载《（民国）清平县志》卷首《旧序》。

② “民国乙卯”，即民国四年（1915）。

③ 秦鼎，浙江绍兴人，民国三年（1914）一月任清平县知事。

《（宣统）清平县志序》①

陈实铭

昔人尝谓得前贤零章断句，裒集而录存之，其功德抵万千缗布施。矧征文考献，访求旧闻，俾嘉言懿行赖以不坠，其有功于世道人心者更非显浅，则其功德不尤巨哉？实铭于乙卯九月守土来此，即闻邑绅傅蘅塘先生以老成重望为闾里矜式，亟思一亲謦欬，以伸向慕之忱。惟先生自归田后，闭门不与外事，所居距城数十里，终年不入城市。即入城，亦不与邑令相往还，鄙人愿见之怀迄末能遂。齐小舟大令，先生之快婿也。早岁登第，作令豫章。辛亥遭国变，弃官归里，与鄙人时相过从。丙辰二月，小舟手先生增辑县志一书，属为文以弁首。余授而读之，见其蒐讨故实，网罗放失，洵足补前志之所未备。盖先生之致力甚勤，而先生之用心愈不可没矣。顾余学浅才疏，不解为文，何敢妄事缀辞，贻佛头着粪诮耶？继思自来此邦，与士大夫相款接，若金君子寿清癯古貌，精于方书，抱朴、华阳之流也；马君秋舲苍颜白发，以诗自豪，渔洋山人之继起也；小舟则早衰多病，体不胜衣，而神采弈弈，对之翕然意远，类古之高人隐士，与王、孟、皮、陆相颉颃者也。三君者，皆君子人也。余皆得而友之，而独以未见先生为憾。今是书卷末，载有先生自著新疆政见数篇及桂林朱君为先生所立传。每一披阅，觉先生之言论丰采仿佛接于吾目中，于是夙昔愿见先生之怀得借此而少慰。故不辞谫陋，而乐为序之。

商邱陈实铭②葆生氏序。

《（宣统）重修清平县志跋》③

董玉良

理贵求全，事恒遗憾。是固才力有不及，抑亦时势有所限也。吾邑志

---

① 此《序》载《（民国）清平县志》卷首《旧序》。
② 陈实铭，字葆生，号踽公，清末拔贡，民国四年（1915）任清平县知事。
③ 此《跋》载《（宣统）增辑清平县志》卷末。

书重修于嘉庆三年县尊万公承绍，迄今百有十年矣。光绪甲辰，邑绅傅公蘅唐在京充农部，良弟挺修在京候选。傅公倡重修志书之议，弟修和之，出银圆刻印探访式单百纸。是冬，傅公之任外官。至乙巳秋，弟修回籍，出探访式单，同傅公胞侄汝瑸禀儒学窦、蒋二夫子，禀呈邑侯陈公筱真。侯遂招集邑中绅耆，分给采访式单，诸绅耆各遵式探访。至丙午秋，弟修背恭长逝，良悼伤之，不忍与闻此事矣。至丁未，良素兄事之李君树人屡次勉良以成仁弟之志。虽义不当辞，祇以学识谫陋，弗敢与事。至戊申冬，傅公告假回籍省亲，晤谈时，亦以修志之事相勉。时诸绅耆探访，已各成册，迺勉竭愚钝，遵李君树人命，偕贾敔暐鹭门、崔泽芬菱舟、郭廉泉子让辑众册，分门类，抄录汇齐，以呈傅公。是冬，值傅公丁太夫人艰。至宣统己酉春，傅公营葬事毕，又膺朝廷特简之差，携探访一编，入都聘临清张贤廷夫子秉笔纂修。其有未备事件，从京来函调查。良从贾鹭门、崔菱舟、李九龄寿卿、傅汝瑸佩之、崔泽芳莲舫、刘昌佶健如、史象宸良弼、董逢霖润生、魏焕斗如垣共与襄办。而诸事件有未详者，如恩泽纪档案守于户房。前数十年思泽档案已湮没无稽，近数十年档案虽经简存，而书办屡更，茫不知其头绪，考录者寥寥数条，则恩泽纪有所未详也。职官表档案守于吏房，前数十年档案曾经大雨，屋漏霉烂，可考者近数十年职官而已，则职官表有所未详也。选举表档案守于礼、兵两房，按科分查，录文选举颇有次第，武选举则知多未确，况并文选举之府学五贡，前后科分俱不可考，仅录记闻在人耳目者，则选举表有所未详也。即探访节烈行谊，前数十年人往风微，已失传闻；近数十年地广事繁，绅耆耳目有所不逮，亦未敢必其无遗漏也。是良与诸君襄办事件，因世远年湮，其未详者固无可如何，而究不能无遗憾焉。古之人欲寡其过而未能，况以良力小任重，曷能胜斯仔肩？惟是李兄与傅公之勉不敢遽负，且幸倡事之诸君子志力坚贞，亦乐得附骥而显。至庚戌冬书成，幸值邑侯陈公重莅是邦，蒙其鉴定。辛亥春，魏公权篆莅事，遂付剞劂，是又百有十年之文献几几欲坠而复续也。不揣谫陋，述其原委，以附卷末，望后之阅斯志者，至五六十年则倡议重修，庶少抱憾之端云尔。

岁贡生厢白旗官学教习董玉良识。

《（宣统）清平县志书后》①

张敬承

宣统纪元寓京邸，松筠庵傅君蘅唐倡议增辑《清平县志》，适有监理新疆财政之命，携册入都，以纂修之役相委。探访家陆续函寄，往返查询，久未脱稿。壬子冬，续有点定。因选赴东昌，道出清平，便寄司事董温如，适闻蘅唐归自宁夏，便道相访，谈及西行事，出《新疆政见》一册、传一篇，曰观此略见一斑。世事沧桑，瞬息变局，感何如矣！谈次，董温如携书来访，云前稿已刊印成帙，略加翻阅，纪传等篇多所增益，其函询未定者，亦未查填入册。余讶问之，温如喟然曰：初因工繁费巨，筹措为难。适县中得一闲款，公议划出二千缗，以备工料之需。不意革命事起，党会分争，公款入不敷出，势难久储。不得已，克期集事，邀各路探访家分任钞胥之役。讵兵戈扰攘，操之太蹙，校正无人，遗滥交讥。不但断行错简，舛讹甚多，且有探访原稿未经删定者误收入册。印布已多，更正无及，是余之过也。噫嘻，过则过矣，时势之过，非人事之为过也。当陕鄂变起，土崩瓦解。值此过渡时代，倘共和无成，即如今日之大致太平，亦未敢逆料。时乎不再，稍纵即逝。邑人士长虑郤顾，并力兼营，于戎马仓皇之日了此翰墨因缘，梓工之草率，愈以见董事之辛劳，诸君勉乎哉！未刊各传，更事搜辑，共得若干篇，应即续刊，附之简末。至傅君于兰垣差次，闻书将脱稿，曾另寄一叙，历述颠末，前叙已刊，无庸更易。惟《政见》一书，指陈西北利弊，有关时局。惜志缺文苑一门，无所附丽。傅君为监修主人，应仿《太史公自序》之例，附录本传于乃祖之后，摘录政见数则，以补文苑之缺，变格亦正格也。书此，以质同志。

临清张敬承。

五 《（民国）清平县志》

《（民国）清平县志》，分图册及正编九册，梁钟亭、张玉堂等

---

① 此《书后》载《（宣统）增辑清平县志》卷末。

修，张树梅纂。此志奉省府通令纂修，有民国二十五年（1936）铅印本，为济南文雅斋承印。此志封面为路大尊题"清平县志"，次题"中华民国二十五年十月校印"。卷前有王贵笙《弁言》及韩复榘、辛葆鼎等六《序》，全书约四十万字。

此志融裁旧志，更易门类，第一册为序、名录、凡例、篇目、纪事篇；第二册为舆地篇、建置篇；第三册为党务篇、教育篇、实业篇、交通篇；第四册为经济篇、礼俗篇、防卫篇；第五册为秩官篇、选举篇；第六至八册为人物篇；第九册为艺文篇、杂俎，凡十五门、六十八目。志首篇纪事略古详今，记本地历史大事明晰赅备。舆地、党务、教育、实业、交通、经济、礼俗、防卫诸门记民国以来本地村治区划、户口分布、民运团体、文化教育、农工商业、邮电交通、财政金融、宗教习俗、方言游艺等内容，尤为翔实丰富。

《（民国）清平县志弁言》①

王贵笙

《周礼》大司徒以土地之圆周知九州之地域，自是历代著述图志、图经，借以明方舆形胜者，尤指不胜屈。可见图之为用，在我国历史上久占一重要之位置。吾邑旧志舆图不知开方计里，前人病之。至宣统三年修志，由邑人宁、李二君精心结撰，以一寸代十里，绘全境图，复加倍放大，以一寸代五里，绘分区图，并将坛庙、河渠、桥梁、学校、局所、堤防、沙滩等，均用符号标明，固已视旧加精矣。兹乃精益求精，以本省测量局所绘全省地图作蓝本，照例缩印，设色制版。又于各机关平面图外，将旧志舆图及邑中名胜古迹各照片用铜版精印，附之于后，俾览者动流连景慕之思。图成，原拟以类相从，分隶各册，可便捡寻。嗣以纸料不同，折叠掀翻易致损毁，爰另订成册，列诸志首，并为志其梗概如右。

邑人王贵笙识。

---

① 此《序》载《（民国）清平县志》卷首。

《（民国）续修清平县志序》①

韩复榘

县志一书，为一县资治而作也。古者，亲民之官既因时以为治矣，而又必览已往之陈迹于政教、礼俗、兵刑、钱谷，穷究其盛衰兴废得失之原，斟酌损盈，必折衷于至当，然后施之于政，无拘滞偏颇之弊。盖有关于吏政者甚巨，非徒备掌故、昭因革已也。昔程子以修志为居官第一要义，不其然欤？予自庚午岁来主鲁政，忽忽数载。初莅任，当兵燹之后，盗贼充斥，民物凋敝，日以剿匪清乡为务，征文考献，固有志焉而未能逮也。比年庶政渐修，百废具举，闲尝赴各县视察吏治，询民生疾苦，周览其山川，拊循其风俗，将欲准古酌今，惓惓焉思所以登户口、实财赋，兴学育才，劝农讲武，使民族复兴，邦本日固。而各县志书或年久失修，或版册就湮，慨然于杞宋无征，乃通令各县同时续修县志，以为整饬县政之具体计画。

夫县之有志，古外史之遗也。其所纪载虽不出提封四境之中，实足补国史之所未尽。溯自鼎革而后，迄今已二十余载，世变日亟，新政繁兴。其间革以善因、损以济益者，法制率多异旧，非荟萃成书，实无以见更化善俗之制、声明文物之隆。是又县志之修不可不亟亟者也。清平县志稿既竣，董志事者请为序言，以弁其首。予观其所定凡例，不取因而取创，其意则简而赅，其辞则详而明，凡化成于前而待治于后者，犁然毕载，信可为资治之书矣。虽然，使为政者不能达治体，而勤求民隐，则是志之作，虽与图备志，其不视为虚文故事者几希。吕新吾先生抚太原时，著明职各条，而于州县一官分为八等，训谕再三。其言曰：随事推恩，因心出治，使四境之内无一事不得其宜，无一民不得其所，深山穷谷之中无隐弗达，妇人孺子之情无微弗照。是谓知此州，是谓知此县。予所望于各县者，盖亦犹是也。故乐为之序，俾官斯土、读斯志者有所观感云尔。

---

① 此《序》载《（民国）清平县志》卷首。

中华民国二十五年五月，霸县韩复榘①序。

《（民国）续修清平县志序》②
辛葆鼎

清平于古为兖州域，扼齐、赵之冲区，介河漯之故道。郡县沿革，则有贝邱、清河等名；人材奋兴，则有傅永、岩叟诸辈，在地理上、历史上占一重要部分久矣。余于民乙丑春，由峄县调署是邑。下车伊始，首先访察民情土俗，与邦人士讨论地方利弊。凡百兴革，进行颇顺。暇则披阅旧志，细考其形势险易、文化消长、户口登耗，经济盈绌，以前事为后事之师，借古人作今人之鉴，征文考献，获益良多。惟查旧志所载，仅限于清宣统以前。尔时新政萌芽，犹未脱封建习气。民国纪元后，世局变迁，政体改革，物质进化，日新月异而岁不同。不但旧志未列者各须另标纲目。即旧志已列者，亦有增修窜改之必要。余屡与邑人议及修志，询谋佥同。而值时变迭起，卒不果行。旋余亦辞职去，迩来又垂近十年矣。耿耿中心，未尝忘也。今年春，清平县志成，来书见告，附以《凡例》，并索《序言》弁其首。余窃喜夙愿之终偿，而诸君子之有志竟成也。观其体例，实获我心。如改旧志学校为教育，食货为经济，典礼为礼俗，又新立党务、交通、实业各门，斟酌损益，适合时代之需要。是编一出，采旧志之长，补旧志之缺，地方文献于斯为备。后视今，犹今视昔，为治者其各有所考镜也夫。

丙子夏，阳邱铸九辛葆鼎③序。

---

① 韩复榘（1891—1938），字向方，顺天府霸州人，初为冯玉祥手下将领，后参加北伐战争，颇有战绩。在中原大战前脱离冯玉祥，投靠蒋介石，在山东击败晋军，巩固了蒋介石前沿战线。后主政山东，注重澄清吏治，禁烟剿匪，大力发展山东教育事业，建设模范新乡村。"七七事变"后，当日军推进到山东时，韩复榘为保留嫡系部队实力，几乎不战而退，放弃黄河防线。二十七年（1938）初，蒋介石在开封召开高级军事会议，韩到开封后立即被捕，旋被枪杀。

② 此《序》载《（民国）清平县志》卷首。

③ 辛葆鼎（1880—1965），字铸九，以字行，山东章丘人。清末举人，山东优级师范学校毕业，民国四年（1915）任益都师范校长，八年（1919）选为山东省议会议员。十二年（1923）任峄县县长，妥善处理临城劫车案。十四年（1935）二月任清平县知事，后回济南任商会会长。抗日战争时期，因其子辛葭舟参加革命而遭逮捕。出狱后，任山东省图书馆馆长兼山东红卍字会统长。他致力于慈善事业，曾任山东省红十字会赈务会长。济南解放后，选为山东省人大代表、山东省政协委员。

《（民国）续修清平县志序》①

张丕堂

昔者汉祖入关，萧何首收秦图籍，以是知天下阨塞险易、户口多寡之数。帷幄运筹，不数载而遂定天下，亦可见图籍之关乎大局至重且巨也。独是天下不过一邑之积，而图籍实汇方志而成。然则欲视都知鄙，视鄙知野，举百里之提封，见见闻闻罗于胸而指诸掌，舍方志其将何以哉？民国开基，百废俱举。政治当局知四千年之官样文章，适所以涂民耳目也。于是推翻旧制，去道去府，使县直隶于省会，盖以为阶级既省，听睹亦可较亲切矣。然而幅员辽阔，非载之简牍，则仍难稽；政体变更，但沿夫旧章，则究不合。省府主席韩公深见及此，乃于二十三年秋饬属县各修志书，以为刷新政治之本。当是时，前清平县长梁君②奉令承教，开局督修。未几，梁君他调，而余于是年十一月来承其乏。于听政之余，巡视四野，问疾若，察利弊，民生状况既已憬然于心矣。及证以旧有志书，其政教设施，按之现势，大率前后不相蒙，新故不相袭，然后知省府饬属修志之举，诚不可缓也。顾兹事体大，既不能仓卒图成，又不可因循废事，左提右挈，颇费周章。幸赖在事诸君群策群力，遂于二十五年六月新志脱稿，将付手民。余加以浏览，见其间体例详明，记述精审，于新政既多网罗，而故典亦无放失。行见是编一出，上以备政府之参稽，下以征地方之文献，不独区区有以藉手，而省府振导之殷怀，庶亦可以稍慰也夫。

县长张丕堂③序。

---

① 此《序》载《（民国）清平县志》卷首。

② "梁君"，即梁钟亭。钟亭，山东汶上人，区长训练班毕业，民国二十二年（1933）六月任清平县知事。

③ 张丕堂，河北饶阳县人，天津法政专门学校毕业，民国二十三年（1934）十一月任清平县知事。

《（民国）续修清平县志序》①

路大遵

丙子之夏，余奉令来长清平。适新纂县志告成，邦人相爱，属为序言，以昭来叶。余惟志书为制古矣，在昔汉世，承周文治，郡国图籍毕上太史。于是因国史之例，创为郡县之书，科条粲然，各有记述。赵宋之季，地志繁兴，迄于有明，始著令典，县各有志，府、省统之，上于户部，藏于殿阁，民间史乘之所自出，治功事绩之所流传，其犹《周官》外史之遗欤？然志义之亡久矣，承学之士多拘古法，每辑一志，考载陈编，有其举之，莫敢或易。章实斋所讥樽罍之微，或资博雅，卤簿之属，或著威仪，即谓此也。夫五帝不同礼，三王不相袭善，言古者必有验于今。现代县政建设百度维新，举凡土地之岁收、地价之增益、公地之生产、山林川泽之息、矿产水力之利，县府用以经营地方人民之事业，及育幼、养老、救灾、济贫、医病，与夫种种公共之需，总理手订《建国方略》，昭示吾人，至详且尽。而因地制宜，志书又为政教所重，发凡起例，尤不可详古而略今。曩余署纂济阳，省令续修县志，友人范子公勉为言，今日国家立于存亡歧路，纂修国史迄未有期。而民众史事自不能听其中断，斯在邦人与负有地方责者有以促其成。方志亡，则国史受病，盖同有章氏之感也。

清平置自于隋末，汉贝丘为清河尉治，明清属东昌府，继属东临道。近时道府制废，仍属今治。旧志创始年代失考，今可按者，惟清康熙、嘉庆、宣统间王、万、傅三氏刊行之本。当以专制时代，三志体例相袭，无敢立异。斯志全编为篇十三，曰舆地，曰建置，曰党务，曰教育，曰实业，曰交通，曰经济，曰礼俗，曰防卫，曰秩官，曰选举，曰人物，曰艺文，都为拾册，计三十余万言。舆地篇弁以纪事，仿自史例编年，存古制也。或有遗闻轶事，足以补志乘之阙，编入杂俎，以殿全志，重典故也。豪杰之士，不待文王而兴，余于是益叹在事诸君纂撰商榷之勤，而闳识雅

裁，自一时之隽也。毕秋帆①序《石首志书》曰：方志为一方之政，要非徒以风流文采为吏长饰儒雅之名。是编经纬灿然，体用具备，世有览者，穆然深思韩主席励精图治之殷。以余不才，承乏斯土，得与邦人君子循览川原之胜，与夫风俗之淳而易与为治也。于是乎书。

中华民国二十五年八月，新野路大遵②序于清平公廨。

《（民国）续修清平县志序》③

张树梅

六经皆史也，晋之《乘》、鲁之《春秋》，以及列国风诗所言皆时事，所采多民俗。后世郡县志乘实权舆于此。自班马秉笔，蔚为史宗，而史之体例始严。后之作者亦墨守家法，相与贡谀。当道罔敢立异，以致两千年来有君史，而无民史；有官僚史，而无社会史。其敝也重人而轻事，详古而略今，于是史之机械存而精神亡矣。时至今日，思潮革新，凡百施设，渐趋民治。从前之封建记述，自宜改其弦而易其辙，况各县志书关系于社会文化者至深且巨，尤非可漫然置之乎，此县志之续修所以不容缓也。

民国二十三年秋，山东清平县奉省府通令，限期续修县志，梅以菲材，谬膺编纂，绠短汲深，知不胜任。窃念修志于今已非昔比，而修志于清平，其困难尤倍于他县。风气闭塞，采访棘手，一也；迭经兵燹，档册无存，二也；旧志简略，无所取裁，三也；名流云散，无可就正，四也；地处平原，无高山大川为之界划，疆圻纬度，古今异说，莫衷一是，此困于地理者五也。况五代纷纭，沦为战场，宋室南迁，陷于胡虏，元明之际，民族移徙。数百年间，当地文化泯然澌灭，此困于历史者六也。加以民国肇造，因革靡常，改科以后，虽有文卷，而残缺陵杂，莫可稽考，此

---

① 毕秋帆，即毕沅。毕沅（1730—1797），字纕蘅，又字秋帆，号灵岩山人，江南镇洋人。乾隆二十五年（1760）进士，廷试第一，状元及第，授翰林院编修。乾隆五十年（1785）累官至河南巡抚，翌年擢湖广总督。嘉庆元年（1796）赏轻车都尉世袭。去世后，赠太子太保，赐祭葬。死后二年，因案牵连，被抄家，革世职。毕沅精通经史小学金石地理之学，著有《续资治通鉴》《传经表》《经典辨正》《灵岩山人诗文集》等。

② 路大遵，河南新野人，河南法政专门学校毕业，民国二十五年（1936）七月任清平县知事。

③ 此《序》载《（民国）清平县志》卷首。

困于时势者七也。具此数难，欲考古则文献无征，欲证今则贻讥罣漏，刘知几所谓史家三长，盖无一之可能。惟有勉承其乏，为之网罗散失，征辑佚闻，究政俗变迁之迹，察文野递嬗之由，与二三同志分任而共成之。计类十四，三十余万言，拉杂成书，都无体例，所愿大雅不弃，指其疵谬，而加以润色焉，则又幸矣。

清渊张树梅识。

《（民国）续修清平县志序》①
王贵笙

吾邑之有志，不知其所自昉。迄今可参稽者，清康熙、嘉庆、宣统年间三志而已。是三者时代虽殊，体例则一。大率详于远而略于近，可备政府之档案，而不足见民族之精神。如是，虽汗牛充栋，亦不过为官样文章而已。自民国勃兴，一空数千年拘墟之见，凡我士庶，晓然于民族兴衰，视乎历史之文野，而方志之作，实为历史之权舆。其志乘之陈陈相因，不能发挥民治者，资考据可也，斤斤墨守不可也。民国二十三年秋，省府主席韩公有见于此，乃通饬属县各修厥志。维时，吾邑县长梁公奉令之下，博谋于众，特聘临清张君仲修司编纂之事，而以笙副之。受事未久，梁公奉调以去。前县长张公、今县长路公下车伊始，均以为县志之修关于地方文献者至重且巨，于是赓续前议，坐督其成，剋日图功，甫逾年而遂既厥事。志中分类一十有四，都计三十余万言，其间于旧志之可存者，既网罗靡遗，而新政之有关者亦抉择必尽。是编之成，虽未必与于著作之林，然小而觇一邑之文明，大而备一国之掌故，举凡民生国计，咸藉此以考镜其得失，窃以为殆庶几焉。顾此次修志，得在事诸君群策群力，告厥成功，而吕君普生于军书旁午之时，复不惮函牍往来，供给资料，其眷怀桑梓之殷尤令人感。至于张君仲修绩学能文，《临清县志》既赖君以观其成，而吾邑复得借重，以蒇其事。兹两役者，笙又幸皆滥竽其间，回忆风雨一庐，与张君昕夕相对，或抵掌而阔论，或攒眉而苦思，往往漏已三下。为一义例之未安，一事迹之待考，辄怀铅握椠而不肯释。当是时，张君体固

清赢，而神采愈王，然亦可谓勤且劬矣。今者重序斯编，犹令人神往于当日不置也。

民国二十五年九月，邑人王贵笙序。

茌平县

一 《（万历）茌平县志》

《（万历）茌平县志》，王国弼纂修，万历十二年（1584）刻本，今佚。丁懋儒《序》称此志"准国史，天文、地理无容变易。至建置之始末、户口之登耗、物产之丰歉、差科之繁简、灾祥之形见，览者足裨民瘼"。则此志当设有天文、地理、建置、户口、物产、灾祥等目，记述内容或较为完备。

《（万历）茌平县新志叙》[①]
丁懋儒

茌平旧有志，以简陋故弗[②]克传。邑侯祥符王君[③]甫履任，慨然欲加重修，若曰：志者，记也。记载弗详，后曷以观？于时邑务鞅掌，未暇也。越既三载，苏凋瘵，明教化，秩禋祀，业已举其大者，庶政以和。檄博士弟子员，萃子史之言，增旧志所未备，斐然成一家之书。

夫邑志详于郡、省，势也。因文献无征，至取诸郡省所载而分例之，浅之乎不足观也。在昔列国皆有史，存故实耳。夫子假鲁史修《春秋》，示王法以开来世，固亦史也，而例弗同。今志准国史，天文、地理无容变

---

① 此《序》载《（康熙）茌平县志》（康熙四十九年刻本）卷首。
② "弗"字，此志之另一同板印本，以字画不清，误描为"事"，误。
③ "祥符王君"，即王国弼。王世臣修、孙克绪纂《（康熙）茌平县志》卷2记述王国弼生平称："修学宫，刊县志，濬城河，作桥梁，建水次仓，发奸擿伏，能断疑狱，后行取御史。"

易。至建置之始末、户口之登耗、物产之丰歉、差科之繁简、灾祥之形见。志不瘅①恶，有其善者书之，彰善意也。抚卷兴思，其所系非渺小矣。

境无名山大川，取诸培塿故迹，隐见盘礴，皆灵秀所钟。远而东岱，绵亘历巽坤抵艮。会通漕卫，回环潆带，茌当其中，上游之胜地也。在周、秦为三齐门户，至今日乃两都襟喉。前元时，军马倥偬，靡有孑遗。明兴二百四十年来，生聚日盛，四民乐业，虽差赋繁重，皆不忍去其乡土。自侯至茌，锐意拊绥，所以节宣运量者，沾被优渥。即志所载，亦略可见。

夫后之视今，犹今之视昔也。欲加惠茌民者，宁不有鉴于斯乎？或谓茌无文章，殊不知七篇仁义，炳若日星，密迩馆授，风教未泯。淳于之雄辩，仲连之高义，中书之奏对，文章莫大乎是，宜历世不乏贤也。侯政声籍甚，内召不远，斯志为棠阴岘碑，系深长之思矣。不佞儒栖遁茌壤，与闻茌事。志成，属为之序，因书以复。

万历十二年岁次甲申季冬望日，前进士直门下省侍经筵，出守姑孰、零陵二郡，致仕进阶郡人丁懋儒②撰。

二 《（万历）茌平县志》

《（万历）茌平县志》，吴道明纂修，有万历三十五年（1607）刻本，今佚。此志为继万历十二年（1584）《茌平县志》而修，补录二十余年间朱爵、萧淳等县令事迹，同时亦记述赋役、节孝、科贡及吴道明任内重修被水之学宫、名宦祠、先贤祠等内容。

---

① "瘅"，憎恨。
② 丁懋儒，字聘卿，东昌府聊城县人。嘉靖四十四年（1565）进士，四十五年（1566）任光山县知县。《（民国）中牟县志》卷3："山东聊城人，嘉靖末登进士，授中牟令。清操自持，人不敢干以私。驭下严整，吏胥豪滑重足屏迹。尤加意黉序，校士课文，严程限，厚供馈，劳费靡所顾惜。甫数月，调光山县。"隆庆元年（1567）任户部主事。《（康熙）昌平州志》卷9："丁懋儒，山东聊城人，由进士隆庆元年任主事，调兵部主事，改给事中。"隆庆六年（1572），任太平府知府，后任永州府知府。

《（万历）增修茌平县志序》①

王国宾

粤古王朝列国，并传信史，岂徒括往□②，蹠故实，哓哓然炫燿一时？盖彰善阐幽，以规示百代，洵重典哉！迨后邑各有志，志即一邑之史也。世治民风繇上转移，可自厚之薄，可返薄归厚。顾上所为握机权、神变化者，将在志矣。乌得不随时增葺，以备观览，寓激劝哉？

县志昔经邑侯王公纂集，如星野、疆域类甚详，无容喙矣。第志成于万历甲申，距今已越念有余载，其间贤侯接任，若朱③，若萧④，皆恺悌仁人，渥泽者久。故钦擢之后，士民衔恩图报，相率建祠勒珉，以识不忘。讵庸不托之剞劂，以永世乎？此志之当增修，一也。

茌当两都孔道，征发旁午，素号难治。自昔侯果毅之才劻勷治理，敦笃教化，骎骎乎萌隶慑驯，博带娇修矣。今吴侯谆切抚循，嘉与劘砺，故一时士习民风翕然丕变。诸如赋役勤输，节孝叠见，科贡不乏，而人文飙起，又皆前志所未及载者。此志之当增修，二也。

顷闻客岁初秋，霪雨浃旬，城阘四境，汇若泽国。无□⑤氓庶，室庐荡漾如扫，即黉宫垣舍、先贤祠宇崩圮殆尽。吴侯⑥蒿目拊心，不遑寝食，创孟子馆于西门新司，以隆祀事；建名宦、乡贤祠于戟门两掖，以正典礼；濬三元井泉于学宫内，并以培风气而翊文明，何莫非广厉学□⑦、

---

① 此《序》载《（康熙）茌平县志》（康熙四十九年刻本）卷首。

② 此字原书漫漶。

③ "若朱"，即茌平县令朱爵。王世臣修、孙克绪纂《（康熙）茌平县志》卷2："朱爵字潘室，悉心民隐，优礼儒士，均徭省费，修城池，给官牛以劝耕，设备赈仓以救荒，刑清政举，历五载如一日，行取吏科给事中。去之日，卧辙者以万计。有鬖数十辈拜送之。公曰：'吾何德于汝，而汝乃尔尔耶？'妇曰：'五年来，里长胥隶不下乡，鸡鸭皆公赐也。'"

④ "若萧"，即茌平县令萧淳。萧淳，代州人，进士，万历二十年（1592）任茌平县令。王世臣修、孙克绪纂《（康熙）茌平县志》卷2："萧淳，字天民，重修庙学，救灾恤荒，时值大祲，民以正赋为难，慨然以京都私囊为阖县代输赋银千余，竟不责偿。"

⑤ 此字原书漫漶。

⑥ "吴侯"，即茌平县知县吴道明。王国宾此《序》作于万历三十五年（1607），吴道明自万历三十三年（1605）至三十九年（1611）任茌平县知县。

⑦ 此字原书漫漶。

兴起人心之最切且钜？所当胪列纪载，以垂不朽者。此志之当增修，三也。

余又闻之，悬鹄在望，懦夫决拾，言贵倡也。今我侯政声腾茂，不日且奉诏补台谏矣。嗣今而莅茌者睹此以注惠斯邑，表扬风化，与二三贤侯后先媲美，其造福我茌士若民宁有既乎？余方鞅掌簿书无宁日，乃远辱父母之命，曷敢以不文辞？因据所闻于今昔者述之叙云。

万历三十五年丁未吉日，赐进士第文林郎知直隶保定府蠡县事治生王国宾①拜撰。

三 《（康熙）茌平县志》

《（康熙）茌平县志》，四卷，王画一修、张翕纂，康熙二年（1663）刻本，为存世最早的《茌平县志》。卷前有王画一、王曰高《序》、明旧志《序》二篇及县图六幅，全志约八万字。

此志分天文、地理、建置、赋役、人物、艺文六门、五十目，其中地理、赋役等门记茌平方物风俗、户口徭役，多存明末清初故实，较有价值。

《（康熙）增补茌志记言》②
王画一

邑之有志，犹国之有史，将以传信，俾千百世有所取征而考镜焉。厥惟重哉！茌志创修于祥符之王君，再修于清苑之吴君③，迄今五十余年，其间灾祥休咎，风俗醇漓，吏治臧否，人文盛衰，以及户口之增消、国赋之盈缩，历年久远，无所笔纪，不几湮没无闻乎？辛丑夏，余受茌令，晤

---

① 王国宾，进士，万历三十二年（1604）任蠡县知县。《（顺治）蠡县志》卷5："王国宾，字瀛之，号华亭，山东茌平人，繇进士万历三十二年任。德性温醇，操守严洁，捐百金濬筑唐河，除数郡之灾。丙午岁，蝗蝻生发，公为文祭告，蝻辄负于蝗而去，见《八蜡庙碑记》。丁未大水，捐俸二百金，代民解纳皇税，民感其德。擢户部主事。"

② 此《序》载《（康熙）茌平县志》（康熙四十九年刻本）卷首。

③ "吴君"，即吴道明。道明，清苑人，举人，万历三十三年（1605）任茌平县知县。

谏议北山公于都门，所言皆地方利弊，尤以邑乘久废为憾。余不敏，□①服其言之公而最当也。时静也张公②中是年进士，候廷对里居，余得时相过从，取邑乘之缺略者请正焉。张公鸿才博学，指陈往事如数家珍。余因藉手告成，盖不禁掩卷而三叹也。

考邑之户口，明季四万九百有奇，今存丁并余审编得增者仅九千余耳。明季田赋一万一千有奇，今额田并余劝垦复增者仅四千五百余顷耳。去胜国曾几何时，而盛衰大相径庭也？公署则前《志》所载荡然邱墟矣，印官寓半间之厦，粮、捕两衙随时傃居而无定宅。市肆民舍寥寥五十余家，颓壁瓦砾，一望萧然。余承乏斯邑，念切抚循，惟兢兢以旷官是惧。近且民日多，土日辟，赋日增，流移之氓渐安其居，弦诵之声不绝于耳。茌其剥而将复之时乎？不佞莅政二载，见其民俗淳古，人文蔚起，庭少健讼，里多乐输，通籍者树功勒绩于朝端，伏处者砥行立名于乡曲。固圣域之习成，而亦我皇极维新之渐化也。纂志告竣，会余南迁，谨督成帙，以传示来兹，无负静也公采集苦心、北山公相勖至意云尔。

康熙二年岁次癸卯春三月，茌平县令今升广顺州守广宗王画一③谨记。

《（康熙）重修邑志序》④

王曰高

吾茌视畴昔罢⑤甚矣。蜚鸿肃羽于中泽，苌楚猗傩□⑥原隰，驿使旁午，征调纷纭。歌蔽挦者未复，阻昏垫者其鱼。欲得仁人君子生聚而教养之，非数十年不为功。《大雅》之诗曰："民亦劳止，汔可小息。"⑦又

---

① 此字原书漫漶。

② "张公"即张翕。翕，字静也，号东莱，茌平人，进士，著有《怡情集》。

③ 王画一，字较若，河北广宗人，贡监，顺治十八年（1661）任茌平县知县。康熙十一年（1673）任宜黄县知县。《（同治）重修宁海州志》卷12："王画一，广宗人，贡生，澹泊自甘，规条有法，修堤以捍民患，而民不知扰。寻升邵武府同知，以钱粮累，镌级。州人立去思碑。"

④ 此《序》载《（康熙）茌平县志》（康熙四十九年刻本）卷首。

⑤ "罢"，同"疲"，累。

⑥ 此字原书漫漶。

⑦ 语出《诗经·大雅·民劳》。

曰："岂弟君子，民之攸塈。"① 望之切，思之深已。

辛丑春，宗州王父母②谷若公膺简命来视兹土，甫下车，□□③澍随之。讼衰刑省，三月而四境大治。士服其教，民怀其德。不期年，振颓起敝，百务具举。有司上其绩于彤庭，特赐褒嘉，不次优擢。居无何，以边围需长材经理，授贵阳广顺州刺史。公眷顾于茌，弗忍释也。念数十年来，沧桑日变，兵燹频仍，邑之旧家藏书率多散佚，即邑志亦仅一二存者。且自清苑吴侯迄于今五十余载，其间天时人事□④序推迁，禨祥祲氛兴废不一，不有述者，后曷闻焉？公慨然太息曰：茌山，亦乐土也。昔何以裕，今何以绌？休养生息，非有土之责欤？比来田野渐辟，人文蔚起，其殆剥而将复之会乎？后有君子嗣而绥之，庶徽风⑤之不远也。

志之以观时变，是亦文教之一端云。爰咨爰度，请于山公崔君、东莱张君及一二摛辞能文之士，编辑遗闻，摭拾近事，广搜网罗，续于旧志之后。载文贵简不贵博，记事传信不传疑。它日执简兰台，珥笔天宝，将于是乎征之。余自戊戌上公车、应廷对而来也，试馆职，淹留京邸，不窥故园者六年于兹。里人来游京国者，时时为余言吾乡渐有起色。四方之士君子经齐鲁以来者，亦具为余言吾茌畴昔凋瘵之状，未尝不咨嗟而动色也。今日者得贤父母为之生聚而教养之，瘨者以愈，困者以苏，水火之余，登诸袵席。将见后之宰是邑者闻风兴起，其必有继牛、徐、沈、朱、萧、李诸君之遗教善政，以加惠吾茌者乎？俗尚礼义之旧，乡守高士之风，家弦户诵，平畴沃壤，比屋而封，鸣琴而治，安在今不如昔耶？

是役也，适观厥成，举数百年吏治之隆替、民风之淳漓、人才之盛衰、户口之耗息、山川城郭之变迁，及夫节义、文章、风土、人物，一开卷间，离离如列眉，岂非兹邑之所必详耶？编纂告竣，迺略述其梗概，而书以志时日。

---

① 语出《诗经·大雅·泂酌》。

② "王父母"，即茌平县知县王画一，王画一于顺治辛丑（十八年，1661）任茌平县知县。

③ 此二字原书漫漶。

④ 此字原书漫漶。

⑤ "徽风"，美好的风范。（南朝宋）谢庄《孝皇帝歌》："德敷金石，道被管弦。有命既集，徽风永宣。"

康熙岁在癸卯①□②如晦日，书于燕邸之竹香堂，邑人王曰高③谨识。

《（康熙）茌平县志跋》④

张　翕

邑之有志，一邑之传书也。见闻弗确，则不足传；论断弗公，则不足传；事无涉风教，言非寓激劝，则亦不足传。若是乎志之难志，而足传之尤难哉！茌志久无存版。荐绅家间有一二遗册，脱落讹谬，不无鲁鱼豕亥之疑。矧自吴侯后五十余年，事阙而未补，问俗者奚考焉？北山王太史⑤每欲取耳目之所及，笔而记之，与旧帙刊为一编。时且历金马，补台垣，有志而未逮。余辛丑题名春榜，里居待廷对，爰以编纂之业相嘱，然犹虑谋始易，而观成之难也。会宗城王父母抚字之余，留心文教，慨然欲捐俸赀，以竣厥功。余纵固陋甚，岂得以不敏辞？于是偕二三同人，搜罗群书，咨访故老；芟旧刻之荒唐，存其大略；采定论于刍荛，附以新闻；纪循良则口碑具在，录人才惟月旦是凭。忠孝节义，以其实不以其名；传记诗歌，取其核非取其藻，疑者阙之，漏者补之，弗敢私也，弗敢妄也。条目五十，而汇为四卷，虽不能萃子史之精，成一家言，以之回狂澜于既倒，留直道于人心，倘少有裨益乎！脱稿，质之北山，曰：可以传矣。爰执简而授梓人。

四　《（康熙）茌平县志》

《（康熙）茌平县志》，五卷，王世臣修，孙克绪纂，康熙四十九年（1710）刻本。卷前载王世臣、孙克绪、张铭书《序》及旧志序

---

①　"康熙癸卯"，即康熙二年（1663）。

②　此字原书漫漶不清。

③　王曰高，字登孺，山东茌平人，顺治十五年（1658）进士。颜光敏《颜氏家藏尺牍·姓氏考》："王曰高，字鉴兹，又字登孺，号北山，山东茌平。顺治十五年进士，历官给事中，有《槐轩诗文集》。《山东通志》称：'高幼有神童之誉，在谏垣十有七年，多所建白。癸卯，典江南试，得两鼎甲、五尚书、三大学士，可称得人之盛。'"

④　此《跋》之作者未详。

⑤　"北山王太史"，即王曰高，王曰高号北山。

四篇，全志约十万字。

此志因前志门目，分天文、地理、建置、赋役、人物、艺文六门、五十目，续补康熙二年（1663）以后事迹于各门目之后，其艺文独占三卷，内容较为丰富。

《（康熙）续修邑志序》①

王世臣

余甲申仲春，承乏茌邑，路当孔道，疲惫实甚。兼值丹水告警之后，十室九空，余用滋惧，虑无以抚字安全之，恐来旷官之羞也。退食之余，取邑乘阅之，邑之风土人物历历如在目中，乃恍然悟文献之足征也，所关讵不重哉？

自王君重整以来，迄今四十余年，事之散轶者恒多，心辄恻然动者久之。抵冬杪，学首孙生②率诸生以呈请志于余。余喜其见与余同，即思与诸生更图之。迫于岁歉费烦，未暇也。今春暮，爰召诸生而谋之，咸以不敏谢。余乃怃然曰：余，俗吏也，无如椽笔。志之不修，使名胜高贤黯淡无色，非独余一人之责也，抑邑人士之耻焉。言及此，诸生始毅然任之。择诸生之老成者数人与共之。诸生訢然从之，拮据掇拾，广搜博采，不越月而脱稿成，举以授余，曰：微公之力，道傍之舍，曷克有济？余受而读之，不觉喟然叹曰：山川、古迹千秋不改，俗尚、文运随时而新。不有此番经纶，仍望后之断而复续也，难矣。诸生之用心良苦矣，其有心于政治俗尚者匪浅鲜矣。余睹茌境之城郭顷圮，宫室废弛，人居寥落，真有寝食为之不宁者，无日不思所以转移而化导之。其如天灾流行，拯救之不暇何？余实有志而未逮也。爰捐赀而付之梓人。

康熙岁在庚寅桂月③，茌令三韩王世臣④书于公署之制锦堂。

---

① 此《序》载《（康熙）茌平县志》（康熙四十九年刻本）卷首。
② "孙生"，即孙克绪，邑贡生。
③ "桂月"，指农历八月。此时月桂花盛开，故称。
④ 王世臣，字介勋，盛京奉天人，官生，康熙四十三年（1704）任茌平县知县。

《（康熙）续志弁言》①

张铭书

续志非余所敢任也。茌志自宗州王公重修，而后距今四十余年，事缺而未备，后之人将无以考征焉，识者惧之。三韩王夫子来莅我茌，政务之暇，慨然以续修为己任，而委之明经孙子。余适滥厕义塾，不以固陋甚，嘱与同事。承父师命，乐文事之有成，黾勉共襄，不敢告瘵，良有由也。若夫据事直书，不稍假借，汇为一邑信史，孙子实董其成焉。则余未之或敢。

康熙岁在庚寅小春，邑后学张铭书于古清风馆中。

《（康熙）续修邑志跋》②

孙克绪

或问之余曰：志何易言修乎？非兼三长，明五难，则修之也难。不别三等，去四恶，则修之也难。志何易言修乎？余应之曰：非修也，续也。邑乘经张先生编次，而后业有成书。自卒征信千古。虽癸卯距今四十有八载，间有可纪述者寥寥也。然时移物迁，老成彫谢，哲人云萎，言之殊堪悼叹。邑中诸大务尚需缓图，此志失编后，即欲嗣续，而末由也已。贤邑侯王公留心民瘼，百废渐次第就理。恻然念文献之不足征，而委其责于余。余小子何知学问，宁敢自是其愚，致贻后貂之讥乎？敬谢不敏，侯复谆谆③面命，叮嘱至再。义不容辞，亦不敢辞，爰④偕诸同学，取前编而翻阅之，遵往牒，访遗事，参伍错综，代终前哲未竟之志，诚知此举迂阔而远于世情，不获已，列叙篇末，俾后之博雅君子，有所考折焉耳。若谓以弇鄙无知之野老辄妄擅补缀之术也，余则曷敢有越厥志？

---

① 此《序》载《（康熙）茌平县志》（康熙四十九年刻本）卷首。
② 此《序》载《（康熙）茌平县志》（康熙四十九年刻本）卷首。
③ "复谆谆"三字，原书漫漶，据《（民国）茌平县志》卷1所录此跋校补。
④ "不敢辞，爰"四字，原书漫漶，据《（民国）茌平县志》卷1所录此跋校补。

康熙岁在庚寅秋仲，邑后学孙克绪①漫识于柏亭。

五 《（宣统）茌平县志》

《（宣统）茌平县志》，二十八卷，首一卷，盛津颐修，张建桢纂。此志修成于宣统三年（1911），有民国元年（1912）刻本，另有民国十五年（1926）增补重印本。卷前载刘宗岳《序》及旧志序五篇，全志约三十万字。

此志因旧志体例，更易门类，分天文、地理、营建、食货、学校、武备、职官、选举、列传、经籍、艺文、志余等十二门、六十八目，并加增佚续补。其《列传》凡十三卷，记述本地历代人物颇为齐备；增立《经籍》，辑录本地历代学者著述目录；而《艺文》分内、外两编，内编录邑人诗文，外编录邑外人士所著与本地有关诗文。其他诸门，所续康熙以后诸事均较详备。

《（宣统）重修茌平县志序》
刘宗岳

茌②地平旷，无山川钟毓之奇。然自战国以来，人才辈出，如鲁仲连、马周、张镐③诸贤，皆勋名事业，震耀寰区。尝于读史考古之余，心窃慕之。壬子春，余适承乏是邑，值民国初立，百务待兴，簿书之暇，披阅邑乘，模糊半不可识。盖旧志修于康熙庚寅，去今二百余年。其间兵燹屡经，沧桑日变，匪特政教之得失、风俗之污隆、户口之登耗、民生之利病阙焉无征，即端人正士、异节奇行数传，而后且将渐归于澌灭。修坠举

---

① 孙克绪，康熙四十七年（1708）恩贡，《（康熙）茌平县志》同纂孙锦裳之子。

② "茌"字，原书漫漶，据《（民国）茌平县志》卷1所录此跋校补。

③ 张镐（？—764），字从周，博州聊城人。少时拜名士吴兢为师，后得杨国忠推荐，起家左拾遗。安史之乱后，授谏议大夫。至德二年（757），授中书侍郎同平章事，后任银青光禄大夫、河南节度使。参与平定安史之乱，以功封南阳郡公。上元二年（761），卷入嗣岐王李珍谋逆，贬为辰州司户。唐代宗即位，授抚州刺史，迁洪州观察使，改封平原郡公，以讨伐江淮叛军之功，迁江南西道观察使，广德二年（764）卒于任上。

废,是非守土者之责欤?爰进邑之士绅而谋之,佥曰:"前邑令盛公津颐曾开局重加编纂,以绌于经费,未付剞劂,旋即告归。"乃取其书而读之,见体裁完密,方之旧志,殆有进而愈上者,何前之莅斯土者,与余不言心相符而志相合耶?余忝司民牧,历政日浅,既不能为一国立不朽之事功,又不能为一邑兴永远之利济,坐令此垂成之业废然中辍,问心不愈滋惭乎?于是捐廉付梓。任其事者,为李君碧泉、刘君儒臣、崔君式坚。众志佥同,遂得告厥成功焉。余不揣固陋,弁言于卷首,以述其巅末如此。

中华民国元年九月即壬子年八月,知茌平县事阳湖刘宗岳谨序。

《(宣统)茌平县志附编列女传序》

沈世华

且自《易》著家人①,《礼》标内则②,后之志书师其遗意,贞节必录,所以励风俗、翼文教也。戊午暮春,予视篆茌邑。下车伊始,值土匪充斥,簿书鞅掌,日不遑息。数月事平,诸端就理,乃于退食之暇,取邑乘而览之,体裁之精悉依史例,惜《列女》一门阙而未续,盖新志修于前清末年,至民国纪元始告成书。沧桑甫变,经费难筹,非有所遗漏,不得已也。然茌为礼义之邦,巾帼弱质,胥娴姆教,咸同以来,兵燹屡经,其间烈女贞妇、守志殉身者不知凡几。发幽光者,岂可听其湮没乎?窃不自揣,欲续而成之。时有邑人赵君又扬独任其劳,荟萃成帙,以补前志所未及。昔刘向撰《列女传》八篇,贞淫并载。今则专书节烈,用播芳徽,非敢自谓完善也,聊以备輶轩之采择云尔。

民国八年阳历十一月,署理茌平县知事蓬莱沈世华③序。

---

① "《易》著家人",《易经》:"家人:利女贞。""彖曰:家人,女正位乎内,男正位乎外,男女正,天地之大义也。家人有严君焉,父母之谓也。父父,子子,兄兄,弟弟,夫夫,妇妇,而家道正。正家而天下定矣。"

② "《礼》标内则",《礼记·内则》为在家庭内部父子、男女所应遵行的规则。《礼记正义》:"名曰《内则》者,以其记男女居室事父母舅姑之法,此于《别录》属《子法》。以闺门之内,轨仪可则,故曰《内则》。"

③ 沈世华,山东蓬莱人,清附贡生,民国七年(1918)四月任茌平县县长。

《（宣统）茌平县志附编序》①
赵又扬

民国前二年冬月，邑侯武进盛公②倡续县志，请博陵张子任纂修，设局采辑。予以谫陋，勉效绵薄。周岁志成，复经李莲塘、刘汉章、崔肖庭三先生增删，始克付梓。惟《列女》一门，因经费不足，阙而未续。缘志书修于前清末年，至民国纪元，书始告成，沧桑遽变，时势全非，不得不存稿以待续刊。今年夏，地方宁静，民情大和，邑侯沈公乃以续刊委魏竹君、田兰斋、郭子抡暨予，俾终其事。予暑假家居，亦甚愿襄赞而乐观厥成也。于是搜捡存稿，重加整理，汇集成帙，附之志末。质诸同人，佥曰不谬。呜呼，节孝之重，由来旧矣！共姜矢死靡他③，见于《诗纪》。叔姬执节守义④，著于《春秋》。自时厥后，贞妇烈女代有表章。民国以来，政体虽更，仍崇褒扬之典，挽颓风于既炽，存正气于未泯，其与民风之隆污、国运之盛衰庶有关焉。则是编也，又谁可缓乎哉？沈公名世华，字寿三，蓬莱人，为治识大体，尤留意风化，续刊《列女》，此其著者。

民国八年七月，邑人赵又扬⑤谨序。

《（宣统）茌平县志合编列女传序》⑥
张　寅

茌邑地接邹、鲁之乡，土⑦敦诗书，俗尚礼让，盖济北之名区也。乙

---

① 此《序》载《（宣统）茌平县志》（民国十五年增补重印本）卷首。

② "武进盛公"，即盛津颐。津颐，宣统二年（1910）任茌平县知县。

③ "共姜矢死靡他"，《诗经·鄘风·柏舟序》："柏舟，共姜自誓也。卫世子共伯蚤死，其妻守义。父母欲夺而嫁之，誓而弗许。故作是诗以绝之。"《鄘风·柏舟》有"泛彼柏舟，在彼中河。髧彼两髦，实维我仪，之死矢靡它"之句。

④ 《左传·庄公二十九年》："冬，十有二月，纪叔姬卒。"杜预注称："纪国虽灭，叔姬执节守义，故系之纪，贤而录之。"

⑤ 赵又扬，山东茌平人，优贡生，优级师范毕业。

⑥ 此《序》载《（宣统）茌平县志》（民国十五年增补重印本）卷首。

⑦ "土"，误，当作"士"。

丑岁，予承乏是邑，时值土匪猖獗，军队往来，策治安，筹兵饷，日夜兢兢，惟旷职是惧。荏兹二载，地方平靖，民情粗安，乃于公退之暇，取邑乘阅之，体例备极精详，风土人物历历如在目前。外有附编，补叙《列女》一门，虽已刻板，尚无卷帙，不觉喟然叹曰：邑志者，固一邑之信史，俾后世有所取征而考镜者也。兹惟正志尽备观览，而附编续录烈女贞妇守义殉身之大节。扶植纲常，推持名教，尤足以激风劝俗，岂可听其阙而弗传乎？于是筹款集赀，窃将市楮纠工，重新印刷，璧合而成为一书，以昭兹来许。① 时有陈君治轩、王君凤祥、徐君炳臣、王君润身等协谋襄助，以竣其事。非特发潜阐幽，以崇褒扬之典，而前人纂续之功亦可后先济美、并传不朽焉。是为序。

民国十五年岁次丙寅仲秋，正任本平度县知事调署荏本县知事越东张寅②谨撰。

《（宣统）邑志合编序》③

陈治轩

人事之废兴，每因运会为转移，故剥则受之以复，损则受之以益。革故鼎新，此理之固然，亦势之所必至也。吾荏县志自前清末年邑侯盛公重修付梓，而《列女》一门因绌于经费，阙而未续。迨民国八年，县长沈公④倡议续刊，附于志末，然板虽镌刻，尚无卷帙。岁乙丑，今县长张公来莅我荏，政务之暇，检阅邑乘，见正志之外，尚有附编未录，深叹其缺略而非完璧焉。越丙寅春，政敷民和，百务具举。乃重修宣圣庙、奎文阁，以振兴文教；补葺四贤、名宦诸祠，以重祀典；城池使之深固，以严守御；道路使之荡平，以便行旅。种种实政，系人讴思。兹又表扬风化，续录节孝，而补邑志之阙。于是筹款傲工，重新刷印，俾正志、附编合为

---

① "昭兹来许"，语出《诗经·大雅·下武》："昭兹来许，绳其祖武。"毛《传》称："许，进。"马瑞辰《论语通释》称："来，犹后也。后，犹嗣也。来许，犹云后进。"

② 张寅，浙江温岭人，日本警监毕业，民国十四年（1935）三月任荏平县县长。

③ 此《序》载《（宣统）荏平县志》（民国十五年增补重印本）卷首。

④ "县长沈公"，即沈世华，山东蓬莱人，清附贡生，民国七年（1918）四月任荏平县县长。

一书，即委王君梅堂、徐君伯炎、魏君竹君、杨君育楼等暨予以董其成。发潜德，阐幽光，上崇褒扬之典，下寓激劝之意，斯志之观乎世道民风者，岂不重且巨哉？

公名寅，翰庭其字，浙省温岭人。莅治以来，善政多矣，此其大者。余故不揣谫陋，粗述其略，而为之序云。

民国十五年岁次丙寅重阳节前，邑人教育局局长陈治轩谨序。

六 《（民国）茌平县志》

《（民国）茌平县志》十二卷，牛占诚修，周之桢纂，为奉省府通令而修，有民国二十四年（1935）铅印本。据此志版心所记，知为济南五三美术印刷社承印。卷前载牛占诚、周之桢等人《序》四篇及旧志《序》十三篇、图二十四帧，全志约四十万字。

此志以民国政体更易、社会变迁，分新政志、地理志、人物志、教育志、军警志、交通志、赋税志、职官志、实业志、选举志、灾异志、艺术志十二门、八十一目。志中立新政、教育、军警、交通、实业、艺术诸门，记述民国以来县治行政、民众团体、学校教育、军制警察、邮电交通、商务工艺等内容较为详悉。

《（民国）重修茌平县志序》①
牛占诚

慨自结绳记事，濛荒辟文字之源；纪月编年，《春秋》创史记之例。典章制度得遗留于后贤，掌故文华示型范于现在。故依古可以式今，纪录足资垂远，文字之功岂不伟哉！

志书之作，由来久矣。占诚于莅茌之明年适奉上令促修茌志。窃思修者，修已往之陈迹而资递衍，如古迹、文艺及名贤之事实等是也；志者，志现代之政治以贻将来，如教育、交通及社会之现状等是也。睹兹重责，何敢率尔操觚？窥彼宏谟，必须借助群力。征聘邑贤，旁咨博采，访诸遗

① 此《序》载《（民国）茌平县志》卷1。

老，此搜彼求。设体例以定标准，计程序以策方针。所幸先人之旧范犹在，前志之规模尚存。虽则时代迁异，终属借镜可能。依类采访，费时半年，按序推行，成兹盛举。若如诚者，真所谓因人成事者矣。

计四十万言，分十有二卷。纪录原期周详，或不免挂一而漏万；时间原有限定，诚惟恐记二又忘三。至若教育之现状、交通之设施、工商之情况、河川之浚治，固属国家之要图，亦为民生之急需，申述经过，俾明始终。已成者不过藉资纪念，未就者只得权待将来。凡兹设施，非敢自诩，借助群力，聊志谢忱。搜罗似同败鼓之皮，志愿在作他山之石。后之继诚职、睹斯志者，或有感动于中，而能奋起于后乎？此则不仅诚一人为感激馨香，是为茌邑二十万人民造福于无穷矣。

方今国步艰难，民生凋敝，强邻之压迫，如瘠牛偾豚①；农村之凋零，若石磬悬室。②嗟嗟！莽莽神州，危如累卵；蚩蚩民众，情若待囚。抱淳于之热忱，谁能说齐救魏？怀鲁连之高义，众方盼赵帝秦。是以埋头苦干，犹恐水火之难期；如再袖手旁观，势成玉石以俱烬。惟期官民努力，挽救狂澜；上下同心，复兴祖国。庶几此志所纪不为粉饰之词，浏览之余藉作同情之盼。则此后茌邑政治之进展与再纪之更新，是所祈于后贤及邑中诸君子也。是为序。

时中华民国二十四年十一月中旬，章邱敬斋牛占诚③志于茌平县政府。

《（民国）茌平县志审订者序》④

罗寿鼎　周传铭

县为我国一千五百余个最小政治单位之一，县长领导十余万乃至三十

---

① "瘠牛偾豚"，再瘦的牛也能把猪压垮，比喻以强欺弱。《左传·昭公十三年》："牛虽瘠，偾于豚上，其畏不死？"

② "石磬悬室"，就像屋里挂着的石磬一样，形容穷得空无一物。《国语·鲁语上》："室如悬磬，野无青草，何恃而不恐？"

③ 牛占诚，字敬斋，山东章丘人，北平大学法律科毕业，山东地方行政人员训练所县长班毕业，民国二十二年（1933）十二月任茌平县县长。

④ 此《序》载《（民国）茌平县志》卷1。

余万人民，以从事工作。其间若教育，若治安，若建设，以及交通、财政、军事等等，无不系于县长一人之身。得其人，则县以治；不得其人，则百政废弛矣。政治之兴废何由而知哉？赖有县志之记述，详纪其文化掌故与政治之变迁，以补史乘之不足也。顾与史异，史有褒贬，以儆其恶。志则有褒无贬，所以劝善，亦史之一例也。然褒必褒其可褒之人，方不为谀。若楚囚言楚事，不免有上下手之嫌，难资征实，此茌平县长将茌志就正于余也。

余本军人，半生戎马，不事文墨。晚年息影稷垣①，从事印业，暇则编著所知以自遣。自前年通令各县修志以来，鲁志之就刻于余而代校对者亦十之一。然体例各殊，有新旧志各别分列者，有分土地、人民、政事三部，按类纪载者，有新旧混合为一志者。因上无规定之程式，自难求统一之办法，几随人而异其例。顾其编纂之难，不在体例之选择，而在记述之标准、事迹之征实及着眼之轻重。盖时代不同也，昔贤以货殖、物产为轻者，今则关系国家经济及人民生计之重矣。昔以掌故考据之文艺为重者，今则科学昌明，视为末技矣。况乎习词章者昧于新知，从事新文学者鄙视旧物。即或分工合作，亦不免背道而驰。非得新旧学具有根底、博学多能之士，莫能从而一之。吁，岂易言哉！

县长牛君慎重其事，于邑志告成之日，介余赴县从事审订工作，住茌一月，重者删之，缺者补之。其间如教育之统计、交通之状况、物产之搜罗、赋税之沿革，此外如艺技之分析、宗教之调查，皆又从新补订之。余归后，往返函商、征集材料者又费时三月，始告藏事。而其立意，要以民志为归，注重国民生计为本。故于实业、教育两志，特加详焉，非惟粉饰太平，徒作颂词者比也。余何人斯，曷敢言备？聊求合时宜而已。余之在茌，观其烟赌之绝迹，可知其风俗之纯；闻其词讼之少，可知其人心之厚；知其盗匪之敛迹，可知求治之严。非有精明强干之吏才，曷克臻此哉？苟能假以时日，益加奋勉，则茌邑将来之成就岂可限量哉？余故表而出之，以为从事吏治者范。

时中华民国二十五年二月下旬，楚罗寿鼎、周传铭志于历下五三印刷社。

---

① "息影稷垣"，息影，指闲居。"稷垣"，乡村农舍，代指归隐之地。

《（民国）续修茌平县志序》

周之桢

茌平原修县志莫可稽考。明、清二代重修者四，始于明之万历二年，终于民国元年。迨民国十五年，县长张公寅阅县志旧卷有附编《列女》一门，工未竣者，集资重印而补之。坤行节义，流芳百代，迄今九易寒暑。光阴迅速，纪载所关，负责无人。设任其断不复续，凡迩来政体之改革、风俗之转移、文化之进行，欲行考据，将以文献不足为憾。

民念三年，中央颁续修县志令，县长牛君实力奉行，朝夕筹划，半载之久，始行就序。翌年春仲，设局任事，请托县政府幕宾吕君令俊、马君厚祜以资臂助。土籍文人分任采访，聘不佞等共襄义举，限期四月，群策共励，务使成帙。不佞等以桑梓攸关，未敢知而不言，着手编辑。旧志所终为新志所始，其间二十四年之经历，由帝国进民国之情形，据实直书，不事粉饰，以昭激劝，以鉴得失利弊所在，缕分缕析，俾览是志者，念及民瘼，知所改良。其于先总理建国大纲、三民主义，督促实现，考镜成绩，有所裨益，不徒供观风问俗、片言探择已也。异日县志之职，继而行之，凡有关于国计民生者，随时登记，免传闻称述之苦，杜杯弓蛇影之渐，是尤为同人等所厚望焉。

中华民国二十四年七月，邑人周之桢①序。

《（民国）续修茌平县志缀言》

孙朝栋

志者，志也。事有可传而不可不传，则志之，所谓志也。县志者，举一邑之土地、人民、政事、文物、典章，因革损益，一一笔之于书，以成一邑之掌故，以备百代之参考。举四境之风土人情、高人奇士以及贞妇、烈女，可以励世激俗者，在在著之于篇，以存直道而维人心于不敝。至物产登耗、闾里琐事，亦无不兼书并载，纤悉靡遗，乃为县志。倘学不博，

---

① 周之桢，山东茌平人，清贡生。

则语焉而不详；识不卓，则择焉而不精。心有所爱憎，意有所趋避，则意已偏而不正，言多私而不公，畅一时之谈，非万世之论，恶足信今而传后？兴是举者，必择其人，以养其基；隆其遇，以养其望；适其意，以养其气；交以道义，以养其心；假以居诸，以养成其业。夫而后乃能收其效而竟其功。吁，亦难矣！

是岁孟春之初，我县长牛公敬斋奉上令续修邑乘，期限四月，招余同张允升、杨子湘两先生暨旧友周维轩君成其事。自忖孤陋寡闻，偏私未化，叨陪撰述，覆𫗧①奚疑？虽属续修，而已有十年之经过。且当此过渡时代，新法迭兴，难更仆数。将欲掇拾其事，荟萃成书，夫岂易易？况复限期四月，为时无几。三都之赋，十年方就，《汉书》之作，毕生未竟。古人苟有著述，尚不能一猝而成，况才不逮古人远甚者耶？限期如此，不予我以借口之资耶？然实事所在，纵与岁假年，而时长才短，终难自饰。深望览斯志者无事苛责，谅我而宥我，是则我之厚幸也。

民国二十四年中秋节前五日，邑人孙朝栋述书。

---

① "覆𫗧"，"𫗧"为鼎中的食物。"覆𫗧"谓倾覆鼎中的珍馔。后因喻力不胜任而败事。《周易》卷五《鼎卦》："鼎折足，覆公𫗧。"孔颖达疏："𫗧，糁也，八珍之膳，鼎之实也。"

博平县

一 《（正德）博平县志》

《（正德）博平县志》，八卷，胡瑾修，葛茂、邓恭纂。此志为奉巡抚黄瓒之命纂修，有正德十二年（1517）刻本，为存世最早的博平县志。此本原藏宁波天一阁，散出后曾为吴兴许博明所得，今藏国家图书馆。卷前载葛茂、胡瑾各一《序》，卷后附胡懋仁、杜文各一《后序》，全志约五万字。

此志纲目分明，分疆域、都鄙、田赋、政教、古迹、人物、官守、文章八门、四十六目。其水利、河防及古迹内堤堰诸篇详记本地水利设施，贡赋内户口、徭役、马政、屯田、课程诸篇对考见明代经济社会状况颇有价值。

《（正德）博平县志目录序》[①]
胡 瑾

正德丙子冬十月，巡抚都宪公黄[②]严考图志，令府州县录送，以正治统，盖昭我皇明亿万年雍熙太和之治，甚盛举也。

---

① 此《序》载《（正德）博平县志》卷首。
② "巡抚都宪公黄"，即黄瓒。黄瓒（1455—1534），字公献，扬州府仪真人。成化二十年（1484）进士，累官江西右布政。宁王朱宸濠不法，诸司多为所制，瓒独不屈，以治行晋应天府尹。《（嘉靖）山东通志》："黄瓒，公献，仪真人，甲辰进士，正德间以副都御史巡抚，至南京兵部右侍郎。"嘉靖元年（1522）致仕归。著有《雪洲文集》。

予忝知斯土，承命敦请师儒①纂修之。以县皆有志，博平为古名邑，志不容无，然未获见。询诸左右，曰："旧有写本，而无板刻，今不知其藏之谁氏也。"命索之，数日始得。取而读之，仅若干事，有条目，而无先后之序，其间繁而赘、简而漏者不知其几。然政事之大、人物之盛，有关于风化者，亦寂寥不闻。慨然叹曰："博平志者，志博平也。小大巨细，有所关系者宜无不备。非如一统者，志天下之巨且大者也。志一邑，而复简编冗泛、颠倒错乱如此，有《一统志》可也，博平何以志为哉？"乃于其可纪可志而前志所无者，详之于册，考之于志，而复讯之父老，核其实而不徒记于闻，求其真而不徒信其传者又十余事。统以大纲，列为条目，而分八卷，合取于旧者计四十有八事。虑恐去取失当，乖错无伦，乃讬掌教葛先生②为之校正编摩，损益删润，爰克就编。既成，以示邑之士大夫辈，偕曰："今日获睹全帙，始知前集为缺典，请寿诸梓。"予曰："刻梓固将以传后，予大夫为众详之。"众咸以为可，乃遂捐俸命工以刻之。于乎！邑不可以无志，志亦政之大者。予之所以必为此者，盖不敢以不为，而亦不忍以不为也，同志君子尚其鉴诸。

正德十二年岁次丁丑孟秋之吉，知博平县事宁国胡瑾国珍③序。

《（正德）博平县重修邑志序》④

葛 茂

邑志之修，岂无所自哉？盖一邑之内，有山川人物焉，有风俗土产焉，又有名宦乡贤焉。邑虽小而政则繁，地虽狭而事则广。使不纂修以记之，又何以知古今新旧之事实哉？博平旧有志，第纷纭舛错，残缺失次，

---

① "师儒"，古代指教官或学官。《周礼·地官·大司徒》："四曰联师儒，五曰联朋友。"郑玄注："师儒，乡里教以道艺者。"

② "掌教葛先生"，即博平县儒学教谕葛茂。《（正德）博平县志》卷5："葛茂，字本深，湖广岳州卫人，由举人正德七年任。德性质直，问学宏博，善于诲人，多所造就，五载间，升国子监助教。"

③ 胡瑾，字国珍，安徽宁国人。《（嘉靖）宁国县志》卷3："胡瑾，字国珍，五都人，弘治十三年贡。"《（正德）博平县志》卷5："胡瑾，字国珍，直隶宁国县人，由监生正德十年任。"可知，胡瑾任博平县知县在正德十年（1515）。

④ 此《序》载《（正德）博平县志》卷首。

不便于观览。厥后，宁德宋公雍①、古秦坚公晟②虽接续修之，不具载而文繁，则简约而义缺，矧皆出于一时之写本，而无刻板之存，未免有鲁鱼亥豕之讹，漫不可考也。幸逢我都宪黄公奉命抚镇齐鲁，集各郡州邑之志而总裁之。噫！予知黄公之心，盖欲彰我国家重熙累洽之盛治也！邑宰胡侯承命纂修，而以校正之事托诸予。予谓志书之修，攸关甚大，气化盛则人事得而兴，气化衰则人事失而废，斯特何时？正气化甚盛之时也，予岂敢懈怠而不用心哉？于是率领门生邓恭③等六人择易于西寺，朝夕检阅，考订其讹谬，探索其深微。其间当去者去之，当取者取之，当新增者增之，编次成帙，总若干卷。然后此志详略相因，巨细毕举，而凡一邑之古今新旧事实，粲然备具。由是览地里则知疆域之分，览人物则知气运之盛，览风俗则知习尚之淳，览土产则知地利之美，览名宦则知官守之贤，览乡贤则知遗风之远，俾后人皆得有所考，有所怀，有所感发而兴起矣。不犹江河之有源委，山川之有条理，而易于观览也哉？胡侯阅而佳之，遂欲捐俸命工锓梓，以传于不朽也，复嘱予序诸首，故特书之。

正德丙子冬十一月之吉，博平县儒学教谕巴陵葛茂④书。

《（正德）重修博平县志后序》⑤

胡懋仁

邑之有志，何也？盖一邑建置、沿革之变迁，山川之形胜，风俗之美恶，人物之盛衰，皆于此焉纪载。呜呼！志可无乎哉？博平旧有志，自文侯之修，已二十余年矣。其间桑海屡变，况又出于一时之写本。其建置、

---

① "宁德宋公雍"，即宋雍。宋雍成化二十年（1484）任博平县主簿。《（正德）博平县志》卷5："宋雍，福建宁德人，由监生成华二十年任。"

② "古秦坚公晟"，即坚晟。坚晟正德四年（1491）任博平县知县。《（正德）博平县志》卷5："坚晟，字伯明，陕西都司，秦州卫人，由监生正德四年任……革宿弊，期月之间，政教修举。及大盗攻城，亲与拒敌，备御周至，率民以死守之，城颓以完。当道交荐，升蓟州知州。士民爱戴，为立忠义碑，建生祠以祀云。"

③ 邓恭，邑庠生。

④ 葛茂，四川巴陵人，曾任山东济南府照磨所检校，正德元年（1506）任常州府江阴县教谕，以忧去职。

⑤ 此《后序》载《（正德）博平县志》卷末。

沿革、山川虽若少异，其于风俗、人物则甚脱漏，观者不无举一废百之叹。夫人物、风俗相为倚伏，人物之盛衰，风俗美恶之机也。

予尝观《大明一统志》，宋元间如孙宣公奭[1]以九经登第，官至学士，如辨天书疏义，轰轰烈烈，垂名后世；如耿、如二崔、如贾郭诸公，咸登进士，绰有声光，则一时风俗人物可谓美且盛矣。又尝观东阳李先生《乡举题名记》，谓自国朝以来，登乡举者仅六人，进士则寥廖无闻焉，是可叹也。幸迄于今，登乡举经元如某，连登进士如某辈，皆负奇气，显融于时，挽风俗人文而进之。盛其文章事业，盖将与孙公辈相颉顽，步武而来者尚未涯也。以至孝子节妇、义士烈女，皆昔所未见者也。今如生员郭纶[2]之庐墓而孝于亲亡、良母张氏之守其夫、生员刘俊及女美玉之死于贼[3]，此皆落落在人耳目而不可泯没者，抑岂无自而然哉？良由我圣王御

---

① 孙奭（962—1033），字宗古，博州博平人，北宋官员、经学家、教育家。孙奭幼读经书，笃学成才，九经及第。宋太宗时，入国子监为直讲。真宗时，为诸王侍读，累官至龙图阁待制。仁宗时，以名儒任翰林侍讲学士，判国子监，后迁兵部侍郎、龙图阁学士、礼部尚书，晚年以太子少傅致仕，明道二年（1033）卒。著有《五经节解》《乐记图》《五服制度》，并为《孟子注疏》（赵岐注、孙奭疏）中"疏"的完成者。

② "生员郭纶"，博平孝子，父母去世后，庐墓守孝。《（正德）博平县志》卷7录胡懋仁《跋庐墓致祥图》："若纶生于父之殁三年之内哀毁骨立，日则守墓，或时归省母。及母殁，庐墓三年，负土筑墙，建祠塑像，剪发为须，终日蔬素。天则雨，雨于作坟久旱之时，飞蝗不食墓田之禾，乾鹊巢于木，驯兔游于墓。杨虎贼党亦皆感泣，而遗之以绮。此其仁孝之至，通于神明，格于天心，光于四海，亦其感应自然之理耳。为人求知者能如是耶？"

③ "生员刘俊及女美玉之死于贼"，《（正德）博平县志》卷7录胡懋仁《刘氏死节传》："俊，姓刘氏，字世英，博平学廪膳生。女美玉，年十七，许王氏，未嫁，居县治西。正德六年十一月十日，俊同女归宁父母，回至初家庄，去县十里许，适遇贼首刘六次子冯佐……前逼上马。俊曰：'我是忠良，岂肯从汝为盗？第恨己无寸铁耳。'贼怒，杀之。又勒其女上马，女曰：'出自儒门，肯为汝污？愿同父速死！'遂箅面而立。贼爱其色，不忍杀，胁之再三，终不从。贼怒，又杀之。彼时刘俊幼男方十岁，亦在旁，贼怜其幼，放归。历告大尹坚公。公哭之，即遣子守鲁卒兵卒人等追至贼所，已三鼓矣。贼正鼾睡，兵卒外围三匝，放铳呐喊。贼惊起，各执刀剑对敌。良久，彼兵卒当杀贼三人，活擒一人名冯佐者。尹鞫其杀之之故，佐曰：'我掳杀男女甚众，未尝见其刚硬，且骂我，我故杀之。'噫！死生亦大矣！非诚有所得，安得决死生于危迫而视死如归哉？刘生为生员时，语以明理坚志蓄锐，一毫不苟徇于人。尝于群聚间，辄私论曰：'贼势猖獗若此，况吾博平，贼所必攻之地也，何以待之？'众论不绝，刘曰：'来则吾当并力以拒之！不幸城破，有死而已，舍此无为也！'则其死生利害己素分于胸中矣！若其女美玉，虽其天性之美，亦由其家庭之训讲素熟。故其卒然之顷，若父与女克全大节如此，真可谓无愧于天地，无愧于鬼神，贯金石，丽日星，固可嘉也！"

极，深仁厚泽，培植士气，已百五十余年于此。又贤尹如文侯①、坚侯鼓舞之于前，与今胡侯作兴之于后，故一时风俗人物视昔有加，此皆可述而可纪者也，志岂可无乎哉？是知重修之举固宜也，非好事也。今胡侯命工锓梓，嘱予序诸后。予亦尝忝与纂修列，佔笔简末，以为观风者之一助云。

正德戊寅春三月既望，成安县儒学教谕、前分博平教事、临海近斋胡懋仁②訒之书。

《（正德）博平县志后序》③
杜　文

右县志成编，总若干卷。邑宰胡公敦请前掌邑庠教事、国子少司成葛先生暨诸生纂集也。

公初奉钦差巡抚山东都宪公黄以省无全志，移文下郡州邑纂修各处志稿，裁取就梓，以便观览。则一方人文之秀、古今沿革之迹、政治风俗之美、贡赋土产之善，与夫齐鲁之文献不逾掌握，而悉寓目矣。于以昭我朝重熙太和之世，足以传天下而垂亿万年也。志既录呈总府，亦采辑而成书矣。奈兹邑直以稿存，第无刻本，于是公乘政暇，覆加考订，遂捐俸资，绣梓以传于不替。

噫，公之留心其诚矣乎！其亦不务近功，而期无穷者乎！虽然，君子之身，礼乐之基也，志记之文，政教之实也。政教修而礼乐之用行，民将不治而化矣。矧公之存心正大，莅政公平，仁以爱下，廉以律己，其诸异乎人之厉民为政者欤？兹适锓落之余，嘱余为序诸左。

余睹《大明一统志》之修，固所以隆一代之盛治，而凡有关于国体

---

① "文侯"，即文林，成化十八年（1482）任博平县知县。《（正德）博平县志》卷5："文林，字宗儒，直隶长洲县人，由进士成化十八年任。学博行优，居官勤谨，到任数月，百废俱举。迁学宫以通文运之否，疏河道以弭垫溺之患，政绩甚多，难以悉举。成化二十年，升南京太仆寺寺丞，民怀其德，为立德政碑以记之。"

② 胡懋仁，字訒之，浙江临海人，正德四年（1491）任博平县训导。《（正德）博平县志》卷5："（胡懋仁）由监生正德四年任，博学善论，不计束脩，启迪生儒，无分亲疏，至十一年升成安县教谕。"洪若皋纂修《（康熙）临海县志》卷6："胡懋仁，字訒之，任博平训导，转成安教谕。力行笃学，诸生德之，祀于名宦祠。"

③ 此《后序》载《（正德）博平县志》卷末。

者，惟宏纲要旨之是究是图，其余纤悉不急之务则未之及。《书》曰：
"政贵有恒，辞尚体要。"① 盖以是欤？今博平邑志之修，其建置沿革、疆
域里至、土产贡赋、风俗人才、名宦诗集，靡不悉录于右。所以备省府志
之漏脱者，庶几成野史之就编将来，以候夫秉史笔者之去之取之也。

乃若人物宦绩之贤，昔皆铿锵于名公之口；而文章政事之实，或多湮
没于变迁之际，岂止之于斯而已耶？信如此志所载之多君子皆出邑中，而
唐宋金元之季代不乏人，后先赞襄，炫耀青史。斯志之修，宁不启后人景
仰、思而企之之念哉？况值此际人才彬彬，显登袭美于甲科之选，奋翼接
踵于将来者，瓜瓞绵绵，岂独专美于前哉？其他孝子义士如纶生、俊生之
行，烈女节妇如刘氏、张氏之贞，诚昔无而今有者也，亦足以觇风俗人才
之盛，亦足以驾唐宋而陋金元矣。然则胡公修志锓梓之举，其亦时措之
宜也。

余署邑庠事，亲与校勘之责，故特书于编末，以彰公与人为善之心
焉。是为序。

正德戊寅仲夏之吉，博平儒学署教谕鸡泽杜文②序。

二 《（康熙）博平县志》

《（康熙）博平县志》，五卷，堵巘修，张翕纂，康熙三年
（1664）刻本。卷前有王功成序，卷末有堵巘跋。卷一为星野辨、岁
运谱、禨祥考、疆域图，卷二为山川纪、胜景录、古迹考、田赋
籍、城宇图、坛庙纪，卷三为官师表、选举表、宦业传、人物
传，卷四为土俗记、民风解、时政论、艺文录，卷五为艺文录、
动植录，约五万字。是志因袭明万历志例，以图、谱、表、纪、
绿、辨、考、籍、传、解、论诸体统摄各门。除官师、选举、宦
业及人物部分稍作续补外，其余多为万历志旧文，保留了万历旧

---

① 语出《尚书·周书·毕命》："申画郊圻，慎固封守，以康四海。政贵有恒，辞尚体要，
不惟好异。"

② 杜文，时署理博平教谕。《（正德）博平县志》卷5："杜文，字尧章，直隶广平人，由
举人正德十二年任。"

志概貌。志内载明代史料甚丰,如《民风解》记明嘉靖以后本地"市井贩鬻,厮隶走卒"之辈"亦多缨帽缃鞋,纱裙细裤""酒庐茶肆,异调新声""娇声充溢于乡曲,别号下廷于乞丐""务本者日消,逐末者日盛"等社会现象,为考察明中期以后鲁西运河区域社会风气变化的基础资料。

《(康熙)博平县志序》①
王功成

予视学秦中,课士之暇,有事秦志云间,辱我邑大夫堵公以新修志邮示征序,吾博为弹丸邑,方黄河、华岳、终南、太白,周、秦、汉、唐都邑宫室之制日在目中,而览博志,不几涉江汉而挹蹄涔、登泰岱而俯培塿乎?不知地有大小,所以治之者无大小,则所以志之者亦无大小。一躔一次,而天道存;一卷一勺,而地道备;一民一物之盛衰,而人道见;一政一事之得失,而治道关,苟以志为修词而已乎?则大不足重,诚以志为致治攸系也。则小不可略,而况循堤则禹迹可追,临河则孔辙可问,登晋公子之台而抚霸业,寻唐义士之屯而识忠臣,吾邑固足雄也。故堵公不以调元赞化、匡王定国之伟略而小视博治,亦即不以衡巫云梦、潇湘洞庭之大观而小视博志。虽完城郭,浚河渠,兴辟雍,遑遑日不暇给之时,而集名士,咨贤绅,因冯兰室先生之旧本,而补七十余年之阙文,吾知公之于治志治邑,不作二观也。治邑如治志,故一邑之形势燎若指掌而无遁情。治志如治邑,固入志之是非臧否轻重缓急较若画一,而无曲狗,无传疑。治已期年,奏最,天子征入司农,则志之百世昭垂。训志掌之外史,固必也已。

然吾更有说焉,秦被山带河,古所称沃野千里、天府之国,而今且凋敝难问。盖幅员辽阔,休复为难。若吾邑无高山大川之限,东西南北仅五六十里,譬如茅檐蔀屋之家,父子兄弟作息相同,疴养易通。第昔当齐卫赵魏之冲,今为漕渠陆地之迤,故民淳而力竭。吾愿后之司牧是土者读志而思所以捍卫之,抚循之,则期年之治可常睹,而修志之意为不虚,不若余之修秦志者,为廓落而无当也。

---

① 此《序》载《(康熙)博平县志》卷首,又见《(光绪)博平县志》卷首《原序》。

康熙三年甲辰孟冬，陕西督学道副使王功成[①]书。

《（康熙）博平县志序》[②]

任克溥

旧志纂于兰室冯先生，其论甚正，其月旦至公，笔法类龙门、扶风史，盖博陵之狐遗书也。独怪夫志作于神宗辛卯[③]，去今七十余年间，绾墨绶来莅兹邑者共二三十人，曾未议及，盖以作述之难，抑留心文教之鲜耶？今汉阳堵公治博邑十事皆切中利弊，民称便。其有不可者，辄关白两台行之，如所为革陋规，均徭役，垦石田，举乡饮，求利弊，严逃人，平市价，核钱粮，宽催科，禁侈靡，课士子，除房税，修城垣，同忧乐，恤驿站，精听断，理冤抑，犁犁毕举，扶衰兴敝，百度维新，此于吏治何如者？邑濒郡为最迩，余读礼多暇，闻其治甚详，岂其舍是他求乎？于是乎书。

康熙甲辰夏日，太常寺少卿经筵侍讲治弟任克溥顿首拜撰。

《（康熙）博平县志跋》[④]

堵 巘

一事而有功无罪者，其惟志乎？一事而功与罪俱者，其为志乎？何言

---

① 王功成，博平人，顺治六年（1649）进士，康熙元年（1662）任陕西提督学政道。《（康熙）博平县志》卷3："任山西潞安府长治县知县，升兵部车驾司主事，历武选司员外、车驾司郎中，见任陕西按察司督学道副使。"曾参与纂修《（康熙）陕西通志》。

② 此《序》载《（光绪）博平县志》卷首《原序》。

③ "志作于神宗辛卯"，"神宗辛卯"即万历十九年（1591）。博平县自正德十二年（1517）修志后，至万历十九年（1591）再修，其主持者为时任博平县知县华汝梅、吴堡县知县邑人冯训。《（嘉庆）东昌府志》卷40："明华汝梅《博平县志》，知县无锡华汝梅编次，邑人冯训撰辑。"华汝梅万历十五年（1587）至二十年（1592）任博平县知县。《（康熙）博平县志》卷3："华汝梅，无锡举人，十五年任，平易近民。"《（嘉庆）东昌府志》卷21："华汝梅，无锡举人，万历丙戌知县事，政尚宽平，不事苛察，理讼不取罪赎，征收不索羡余，且优礼学校，劝课生徒，博邑初制，止有乡社里甲，而无乡约保甲。汝梅易乡社为乡约，改里甲为保甲，重修县志，善政不能尽记。有生祠在北郭外。"《（道光）吴堡县志》卷3："冯训，山东博平县监生，万历三年任，清廉自持，恩威并用，去任，老幼泣送。"

④ 此《跋》载《（康熙）博平县志》卷末。

之？事有邪正，则有是非，有是非则功罪俱。事有赏罚，则有恩怨，有恩怨则功罪俱。而志则否，志于人物拔其尤者，于谣俗表其美者，于文翰录其醇者，而于一切琐屑细务弗堪扬抉之事，则略而不书，志不亦有功而无罪乎？夫立乎百年以后，虑其散佚，忧其荒坠，一旦集数人之长，尽数日之能事，而遂使百年内之人与物无美不彰，无幽不显，繄惟诸君子之功。然使阖邑之名公钜卿、端人吉士与风俗之贞良、土壤之昭旷，朗如列星，皎如杲日，而间有畸行异节、苦志贞魂，或年远而湮没不传，或力微而无以自振，率灭没于数传之后，散失于兵燹之余，如荧光石火倏忽泯灭，不得与杲日列星亘古今而常明者，实为余拙吏罪。

嗟呼，谓见功而不见罪者，志乎？抑见功而亦见罪者，志乎？且夫事之应有功而无罪，卒不获有功而无罪者，独一志为然乎，则余又将何以告无罪于君亲乎？

时大清康熙三年岁在甲辰孟冬月大雪前一日，赐进士出身文林郎知博平县事、今升户部浙江司主事堵巘①敬识于二思轩中。

三 《（道光）博平县志》

《（道光）博平县志》，六卷，杨祖宪修，乌竹芳纂，道光十一年（1831）刻本。此志扉页右题"道光辛卯仲夏镌乙未季春续修"，中题"博平县志"，左题"板存县库"。卷前载冯春晖、杨祖宪、王赠芳《序》及旧志《序》三篇，全志约十二万字。

此志因袭前志门类，卷一为星野辨、岁运谱、禨祥考、祀典纪、地舆考；卷二为疆域图、山川纪、胜景录、古迹考、田赋籍、村落纪、城宇图、坛庙纪；卷三为官师表、选举表；卷四为宦业传、人物传、孝义传、节孝纪、貤恩考；卷五为土俗纪、民风解、时政论、艺文录；卷六为艺文录、动植录，另增祀典、地舆村落、孝义、节孝、

---

① 堵巘，字诞异，湖北汉阳人，顺治十二年（1655）进士，康熙元年（1662）任博平知县。《（乾隆）汉阳府志》卷34："堵巘，字诞异，举顺治乙未进士，授山东博平知县，清狱讼，减耗羡，升户部主事，以母老请终养。母寿至九十余卒，归里二十年，始补兵部车架员外，转职方郎中，除山西督学金事。未任，以罣误落职。巘老于郎署，同列皆后辈，巘恒易视之，不免物忘云。"

毗恩诸门。

《（道光）重修博平县志序》①

冯春晖

博平尹杨君星若②，前明大洪先生忠烈公③嫡裔也。以孝廉方正科出宰博陵，政事修明，民情爱戴，盖贤有司也。辛卯岁，重修邑志成，以博为东郡属，因请序于余。余惟杨君之治博也，勤听断，案既无讼牍之留；慎比较，民亦□④催科之扰。辛劳抚字，恤民隐而悉协其情；劝垦荒芜，益土田而广兴其利。以及捐廉以资膏伙，时披课士之文；重赏以□□□，弥见安良之意。禁奢靡，以厚风俗；举乡饮，而重引年，□皆以实心行实政，非徒托诸空言也。以是甫期年而庶政毕举，百度维新，以视汉代之所谓循良者，有过之无不及矣。兹于案牍纷披之际，当簿书期会之余，采访旧闻，博征文献，条分缕晰，纂续成编，凡官师临莅，□□□庸，士女懿行，分野疆域，一展卷而□□不紊，粲然大备，举一百七十年之阙文悉归记载，俾百十余人之节孝尽得表扬，是可见朴实性成，渊源有自，器宇为甚宏，而大异乎俗吏之所为矣。爰论其大要，而为之序。

赐进士出身知东昌府事光州冯春晖⑤撰。

---

① 此《序》载《（道光）博平县志》卷首。

② "杨君星若"，杨祖宪，字星若，一字述庵，湖北应山人，举人，道光十年（1830）任博平知县。

③ "大洪先生忠烈公"，即杨涟。杨涟（1572—1625），字文孺，号大洪，湖广应山人，"东林六君子"之一。万历三十五年（1607），登进士第。初任常熟知县，举全国廉吏第一，入朝任户科给事中、兵科给事中。有拥熹宗即位之功，累迁至左副都御史。天启五年（1625），因弹劾魏忠贤二十四大罪，被诬陷受贿二万两，惨死狱中。崇祯元年（1628），获平反，追赠太子太保、兵部尚书，谥"忠烈"。有《杨忠烈公文集》传世。

④ 此字原书漫漶。本文下同。

⑤ 冯春晖，字旭林，河南光州人，嘉庆十年（1805）进士。十一年（1806），任济阳县知县。十九年（1814），任历城县知县。二十五年（1820），任临清直隶州知州。

《（道光）重修博平县志序》①

杨祖宪

　　志者，志一邑之疆域、赋税、禨祥、建置与夫文若献也。庚寅春，宪奉命来守兹土，批阅邑乘，残缺失次，且多模糊不可辨识。盖以旧志修于康熙三年，迄今一百六十余载，板之存者仅十之二三，简篇不备，鉴戒弗昭，有关于世道人心者非浅，因心恻者久之。第以甫经到任，事务冗繁，未遑议及。迨今春公务稍暇，访求原本，兼购府志，广为蒐罗，细心校雠，举夫名贤、节孝、文物、典章，凡从前旧有者莫不重加编次，其后来继起者，特为斟酌续增，阅三月而书始成。虽不能燦然大备，可以继已往而著来兹，庶可俾后之宰斯邑者一览周知，且为人之生斯地者资以渐摩，岂曰墨子弹丸不足见一道同风之盛哉？若乃擅操笔削，润色文章，则宪谢不敏矣，敬俟后之君子。

　　道光十一年岁次辛卯仲夏月，邑令应山杨祖宪②书。

《（道光）博平县志序》③

王赠芳

　　古者分建万邦，牧养亿兆，凡公侯伯子男之国各立史官，以纪行事，土地之图掌于大司徒及职方氏，以辨地域广轮及其人民财用谷畜之数，以周知其利害。其上下之志四方之传道政事，则有训方氏道之诵之，小行人④又搜辑为书，以上于天子。故其时列国之事昭然若指诸掌，用以采风布教，因俗制宜，甚盛治也。秦有天下，尽列国而郡县之，汉有地理及郡国志，志

---

　　① 此《序》载《（道光）博平县志》卷首。
　　② 杨祖宪，字星若，湖北应山人，孝廉。道光十年（1830），任博平县知县。十八年（1838），任掖县知县。
　　③ 此《序》载《（道光）博平县志》卷首。
　　④ "小行人"，为《周礼》秋官司寇的属官，掌接待宾客，其职位次于大行人。《周礼》谓秋官司寇属有小行人，设下大夫四人。掌接待邦国宾客（诸侯使者）的礼仪，大客则引以见君王，小客则受其礼而听其入告之事，并奉命出使诸侯。

地舆因革，物产习尚，然略而弗详。今之郡县，犹古诸侯也。郡县志犹古列国之史也。志之与史异者，史简志详，史纪行事善恶，志则以疆域山川为主，兼及于政治人物，盖取《周官》遗意，而其例一本之司马及班氏书。第修志者，守土之职，而守土者少久任，率不一二岁辄迁去，其久于是土者，又卒卒于簿书期会间，未暇理学士业，而欲纂辑旧闻，以裨治道，难矣。

博平，故聊摄地也，广袤数十里，无名山大川之限，然禹迹孔辙，旧传名踪，又当圣泽涵濡，休养日久，生齿亦日盛，观风问俗者咸资考镜焉。邑故有志，修于康熙三年，迄今百数十载矣。邑侯应山杨君以制科高等出宰兹土，政明化洽，废坠俱举。惧志久不修，一邑文献日就芜没，迺网罗散佚，以续前书。志成，属予序之。杨为应山名族，侯之先明赠太子太保忠烈公，在熹宗朝抗权珰死，直谏名留天壤。余曩时视学楚北，访其族姓，凭吊其遗迹，低回不能去，因知侯家居素行久洽乡评。未几，相见京师，又同官兹土，耳熟其循声。莅博甫经一载，即能考古准今，补旧志所未备，以为达志通欲之本，侯诚忠烈贤裔哉！

志列地图及山川、田赋，即大司徒及职方氏所掌也。其载官师、人物、土俗、民风、时政诸目，即训方氏所诵道及小行人所上书也。侯以史才修邑志，文简事赅，当非他志所能及，而尤致意于赋役之科则、忠孝节义之幽懿，其勤抚字，厚风俗，又可知矣。余美侯仕学兼优，为博邑幸，窃愿为宰者搜辑志乘，以勤民事，一如侯之用心，土瘠则勿以催科迫之，土沃则必以礼制裁之。民悍则绳之以法，民朴则泽之以文，庶以副圣天子建牧立宰、惠养元元之至意。其有造于斯民者岂浅鲜哉？

道光十一年夏六月既望，赐进士出身朝议大夫知山东济南府事、前掌河南道监察御史翰林院编修、广西福建湖北主考官提督湖北学政庐陵王赠芳[1]撰。

---

① 王赠芳（1782—1849），字曾驰，号霞九，江西庐陵人。嘉庆十六年（1811）进士，改翰林院庶吉士，散馆授编修。二十一年（1816），充广西乡试副考官。二十四年（1819），充会试同考官，又充福建乡试副考官。道光五年（1825），充湖北乡试副考官，旋任湖北学政。历官福建、河南、陕西、山东、江南、贵州等道御史，户科给事中，转兵科给事中。后出知山东曹州府知府，调济南府知府。又升云南盐法道，认为"盐法固以裕课，而其实原以便民。民便则销必畅，销畅则课自充，不在缉私也"，遂令各井官恤灶督煎，平抑盐价，推行一年，官民称便。后因疾辞职归乡，以著述自娱，卒于家。赠芳学宗宋儒，以身体力行为主，著有《毛诗纲领》《春秋纲领》《纲鉴要录》《慎其余斋文集》及《续集》等。

四 《（光绪）博平县续志》

《（光绪）博平县续志》，十卷，李维诚纂修，王用霖、彭宝铭续纂修，光绪二十六年（1900）刻本。此志扉页右锲"光绪二十六年庚子冬月镌"，中题"博平县续志"。光绪二十二年（1896），博平县知县李维诚续修，历时三年，稿粗就而离任。光绪二十五年（1899），继任知县王用霖订正补录，未及付梓，而王氏离任。光绪二十六年（1900），再由继任知县彭宝铭梓行。卷前有李维诚、王用霖、彭宝铭等人《序》七篇，全志约四万字。

此志变更前志体例门类，分天文志、舆地志、学校志、祀典志、田赋志、职官志、选举志、武备志、艺文志、人物志十门。各纲目续道光十年（1830）以后事迹，凡前志已载者不复录。其中舆地配有村落、河道诸图，以省繁文。

《（光绪）博平县续志序》[①]

李维诚

吾乡洪稚存先生撰述志乘，瓣香《史》《汉》，体例甚严，李申耆先生于舆图之学尤详。画厥井疆，暸若指掌，学者多宗之。余里闬同居，窃愧谫陋不文，未能窥见一二。今第就谘访所及约举之，以应邑人之请。考博平县[②]纂自前明，迄我朝康熙三年，汉阳堵公巘重修。道光十一年，应山杨公祖宪来宰是邑，因志年久失考，抱遗订坠，以续前书，迄今又六十余年矣。人事变迁，代有更置。况水旱兵燹，忠节畸行之委诸草莽者何可胜道？忝司民牧，虽簿书期会之不暇，而邑中文献日就芜没，伊谁之责哉？惟改弦更张，经费多绌。因存旧志而为续编，分门别类，据事直书，聊以纪实而已，其体例固非所论也。书成，捐俸以襄斯举，并缀数语于简端。

---

① 此《序》载《（光绪）博平县续志》卷首。
② "县"后，或脱"志"字。

光绪二十三年春王正月，阳湖李维诚。①

《（光绪）博平县续志序》②
王用霖

国史而外有省志、府志，省志操选綦严，仅掇其要，府志稍宽，然于各属亦仅综志大略，皆语焉而不能详也。若夫抱残订缺、采录靡遗、发潜阐幽、考征特备者，其惟邑乘乎？博陵旧志，自道光辛卯重修，阅数十余载无续辑之举。凡天时推易，土物变迁，士民之翘奇、文艺之述作将久而就湮，其奚以绍前徽而诏来许？前任李公恂伯以名吏宰斯邑，修废举坠，与民无忤。邑绅惧文献之散佚，殷然以续为请。李公遂总成其事。三阅寒暑，稿始脱，盖其慎也。

光绪己亥，余莅任期月，询俗考风，时邀乡中绅耆，藉咨疾苦，邑绅持稿，将付梓人，索余校雠。余反覆披阅，见其体例悉遵旧志，然鱼豕之讹节节不免，因细心订正，并令邑绅将续采可资兴感者一并附入，以免遗憾。余固陋，奚能文？聊弁数言以纪实耳。

时光绪二十五年清和上浣，知博平县事王用霖③序。

《（光绪）博平县续志序》④
彭宝铭

志者，史之余也。其体则与史略殊，其法则与史无异。故凡气运之盛衰、人事之得失、风俗之纯驳，官吏之贤否，以及忠义节孝之不可不彰者，胥于志乎书。或有视为不急之务者，盖未深悉乎志之有关治理，非寻常纪载比也。

---

① 李维诚，字恂伯，顺天大兴人，原籍江苏，进士，光绪十八年（1892）任博平县知县。

② 此《序》载《（光绪）博平县续志》卷首。

③ 王用霖，字靖宣，山西榆次人，举人，光绪二十五年（1899）任博平知县。任内续修前任知县李维诚编纂未完成的光绪《博平县续志》，离任后又由继任知县彭宝铭续纂修，有光绪二十六年（1900）刻本存世。清末出任资政院议员。

④ 此《序》载《（光绪）博平县续志》卷首。

庚子之春，二月既望，余奉檄权博平令。下车后，与邑人士时相晤语，偶及邑志，得睹宿①邑令李恂伯明府辑存之续志稿，拟付梓而未果也。旧志去今七十禩矣，思为更张而重辑之，力固有所未逮。第就闻见所及，仍存原志，而为续编，俾异日之重修邑志者取以采择，诚事之不可缓者也。无何，海氛不靖，东郡密迩畿辅，莠民嚣然窃发，自夏徂秋，方且治团练，治保甲，诘奸除虣②之不暇，何有乎志乘？然而心焉识之，未尝一日忘也。所幸岁尚中稔，禾黍登场，邑中弦诵有声，民气较他境为静穆。同城绅耆以年来探访续稿未定见商，因于簿书余间，不揣固陋，本恂伯明府之意，视旧志之条目而略为变通，既付钞胥，重加校勘，庶将拭目以观是编之成也。是固承乏斯土者之所愿也。

光绪二十六年岁次庚子秋九月，北平彭宝铭③。

《（光绪）博平县续志序》④
高中诚

邑志奚为而作乎？盖昉于《周礼》职方氏，而取法乎班史之《地理志》、刘昭补范《史》之《郡国志》⑤，其源远也。然班志纪天文、民俗、户口，补志特详沿革，而他未之及焉。若夫后世邑志之作，大而山川、疆域、庙社、赋税、学校、武备，以及名宦、乡贤、艺文、方技，迄于贞妇、烈女、民风、物产，靡不赅摭，盖已兼史家志传之长，俾一邑之中，无美不备者也。

博平为汉故邑，属东郡，战国时为齐之西界。《史记》所称"渡清

---

① "宿"，同"前"。
② "虣"，同"暴"。
③ 彭宝铭，字辅廷，顺天大兴人，原籍广东，监生，光绪二十六年（1900）任博平知县。
④ 此《序》载《（光绪）博平县续志》卷首。
⑤ "刘昭补范《史》之《郡国志》"，刘昭，字宣卿，平原高唐人，晋太尉刘寔九世孙。祖伯龙，居父忧，以孝闻，宋武帝敕皇太子诸王并往吊慰，官至少府卿。父彪，齐征虏晋安王记室。昭幼清警，通《老》《庄》义。及长，勤学善属文，外兄江淹早相称赏。梁天监中，累迁中军临川王记室。初，昭伯父彤集众家《晋书》，注干宝《晋纪》为四十卷，至昭，集《后汉》同异以注范晔《后汉》，世称博悉。卒于剡令。集注《后汉》一百三十卷，文集十卷。《郡国志》即为刘昭补范晔《后汉书》之一篇。

河，指博关"① 是也。唐为博州，与魏州总称天雄军。明及国朝仍改为县，属东昌，不独邑名复旧，邑属亦复旧矣。邑曩有志，修于道光辛卯之岁，迄今几七十年。其人物事迹，凡急待于阐扬，而恐渐致夫湮没者，有不赖轸念斯文之大君子哉？光绪癸巳春，李恂伯明府以名进士来宰是邑，夫其德洽，故其政和。其刑清，故其讼简。士民乐业，此窳革心，东郡属邑治平称第一焉。每公退之暇，与余谈及旧志，以未续修为憾。余遂谋诸绅士怂恿焉，以成公志。众无不欢忻从事者，公亦喜其志之可成，慨捐俸金，以为之倡。于是纠合同人，遍为采访，旧志舛者改之，新者益之，岁终稿成，而公已调繁恩邑矣。去博，犹恐功废半途，屡函致众绅，催其付梓，并属余为之序。余与公同官兹土，其一切善政皆目所亲见，而心仪之不能忘。即此编告成，俾博之学者观之，七十年之文献朗若列眉，并上溯七十年前以及无穷，抚怀旧之蓄念，发思古之幽情，士习民风蒸蒸焉日进于善，庶不负公之厚望也夫。是为序。

光绪二十五年春正月，博平县教谕高中诚②。

《（光绪）博平县续志序》③

王玉璇

志之为言，志也。所以志实也。上而国史，下而邑乘，其分殊，其事一，盖志必善善从长，恶恶从短，不可过刻，不可狥情，一方公论所在，不得以一己之亲疏为取舍。公是公非，著于简册，能使当时不生訾议，后世能辨真伪，斯为天理之平，斯为人情之正。《春秋》大法，有自来矣，何可苟焉而已哉？有如博邑旧志，自道光十一年重修，迄今已历有年，设不及时续修，其间人事变更，凡有关稽考者，将无可征。即有待表彰者，亦多湮没，宜有心人汲焉念之也。吾友秋亭许子以岁进士就教职邑，有兴作，多赖赞襄。比年修城寨，修学宫，修书院义社，百废具举，燦然备矣。兹更与同人广为采访，有续修邑志之举。又幸邑侯李公恂伯厘正于

---

① 语出司马迁《史记》卷70《张仪列传》。
② 高中诚，山东临清邱县人，拔贡，光绪十一年（1885）任博平县教谕。
③ 此《序》载《（光绪）博平县续志》卷首。

前，王公靖宣参订于后，抱遗订坠，溯昔证今，累数岁勤劬而不惮烦。是功也，微斯人，其谁与归？闻将付梓矣，不揣谫陋，聊缀数言。

光绪二十六年六月上浣，滨州训导邑人王玉璇①序。

《（光绪）博平县续志序》②
许兰芳

自吾夫子修《春秋》，寓褒贬，为万世法，史乘之宗也。厥后祖其意者，凡各行省以及郡邑皆有志书，昭示来许，尚矣。吾博邑旧志，自邑令杨公重修，迄今垂七十年，其间典章、政令、人物、艺文之可纪者正复不少，所虑日积月累，久则文献无征，殊觉可惜。因与同里诸君子议，将续修邑志。会邑中筑城建寨，修学宫、书院、义学及诸祠庙，众力犹未逮也。迨阳湖李恂伯太守宰斯邑，数载以来，百废具举，欣然愿修续志。既已采辑成编，而贤令尹王公靖宣、彭公辅廷先后莅博，踵而行之，修饰润色，以期尽善。邑人士佥谓当付剞劂，以传悠久而备稽考。时哉，弗可失也。鄙人赞襄其间，亦何幸而睹斯编之竟成哉！

光绪二十六年岁次庚子秋九月，候选训导许兰芳谨序。

《（光绪）博平县续志序》③
钱 枬

山东郡县志之阙焉不讲者多矣，张勤果公④抚东，疏请重修《通志》。

---

① 王玉璇，东昌人，廪贡，山东博平人，同治九年（1870）任滨州训导。
② 此《序》载《（光绪）博平县续志》卷首。
③ 此《序》载《（光绪）博平县续志》卷首。
④ “张勤果公”，即张曜。张曜（1832—1891），字朗斋，号亮臣，浙江钱塘人。张曜早年在河南固始兴办团练，参与镇压捻军和太平天国，创建“嵩武军”，又随左宗棠赴西北镇压回民起义军，历任知县、知府、道员、布政使、提督等职。陕甘平定后，率部于哈密屯田垦荒，岁获军粮数万石。光绪三年（1877），配合刘锦棠等收复新疆南路七克腾木、辟展、吐鲁番等城。十年（1884），率部入关，警备直隶北部。十一年（1885），授广西巡抚，未行，留治京师河道。十二年（1886），调山东巡抚，督办河工。十三年（1887），襄办海军。十五年（1889），加封太子少保。十七年（1891），病卒于济南任上，赠太子太保，谥勤果。

赵菁衫①观察领局事，因以举要十二条通行郡县，俾各条举，以资编辑。其茫然罔应及虚行故事者无论矣，或能悉心蒐采，又苦语焉不详。惟博平独能应有尽有，条分缕析，且卷帙整洁，尤为诸属冠。时余从事志局，窃心焉数之，则吾友李君恂伯方宰博平，且议续修邑志也。既而恂伯量移，续志草创，而迄未就。今年春，同里彭辅廷司马权是邑，下车伊始，邑人士即以续志为言，辅廷深韪之，旋以海氛不靖而止。迟久，迺以志稿邮寄见商。余既不获以固陋辞，管见所及，略事增损，而旧志有体例未安者，未敢迁就而变通之。订其条目，厘为十卷，聊为他日重修之助而已。夫博平虽蕞尔邑，地近畿疆，时当多事，而邑中之令长绅耆犹殷然于续志未成，亟谋剞劂，求诸齐鲁之间，诚不易得。处变如此，处常可知。宜境内之无废不兴，有事则咄嗟立办，是可征其政之美与其俗之良，足为輶轩采风者告也，岂不懿哉！

光绪二十六年岁在上章困敦阳月朔吉，北平钱枬②。

---

① "赵菁衫"，即赵国华。国华，河北丰润人，咸丰八年（1858）举人，同治二年（1863）进士，为晚清古文名家。历任山东等地知县、知州、知府、乡试同考官，后擢山东兵备道员、按察使、济东泰武临道员、山东盐运使等职务，诰授资政大夫，二品顶戴，赏戴花翎。

② 钱枬，顺天大兴人，监生，同治八年（1869）八月初署峄县事，是月杪交卸。光绪十八年（1892），曾参与纂修《邹县续志》。

东阿县

一 《（弘治）东阿县志》

《（弘治）东阿县志》，六卷，秦民望纂修，弘治十三年（1500）刻本，今佚。东阿前此已有志，惟去取未当，讹误亦多。秦民望遂命县内教谕、举人、庠生等"因旧志，存其可纪，而芟其冗琐不足录者。又稽合郡书，兼采舆论，备所未备，厘为六卷"。此志"卷首有图，为目四十有一，目有引，各附其下"，体例较为严整，内容亦视旧加详。

《（弘治）东阿县志序》[①]
杨一清

舆地之有图，志古也。唐虞幅员，《禹贡》可考。《周官》大司徒掌天下土地之图，以周知广轮之数，而职方氏所载复加详焉。秦汉以降，志地里、纪方舆者无虞数百家，卷册浩穰，得此失彼，虽不能无议，要皆文献所征，不可废也。

仰惟我先朝命儒臣纂集《大明一统志》，藏之秘府，颁之学宫，采录精当，古之所谓图志者莫之或尚。顾禹迹所穷，万邦错峙，事极鸿纤，非国志所能尽载。举凡撮要，君子虑其有遗善焉，此郡邑志所以不可无作也。十室之邑，苟得佳志，非惟可垂一方鉴戒。他日总制作之柄者，舍是

---

① 此《序》载《（康熙）东阿县志》（康熙五十四年）卷首。

将何所依据乎?

秦君民望①作令宄之东阿。越二年，百废俱举，吏民怀服。尝取邑志阅之，岁久散逸，无所得。叹曰：是邹、鲁比邑，而文献泯弗传，可乎？乃下令搜访，期修复之。吏部验封郎中刘君，博之邑人也，闻而出所藏旧志缄寄君。君喜，得如重宝。顾其所辑录不皆当乎人心，加之金根鲁鱼之误特甚。君于是辟局庀物，延文学士供纂集，得邑人教谕董梁，举人张冕，邑庠生许汝聪、苏则、曾侯爵辈任其事。而君政事之余，躬雠校之。乃因旧志，存其可纪，而芟其冗琐不足录者。又稽合郡书，兼采舆论，备所未备，厘为六卷。卷首有图，为目四十有一，目有引，各附其下。越五月告成，而百余年阙典至是完矣。

既缮写成帙，遂谋诸同官入梓以传，寓书京师，属予序。慨自簿书刀笔之流为郡县，而诗书风化之迹微矣。彼岂知图籍为先王所重、政教所关？第谓上司督责之所不及也。废不加修，阙不知补，甚则并其存者而毁减之。其能究心文献，而图其不泯者寡矣。间有之，又患于不知要，闲文粗迹，泛然收之。小得大遗，于政治名教无所裨益，是尚能无有为也乎？故今图志盈几案，而知言者病其芜秽，往往视为长物而不屑观者，凡以此也。

是志搜罗采剔，殆无余蕴。详不冗复，简不脱略，正合古人遗法，可传而信。若是则何病于志哉？君，山西蒲州人。予提学时所造士。举丙辰进士，授今官。其志厉名检，其政先抚字，皆当务之急。即是以占其所建立，当无不得其要者矣。

明弘治庚申②夏六月六日，赐进士中宪大夫太常寺少卿石淙杨一清③序。

---

① "秦君民望"，即秦昂。昂，弘治九年（1496）进士，授东阿县县令。《（康熙）东阿县志》卷3："秦昂，山西蒲州人，以进士任，强毅有为，百废俱举，拜监察御史。"《（嘉靖）庆阳府志》卷10："秦昂，山西蒲州人，由进士正德间以监察御史、保定府知府升陕西……守备副使，兼理灵州盐课。"

② "弘治庚申"，即弘治十三年（1500）。

③ 杨一清（1454—1530），字应宁，安宁人，徙居巴陵。其貌不扬，而性警敏。少时即善为文，以奇童荐为翰林秀才。成化八年（1472）中进士，任山西按察佥事，以副使督学陕西。武宗时，历任延绥、宁夏、甘肃三镇军务总制、华盖殿大学士。因不阿附刘瑾，得罪致仕，后与张永谋诛刘瑾。世宗朝曾为首辅，后被张璁等诬陷落职，病死。赠太保，谥文襄。

二 《(万历)东阿县志》

《(万历)东阿县志》,十二卷,朱应毂修,于慎行、孟一脉纂,今佚。此志为平目体,"始方域,终艺文",凡十二目。贾三近称此志"四表八志,一取裁于马、迁。而纪事、丛谈,间折衷于左氏。驰骋古今,包罗图史,吏治民隐,一篇之中,三致意焉"。可见此志出自名家之手,编订精审,内容丰富,堪称佳志。

《(万历)东阿县志序》①
贾三近

志,史例也。史家体裁各异,而郡邑之志因之,故志亦史也。编年纪事者本《春秋》,及宋司马氏其各为表、志、纪传者,准马迁、班固书,期于文直事核,信今传后,成一国一邑之事而已。东阿有志,不详其所由始,弘治间重修于秦令昂,杨文襄公有序,迄今八十年余,中间故实脱略,篇章残缺,览者病焉。

黎阳朱君德载②以进士高等来宰阿,才猷敏茂多奇树,历三载,政成民怀,百废俱兴。暇中览邑乘,叹曰:阿固两都通津,山左雄区也。其疆域陵谷、往躅遗文散见于史传及学土大夫谈说间,要不胜矣。而旧乘所载寥寥,若此千百年文献缺然,纪述曷称观视哉?会邑

---

① 此《序》载《(康熙)东阿县志》(康熙五十四年)卷首。

② 朱应毂,字德载,直隶滠县人,万历五年(1577)进士,任东阿县令。《(道光)东阿县志》卷11:"不三十举丁丑进士,来令于阿。时长客诸贵游皆属名家傽少,恐不习吏。比毂为政,通大体,推诚心,开谕于民,恩威并持……阿称岩邑,财赋虽行条鞭,然银色低昂,钱数多寡,输纳后先,吏缘是得干没为奸。毂至则严勾校……夏秋税以限上,毋事敲朴;额数以正供,毋容羡积。力役、丁地,应以时至,毋待号召……乡小民斗阋,片语立决。大者笞十余,愿和息者遣之,各自得意去,不轻拟人以罪……时时有所劾治,皆取猾吏尤者。隶胥惴惴,戴三尺而立亡败……积谷数万石,作新仓贮之。台使者奏之天子,赐玺书劳焉。属镇安平故无城,毂捐谷数千石,倡三邑之民筑之。不期岁而城成,民以为利。乃以其间修明学宫,令风诸子弟论经课艺,饔飧皆自给。改建明伦堂、敬一阁,秋毫无所假于民。"

人太史于君可远①、柱史孟君祠孔②方家居，具良史才。朱君就谋之，迺以编摩托二君，而躬率诸文学士为纂集其事。越三月而志告成，始方域，终艺文，凡十二卷，将梓以传。

于君于余为同年友，函志驰书山中，属余序诸简端。余受而读之，见其四表八志，一取裁于马、迁。而纪事、丛谈，间折衷于左氏。驰骋古今，包罗图史，吏治民隐，一篇之中，三致意焉。闳博雅畅，衷然成一邑全书。视旧所辑录，不啻加千百矣。嘻，宝在暗室，漫然求之而不得。一及悬青藜，燿白日，灿然具陈，此详略之辨也。阿非鄙小县，旧乘脱漏，求者遗之尔。乃若于、孟二君负大节，探奇踪，盖才泻三江、志吞五岳矣。时时躔屡邹、峄之巅，访秦人故碑；弭节少皥之都，赋鲁灵光殿，陈孔庭俎豆，由日观、蓬莱而东之，观秦皇、汉武登封驾海之辙迹，则见环阿诸山蜿蜒起伏，气脉隐隐，自东岱来。而境内所有汶、济、马颊诸河入海故道，明如指掌。西则漕渠横带，万艘鳞次，东望城邑，云物蒸蒸。然灵气所钟，宜多瑰玮硕大之产。无论古昔，高人骚客比肩继踵，至今谈经守礼之士，彬彬比壤于邹、鲁，得遗风焉。

游目寓足，旷然大观。故所叙述事广而文典，词质而理尽，殚见洽闻，多有得于坟典、子集之外者。昔马迁氏南游江淮，北涉汶泗，讲业齐鲁，乡射邹峄，足迹遍宇内，而后所著《史记》一书矫然为千古史规，盖所得游历者多也。以今揆昔，即二君何殊耶？且此邑乘也者，将以垂劝

① "于君可远"，即于慎行。慎行（1545—1607），字可远，又字无垢，山东东阿县人。隆庆二年（1568）进士，改庶吉士，授编修。万历元年（1573）《穆宗实录》成，进修撰，充日讲官。后升礼部右侍郎、左侍郎，转改吏部，掌詹事府，又升礼部尚书。万历三十三年（1605）诏为詹事，未上任。后朝中推举七位阁臣，于慎行居首，诏加太子少保兼东阁大学士，入参机务。万历三十五年（1607）病笃，遗疏请皇帝"亲大臣，禄遗逸，补言官"，数日病死，赠太子太保，谥文定。著有《谷城山馆文集》《谷城山馆诗集》《读史漫录》，编纂《兖州府志》。

② "孟君祠孔"，即孟一脉。一脉（1535—1616），字淑孔，别号连珠，山东东阿人。与明宣德进士师逵，嘉靖进士侯钺、何海晏，隆庆进士于慎行、孟一脉，万历进士乔学诗、孙玢、张鲤合称平阴"明朝八进士"。孟一脉明隆庆五年（1571）进士，授山西平遥知县；六年（1578），因上书请召直言敢谏的傅应祯、周元标、艾穆、沈恩孝诸臣回京，被削职为民；十一年（1583），官复原职，因上书"减宫女，开言路，重教化，禁淫侈，习战守"，贬为建昌推官。后称病归乡，与于慎行游山玩水，写诗论文。四十一年（1613）任右金都御史，巡抚南赣。后以病辞归，卒于家。

成、定权衡也。而古今所称操激扬襃①贬之柄者，台谏史官焉。柱史君翱翔旧都，涉六朝遗踪，冠华貂，珥白简，侃侃论天下事，忠言谠议，流耀史册。太史君秩在承明金马著作之庭，抽毫振藻，纂一代丹策，而藏之金匮石室，将与天地始终。顾此邑乘，又其绪余尔。

古称三不朽，谓立德、立功、立言。于、孟二君大雅宏达，勒成邑史，为千年之信书。朱侯以衷政得民，行功德于兹土，而雅意邑乘，皆不朽事也，余固不辞而乐为之序。

明万历壬午②岁六月上浣之吉，赐进士出身亚中大夫光禄寺卿、前翰林院庶吉士侍经筵户科都给事中峄阳贾三近撰。

三 《（康熙）东阿县志》

《（康熙）东阿县志》，十二卷，刘沛先修，王吉臣纂，康熙四年（1665）刻本，为存世最早的《东阿县志》。卷前载陆丛桂《序》、明旧志《序》两篇及县图四幅，卷后附刘沛先《跋》，全志约十二万字。

此志分方域志、建置志、职官志、赋役志、选举志、人物志、纪事志、艺文志八门、四十一目，其中方域、建置、纪事、艺文诸门多为明志旧文，职官、选举、人物、赋役间续补万历以后人事较详备。赋役内记明万历至清初赋役变化情况，人物增立存录清代本地乡贤故实，均可备参考。

《（康熙）东阿县志序》③
陆丛桂

邑之有志，自周外史氏始也。若内史氏，则纪王之事矣。王之事而纪也，在天下者异乎哉？故古者生子闾，史书之闾者，二十五家之谓也。二

---

① "襃"，即"褒"。
② "万历壬午"，即万历十年（1582）。
③ 此《序》载《（康熙）东阿县志》（康熙五十四年）卷首。

十五家且有史，而况大于是者乎？然则东阿一邑之志，不可以弗备矣。阿，名邑也。山有云翠虎窟、六工四峪之秀；水有瓠子狼溪、东流洪范之奇；人物有于宗伯、孟中丞诸公，应山川清淑之气。数十年来，风景如昔，而人文湮郁，名臣烈士声光寥閟。虽曰世殊，抑亦兴起者无资欤？闽中棠溪刘公①来理是邦，而叹之曰：是余之责也。夫公自庚子抵乙巳，六易腊矣。明月在侧，厌其幽冷，而油然以赤日投人，俾民浇者淳，困者甦，弦诵之士复见，山高而水清。独于明季之末、兴朝之始轶事未一纪焉，其可以谢不遑欤？于是捐赀鸠工，补缀已残，增以新闻，俾嵩友李君校雠之，而命陆子叙其事。

陆子曰：惟古良牧之志，考诸今可见矣。夫不习为吏，观已成事②，古之训也。今有司惟簿书期会是急，以求合上指。而文献所在，即成书，且疏赘置之。何则？刺绣文不若倚市门故耳。公之有事于斯也，岂惟文章？抑以明天道，则思所以观变而顺时；察地维，则思所以导利而布下；尽人物之情，则思所以权盈诎之宜，而酌缓急之节。使前之为令者有可传，后之为令者有可法；邑士皆得沐先正之余韵，而歆其椒兰，是惟古人修史之意，若其弄笔墨以骋博雅已乎？则玉卮无当，弗适于用，余可不执笔而飏其后矣。

时康熙四年仲冬既望，赐进士第候选推官东平陆丛桂③冲默甫敬书。

《（康熙）东阿县志跋》④

刘沛先

余莅阿，读邑乘，旧本迺明于文定为殿讲、孟中丞为柱史时所纂也。海内目为信史，真令洛阳纸贵。迄今百有余岁，其原板毁于兵燹，而四表

---

① "闽中棠溪刘公"，即刘沛先。沛先，字棠溪，四川阆中人，举人，顺治十四年（1657）任东阿知县。

② "不习为吏，视已成事"，不懂得怎样办理政务的官吏，只要看前人已经办成的事就行了。谓总结吸取前人的经验教训，可以增长自己的才干。习，熟悉；已成事，已经做成的事。《史记·贾生列传》："鄙谚曰：'不习为吏，视已成事。'夫三代之所以长久者，其已事可知也。"

③ "陆丛桂"，字冲默，山东东平人。顺治十六年（1659）进士。

④ 此《序》载《（康熙）东阿县志》（康熙五十六年）卷末。

八志缺略亦已多矣。洪惟我朝定鼎，因革损益，视昔加详。而邑乘不备，安所著昭代之鸿模乎？

余于政暇，同诸文学士补辑其轶失，雠校其豕亥，翻覆订正，务求详明，间亦窃附己意。前则仿乎二史，今则遵乎同文。虽其间耳目所限，或未尽悉，是所望于后之有史才者致意焉。因捐俸重梓，以广其传。余得附骥而显，心兹幸甚。

康熙四年岁次乙巳重阳前一日，东阿县知县加五级嘉陵刘沛先①谨跋。

四 《（康熙）东阿县志》

《（康熙）东阿县志》，十二卷，刘沛先原修，郑廷瑾、苏日增奉兖州府修志檄增修，康熙五十六年（1717）增刻本。此志卷前载郑廷瑾、李光地、金一凤、郑廷瑾《序》，旧志《序》三篇及县图五幅，卷末载张令璜、秦奕诜《跋》。《中国地方志联合目录》著录此志为康熙五十四年（1715），今检此书卷首金一凤《序》作于康熙五十六年（1717），则此志之刻当在是年。

是志分方域志、建置志、职官志、赋役志、选举志、人物志、纪事志、艺文志八门，四十一目，约十三万字。依前志原版，仅于职官、赋役、选举、人物门后稍加续补康熙四年（1665）以后之人事，其余皆因前志旧文，增补亦较少。

《（康熙）东阿县志序》②
李光地

乙未冬，余③钦假南旋，舟次安平。东阿令郑子④承怀晋谒，携其续

---

① 刘沛先，四川阆中人，举人。康熙中任修东阿县知县，纂修《县志》，官至兵科都给事中。
② 此《序》载《（康熙）东阿县志》（康熙五十六年）卷首。
③ "余"字，《（道光）东阿县志》（民国十三年铅印本）卷首所录此《序》脱。
④ "东阿令郑子"，即郑廷瑾。廷瑾，福建安溪人，举人，康熙五十年（1711）任东阿知县。

修邑志，问序于余。余谓今之为吏者多矣，大都簿书期会，希合上指己耳，畴肯留心文献，为继往开来之举乎？郑子可谓达于治体矣。盖志者，识也。天时之理则书，地利之宜则书，人事之尽则书，是故大而方域、职官、赋役、选举、人物、政纪、艺文之类，细而陵墓、寺观、市衢、虫鱼、鸟兽、草木、花实、丛谈之属，无不灿然毕具。君子读之，可以有益于修身，可以有益于治人，可以有益于治天下、国家，志之所系重矣哉！且是阿邑志也者，自有明于、孟二公纂修后，纲举目张，闳博雅畅，有非他邑志所可比者。郑子取而复明之，岂不大有功于前烈乎？

郑子与余姻联里閈，居乡恂恂君子也。今观其为政，重文学，先教化，知其无不劳心于抚字，可谓达于治体矣。异日者报最朝廷，即以是供国史之采录也可。

赐进士第光禄大夫、文渊阁大学士吏部尚书加四级安溪李光地[①]撰。

《（康熙）东阿县志序》[②]

金一凤

按刘向《说苑》，齐君使尹子奇[③]治阿，子奇裁童子耳。其之阿也，所与共[④]载者，皆白首也。使者还，告齐君曰：夫以老者之智，以少者决之，子奇必能治阿矣。而阿果治。迄至今日，故山左之雄区也。予自

---

① 李光地（1642—1718），字晋卿，号厚庵，别号榕村，福建安溪人，理学名臣。康熙九年（1670）进士，历任翰林院编修、翰林学士、兵部右侍郎、直隶巡抚。康熙四十四年（1705），拜文渊阁大学士兼吏部尚书。康熙五十七年（1718），卒于任所，谥"文贞"。雍正元年（1723），加赠太子太傅，入祀贤良祠。著有《历像要义》《四书解》《性理精义》《朱子全书》等书。

② 此《序》载《（康熙）东阿县志》（康熙五十六年）卷首，又载《（道光）东阿县志》（民国十三年铅印本）卷首。

③ "尹子奇"，春秋时齐国人。十八岁治阿县，阿大治。马总《意林》记其事迹称："子奇年十六，齐君使治阿，既而君悔之，遣使追。追者反，曰：'子奇必能治阿，共载皆白首也。夫以老者之智，以少者决之，必能治阿矣。'子奇至阿，铸库兵以作耕器，出仓廪以赈贫穷，阿县大治。魏闻童子治邑，库无兵，仓无粟，乃起兵击之。阿人父率子，兄率弟，以私兵战，遂败魏师。"

④ "共"字，《（道光）东阿县志》（民国十三年铅印本）作"其"。

康熙癸巳出守斯邦，比岁数取道于阿，见夫郡峰环抱，众派绕流，隶斯土而生其间者，古迹伟人往往不乏。吾知阿乘必大有可观者矣。甲午，予有纂辑郡乘之举，檄取州邑新旧志书，以资搜罗考订。且甚有望于州邑同事诸君子之各修志书，合力襄助，以成斯举。志颇专，意甚亟也。

明年，而阿令郑君①以续修者进，且征予一言。予惟阿志自明于文定、孟中丞二公辑后，至康熙初年，刘令沛先继之，今五十载矣。郑君与阿之贤达辈重为增修，而雕之枣，则五十载内故者宜仍，新者当采，以至补其所遗，而阙其所疑，不亦可无余憾也乎？予披览三复，若前之所为群峰环抱者，则曰少岱，曰黄山；众派绕流者，则曰瓠子渎，曰大清河。而且有三归台、挂剑台、阿城、桃城②之历历古迹。而且有魏之程昱、晋之魏浚、宋之王迁之，济济伟人，自一辑再辑，以至今之三辑，而阿乘果大有可观己夫！

志者，史也。古之史官成一代之书，未有不藉夫国之耆旧、乡之贤人，互相发明参订，而始足以垂不朽，于、孟二公之志是也。郑君，孝廉名宿，其治阿也，吾固知其远追昔日之子奇。而即此一志，益可信其能用老者之智，而出则白首共载也。予为阿幸，为阿志幸，而不揣无文，聊用一言以为之序。

时皇清③康熙五十六年岁序丁酉孟冬，中宪大夫知山东兖州府事、加三级纪录十五次前户部陕西清吏司郎中山阴金一凤④紫庭甫撰。

---

① "阿令郑君"，即郑廷瑾。廷瑾，福建安溪人，举人。康熙中任东阿县知县，主持纂修县志。

② "城"字，《（道光）东阿县志》（民国十三年铅印本）作"丘"。

③ "皇清"二字，《（道光）东阿县志》（民国十三年铅印本）无。

④ 金一凤（1653—1723），字紫庭，浙江山阴人，贡生，曾任陕西户部清吏司郎中。后任广东海阳知县，于康熙二十三年（1684）在北门外重建养济院，二十五年（1686）纂修《海阳县志》。转任四川眉州知州，于康熙三十七年（1698）续修《眉州属志》。五十二年（1713）至五十九年（1720）任兖州府知府，熔铁铸巨剑一口，以镇泗河水势。并于五十八年（1719）纂修《兖州府志续编》。雍正元年（1723）致仕。

《（康熙）重修东阿县志序》①

郑廷瑾

　　国有史，邑有乘，非徒纪事编年而已，盖将示劝惩于来世也。东阿志，自明弘②治庚申修后，至万历壬午重修，始方域，终艺文，分十二卷，允称胜国信史。我朝受命，文教诞敷。今上御极之四年，刘令沛先慨然取邑志而重修之。时相与校雠者，进士李居易一人。今五十年来，山川之气运重关，人文之英华蔚起，成进士者则有张君心友、秦君紫霓、魏君邺亭。他若举于乡者拔茅连茹，彬彬济济，又皆莫可量矣。际斯时也，倘邑乘不修，文献无征，后之人虽有作史之才，其孰从而求之？余方兴念及此，适郡宪金公檄行修志，于是乃集邑之文学士而告之曰：古称良史，首推班、马。今观邑乘旧本，若于、若孟奚多让焉？诸君子幸生二史之后，宜追昔日之芳踪，毋徒骋乎词华，毋专执乎意见。旧者仍之，新者采之，遗者续之，疑者阙之，使前之修志者有传，而后之修志者有稽，虽未免不醇不备之憾，要必存矢公矢慎之心。知我罪我，听之而已。惟时诸君子唯唯，咸不诬乎余言。因捐俸续梓，而为之序。

　　康熙五十四年岁在乙未菊月③谷旦，东阿县知县加二级清溪郑廷瑾谨序。

《（康熙）东阿县志跋》④

张令璜

　　懿哉，吾邑侯郑父母之修志乎？可与论史矣。昔史佚作史，必取志而撮其要。即韩昌黎过韶州，亦必索图经，资事实。盖志者，史之权舆也。公有鉴兹，奉宪命而重修之。属笔于余，得毋以德载朱公修志，以于太

---

　　① 此《序》载《（康熙）东阿县志》（康熙五十六年）卷首，又载《（道光）东阿县志》（民国十三年铅印本）卷首。
　　② "弘"字，《（道光）东阿县志》（民国十三年铅印本）作"宏"。
　　③ 菊月，即农历九月。是时菊花开放，故有此称。
　　④ 载《（康熙）东阿县志》（康熙五十六年）卷末。

史、孟柱史两先生为编摩；棠溪刘公修志，以嵩友李进士为同校，余生诸君子后，不能辞其责耶！余愧不敏，偕同辈秦君紫霓、魏君邺亭仍其旧，续其新，采其遗，补其缺，以成一邑之志。夫志古原以昭今，志今所以示后。公非为文章侈美，盖欲继往开来，俾后之莅斯土者有所观感耳。

公，闽之乡进士也。来理是邦，诚正俭朴，仁恕宽和，有古循吏风。极崇文教，甫下车，课士所拔皆奇才。甲午分闱得士，俱属名下。吾邑同榜若许、若杨、若魏、若连，斌斌文学之选，鲁国诸生半在门矣。公以此自快，余亦以此快公，嘉公之政，服公之教，兼乐志之有成，并颂公之功于不衰，堪与前志朱、刘两明府并垂不朽云。

赐进士出身候补部主政邑人张令璜①敬跋。

《（康熙）东阿县志跋》②
秦奕诜

邑侯郑公莅阿之二年，政治人和。公余无事，披览邑乘，盖于内史、孟台史两前辈手定颇详。迨棠溪刘公增订后，垂五十年，其间懿迹美行阙焉未载，不禁喟然有感曰：志之所系重矣哉！上备彤管之采访，则国书也；下昭来叶之炯鉴，则信史也。脱今不修，更历年所，文献无征，讵非憾事？爰捐俸金，搜罗轶事，装潢成书。凡有关于风化、有补于政治者一一续入。譬诸剖玉荆山，俾无匿采，探珠骊渊，期无遗光。阅数月告成。余取而读之，见其记载适宜，品骘咸当，深服公之才识学问诚有大过乎人者。异日观法，有自风行俗美，广教化而励人心，微公之功，吾谁与归哉？因次其始末而为之跋。

赐进士出身前候补内阁中书舍人改授教习馆邑人秦奕诜③谨跋。

---

① 张令璜（1650—1735），字必友，山东东阿人，康熙四十八年（1709）进士，任中书舍人。六十年（1721），任山东道监察御史。雍正三年（1725），任顺天府尹，迁大理寺卿，旋拜吏部左侍郎，兼京兆尹。四年（1726），以年老致仕。晚年寓居张秋镇，乐善好施，颇有令名。
② 此《序》载《（康熙）东阿县志》（康熙五十六年）卷末。
③ 秦奕诜，山东东阿人。康熙四十四年（1705）举人，三甲第一百二十名进士，授内阁中书，改济南府教授。

五 《（道光）东阿县志》

《（道光）东阿县志》，二十四卷首一卷，李贤书修，吴怡等纂，道光九年（1809）刻本。卷前有李贤书《序》，旧志《序》《跋》九篇及县图五幅。此志又有民国二十三年（1934）铅印本，封面为何思源题"东阿县志"，扉页为王占一题"东阿县志"，次页题"民国二十三年十二月济南午夜书店印"，内容一仍其旧。《中国地方志联合目录》据以著录此志为民国二十三年（1934）铅印本。今检此志，其卷末《识语》作于民国二十四年（1935）三月。则此志之排印当始于民国二十三年（1934）十二月，而迄于二十四年（1935）三月。故或亦可著录此志为民国二十四年（1935）铅印本。

此志设天文志、方域志、山水志、古迹志、建置志、田赋志、学校志、祠祀志、封建志、官师志、宦迹志、选举志、人物志、艺文志、祥异志、杂记十六门，凡一百零八目，约四十五万字。是志增易门类，体例完备，条目精细，方域、山水、田赋记本地村庄集镇、风俗物产、河防漕运、人丁地亩等项详明赅备；艺文收载甚丰，保存较多乡邦文献，颇可备地方文献之采择。

《（道光）重修东阿县志序》[①]
李贤书

志者何？纪事也。县志者何？纪一县之事也。大而方域、建置、职官、赋役、选举、人物、政绩、艺文之类，细而陵墓、寺观、市衢、虫鱼、鸟兽、草木、花实、丛谈之属，无不备载。朝廷设官分职，循名可以责实。如知县必知一县之事，而后谓之知县；犹知州须知一州之事，知府须知一府之事也。否则承乏一邑，如入无灯之室，暗中摸索，其于治庸有

---

① 此《序》载《（道光）东阿县志》（道光九年）卷首。

冀乎？然其事于志括之，知其事必于志考之。书①甲申秋选授斯邑，田赋若何，学校若何，地土之肥与瘠、风俗之淳与浇，惴惴焉思无以知之也。爰取邑乘，细加翻阅，旧志迺前明于文定为殿讲、孟守丞为柱史时所纂也。嗣康熙四年己巳续修于刘令沛先，五十四年乙未再修于郑令廷瑾，迄今百有十年矣，事历四朝，年逾百岁，山川如故，非复鲁国之下城；规制屡更，不是东平之属邑。其间科目缙绅遗佚已久，忠孝节义湮没更多。即如职官一门，中脱数年，竟至无案可稽。脱令抱残守缺，更历年所，将采访搜罗不更窘于今日乎？书食俸于兹土者几及六载，又何以告所惭于职守？爰捐俸金，延原任邹平令吴怡②，并集诸文学士相与商确而编辑焉。旧者因之，新者增之，遗者补之，疑者阙之。凡有关于风俗、有裨于政治，一一纂入，八阅月而告成。始建置，终艺文，共得廿四卷，付诸梓。装缮成帙，加倍前志。其间耳目所限，未必尽无遗憾，以俟后之留心邑乘者得所依据而更加醇备。以之媲美于、孟二公也，则幸甚。

时道光九年岁次己丑十月谷旦，赐进士出身即用州调任曹县仍署东阿县事嵩阳李贤书谨序。

《（道光）东阿县志识语》③

按旧志原本残错甚多，此次刊误，凡字体仿佛、点画差谬、目能见及者，悉加考究，实事求是。其原有之残复、新镌之错讹无不详细注明，以备查阅。惟隐僻抹稜之处，文义涩塞，字句龃龉，考无可考，据无所据，不得不依旧付梓，以俟高明校正。后有博通鸿儒、淹雅君子，嗜古而加详焉，则有裨斯志矣，是所望于继修者。

民国二十四年春三月，识于济南午夜书店之校勘处。

---

① 李贤书（1796—?），字鸣鹿，河南嵩阳人，进士。道光四年（1824）任东阿知县，后任东平州知州等职。李贤书清正廉明，爱民如子，深受东阿百姓爱戴，被誉为"东阿李青天"。
② 吴怡，云南保山人，举人，前任东阿知县。
③ 此《识语》载民国重排之《（道光）东阿县志》卷末。

六 《（民国）续修东阿县志》

《（民国）续东阿县志》，十六卷首一卷，周竹生修，靳维熙纂。此志为奉省府通令而作。其扉页有王占一题"续修东阿县志"，次页题"民国二十三年十二月济南午夜书店印"。《中国地方志联合目录》或即据此著录此志为民国二十三年（1934）铅印本。今检此志卷首之高绍和《序》作于民国二十四年（1935），则此志之排印当始自民国二十三年（1934），而排讫付印或在次年。

此志分天文志、山水志、兵事志、古迹志、田赋志、学校志、祠祀志、官师志、宦迹志、选举志、人物志、艺文志、祥异志、杂记十四门、六十七目，凡十六卷，约二十万字。上接道光九年（1809），下至宣统三年（1911），续补道光以后人事尚称详备，而不记民国以后事；增立兵事志，记清咸丰十一年（1861）赵伦成起义事迹颇详。

《（民国）〈续修东阿县志〉〈民国东阿县志〉总序》
高绍和

吾邑两志之修，一而二、二而一者也。溯自辛未设局，勤编摩者十数句。既而午夜①开雕，成卷帙者千余部，发凡起例，已义蕴之毕宣；继往开来，复命名之各当。惟关全书冠冕，遗憾尚留；屡承远道咨询，刍言谨献。窃惟前修后继，革故鼎新，百年来水剩山残，旁搜匪易；两纪中风驰电掣，未艾方兴。甫值专制运终，人念高曾规矩；适逢大同义起，世开自治轨涂。以后律前，辕南殊乖夫辙北；生今泥古，凿圆讵合乎枘方。政教既殊，体裁斯别，殆陆士衡所云合则两伤、离则双美者欤？然而君轻民贵，共和已肇先声；闾式墓封，旧德尤光令典。当世代推移之际，殷父师《洪范》再陈；正龙蛇启蛰之年，唐卢公英风踵起。偈前车其未远，接来轸之方遒。应运生才，古今人未始不相及；合群进化，先后辙何遽不相通也。夫尼圣说夏殷之礼，致企于文献足征；从周远愚贱之讥，深佩乎车书

---

① "午夜"，此志由济南芙蓉街午夜书店承印。

同制。故编《诗》《书》则典誓风雅，审义类之牵连；作《春秋》则中国外夷，慎权衡于笔削。厥后思来述往，史公论次遗文，因之断代成书；班氏特开先例，惟经史确定乎义法。斯邑志早具夫准绳，然推极则于武功，世异对山时代；考通论于文史，谁拓章氏规模？兹者在局诸公本斫轮之老手，运絜矩之匠心，遵素闻以审两端，折众论而衷一是。其续前志也，仍弹古调，恐广陵散自此销沉。其修民志也，别具新裁，俾一行传于今再广。其间有损有益，亦创亦因，厘然悉当乎人心，卓尔无愧于大雅。尤异者，儒先配享，补填从祀之年；崇饰大成，首戴修文之记。臂诸群峰环列，《水经》特记嶷山。方之弱岁绾符，车驾常载白首。异世同揆，信主善以为师；提要钩元，允持论之独大。宜乎评邀月旦①，谓纂言弗戾于先民；从兹里树风声，期阖邑同由乎大道。自今经权互用，士食古而能通；奇正相资，俗维新而不诡。鉴拔尤于既往，南郭生绝迹滥竽；验居上于后来，西都宾悔言陋洛。斯则当道者崇文之教，而任事者染翰之功已？仆也素业承家，谷城系籍，追趋祖武，未绳五善。于周咨阐发前光，先睹一门之信史；愧畴昔磋商邑乘，谬驰却聘之笺。幸今兹设帐稷门，亲把校书之袂；题辞敦命，既并众口为一谈。短引粗成，忝弁华言而居首；未敢是丹非素，冀免剿说贻讥云尔。

民国乙亥②三月，邑人高绍和序。

《（民国）续修东阿县志序》

周竹生

东阿县之有志也，创修于前明于文定公、孟中丞公。网罗宏博，抉择精详，洵志乘之楷模，为国人所矜式。康熙年间，刘公沛先、郑公廷瑾两

---

① "评邀月旦"，即月旦评。东汉末年许劭与其从兄许靖喜欢品评当代人物，常在每月的初一，发表对当时人物的品评，故有此称。《后汉书·许劭传》："许劭字子将，汝南平舆人也。少峻名节，好人伦，多所赏识。若樊子昭、和阳士者，并显名于世。故天下言拔士者，咸称许、郭……曹操微时，常卑辞厚礼，求为己目，劭鄙其人而不肯对。操乃伺隙胁劭，劭不得已，曰：'君清平之奸贼，乱世之英雄。'操大悦而去……劭邑人李逵，壮直有高气，劭初善之，而后为隙，又与从兄靖不睦，时议以此少之。初，劭与靖俱有高名，好共核论乡党人物，每月辄更其品题，故汝南俗有'月旦评'焉。"

② "民国乙亥"，即民国二十四年（1935）。

次续修。厥后嵩阳李公发凡起例，又重修。至道光己丑，灿然大备，蔚为巨帙。迄今物换星移，失修者殆百年矣。庚午之秋，忝莅兹邑，兵燹甫过，诸事丛脞。幸赖邑人士匡所不逮，渐次宁谧。乃取旧志，伏而读之。时复巡历乡曲，周览胜迹，访萧侯之故里，展卢公之祠宇，左瞻少岱，右眺吾山。治本谷城，地属桃邱，介虚危星野之分，钟河岳灵秀之气。其间风俗淳朴，舆情笃厚，士乐弦颂，农勤耕织。黄石公芳躅高远，陈思王藻采绮合，余韵遗泽，犹有存者。中更沧桑之变易，隐忧典籍之散佚。风尘扰扰，星霜历历，裒辑无暇，谫陋畏讥。爰提请联席，决议续设志局，聘聊摄靳太夫子①总司纂修，延阖邑硕学耆宿分任襄纂。或专探访，或掌校刻，殚精毕虑，远诏②旁搜。凡户口之繁滋、人文之蔚起、河道之迁徙、兵防之建置，以及职官贡举、学校坊表，称引于传记，参证于案牍。钩稽于稗官野史，椎拓于薜碣苔碑。丁两代绝续之交，萃全县沿革之略。有征者覈诸实录，无考者付诸阙疑。循橥戁于既往，俟补缀于将来。于以竟李公未竟之续，而上承于、孟两先达征文考献之意，发潜阐幽，协衷共济，昕夕罔勒，劳瘁弗辞，四阅月审定成编，俾得以先睹为快。喜见龙门之著，深愧骥尾之附，授诸剞劂，光我典册，谨叙缘起，用志忻慕。至于共和肇造，党国柄政，荦荦兴革诸大端，特创为民元新志，以纪其盛，雅不与旧志同凡例也。

中华民国二十年岁次辛未孟冬，城阳周竹生③识于东阿县政府。

七 《（民国）东阿县志》

《（民国）东阿县志》，十八卷首一卷，周竹生修，靳维熙纂。此志为奉省府通令纂修。封面为何思源题"东阿县志"，扉页为王占一题"民国东阿县志"，次页镌"民国二十三年十二月济南午夜书店印"。卷首载周竹生《序》及县图三幅，卷后附庄守忠《跋》，全志约十六万字。

---

① "靳太夫子"，即靳维熙。其生平见前文注释。
② "诏"，或当作"绍"。
③ 周竹生，山东莒县人，北京国立法政大学毕业，民国十九年（1930）任东阿县长。

此志分舆地志、政教志、人物志、艺文志四门十七大目、七十子目，凡十八卷。舆地志内疆域及政教志内财赋、民治、实业、教育、交通、救恤、武备诸篇记民国以来城乡人口、财政捐税、县政自治、工农商业、教育事业、交通邮电、社会福利与军备兵事等内容，对考见民初东阿社会状况颇有价值。

《（民国）东阿县志序》[1]

周竹生

东阿近邹鲁之交，秉河岳之秀，共和肇造，百度维新。中经济武昆玉，联翩蔚起，铭动海岱，造福桑梓。又承历任诸君子偕阖邑军、学、农、商领袖敷宣宪法，倡导民意，恪遵中央之明令，廓除有清之宿弊。凡一切教育、自治、建设、实业、党政、兴革诸大端，厘然茂矣备矣。竹生忝辱兹土，寒暑载周。曩奉令纂修邑乘，会于续志竣时，为序并弁诸简端。兹复踵修民志，幸亦编辑成书。阅其大凡，分舆地、政教、人物、艺文四部，宏纲细目，广搜博探，撷文献之实录，储国史之权舆。四阅月夙宵罔勤，二十余年事迹毕举，皆总分纂和衷商榷之力也。体例准今而酌古，词翰就简而芟繁。上下与河岳争光，左右与邹鲁同轨。会见千秋之盛业，附缀一言以志喜。

中华民国二十一年三月，城阳周竹生识于东阿县政府。

《（民国）东阿县志跋》

庄守忠

国历二十有三年，岁次甲戌四月，守忠由寿张调长东阿。正值黄、运两河同时奉令兴工，下车后分驰督促，晤城乡士绅，悉县志在周任已续修葳事。因印刷费无着，又经安任多方筹措，亦未见诸实行。夫县志为一邑史乘，溯往稽今，所关至巨。稿既脱，亟应印成。复召集地方士绅开会，议决遵照民、财两厅颁发《续修县志经费办法》第八条之规定办理，并

推定第五科科长王占一君就奉令赴省受训之便，携稿付印。志乘尤重图说，原有城乡各图悉仍其旧。复自民国以来，按照新法，由张学杰、李傅武、杨广灿、王在玑、李华斋测制新图三页，曰东阿县全图，曰县城图，曰学区图，皆有关于建设事业，更于推进地方自治不无补助。费时十有六日而图成，一并付印列入。守忠不才，躬逢盛会，得随诸君子后，乐观《东阿续修县志》告厥成功，谨跋数语，以志附骥之意云尔。

江苏武进庄守忠①跋。

八　《苫羊山志》

《苫羊山志》，李濠纂修，抄本。此志分地图、分野、景致、山水、风俗、人物等十三纲，前有李濠《序》，凡二万余字。道光十三年（1833），王钑续增至三万字，并作《跋》。民国五年（1916），李锡爵以王钑本为基础，重订《苫羊山志》。民国十二年（1923），杨振筠再加订正，由东阿教养工人石印厂石印出版，并删去王钑续增内容，是志之传播益广。

此志之山水记述苫山周围的山峰、河流，对雨山、鲤连山、会通河、盐渠均有记述；其人物篇幅占全志约二分之一，对刘约、刘田、刘隅、李仁、李学诗等五位进士之记述更为详悉；其艺文收录与当地有关之题诗、碑记、奏折内容丰富，颇可供采择；其灾伤记述苫山周边发生之河决、地震、旱涝、虫灾、大疫等灾害，特别是记述明清易代之际的社会动荡、天灾人祸更为详悉。如其记"崇祯十三年大饥，人相食，至有夫妇活相食者，瘟疫寇盗交讧，民死者二十分之十九"，"顺治七年，河南省荆隆口河决，大河北徙，十月初一水至苫

① 庄守忠，江苏武进人。曾任寿张县县长，民国二十三年（1934）调任东阿县县长。他上任伊始即以治理黄运、兴修水利、劝学兴学为己任。上任数月后，县无游民，庭无冤狱。他廉洁自持，衣着朴素，尊老爱幼，威德并施，颇受群众欢迎。善于体察民情，事必躬亲，从不扰民。治理黄河、运河时，亲自督工，并认真检查质量。因公外出，均自备熟食小菜，从不吃请。重视编修县志。《（民国）续修东阿县志》在前任县长周竹生任内已修完，但因费用无着，未能付印。庄守忠接任后，召集地方绅士开会协商，解决经费着落，并责成王占一付印。"七七"事变后，东阿县城陷落，带领县府官员撤到黄河以西的刘集村。旋到天津，以卖字画为生，后卒于天津。

山，阔四十里，水深十丈，东阿庄村田禾漂没殆尽。苦山街水深八尺，田舍俱没，士庶环山结庐，赖以全躯。如是六年，至有累岁不一粒，漂散差徭之苦笔墨难悉"，与其他相关文献之记述颇可印证，具有较高的文献价值。

《苦羊山志自叙》①

李 濠

山以苦名者何？以峦峰层叠，有苦盖形也。以苦名，又以羊名者何？以上有卧羊峰也。人顾称苦不称羊者，省文也。《苦羊志》者，志苦羊②之所以为苦羊也。客曰：苦羊非郡邑比，志何为乎？余曰：志郡邑则守土者之责，志苦羊则余之志、余之责也。志寰舆者略于郡邑，志郡邑者略于聚落，乃有地籍一隅，足擅郡邑之貌，备寰舆之采者，吾苦羊是也。苦羊名乡也，岱宗盘回几三千里，西来之脉至苦羊而止，故又名驻岱山。济汶诸水互相环绕，山水会而灵气呈，故其间多绣文纬武之儒、异材绝智之士。自是有忠孝焉，有仙释焉，事业文章之大，他乡莫能先焉。实为寰舆郡邑所关，何可以地非郡邑而弗志也！

濠③深惧善行不传，胜迹湮没，因不辞谫劣，漫为创始。始于图考，终于祥瑞，为类凡十有三，举山川之秀丽，纶綍之辉煌，与夫懿行遐轨、星土风气，悉载于篇。言近荒唐者必正之，虽有所传闻弗取焉，如马颊河、瓠子沟是也；贤有泯没者虽邑乘不载必阐焉，如钟离之奇孝、石佛之单师等是也。志成，则苦羊之所以为苦羊历历现前矣。倘朝廷命官修史，

---

① 此《序》载《苦羊山志》卷首。

② "苦羊"，即苦羊山，又称苦山，位于山东省东阿县南部。《（万历）兖州府志》卷三《山水志·东阿县》："苦山，在城西二十里，平地一丘，状如旋螺。其上有碧虚观故址，元人所建……自鱼山以西皆平原旷野，小山相望，邑之膏壤矣。"

③ "濠"，即李濠。李濠（1593—1661），字知之，号濠翁，廪膳生员。《（道光）东阿县志》卷14《人物志》："李濠，字知之，世居苦山左麓。生无他务，惟以讲学为业。弱冠入庠，举子业，应天启丁卯乡试不第，遂无意仕进，肆力于经史子集及古今事务，究其大概，撮其要领。崇祯庚辰，南游云间、姑苏、金陵，所至求异书，访通人，相与上下其议论。镇江守程九屏其人，时以金帛助之，俾终所学。暮年归来，会值鼎革，闭门著述，篇帙甚夥，遭兵燹散失殆尽，仅存《苦羊志》一部。"

驰一辎轩问阿邑之名山胜概何许，高踪异行何人，文章、事业、民风、土俗何似？可执是以对焉。昔赵简子欲成璇室，下令国中，国中无应者，有拙工张□①成其室。或谓简子曰：规制异而雕镂拙，请让之。简子曰：厥初事事无一应者，幸而成功，促余让之何欤？吾将饰以金玉以壮其观也。夫余固苦羊之拙工也，饰金玉而润色者，尚有望于后之贤达。

时顺治十八年春李濠知之甫谨修并叙。

《苦羊志稿跋》②

王　鈗

苦羊志稿，乃前辈李先生纂修也。先生名濠，字知之，苦前里人。国初时以茂才家居，常自言：生平偃蹇，苍穹难问，时寄诸翰墨，聊以泄落落孤怀。迹其言，可想见其人矣。志稿分类十三，约三万言，始地图，终灾祥，中载人物，皆有明鼎族世家，文章功业灿如也。其自序时在顺治十八年，迄今几二百岁矣。珍在家藏，未尝行世。道光八年戊子冬，邑侯李萍野夫子续修县志，采录十之三。癸巳春，余馆苦阳，访借遗稿，遇其孙思亨先生，年已八十有四矣。劝之付梓，谢耳聋焉。夫人见山之辉也思采玉，川之媚也竞探珠。苦羊钟毓，代见秀灵，必将有续濠翁之志而继起者。装而归璧，以俟将来。

道光十三年岁在癸巳清和月，吾阳王鈗③敬跋。

---

① 此字原书漫漶。
② 此《跋》载《苦羊山志》卷末。
③ 王鈗，山东东阿人，道光中在苦阳书馆任教，道光十三年（1833），曾访李濠之孙李思亨，劝其刊刻《苦羊山志》。王鈗在李濠原稿基础上增补了自作及相关的文章，所增近三分之一。

阳谷县

一 《（嘉靖）阳谷县志》

《（嘉靖）阳谷县志》，刘素修，李际元纂，嘉靖十六年（1537）刻本，今佚。阳谷前已有志，然仅有抄本存世，且"散逸错落，绝不成书"。刘素任阳谷县令后，委托乡贤李际元纂修县志。李际元"取旧志而大加增损"，分为三十余目。张恂评价此志称："其分野昭天文也，山川昭地利也，沿革昭常变也，建置昭制度也，庙宇昭正祀也，楼台昭俭素也，赋税昭贡法也，户口昭徭役也，土产昭财货也，风俗昭礼义也，人物昭贤良也，节义昭正气也，武备、隐逸等总三十余条悉寔而能华，简而能备，微而能显，得古良史之规范焉。"对此志的纲目设立及其内容进行了简要的记述，有助于了解此志的基本内容。

《（嘉靖）阳谷县志序》[①]

张 恂

今之邑即古诸侯之国也。国必有史，邑可无志乎？是故《周官》天下之图掌之于职方氏，四方邦国之志掌之内外史。然匪徒纪山川地利，以知要害而已，盖所以备采访，垂鉴戒，彰风化，赞朝廷之盛治者也。故鲁典籍大备，见称于宣子；杞宋文献不足，见惜于仲尼。是志之关于世道甚

---

① 此《序》载《（康熙）阳谷县志》（康熙五十五年抄本）卷首。

重，顾可慢之而不修已乎？

谷邑无志，邑侯静虚刘公①用是歉焉。既而河间张历田公②承命整戎，于下车临清，按巡索志，盖欲考古观风也。得民间抄本，散逸错落，绝不成书，愕然曰：是邑向帝邱而背聊关，左会河而右朝野，在古为名地，在今为巨镇，独无志，可乎？遒进刘公，请邑俊致政大夫李北墅先生③考订纂集。事竣，余除先母宜人忧，促装北行间，刘公来曰：志必有序，其来尚矣。邑志成，先生为我序之。余谒北墅请观，其分野昭天文也，山川昭地利也，沿革昭常变也，建置昭制度也，庙宇昭正祀也，楼台昭俭素也，赋税昭贡法也，户口昭徭役也，土产昭财货也，风俗昭礼义也，人物昭贤良也，节义昭正气也，武备、隐逸等总三十余条悉寔而能华，简而能备，微而能显，得古良史之规范焉。因贺之曰：成千百年之旷典于旬月之间，真可以备采访、垂鉴戒、彰风化，三君子之功岂浅浅者哉？余独惜贤哲之寥落，未有穷于斯志者也。自《春秋》底今二千余祀，宦于斯者岂止千百，生于斯者岂止亿兆。然而名宦仅元之孟公遵道、李公谦，我朝之刘公洪、黄公元和而已。乡贤则于公睿而已。其人才之难，何至是哉！或曰：缘无志，湮微泯没耳。呜呼！使如孔、颜、曾、孟、龚、黄、卓、鲁，孰得而湮微，孰得而泯没？是故无贤哲也，有则必有称述之者矣。余独喜夫志成之后，宦于斯、生于斯者必将阅志求实，指而议之曰：某也清慎，勤可法也；某也慈惠，良可思也；某也贪暴，可恶也；某也轻浮，可鄙也；某也柔懦，可惩也；某也不学无卫④，可羞也。其必砥砺奋发，振拔上达，而恶居下流，贤哲齐出，踵至而争光，斯至于无穷矣。不然，宁不有

---

① "静虚刘公"，即刘素。刘素，直隶深泽人，嘉靖十二年（1533）任阳谷县知县。《（康熙）阳谷县志》卷2："刘素，直隶深泽人……政治勤恪，事举而民怀之。始刊邑志，尤有功于文献焉。历官按察司副使。"

② "张历田公"，即张邦教。张邦教，蒲田人，进士，正德中任分巡东昌道，历仕陕西按察使。

③ "李北墅先生"，即李际元。李际元，正德五年（1510）举人，六年（1511）进士，历官四川淑泸兵备道。《（康熙）阳谷县志》："李际元，字通甫，由进士初官河南怀庆府推官，以风裁升兵部职方司主事，差守山海关，禁取商利，与武臣龃龉，遂称疾归。起复车驾司主事，值驾南征，修兵马，备舟楫，综理劳勤，上以金帛赉之。寻升武库员外郎，转陕西按察司佥事，备边榆林。忽水没镇靖营城，有拯济功，军士全活者众。丁外艰归，复除四川叙泸兵备，以水土不宜病，疏三上，不报。抚按奏请改调始归，寻致仕，祀乡贤祠。"

④ "卫"，《（光绪）阳谷县志》卷首所录此《序》作"术"，"衛""術"字形相近。

负于历田公、北墅公、静虚公之望也乎？

嘉靖丙申①季冬闰月，邑人长春子张恂②序。

《（嘉靖）阳谷县志序》③

吴　铠

嘉靖丁酉春，阳谷志成。予有滇南之行，由陆归谷，省先君之墓，邑侯刘君以序属予。予谓邑之有志，犹国之有史，不可缺者。志古所以昭今，志今所以示后，不病其朴而不华，而病其诞而弗寔；不病其简而不备，而病其伪而失真；不病其杂而弗伦，而病其私而不公。斯三者，作史之大患。虽有弗传，虽传弗永，非史氏所当深戒者耶？

矧疆域志，而地理昭；山川志，而形胜见；户口志，而虚寔分；田赋志，而贫富著；人物志，而幽宧显；祠宇志，而祀典明；官制志，而职守辨。斯数者，一邑之至要，莅斯地者不可不知焉者。至于官之臧否、俗之好尚、古今文章事迹，凡可以资考据而示劝惩者，尤所当志，顾可以易为耶？吾邑开创百七十余年，尚未有志。宦吾邑者固多贤，每以邑志未成、文献失征是恨，尝与一二耆宿纂集缮录成帙者屡矣。又以金根亥豕是患，卒未梓行。深泽刘君以名进士宰吾邑，越三载，政通人和，百废俱举。乃以邑志托之北墅李公纂集之，李公取旧志而大加增损。书成，予见其考订详而弗陋，著述寔而弗妄，其臧否人物不必直书，而因事考寔，贤否自明，诚一邑之信史也。欲知吾邑者，不必旁搜博访，一展卷间，一邑大概宛然在目，北墅其有功于吾邑者乎？予以邑人嘉缺典之有成，故序其始末如此，顾不以不文辞也。

赐进士第通议大夫云南按察司按察使、前河南道监察御史侍经筵官邑

---

①　"嘉靖丙申"，即嘉靖十五年（1536）。

②　张恂，正德十四年（1519）举人，十六年（1521）进士，历官四川溆泸兵备道。《（康熙）阳谷县志》卷3："张恂，字淳夫，由进士擢四川道监察御史。丰姿修整，忠正不阿。按巡畿内山西，所在风纪著闻。如刘云、许臣辈以罪诬见释，杨恭、毕胜辈以贼渠就擒，远近畏服，若神明然。升陕西按察司佥事，果毅敢为，不避艰险。寻改四川叙泸兵备，约束将士，民彝慑服。以内艰归，所至人咸恩之，祀乡贤祠。"

③　此《序》载《（康熙）阳谷县志》（康熙五十五年抄本）卷首。

人吴铠①书。

《（嘉靖）阳谷县志序》②
李际元

　　北野③子曰：志，外史也。夏有《禹贡》，周有职方，秦汉以下，或图或志，代代相因，弗赘④弗失。我朝亦因之，著《一统志》颁天下，天下则焉。各著其志，任⑤藩省曰总志，在府州曰郡志，在县曰邑志。非徒饰吏事、炫世之耳目已也。盖天所覆、地所载、禹迹所及者，引缩纵横，条悉万出。是故邑所宜志者，郡弗得而什一也；郡所宜志者，省弗得而什一也；省所宜志者，天下弗得而什一也。删而愈删，约而愈约，邑志可弗作乎？

　　阳谷，古齐、宋会盟之所。厥后，孔孟之道德渐濡亲灸，海岱之精灵不限于遐播，遗化攸薰，遗英攸萃，而其民俗之惇信、士风之淳⑥直、土田差赋之类⑦重，较诸海宇花封，得无相与伯仲者耶？是其志之作弗容已也。邑侯刘公静虚索旧传稿志，请北野⑧子复加考证，且致兵宪张公历田拳拳欲成之意。北野⑨不辞，缘稿目，绳⑩实绩，疏其滞，补其遗，一其二三繁乱，为卷有五，为目三十有二。因系蠢识区区，以著厥由。更有缺

---

　　① 吴铠，正德五年（1510）举人，九年（1514）进士，历官陕西宁夏都御史。《（康熙）阳谷县志》卷3："吴铠，字文济，由进士官行人，升南道监察御史。适宁夏之变，为众所推，未就，丁外艰归，复改北京河南道监察御史。励节守贞，激扬清浊，丰（或当作'风'）裁凛然。按巡畿内淮扬，风纯肃清，豺狼屏迹。升福建按察司副，以银币仍加级。安南久不修贡，欲晓以义，谕文武大臣，求贤才，咸以铠对。升陕西布政司参政。未几，即擢云南按察使，复除陕西宁夏都御史，卒于官。上赐以葬祭，仍荫一子，祀乡贤祠。"

　　② 此《序》载《（康熙）阳谷县志》（康熙五十五年抄本）卷首，又载《（光绪）阳谷县志》。

　　③ "野"字，《（光绪）阳谷县志》所录此《序》作"墅"。

　　④ "赘"字，《（光绪）阳谷县志》所录此《序》作"替"。

　　⑤ "任"字，《（光绪）阳谷县志》所录此《序》作"在"。

　　⑥ "淳"字，《（光绪）阳谷县志》所录此《序》作"惇"。

　　⑦ "类"字，《（光绪）阳谷县志》所录此《序》作"烦"。"類""煩"字形相似。

　　⑧ "野"字，《（光绪）阳谷县志》所录此《序》作"墅"。

　　⑨ "野"字，《（光绪）阳谷县志》所录此《序》作"墅"。

　　⑩ "绳"字，《（光绪）阳谷县志》所录此《序》脱。

略，后可润色者，统宜俟夫后之君子云。

时嘉靖丁酉①孟春望余，北野②李际元书于三在堂。

二 《（万历）阳谷县志》

《（万历）阳谷县志》，范宗文修，宋篯等纂，万历三十四年（1606）刻本，今佚。据宋篯《序》，此志为在前修《（嘉靖）阳谷县志》基础之上，"残缺者补，失次者正"，补修而成，"于凡建置之始末、疆域之分画、民风之盛衰、赋役之繁简，与夫户口、土田、物产、都社、职官、学校、科贡、人才，诸有关于政体、系于生民者，靡不芟繁补遗，分门别类"，内容较为齐备。"乃若黉舍之修整、生徒之振兴、仓庾之鼎新、紫荆之创建，又皆出自公之睿思，扩前人所未暇者"，则此志较前志续增条目，其记述范围有所扩大。

《（万历）阳谷县志序》③
乔学诗

余不佞待罪河东，以有祝厘④之行，事竣归里。适阳谷重修志成，邑侯范公⑤走书征序于余，以识岁月。余弗文，乌足以辱篇端乎哉？已而读志，不觉作而言曰：懿哉，范侯之用心乎？可以观政矣。盖闻君子之莅政也，不务炫燿之虚名，而务修举之实绩；不徒粉饰于目前，而期昭垂于永

---

① "嘉靖丁酉"，即嘉靖十六年（1537）。

② "野"字，《（光绪）阳谷县志》所录此《序》作"墅"。

③ 此《序》载《（康熙）阳谷县志》（康熙五十五年抄本）卷首。

④ "祝厘"，祈求福佑，祝福。《史记·孝文本纪》："今吾闻祠官祝釐，皆归福朕躬，不为百姓，朕甚愧之。"

⑤ "邑侯范公"，即范宗文。宗文，字任吾，万历三十二年（1604）任阳谷县知县。《（康熙）阳谷县志》卷3："范宗文，字任吾，河南洛阳人，由进士万历三十二年任知县。慈祥精敏，恤民隐，奸巨奸，修黉序，设学田，濬义井，复紫荆祠，建保赤仓，重修邑志，善政不可殚述。五载入觐，擢刑部主事，士民思之，为建生祠三所。寻转员外郎，升江南镇江知府，未之官，卒于家。计闻，邑士民悲思，如丧考妣。以万历四十七年且（或当作'具'）呈当道，祀名宦祠。"

久。故因时以修政，而考政以诏后，非仁人之用心不能也。公之令于谷者二年矣，精明恺悌，勤于史①事。诸凡纲纪，犁然就理。而有学造士，建仓储粟，尤其大端。顷又加意番②编，减徭役以苏民困，兴衰捒③弊，而谷邑之政焕然一新矣。因检阅旧志，嗛其未备，谓日远事异，宜为订正。乃委乡绅宋、王二君暨邑庠师儒重加纂辑，目仍其旧，而略者详，缺者补，删润增修，而谷邑之志亦焕然一新矣。

于戏，公之用心，非所谓务寔绩，而期永久者耶？余尝慨久任超迁之法废，而官如传舍，贤者之设施每不克终。即终矣，而继之者公④自为政，各行其意，民卒不蒙其泽，何怪乎民生之日蹙也？昔周公悉殷顽民，迁于洛邑，历世三纪，世变风移。尝⑤称之曰：惟周公克慎厥始，惟君陈克和厥中，惟毕公克成厥终。三后协心，同底于道。通洽政治，泽润生民，使周公之后，而非二后之协心，则治洛之绩隳矣。

然则公之修政，而及于志也，意深远乎？夫志也者，议也。譬主之纵理其家，既竭心思矣，又惧后之人忘其所有也，为之纪籍以识之，俾后人顷刻一览，而家之所有宛纵在目，肯堂肯搆之志勃如也。审如是，则仁人相继，前后一心，将俾殷邑之政日新月盛，而愈增为简帙之光也。则斯志之重刻也，岂曰小补之哉？余故喜而序之，以告后之从政者。公讳宗文，号任吾，洛阳人，与余子宗启同甲辰进士。

万历丙午岁⑥仲冬日长至⑦之吉，赐进士第嘉议大夫分守河东道、山西按察司按察使兼布政司右参议东阿乔学诗⑧书。

---

① "史"字，或当作"吏"。

② "番"字，《（光绪）阳谷县志》所录此《序》作"审"。

③ "捒"字，《（光绪）阳谷县志》所录此《序》作"救"。

④ "公"字，《（光绪）阳谷县志》所录此《序》作"人"。

⑤ "尝"字，《（光绪）阳谷县志》所录此《序》作"书"。

⑥ "万历丙午岁"，即万历三十四年（1606）。

⑦ "日长至"，即冬至。自夏至后日渐短，自冬至后日又渐长，故称。

⑧ 乔学诗，山东东阿人，进士。《（康熙）永平府志》卷15："（乔学诗）由进士五年任，严明整肃，人不能欺。属邑有匿官解银数千金，以虚批应查，数年罔觉，公一见发之。卫官征收徭银耗重，贫苦无告。公建议令输纳于各卫首领，允为良法。行取，补刑部主事。"

《（万历）阳谷县志序》①

宋 篯

阳谷旧有志，以岁久不无散逸残缺之患，观者每以为恨。前牧兹土者，往往欲加重修，限于邑务勘勤，未能也。岁甲辰，任吾范老父母以洛阳名进士出宰是邑，甫下车，庶政聿新，百废振举。因索邑志观之，慨然曰：志者，记也。记载弗详，曷以示后？即有志于更新。居数月，乃进篯②及苏郡二守王君，委以纂集之重。篯承命唯唯，遂取邑志，细加检阅，悉从增损。残缺者补，失次者正，于凡建置之始末、疆域之分画、民风之盛衰、赋役之繁简，与夫户口、土田、物产、都社、职官、学校、科贡、人才，诸有关于政体、系于生民者，靡不芟繁补遗，分门别类。乃若黉舍之修整、生徒之振兴、仓庾之鼎新、紫荆之创建，又皆出自公之睿思，扩前人所未暇者，猗欤盛哉！盖天生豪杰，固将畀之以天地民物之重。而为豪杰者，亦毅然以其身任天地民物之重而不辞。则凡宏远猷而敷经济者，自能竭精殚思，以期报称，固非庸众所能测识。

今观公自履任聿始，以迄于今，举凡兴革措注，设施铺张，无非培养国脉、奠安民生之要务。他若催科不事督责，而输纳恐后；听断不假敲朴，而狡伪献诚，生养体③息，旬④宣抚绥，深仁厚泽，沾濡优渥，又非志之所能悉者。公贤声茂著，内召在即。志之修，不过甘棠、岘碑，系吾民深长之思耳。志成将梓，复属以叙。篯老耄，弗能文，勉述其概，以识岁月云耳。

万历丙午岁孟冬之吉，治下乡官宋篯顿首谨书。

三 《（崇祯）阳谷县志》

《（崇祯）阳谷县志》，李文林纂修，崇祯四年（1631）刻本，

---

① 此《序》载《（康熙）阳谷县志》（康熙五十五年抄本）卷首。
② "篯"，即宋篯。
③ "体"字，《（光绪）阳谷县志》所录此《序》作"休"。
④ "旬"字，《（光绪）阳谷县志》所录此《序》作"徇"。

今佚。此志之修距前志二十余年，李文林《序》记述此志"仍补续迄来仕宦之姓籍、兴作之因革；其有功黉序，碑记所存，采续文艺类；其有功城池，各注本官姓字下。至如寺建坊牌，起角楼，周萧墙，三大礼习仪尽足壮皇威，创建三皇庙，使民知稼穑衣食之原，均合入志，以不没其善。若夫卿士大夫懿行嫩履，各从疏于乡绅后。孝子、贞妇蒙褒奖者，一并附录"。其记述自万历三十四年（1606）之后之阳谷事迹较为详备。

《（崇祯）阳谷县志序》①

李文林

结绳易，而书契兴，国之史、家之谱、邑之志，无地无之。然史有专官，日载实录，谱有宗子，时纪事系。志惟听之邑令，递代如传舍，久暂异任，能否异品，往往目为成帙，历数十年不经换。风俗人物月异岁改，致令小史如坠舟之剑，舟行不知凡若干里，而剑犹故。但存古迹，近事莫考。即今阳谷，人②我明盛官其土者无虑百数，留心邑志仅载三令，若孟若刘越岁固多，范最居后，亦已匝世。余客岁秋冬之交，除兖悴③。阅④明年春，会⑤谷令肆觐以内艰归，俾余代庖时缺，张秋河捕并委相摄。漕输舳舻衔尾，奔走督促无暇晷，其于谷志未遑览。忽河使辄以见索，根寻厚⑥板，藏诸梓人，毁祖龙矣，仓卒括得故家以应。夏杪运竣，乃搜旧本，觅杀青氏重镌之。仍补续迄来仕宦之姓籍、兴作之因革；其有功黉序，碑记所存，采续文艺类；其有功城池，各注本官姓字下。至如寺建坊牌⑦，起角楼，周萧墙，三大礼习仪尽足壮皇威，创建三皇庙，使民知稼穑衣食之原，均合入志，以不没其善。若夫卿士大夫懿行嫩⑧履，各从疏

---

① 此《序》载《（康熙）阳谷县志》（康熙五十五年抄本）卷首。
② "人"字，《（光绪）阳谷县志》所录《序》作"入"。
③ "悴"字，或当作"倅"，《（光绪）阳谷县志》所录此《序》作"通判"。
④ "阅"字，《（光绪）阳谷县志》所录此《序》无。
⑤ "会"字，《（光绪）阳谷县志》所录此《序》无。
⑥ "厚"字，《（光绪）阳谷县志》所录此《序》作"原"。
⑦ "牌"字，《（光绪）阳谷县志》所录此《序》作"碑"。
⑧ "嫩"字，《（光绪）阳谷县志》所录此《序》作"微"。

于乡绅后。孝子、贞妇蒙褒奖者，一并附录。

是集始于新秋，逾月而成。余信手笔其巅末，聊识编次时日，且以告后之人宜稽查版籍，所司毋令焚弃，将有继葺，或易为力。若曰敢于操觚，窃比作述，断不致若斯之妄也。

崇祯四年岁在辛末仲秋吉旦，承德郎兖州府管粮通判、署阳谷县事、直隶清苑李文林书于东鲁别驾之署。

四 《（康熙）阳谷县志》

《（康熙）阳谷县志》，八卷首一卷，王天璧纂修，康熙十二年（1673）刻本，为存世最早的《阳谷县志》。卷首载王天璧《序》、明旧志《序》六篇及县图四幅，全志约十万字。

此志卷一为建置、疆域、分野、形势、城池、山川、桥梁、风俗、都社、户口、土田、物产；卷二为庙祠、公署、职官；卷三为名宦、学校、人物、封荫；卷四为孝义、贞烈、隐逸、武备、古迹、古墓、坊牌、寺观、灾异；卷五至七为艺文；卷八为题咏。是志多袭用旧志，并加续补，卷一记阳谷户口、地亩及风俗、物产，多存本地民生故实，收录阳谷艺文颇为丰富，尤存乡邦文献。

《（康熙）阳谷县志序》①
王天璧

岁辛亥，为今上御极之十年。予以丹徒学博奉新命量移，备员兹土。甫下车，见邑治在颓垣败瓦之中，逋欠积五六年，册籍漫无可考。求所为山川、土田、人民、钱谷及一切创垂沿革之旧，蔑如也。因思治乱异辙，今昔殊规，而章往诏来，使前者有可稽，后者有可守，则莫善于志。于是欲以讨求故寔为任，谋之诸荐绅，出旧本，残缺漫漶不可读。又以积逋麋集，日事征缮未遑也。会朝议允公辅请，征志诸郡县，将勒为一统全书。

---

① 此《序》载《（康熙）阳谷县志》（康熙五十五年抄本）卷首。

橄既下，又乌能已已？爰取旧志而厘定之，踵舛承譌，悉加是正。又为之汰①其芜，饰其僿②，补其残佚，增其未备。凡所著例，虽不盩于前人，而条分缕析，各归部伍，罔滥罔漏，亦庶几乎一邑之良书已。

虽然，时移物换，代有变更。鼎革以来，惟画疆、分野、山川、形势如故耳。外此则今与古不侔矣。是故城池犹是也，而坚瑕异；风俗犹是也，而淳薄异；物产犹是也，而登耗异；户口、土田犹是也，而赢缩、沃硗异；赋税、徭役犹是也，而增损繁简异。公署、庙坛、桥梁之属存其名矣，而存其寔者或寡；名宦、先贤、孝义、节烈之属为之前矣，而为之后者或寡；文辞、题咏之属得其似矣，而得其真者或寡。司牧者于此因时制宜，古今异剂，其可执纸上之言，泥拘墟之见，而不思所以改弦更辙乎哉？

予用是置之座右，日取而讨论之，兢兢焉惧溺厥职，亦冀异时生于斯、宦于斯者，披是书而昼有省、夜有思，城池何以缮，户口何以聚，土田何以垦，赋税徭役何以复，先朝之旧公署之宜修者几何所，庙宇桥梁之当复者以何为先，原③风俗而培物力者何道之从也，古迹何以复，灾寝何以不生，罜然而望者何代之墓，名宦乡贤之可法者几何，人文之不谬于圣人者何氏之子乎，孝义节烈之勿衰，文何方以兴起之也？如是，则一邑之志修矣，一邑之事亦举，予不佞有厚望焉。若曰审其病者谙其方，察其敝者豫其救，坐而育④焉，可起而行焉，予非其人也。

康熙癸丑⑤春王正月，文林郎知阳谷县事皖桐王天璧⑥谨识。

五 《（康熙）阳谷县志》

《（康熙）阳谷县志》，八卷首一卷，王时来修，杭云龙等纂。此志为奉兖州府修志令纂修，有康熙五十五年（1716）刻本。此志又

---

① "汰"字，《（光绪）阳谷县志》所录此《序》作"沃"。

② "僿"，缺乏诚意，不诚恳。《史记·高祖本纪》："太史公曰：夏之政忠，忠之敝，小人以野，故殷人承之以敬。敬之敝，小人以鬼，故周人承之以文。文之敝，小人以僿。故救僿，莫若以忠。三王之道若循环，终而复始。"

③ "原"字，《（光绪）阳谷县志》所录此《序》作"厚"。

④ "育"字，《（光绪）阳谷县志》所录此《序》作"言"。

⑤ "康熙癸丑"，即康熙十二年（1673）。

⑥ 王天璧，安徽桐城人，举人，康熙十年（1671）任阳谷知县。

有抄本，另有民国九年（1920）及民国二十二年（1933）石印本。卷首载金一凤、王时来、戴文武各一《序》、旧志《序》七篇、兖州府修志帖文及县图四幅，卷后附杭云龙、王启睿、郭瓒《跋》。

此志因前志篇目，未加改动。卷一为建置、疆域、分野、形势、城池、山川、桥梁、风俗、都社、户口、土田、物产；卷二为庙祠、公署、职官；卷三为名宦、学校、人物、封荫；卷四为孝义、贞烈、隐逸、武备、古迹、古墓、坊牌、寺观、灾异；卷五至卷七为艺文；卷八为题咏。相较前志，补康熙十二年（1673）以后四十余年之人事，兼匡正前志讹误，续补赅要，记事记人亦较前志精审。

《（康熙）阳谷县志序》①
戴文武

书契以来，史与志并重。史言纵，志言横，纵以博闻，横以广见，二者若斯之隆也。三代之盛，典册大备，王朝之掌记毋论已。下逮邦国乡，遂莫不谷有图籍之载，藏于有司，若山川、土田、户口之属，纤悉毕备。苟有求焉，则皆可按籍而得也。后世详史而略志，志之领于史臣者，不过考前代沿革、辨定疆域而已。详固不可得闻。主郡邑所在，大小视古侯国，乃或旷世无志。或志具矣，而有为之前，莫为之后。甚者简陋荒芜，即其所存，已非征信之书。有志之弊，乃与无志同，坐使士不通今，吏不达俗，有志者兴叹于文献之不足，是谁之责也夫？所重于邑志，犹史之重有日录也。一邑而无志，是一代而无史。邑有志而莫踵其美，与任其荒陋不治，是史有传而残缺不完，且迷谬失信也。史之失咎在馆职，可指而议也。志之不修，非有司者之责而谁任之？

今朝廷轸念民事，留意图史。尝行令各省府州县，征询故宪，完葺旧章，于史局外更俾文臣，纂修一统全志，盖与《周官》职方外史之意于②载一辙。而一时郡县吏承奉德意，亦往往能博收广述，勒成一书。自声教所被，山陬海澨、载籍未见之地，咸得有所著见，以垂于无穷。方域之记

---

① 此《序》载《（康熙）阳谷县志》（康熙五十五年抄本）卷首。
② "于"字，或当作"千"。

载十①是乎盛焉。顾事不惟其始，惟其继，获麟系《春秋》之终，而裂晋揭网目之首，不有述者，无令中绝千五百年乎？

夫政有变移，俗有浇淳，时有衰盛，事有废兴。后之人其不可以无所考也，明矣。且夫《世本》《外纪》②，皆载事之书。然不假于司马氏之手，吾未知其事之传否也。言之不文，无惑于行之不远。是故择之欲精，语之欲详，必有才也，亦有识也，抑有学也。若是而后可以绍前作，而后可以盖前作。史法也，亦志法也，非贤有司谁望之？

阳谷令荆南王君③试宰五年，治教洽敷，庶务具举，乃取邑志而重修之。先是，王君始至，即以是为任，谋及于余。余固翼然望之。适堂尊山阴金公亦有振亲郡志之举，令于属邑曰；使邑任其分，郡统其合。合者务整，分者务详。而王君远首应是举，盖其交励以有成也。既脱稿，问序于余。余观王君为治，广惠爱，皆务实济，而于邑志独能不以虚文置之，洵乎知所宜重矣。而披读是卷，明瞻有体，条理不紊，则又诚以信于今而垂于后焉，其彬彬乎有史长者耶？夫勤政勉事，以率民康乐，在俗吏犹难望之。而又有若述之雅，施及后世，王君之于职也勤矣。余忝窃其事，乐其绩之底于成，亦幸附缀而与有荣焉。故欣为之序。

康熙五十五年丙申秋七月，兖州府粮捕通判戴文武④书于官署之寄庐。

《（康熙）阳谷县志序》⑤

王时来

谷志修于癸丑前令王君天壁⑥，距今四十余年矣。其间景物兴废之

---

① "十"字，或当作"于"。

② 《外纪》，十卷，又目录（年表）五卷，北宋刘恕撰。刘恕曾助司马光修《资治通鉴》，以《通鉴》起于后周烈王二十三年（前403），迄于周显德六年（959），拟取后周烈王二十三年（前403）前为"前纪"，显德六年（959）以后为"后纪"。后病废在家，仅成"前纪"，因《国语》称"春秋外传"之例，改称"外纪"，亦称《通鉴外传》，为我国最早记述商朝以前历史的传记。

③ "荆南王君"，即时任阳谷县知县王时来。王时来，字逊修，湖北钟祥人，拔贡，康熙四十九年（1710）任阳谷知县。

④ 戴文武，字允庵，顺天人，拔贡，时任兖州府粮捕通判。

⑤ 此《序》载（清）王时来修、杭云龙纂《（康熙）阳谷县志》卷首。

⑥ "壁"字，《（光绪）阳谷县志》所录此《序》作"璧"。

殊、风俗今昔之异、户口盈虚之不一、天时祥祲之不齐，以及名宦、乡贤、孝义、贞烈之踵接，凡所宜志者要亦不尠。而天时不书，人事不纪，非学士大夫之责而谁之责欤？余于庚寅岁来莅于兹，抚卷慨叹，辄欲谋所以修辑之。会建仓缮城，日逐逐于庀材鸠工之末而不遑及。甲午秋，郡大人纂修郡志，下令州邑各修志以上。余奉檄欣然，爰集邑绅士，而援之以旧志，令各举所知以续之。复设局于学使，广文董其事。绅其续成，上于广文，广文校雠详核而后进于余。余复手自校阅，日继以暮。值泽旺寇边，奉檄采办军需，中间旋作旋辍者凡数阅月，迄今春而告成。嗟乎！志固不易修，修志亦不易也。余后王君四十余年而来，偎①欲接续四十余年之事，保无有挂一漏百之讥，所自信者，咨询必周，考据必核，甄别必严，不敢以私废公，不敢以疑传信，舛讹不敢袭，终始不敢懈，而二三绅士亦皆不我弃遗，多闻见者以所闻见进，多才艺者以其才艺劲，操觚染翰，各奏尔能，庶几千腋之裘矣。若夫修饰而润色之，则仍有俟夫后之君子。而或者谓余楚中人也，其犹有左史倚相之遗风欤？噫！左史倚相岂余所敢望耶？若前令天璧玉②君，则固吾宗之先达者也。薪火相传，吾其为彪固乎？是为序。

时康熙五十五年岁次丙申孟夏，阳谷县知县加二级楚郢王时来谨识。

《（康熙）重修阳谷县志跋》③
杭云龙　王启睿

《春秋》纪阳谷者凡二，是阳谷之名，自《春秋》而已立。其山川、土田当不与他邑等。甲午岁，予两人先后司铎④于兹，承邑侯台湖王公之下。王公以三楚射父佚⑤相才，而留心于邑乘，庶几成良史矣。乃犹虚怀

---

① "偎"字，《（光绪）阳谷县志》所录此《序》作"猥"。
② "玉"字，《（光绪）阳谷县志》所录此《序》作"王"。
③ 此《序》载（清）王时来修、杭云龙纂《（康熙）阳谷县志》卷首。
④ "司铎"，谓掌管文教。相传古代宣布教化的人必摇木铎以聚众，故有此称。（清）孙枝蔚《汪舟次赴赣榆教谕任，去后数日，余始自南昌归，抵江都，不及祖钱，怅然无已，因赋寄怀四章》（其二）："学官縣延聘，事曾闻元季。当时司铎者，往往居大位。"
⑤ "佚"字，或当作"倚"。

传采，征求文献，因属余两人各举邑之耆宿而进之。余两人遂得参阅旧志，知阳谷旧无志，明成化中奉诏创修，孟公纯与一二耆宿辄①录成帙，尚未梓行。嘉靖丁酉，刘公素托金事李公际元纂辑，为卷有五，为目三十有二，始镵诸板。万历丙午，范公宗文托邑贡宋公㑊增修。崇祯辛未，别驾署县李公文林补续，要皆无大损益也。国朝癸丑，各省时夙儒名贤纂辑《通志》，王公天璧馆潘公淑藻别门分类，严加校定，成为全书，而见闻异词，残缺失次，犹不无承讹因陋之憾。今邑侯奉府校②，慨然曰：志与史名异指均，必参之博记，访之父老，雠正以辨其讹，而条分缕析，巅末必核，遗无不种。况邑圣门四贤遗迹，当特起文力为表章，至全卷中有类郭公夏五者，姑阙之以存疑。而事关政教，合入志者一并附录，此岂一千足之烈所能胜任？赖博物君子以匡所不逮也。余闻命，以廪庠侯带等对。公曰：是所素得之士，即走书聘请，委以增订。侯生取其先悔过堂藏本，细心检阅，数阅月稿成，进之邑侯，亲为笔削，宛如《春秋》遗法。而冲怀若虚，犹聘邑援贡郭君瓒从而参校之。此岂仅一邑之良史，而寔千百年之信书矣。吾二人虽皆青齐末进，渺闻寡见，而风化表章，亦与有责焉，故卮言以为纪。

时康熙乙未，儒学教谕杭云龙③、训导王启睿仝跋。

六 《（光绪）阳谷县志》④

《（光绪）阳谷县志》十六卷，孔广海原纂，董政华督修。邑人孔广海前于光绪十六年（1890）撰《县志采访稿》八卷，久未刷印。民国三十年（1941），时任阳谷县县长董政华将孔广海《志稿》分置于《（康熙）阳谷县志》各卷目之后，重新编次厘定，于民国三十一年（1942）印行，由济南翰墨斋南纸印刷局承印。此志封面为董政华题"重修阳谷县志"，扉页题"民国三十一年印 阳谷县志 董政华题"；卷前有孔广海、董政华、雷长禄各《序》、旧志《序》八篇

---

① "辄"字，或当作"辑"。
② "校"字，或当作"檄"。
③ 杭云龙，字旬九，山东聊城人，贡生，时任阳谷县教谕。
④ 此《序》载《（光绪）阳谷县志》卷首。

及县图五幅，卷后附有《乡老箴言》，全志约三十万字。

此志遵《（康熙）阳谷县志》纲目，卷一为建置、疆域、分野、形势、城池、山川、桥梁，卷二为风俗、都社、户口、土田、物产，卷三为庙祠、公署，卷四为职官，卷五为名宦，卷六为学校、人物、封荫，卷七为孝义，卷八为贞烈，卷九为隐逸、武备、古迹、古墓、坊牌、寺观、灾异，卷十至十四为艺文，卷十五、十六为题咏。是志续补康熙以后七十余年诸事于各目之后，尤以山川、风俗、都社、人物、艺文、题咏续补为详。山川补考阳谷山川堤堰名称由来、坐落方位、兴衰变迁及利弊得失等，皆详明精要，并配以图，颇资考见。艺文增补独占五卷，保存乡邦文献之功甚巨。

《（光绪）重印阳谷县志序》①

董政华

夫志者，政之纪也。存往昭来，以辨物土，以观民风，以资吏治。盖在郡邑，弗可阙焉。己卯岁冬十月，余始至阳谷，承凋敝之极，欲图经理之方，漫无可稽。岁余，以志访于乡大夫，佥谓邑志创于明成化中，由邑令孟纯纂修，未竟梓。至明嘉靖十五年，始经邑进士李际元镂版。迨后经明万历三十四年、崇祯四年、清康熙十二年、康熙五十三年，计前后共六次增纂修订，始底于成，即今传本之八卷三十门也，六次以后数百年无续修本。民国二十年后，曾议重修，未竟事。而国家多故，不惟续修中辍，即旧本亦将湮泯殆尽。有是哉，兹邑之阙也夫。籍以载典，典以昭式，政之大节也。昔者孔子论三代之礼，惟文献是征，盖重之也。若尔颓废，后将何征？因谋诸邑绅等，搜集旧本重印，借以昭存献典，而垂范来兹。复将邑孝廉孔仙洲②修志未竟之遗稿附于后，俾得将所载康熙五十三年以

---

① 此《序》载《（光绪）阳谷县志》卷首。

② "孔仙洲"，即孔广海。广海，字仙洲，邑举人，曾任山东即墨训导及滨州、东平学正。《（光绪）阳谷县志》卷五："孔广海，字仙洲，城南孔家庄人。光绪丙子科举人，己丑大挑二等，历官即墨训导、滨州学正、东平州学正，著有《四书提纲》一部、《周易史论》二卷、《书经未》六卷、《诗经未》四卷、《读史先》一卷、县志采访未誊草八卷，《周礼》《仪礼》《尔雅》《孝经》读本共八卷，《莘县志》六卷已梓，事详教感碑。"

后，历乾隆、嘉庆、道光、咸丰、同治以至光绪中叶，凡六代一百七十余年之文献可征，以待第七次重修阳谷县志之典料。夫是虽重印本也，岂其文具已哉？

余又谓有思道焉，于建置、方舆见形胜之概焉，可以思守；于土田、物产见稼穑之艰焉，可以思节；于职官、名宦见责任之重焉，可以思劝；于学校、人物见化成之本焉，可以思兴；于乡耆、封荫见贤哲之光焉，可以思重；于孝义、贞烈见人文之贲焉，可以思怀；于艺文、古迹见典藉①之奇焉，可以思考。若乃户口之敝、力役之繁、经费之多，又余夙夜深思，亟欲扶持，而全安之者也。夫岂徒作重印之举而已哉？第恐阙之有年，搜集重印于一旦，未免袭陋就简，而于民生利害所关，未必能筹划曲当，可以传之有永也。是又俟将来大雅君子重修志书时，而有所规正焉。

中华民国三十一年岁壬午仲春，阳谷县知事寿光董政华②序。

《（光绪）孔仙洲先生遗稿原序》③

曩尝在邻县，与修志书。司事者教之曰：今兹之役，酌有四宜：一、旧志序文太繁，每修一次，二三四五篇不等，辞意皆大同小异，兹宜汇为一序，悉载其年代姓名，以不忘厥初，不没前人之劳。以下即叙今兹续修，略明大意，不必篇篇梨枣，令阅者开卷生烦。一、历代诰命俱系典重之文，官最尊者敬录一二，以见体例，示劝勉。其余拟于各名下谨注封某大夫、某将军，勿敢连篇累牍，令阅者不敬惧亵也。一、建置、古迹、人物诸志，随其所知，畅所欲言，不必拘拘体例，分类叠出，令阅者翻前覆后，惮于疲劳。凡此不可病前人之烦，彼时事少，不得不引伸重叠，凑成卷帙，今则宜简而明也。一、叙次完后，监刻者、监刷印者宜打叠精神，力求清好。勿复如旧志模糊，令阅者恨恨，无从校正也。

鄙因与同事者敬谨从令，书成之后，阅者果多称快。退而自维，窃不

---

① "藉"，当作"籍"。
② 董政华，山东寿光人，民国二十八年（1939）任阳谷县长。
③ 此《序》载《（光绪）阳谷县志》卷首。

能无意于吾阳谷也。阳谷旧无县志，明成化中，邑侯孟公纯与一二耆宿经始搜罗，艰难草创，辑录成帙，尚未梓行。阅五十年，至嘉靖十五年丙申，邑侯刘公素始暨邑进士李际元纂辑镂版。又七十年，至万历三十四年丙午，邑侯范公宗文增修。又二十余年，至崇祯四年辛未，署邑侯李公文林补续。又三十余年，至本朝康熙十二年癸丑，邑侯王公天壁①重修。又四十一年，至康熙之五十三年甲午，寰海镜清，方隅砥平，太平之盛，自三代以来未之有也。兖州府尊金公一凤字子翔，由顺天拔贡来守圣贤桑梓，凡鲁邦之古迹、天下之伟观焕然一新、彪炳千秋者，金公之功十居其九。以《兖州府志》先修于明嘉靖时东阿于公慎言②，续修于康熙二十二年张太守鹏翮③，乃踵厥事，先檄行所属各修县志。时阳谷县尊王公时来，湖广钟陵岁贡生也，第六次缮修，为卷有八，部有三十，曰建置、疆域、分野、形势、城池、山川、桥梁、风俗、都社、户口、土田，附杂课、物产为一卷，庙祠、公署、职官为二卷，名宦、学校、人物，附乡贤、封荫为三卷；孝义、贞烈、隐逸、武备、古迹、古墓、坊碑、寺观、灾异为四卷；艺文为五卷、六卷、七卷，题咏为八卷，书至五十五年丙申告成。自是以来，阙如者一百七十四年矣。乾隆、嘉庆重熙累洽，物阜民安，无事可纪。道光末年，南方始乱，至咸丰四年甲寅，粤匪过境，黄河北徙，十一年辛酉、同治元年壬戌，附近教匪蜂起，土匪蚁屯，兵燹蹂躏十余年，而后重享承平。中间陵谷变迁，绅民节义，可知者不可以不记。鄙因忘其菲陋，仍从邻志司事者之意，略存梗概，以待第七次重修阳谷县之采访云尔。

时光绪十六年庚寅，邑后学丙子举人乙丑大挑二等、东平学正孔广海仙洲氏谨识。

---

① "壁"，或当作"璧"。

② "言"，或当作"行"。

③ "张太守鹏翮"，即张鹏翮。鹏翮（1649—1725），字运青，号宽宇、信阳子，四川遂宁人。康熙九年（1670）进士及第，仕康熙、雍正二朝。历任刑部主事、苏州知府、兖州知府、河东盐运使、通政司参议、大理寺少卿、浙江巡抚、兵部右侍郎、左都御史、刑部尚书、江南江西总督、河道总督、户部尚书。雍正元年（1723），任文华殿大学士。雍正三年（1725）病逝于任上，谥文端。

《（光绪）续印阳谷县志序》[1]

雷长禄

　　余素列戎行，未尝学问。然略识文卷大义，曾于戎马之余披阅《山东通志》，独阳谷志书阙如，深为遗憾。惟自有明成化年间，邑宰孟公纯创有草本，尚未梓行。至嘉靖十五年丙申，邑宰刘公愫[2]与邑进士李际元暨二三宿儒，竭力采访，愍懃草创，始得镂板。万历三十四年丙午，邑宰范公宗文续修未竟。崇祯四年辛未，李公文林又补修之。厥后世道变乱，典籍文物强半灰烬。至清康熙十二年癸丑，县令王公天璧旁搜远揽，始得原本重修之。五十五年丙申，邑令王公时来又续修之。迄今几二百年，虽屡经翻印，然未尝增减一字。其间风土人物之变迁，恐历时愈久，文献不足，益觉无征。

　　今邑宰董公治中兵燹之余，来抚是邑。修浚城池以固守卫，戡定四境以奠民生，重修文庙以崇圣道，亟亟以惠农劝学牖正风化为先务，尤以一邑史乘为考核情势、端正风化之源。在民国二十六年，县令杨霁峰曾设局从事续修，历时二载，甫经脱稿，即罢兵燹。所集之稿皆星落云散，无可搜求。是旧者既多缺憾，新者亦化乌有，而又不忍邑乘之日趋残断。因招余会商其事，惟凋蔽[3]之余，百物维艰，一云正式续修，则人文财力，时势际会，诸感困涩。因访得邑孝廉孔广海先生生前续录县志家藏遗稿四册，自康熙五十五年续起，至光绪二十六年止，其间人物、地舆、兵农、钱谷之类莫不备载。爰集邑庠宿耆等审核旧志，依类补缀于后。又自光绪年间至民国来所有人物、舆图等之增移明而有征者，略事补增，悉求简实，冀少缺憾。复延邑拔贡张藻榜[4]重加校定。自民国三十年己巳闰六月从事，计四越月告成，为目三十，析卷十有六。此悉本邑宰董公述而不作之意，非云续修也。如董公者，于戡乱勤政之余即留心史乘，使我谷文献

---

① 此《序》载《（光绪）阳谷县志》卷首。

② "愫"字，或当作"素"。

③ "蔽"字，或当作"敝"。

④ 张藻榜，山东阳谷人，宣统元年（1909）拔贡，曾任湖北通山县知事。

于茫茫堕绪之中得绵一线于未绝，仁人之用心至矣哉！余粗武不文，爰述巅末，以俟后之君子览是志而兴起焉。是为序。

中华民国三十年岁次己巳小阳月，陆军中将邑人雷长禄①位廷序。

《（光绪）乡老箴言》②

编修县志未蕆事，有乡老前来，坐而问曰：县长董公之政绩编入乎？对曰：未也。乡老曰：城池者，一邑之根据也，残坏大半。董公下车之始，未遑他务督修之，而周围巩固。圣庙者，万世之师表也。彤敝多年，董公瞻拜之余，不胜感叹重修之，而焕然一新。而且勇以平匪，如鹰鹯之逐鸟雀；柔以待民，如父母之保赤子。至于廉而不贪，勤而不怠，乃公之末节耳。即古之循良不是过，谷之名宦无以加，胡未志之？曰：凡例声明，民国事概从缺如，录董公事，未免违《凡例》。乡老曰：诸君滞矣。左氏依经作传，凡例也。而首传乃列经前。朱子作《大学章句》，凡例也。而五传乃补格致，岂可尽拘凡例乎？曰：即不尽拘凡例。其如董公坚不欲载何？乡老曰：董公之避嫌，私意也。诸君之记录，公论也。董公之避嫌，虑当时之议也。诸君之记录，取后世之信也。以私意而违公论，固不可。以虑当时之议，而无以取后世之信，尤不可也。曰：即不从董公之意，而此次编修，除旧志外，皆孔仙洲老先生之手泽。吾等不敢赞一词，可奈何？乡老曰：请记吾俚语，待后之续修者润色，可乎？编修者无以对，谨录之，以附卷末云。

---

① 雷长禄，字位廷，山东阳谷人，民国七年（1918），署步兵第四团团长；十二年（1923），任山东第一混成旅旅长，后任直隶第二师师长。

② 此《序》载《（光绪）阳谷县志》卷首。

寿张县

一 《（康熙）寿张县志》

《（康熙）寿张县志》，八卷，陈璜纂修，康熙六年（1667）刻本，今存卷六至卷八，为存世最早的《寿张县志》。《寿张县志》初修于明万历中知县周三锡，入清后，板燬志残，陈璜遂加纂修。

此志卷六为选举志，卷七为人物志，卷八为艺文志，约三万字。据明万历旧志原版增辑而成，保留了大量明代材料。如艺文志之邑人孙玄《创建邑侯马公生祠记》记明嘉靖十五年（1536）知县马时叙在寿张"首行条鞭法""收解悉出官府，召募傣头，价值不没丝毫"；赵有冯《寿张县筑堰记》记明万历年间知县张慎言倡导治理涝洼，筑堰"三十里""是秋收获三倍于昔"，对考见明代山东实施"一条鞭法"及社会经济发展，均有一定价值。

《（康熙）寿张县志序》①

张宏俊

郡邑之有志，始于九邱，继以《禹贡》，广于《周官》。邱者，聚也，九州所生，风气所宜皆聚书中，左史倚相所读者此也。禹别九州，定其山川，分其圻界，条其物产，辨其贡赋，斯曰禹贡。《周礼》所载地官诵训掌方志，以知地俗；春官保章以星土辨所封之域；夏官

---

① 此《序》载《（光绪）寿张县志》卷首。

司险掌九州之图，周知山林川泽之阻；秋官职方掌天下之图，与其财用，可云详矣。汉则风俗有记，地理有志。晋挚虞、齐陆澄、任昉本之以作《畿服》《地理》等书。随①有《寰宇图志》，唐有《元和郡县志》，宋有《太平寰宇志》《九域志》，明有《通志》，离然大备。然郡邑各自为志者，载一方之兴革、土宜、人物、赋税，犹繁星丽天，缺一不可也。

寿张春秋为良邑，战国为刚寿，西汉为寿良，东汉改为寿张，其邑可云旧矣。金大定河决，迁于竹口镇，嗣仍旧治。元至正三年，河又决，县废。明洪武元年，移置梁山之东。十四年，复置王陵店，则今寿张也。邑废而复存，民散而复集，岂非风气所钟，要会所系，虽弹丸黑子，缺焉不可欤？志作于万历年间，邑令周君三锡②所辑，有刻板。顺治四年，寇叛焚煨无存，今令陈君③详觅原志，明经丁复兴以杨生之子所藏旧本呈送，计书八卷。余取而阅之，事约而核，文典而洁。惟计前辑之时距今四十载，乃得陈君重订，捐资而梓之。书成，请余一言，以纪本末。夫今寿张非昔寿张也，寇残其疆，水激其地，人民所遗十之一耳，土田所开十之三耳。十年生聚，民气未复。余奉简书，驻扎此邑，劳来抚绥，三载于兹，渐望小康。成书既失而复存，盛典既坠而复举，是亦有数于其间。及今不为订刻，则千百年之文献安考哉？今阅其书，志方舆，则星土灿如列眉，盍思所以艾之？志建置，则兴革洞若观火，盍思所以安之？志祀典则明禋是存，盍思所以昭格之？志职官则政绩攸著，盍思所以恪恭之？志食货则贡赋所出，盍思催科何以不悖于抚字？志选举则人文所钟，盍思作人何以重光于曩贤？志人物则仕者产者盍思令

---

① "随"字，或当作"隋"。

② "周君三锡"，即周三锡。周三锡，直隶濬县人，举人，万历四十一年（1613）任大兴县知县，后升任刑部主事。

③ "今令陈君"，即陈璜。陈璜，浙江临海人，进士，顺治十六年（1659）任寿张知县。《（康熙）临海县志》卷9："陈璜，字符卿，号琪园。髫龄为弟子员，攻帖经，兼治古文词，见知于江右黎博庵。为人轩轩自负，以能诗称，浮沉场屋，艰于一第。然志久不衰，揣摩日益力，中顺治辛卯乡试，壬辰联登进士。戊戌，授寿张知县。县僻而简，户口仅千余，署中艺瓜蔬以自给。日手一编，吟咏不辍。丁未，因小误镌级回籍，数椽无栖，布衣徒步，郡邑罕所延接。戊申，补宁德丞。甲寅，遭耿逆之变，郁郁不得志，卒于闽，年六十有七。"所著有《寓园诗集》《文略旅书》《琪树园诗话》。

名何以不朽？志艺文则作者述者言行何以克践尺幅之中？金鉴备焉，以此而备《九邱》《禹贡》之采掇，《周官》《周礼》之撺揽，犹箫韶之有清商，黼黻之有火藻①也，缺焉不可。匪曰修儒术，以饬吏治为美观也。虽然，有治人，无治法，治平之书岂不昭于日星？人存而后政举，是在职郡邑者加之务焉。志者，志也。唯良有司各志其中心之所志，无忝厥志可矣。

康熙元年季夏谷旦，山东布政使司分守东兖道左参政加一级张宏俊撰。

二 《（康熙）寿张县志》

《（康熙）寿张县志》，八卷，滕永祯修，马珩纂。此志为奉兖州府修志令纂修，有康熙五十六年（1717）刻本。卷前有金一凤、滕永祯《序》、旧志《序》、兖州府修志帖文及县图六幅，全书约八万字。

此志分方舆志、建置志、祀典志、职官志、食货志、选举志、人物志、艺文志八门、五十四目，依前志门目，续补康熙元年以后五十余年人事多简明赅要。前五卷基本保留了前志原貌，据此可补前志之缺。

《（康熙）重修寿张县志序》②
金一凤

夫九州之疆域有别，五方之风气不齐。故天下郡邑各有志乘，于以考山川之险易、建置之因革、户役之增损、人文之盛衰，凡有民社之寄者，若不以古镜今，随时消息，何以通治体而昭文献乎？癸巳秋，予出守是

---

① "火藻"，古代官员衣服上所绣作为等差标志用的水藻及火焰形图纹。
② 此《序》载《（康熙）寿张县志》卷首。

邦，阅旧志阙略，告诸同志，共为修举。丁酉夏，寿张尹滕君①以邑乘告成，质之于予。夫寿张虽弹丸之地，自春秋以来，建置不一，盖古邑也。山川则峰峦秀拔，河水汤汤，有文明之象颇；疆域则介乎齐鲁之郊。太史有云：齐鲁间于文学自古及今，其天性也。以故笃行君子、英豪贤达，人才辈出，岂非密迩圣人之邦，而董陶濡染之所致欤？吾知其将来必有超前振后出乎其间者，正未有艾也。滕君明敏通达，发微阐奥，繁芜者删之，遗阙者补之，精研考订，不激不随，务严传信之义，不以泛博为能，以使星野燦然，井里条达。观古迹则思仰前人之风烈，论风俗则可知今古之淳漓，学校为教化之本，宜以如何培养，如何训诲，方克副圣天子崇儒右道之盛心。田赋关民生之休戚，其间硗腴有分，徭役必记，于以冀蔀屋②茅檐咸登衽席，往哲于蒸尝以厉世俗，表节孝于幽微，以彰风化，俾观览之下有所感发。民知稼穑艰难，士益敦伦向道，宰此邑者亦由此而因俗善教，化导民生，以臻上理，岂非为政之大端、移风易俗之要务耶？聊斜自銮舆幸鲁之后，表章六经，稽古右文，超轶千古。方今纂述职方，绘写舆图，采风问俗，由邑而郡，由郡而省，由省而天下，以成车书万国之盛大矣哉，宁仅关乎一邑之民风土俗而已也。是为序。

时康熙五十六年岁次丁酉孟秋上浣之吉，中宪大夫知山东兖州府事、加三级纪录十五次、前户部陕西清吏司郎中山阴金一凤紫庭甫撰。

《（康熙）重修寿张县志序》③

滕永祯

尝观天下亦甚广矣，东西朔南，风土亦不齐矣。其间人民有淳浇，习俗有美恶，古来太史采风以献于王廷，藏于记室，诚钜典也。况今圣天子在上，声教四讫，德威广播，遐陬异域，莫不梯山航海，闻风而景德矣。

---

① "寿张尹滕君"，即滕永祯。滕永祯，顺天宛平县人，贡生，康熙五十一年（1712）任寿张知县。《（光绪）寿张县志》卷5记其在寿张县为政情形："兢兢业业，以国计民生为念，捐修学校，续修县志，宣讲圣谕，化导愚民，五载如一日。"

② "蔀屋"，草席盖顶的房子，泛指贫家幽暗简陋之屋。

③ 此《序》载《（康熙）寿张县志》卷首。

有时皇上出而巡狩，省方问俗，亦难遍阅而周知，此《一统志》之纂修所以不容已也。稽古《禹贡》职方所载九州大势亦云略备，闲尝览诗，又有十五国风探民间之歌谣，占人情之邪正，见政治之得失，固昭昭在人耳目间。自大圣笔削后，遂成万世不易之经，正变贞淫，劝惩法戒，胪列方策，瞭若指掌，此即纂修《一统志》之义也。是志书之修所以记事，历观往昔，何代蔑有？广而论之，通天下有志，各省有志，一郡一邑莫不有志，志之所关岂细故哉？即兖郡别号东鲁，合徐、兖以为域，并娄、奎而分野，凫绎①崒嵯，列于东南；汶济巨川，环于西北，允矣一胜地乎？况昔为姬公封邑，以亲亲任贤敦故，使能为治。迨后士醇民朴，诈虞不作，鲁初之遗风犹有存者。是以天地钟灵，川岳毓秀，麒麟玉书而孔子生焉。删定纂修，为万世师表，敷文教而扶刚②常者，千古一人，其大有光于史策可知矣。

念兹寿邑壤土褊小，虽属弹丸，实近圣居，其被洙泗杏坛雅化更切且深。户口虽少，男耕女织，忮求奸慝之念不作。学校诸生，义路礼门，夤缘请就之事不为。因而高贤杰士蒸蒸蔚起，有九世同居之张公③，高宗幸其宅，赐以缣帛，海内传颂弗衰。有刚烈性成之彦章④，忠肝义胆，捐躯成仁，千载昭垂不朽。此二公不待勒诸志而自永，迺勒诸志而益永矣。且志书所载，取其扼要者言之。如方舆不志，则星野、疆域、山川、形势，人莫明其界限；建置不志，则城郭、庙坛、县治、学宫，人莫详其创作；

---

① "绎"字，或当作"峄"。

② "刚"字，或当作"纲"。

③ "九世同居之张公"，即九代人居住在一起不分家。《旧唐书》卷188："郓州寿张人张公艺九代同居。北齐时，东安王高永乐诣宅慰抚旌表焉。隋开皇中，大使、邵阳公梁子恭亦亲慰抚，重表其门。贞观中，唐太宗特敕吏加旌表。麟德中，高宗有事泰山，路过郓州，亲幸其宅，问其义由。其人请纸笔，但书百余'忍'字。高宗为之流涕，赐以缣帛。"

④ "刚烈性成之彦章"，王彦章（863—923），郓州寿张人，字贤明，五代后梁名将。事朱温，每战，持铁枪冲坚陷阵，军中号王铁枪。后梁建立，先后为濮、澶州刺史，汝、郑州防御使，许、滑州节度使。常为先锋，与李存勖对垒。龙德三年（923），晋王李存勖称帝建后唐，后梁失郓州，他临危受命为北面招讨使。时后唐已尽有河北，以铁锁断德胜口，筑河南、北为两城，号夹寨。王彦章攻下德胜南城，率舟师攻杨刘，凡百余战，后唐以大军来援乃退。后屯兵兖、郓之境，为李嗣源所袭，退保中都，又败，被擒。庄宗欲全活之，对曰："岂有朝事梁而暮事晋？"遂被杀。

祀典不志，则牺牲不备，粢盛①不陈，何以却旱溢之灾？官职不志，则善政不存，治道易忘，何以存甘棠之思？推而食货有志，选举有志，人物、艺文有志，班班可考，讵不要欤？当大清康熙十一年，已敕命重修通志，第历年迄今，纵作人物，不无稍更。安得不详搜博采，稽其实，核其真，繁者删，缺者补，汇集成帙，使事事有切政治，言言有益风化，以成一代文献，上答兖郡宪台之命令，不徒摭拾遗文，润色浮词，以为观美已耶？然莅任一邑者，业有民社之责，又何敢以学疏才浅，渺闻寡见，退然诩不敏乎？永祯谨择本邑马公讳珩者②共勷厥事，不尚丽词，惟求确据，参考无讹，编次有条，庶可与《禹贡》职方十五国之诗并垂奕禩，且以彰国朝车书一统之盛、久安长治之谟，则圣天子端拱垂裳，坐享太平，以受无疆之福云尔。

时康熙五十六年岁次丁酉，寿张县知县加二级宛平滕永祯谨识。

三　《（光绪）寿张县志》

《（光绪）寿张县志》，十卷首一卷，刘文焜修，王守谦纂。是志始修于光绪二十五年（1899）知县庄洪烈，未就，调任离去。继任刘文焜延同年王守谦继纂修，于光绪二十六年（1900）修成梓行。卷首载刘文焜、王蕊修、王守谦、高连升各《序》、旧志《序》三篇及县图二十二幅，全志约十五万字。

此志因袭前志门类，另增武备、杂事，分方舆志、建置志、典礼志、食货志、官师志、选举志、人物志、艺文志、武备志、杂事志十门、五十八目。其续补康熙以后百二十余年诸事较周备，而以武备、杂事所载近事颇具特色。武备内收有光绪二十六年（1900）《劝谕百姓各安本分勿立邪会歌》《劝谕百姓去邪从正四言简明告示》等文，对考见义和团、大刀会等民间武装组织的早期活动颇有价值。

---

① "粢盛"，指古代盛在祭器内以供祭祀的谷物。《公羊传·桓公十四年》："御廪者何？粢盛委之所藏也。"何休注："黍稷曰粢，在器曰盛。"《汉书·文帝纪》："亲率耕，以给宗庙粢盛。"

② 马珩，邑贡生。

《（光绪）寿张县志序》①

王藻修

古者列国各有史官，以记时事，盖未常有志也。志何昉乎？唐虞以前无论已。自禹平水土，荟萃九州，物产则壤错绣为一书，曰《禹贡》。《周礼》掌广轮之数，辨土物之宜，曰职方，并设小史、外史掌邦国四方之志，志实权舆于此耳。两汉有《地理》《郡国志》，唐有《括记志》，顾未有专志一邑者也。即如乐史等《太平寰宇记》，王存等删定《九域志》，历其地而志之也。周淙《临安志》、董弅《新定志》，官其地而志之也，亦未有专志一邑者也。邑之有志，唐宋以来不少概见，历元迄明，于是邑各有志。我朝康熙壬子，特诏天下郡邑各修志书，备储外史典，顾不綦重哉？

溯查兖郡隶邑寿张志创修于前明万历，再、三修于国朝康熙元年壬寅、五十六年丁酉，迄今阅百余年，世事沧桑，日新日异，陈编故牒，兵燹消磨，宰斯邑者亦将感慨嘘唏，徒见山高而水清，欲问其事，而遗老尽矣。光绪己亥，庄君洪烈②议修，未开办，以治行擢去。今春，余同年刘君星伯莅任，适值戎氛北扰，王室播迁，时局艰虞，至斯已极。计惟议乡团，议城守，忙忙焉御灾弭患，他务未遑。而刘君措置裕如，匝境无尘，环闬胥靖，凡地方所当兴举者皆次第经理，底于有成。志乘一书，慨然以辑修为己任，留心掌故，博访周咨，蒐罗于灰烬之余，撷拾于散亡之后，霜钞露纂，裒集成编。举邑中疆域山川、历代沿革以及赋役农田、文学武备诸大政，稽考详明，缺者补之，讹者正之，繁者芟之，简者益之，分门别类，纤钜靡遗，事虽因功犹创。居今日而能为此者，盖亦仅矣。刘君之汲汲于是也，诚有心世道耳。且夫前事不忘，后事之师也。寿张虽属弹丸，被元公之余风，沐圣人之遗泽，东汉以降，代起英贤，其间某也忠，某也孝，某也义氓烈士，某也节妇贞媛，古今来可愕可惊、可泣可歌之事，一一登诸简册，表扬懿行，阐发幽光，俾后之览者知劝惩，思效法，

---

① 此《序》载《（光绪）寿张县志》卷首。
② 庄洪烈任寿张知县在光绪二十一年（1895）。

庶几如唐之公艺、梁之子明，卓卓然可以振颓风、维薄俗者见于古，复见于今，非独闾里之荣，寔邦家之福也，亦即史乘之光也，岂不伟欤？是书经营于多事之秋，阅数月脱稿，将付手民。刘君邮函问序于余，余守鲁邦七载矣，公余流览记载，凡山川之形胜、风土之厚薄、人物之盛衰，颇能粗知厓略，不敢不以告夫后之贤邑宰云。

光绪上章困敦之岁①小阳月②谷旦，赐进士资政大夫前内阁侍读赏戴花翎、三品衔在任候补道知兖州府事安徽王藻修③尊亭氏撰于府署之退思堂。

《（光绪）重修寿张县志序》④
刘文煃

自《尚书》每事别记，以具事之首尾，而后世纪传志之体祖之。秦汉而下，记述寖多。至唐即有元和郡国之志，宋则有太平寰宇之志。元明之代，其尤著者则有袁桷延祐《四明志》，康海、韩靖邦武功、朝邑二志，类能考核详明，繁简有法。读其书，可以悉其礼乐政教因革损益，士习民风之纯驳，赋役物产之丰耗，及其循良人豪、武功阃范，无不纲举目张，洪纤毕具。论其世者，犹令人闻风兴起，穆然于一县一邑文献之足征信史也，亦钜典也，固非可率尔操觚为也。

《寿张县志》失修已百八十年矣。前令尹庄君有志纂述，以调任诸

---

①　"上章困敦之岁"，"上章困敦"为以岁星纪年的方法。岁星以六十甲子（干支纪年法）为运转周期。《尔雅·释天》："太岁在甲曰阏逢，在乙曰旃蒙，在丙曰柔兆，在丁曰强圉，在戊曰著雍，在己曰屠维，在庚曰上章，在辛曰重光，在壬曰玄黓，在癸曰昭阳。大岁在寅曰摄提格，在卯曰单阏，在辰曰执徐，在巳曰大荒落，在午曰敦牂，在未曰协洽，在申曰涒滩，在酉曰作噩，在戌曰阉茂，在亥曰大渊献，在子曰困敦。在丑曰赤奋若。"则"上章困敦"为庚子年，即光绪二十六年（1900）。

②　"小阳月"，即农历十月。

③　王藻修，字尊亭，湖北英山人，光绪九年（1883）进士。《（民国）英山县志》卷10："同治丁卯举人，内阁中书，旋任典籍。光绪癸未进士，内阁侍读，京察一等，旨以五品京卿用，简放山东兖州府知府，调署东昌府事，候补道，二品衔。"

④　此《序》载《（光绪）寿张县志》卷首。

城，事遂中辍。煌①于今岁正月由长山来权是邦，莅任之初，草窃未戢，三月后而四境粗平，雨旸时若，爰与邑诸绅董商议而告之曰：山左自光绪十七年，前大中丞勤果张公奏准续修通志，各县志书已陆续告竣矣。寿邑界在鲁邦，去圣人之居最近，沐浴教泽，亦较他邑为最深。溯自康熙末年以迄今日，此百数十年中，吏治人文、忠孝节义，其有关乎世道人心者正钜，不有记述，后之人亦何取法？抑官斯土者之耻也。况旧志板片漫漶，舛讹滋多，非删繁补缺，厘而正之，而欲信今传后，无当也。诸绅董众口同声，佥以余言为然。于是某司采访，某司校勘，唯星野一门旧志略甚，即以今汶上大令锡君会一之说为鹄。煌公余之暇，间亦参以末议。而总其成者，即余同年王君子约②也。王君，江南名宿，学博而心细，孜孜矻矻，于旧志之可因者因之，可革者革之，汰其繁芜，补其罅漏，古所谓事增于前，文省于旧者，庶乎近之。先以绘图二十二帧冠诸简端，而曰方舆，曰建置，曰典礼，曰食货，曰官师，曰选举，曰人物，曰艺文，曰武备，曰杂事，总为纲者十，分为目者五十有八，俾开卷了然，如指诸掌，而此邦百八十年之循良人物、节烈文章、风俗美恶、赋税增减，靡不燦陈于是册。即旧志漫漶舛讹之憾，亦靡不胥臻美备而无歉于心。然则是书虽不敢与《元和郡国》《太平寰宇》诸志相颉颃，而必详必慎，以之信今传后，备异日圣天子輶轩之采，或可免冗滥不寔之议也夫！是役也，创始于庄君。余不敏，勉修厥事，自谓差有一日之长。因综其缘起始末著于篇，以见是书之成不易，更愿此邦人士知所观感，父诏兄勉，归于忠厚，尤区区之所跂望者矣。是为序。

时光绪庚子，赏戴花翎军机处记名在任尽先即补同知直隶州济南府长

---

① "煌"，即刘文煌。刘文煌（1849—1922），字星伯，贵州普定人，同治八年（1869）举人，光绪二十六年（1900）署寿张知县。《（光绪）寿张县志》卷5："大挑一等……原授江西广昌县，改授山东长山县，光绪二十六年署任，纂修县志。"冯楠《贵州通志·人物》："刘文煌，字云樵，普定人。同治己巳举人，庚辰以大挑补江西广昌知县，丁外艰归。服阕选山东长山县，历宰武城、临邑、寿张、滋阳、荣城，均有政声。升直隶州，晋知府。解组后居山东，丁巳就养重庆，壬戌卒，年七十又三。"王敬彝《梅佛老人墓志铭》记刘文煌担任寿张县令时之政绩："庚子拳民乱起，欧教众处之地，导祸尤烈。公宰寿张，力固其围，外人亦保于公，前无夷伤，后无扰诈，视日照、肥城诸县保全为多。公又出所得俸万金以济军食，故自始乱至于事定之日，封内无几微累者，皆由此贤父母之德。而公仁民爱物，出诸天性，凡见之行，曰义当然耳。"

② "王君子约"，即王守谦。王守谦，字子约，江苏清河人，举人，曾任江西雩都县知县。

山县、调署兖州府寿张县知县黔南刘文煌星伯父撰并书。

《（光绪）重修寿张县志序》①

王守谦

余本皖南人，少值粤逆之变，避居江苏清河县，遂附籍家焉。岁庚辰，与黔南刘君星伯以大挑同年莅仕江右，时年俱壮，听鼓余暇，辄相过从，称莫逆，令儿辈呈课艺就正，固文字交也。星伯少余十岁，先补广昌，未之任，力助余得补雩都，追余赴雩，而星伯改选山左长山。自是天南地北，不克促膝晤谈者，已阅十稔矣。既而余解雩篆，归吏部铨，忽遭今夏拳匪。既弃装只身行，辗转至鬲津，寓萧寺，进退维谷，询识星伯调篆寿张，趋诣之。至之日，适坐堂皇，理民词。刺入，倒屣迎迓，握手殷殷，互惊斑白，非复向之江右时也。越十日，京友速余赴选，立遣车仆，备资送之。行及雄邑，适翠华西狩，不克前，再返寿张，心蹙蹙不自安。星伯曰：吾子毋然，此间有邑志待修，解装任之，得数月聚首，可稍慰渴思耳。余以人地生疏，心意烦乱辞。星伯曰：子毋然。吾与子固文字交也。志乘者，与史书异名而同归，将以垂信于天下后世焉。人地生疏，胸次自无窒碍，笔削愈得其平。心意烦乱，尤宜静养，随遇而安。俟有转机，再驰车马赴铨，竟吾子未竟之志，不亦可乎？余唯唯，不再辞，迺取旧志阅之，喟然曰：星伯之志大矣，美矣。寿张志失修者已百八十余载，其间经兵燹，被水患，文献荡然。过此不修，将难乎其为志矣，此固都人士所深愿而日望之者也。

夫以一人之志，志千万人之志；以千万人欲志之志，而不能自志者，竟代为之志，其为事与用心固何如也？创议举修者，为前任阳湖庄君，未开办而调去，则非星伯莫与成也。旧志有三，而所存者惟滕志，其书多脱略。爰取《通志》摘要十二条，以为根据，列总目分目及各体例，兢兢焉与邑中诸君子日事其事，于以知是书宜简不宜略，宜备不宜繁，宜切实不宜敷饰，庶几证之于前，不至有美而不彰；传之于后，不至无征而不信。凡所谓风土人情吏治兴革，正气薄云霄，劲节裂金石，文章功名祥征

---

① 此《序》载《（光绪）寿张县志》卷首。

善应，令人可歌可泣者，按卷而能稽，虽幼稚妇女亦乐耳为之闻，口为之道也。其攸关于世道人心者，岂浅鲜哉？他若筑坛以祀神，建亭以劝士，犹其显而易见者，星伯勉旃。长山、临邑之善政已上达诸朝，而此后之措施，庸有限量欤？

斯役也，以风尘枵腹之人，甫三月而脱稿，即苦心孤诣，不免于率尔操觚。况鲁鱼之误，亥豕之讹，凌躐参差，实多罅漏乎？孔子曰：知我者，惟《春秋》，罪我者，亦惟《春秋》，亦安得天下尽知我者哉？今将言别，谨具缔交之巅末，走笔尽之，以为序。并缀七言绝句于后，用见志焉。时事茫茫奈若何？艰难险阻此生多。惊鸿雪爪今留印，摊卷停思到寤歌。

光绪二十有六年岁次庚子冬至后五日，钦加同知衔原任江西赣州府雩都县知县袁江王守谦子约甫撰并书。

《（光绪）重修县志序》①
高连升

寿志自滕公续修而后百八十余年间，欲修而中止者三。嘉庆十七年，上宪檄修《通志》，诸先正奉谕采访，藉是请修邑乘。适年饥，用不足，遂不果。光绪十五年，吴公焕臣②奉修《通志》，檄谕采访，积卷既多，召绅耆议纂辑县志。甫筹经费，又以解组而事熄。十九年，邑人士请于李公典岑③，踵前议。李公摄篆未久，又寝其事。嗟乎！寿志其永替矣乎！迨二十一年，庄邑候耀甫④初下车，阅旧志，即有志于此，屡谕详采。因数年迭逢河决岁歉，不能遽举。延至二十五年秋九月，谋于儒学马星甫⑤、李玉轩⑥两广文，请监理，择诸生分任厥职，劝谕绅民殷富之家量力

---

① 此《序》载《（光绪）寿张县志》卷首。
② "吴公焕臣"，即吴鸿章。吴鸿章，字焕臣，光绪八年（1882）举人，直隶抚宁县人，光绪十四年（1888）任寿张县令。
③ "李公典岑"，即李国恺。李国恺，字典岑，附生，湖北黄陂县人，光绪十八年（1892）署理寿张县令。
④ "庄邑候耀甫"，即庄鸿烈，生平见前注。
⑤ "马星甫"，即马奎辰。马奎辰，字星甫，山东临邑人，廪贡生，时任五品衔候选知县儒学教谕。
⑥ "李玉轩"，即李华銮。李华銮，字玉轩，山东德州人，举人，时任儒学训导。

输财，且捐廉首倡，以备经费。设局于寿良书院，聘新泰学博高密孝廉单召亭先生主笔削。复不弃愚陋，令连升总司局务。怜年迈，兼命连子遇昌代任其劳。业将举行，端委通禀立案，嗣以单广文监理省之泺源书院，不暇到此。庄邑侯又升调诸城，于今春履新去，事遂迟。星伯刘老父台莅任后，因单君之力辞，且恐中辍也，欲别延主笔，一时未得其人。秋八月，适袁江王君子约以服阕入都就铨，遇乱南旋，道经敝邑，寓官廨。王君者，江南名宿，与吾父台同年，称莫逆者也。因而两广文与绅耆会议聘请。王君慨然允许，实若有天假之缘者。惟是前书既未能尽善，采访又告于难周，乃不惮辛劳，繁者汰，简者增，夜以继日，精益求精。而刘父台又于听政之暇详加参核，始付剞劂。连以衰老，既不能逐日到局，惟督子昌从公无间。晨至暮归，且晚间教以检点校对，与诸生合力经营，慎防遗漏错误，分类缮写，以呈主笔。至经费出入，书记务求详明。志局从事诸人，饮食资斧概不肯沾染丝毫，连亦间日赴局，亲稽庶务。噫！寿志之修，何容易哉！既已多历年所，河山地里，势有迭更，风土人情，今不古若。兼以兵燹水患，文献不足，职官人物悉难备考。赖有众士博采旁搜，兼核古碑，始得略备门类，鉴定成编。时闻北方有警，刘父台命梓人并工雕镌，赡其事以广流传。自定稿开雕，三阅月而工竣。斯举也，一以成就善举，一以安定人心。然非越年如此之久，何至重修若斯之难？特详颠末，以俟后之君子。

光绪二十六年岁次庚子仲冬上浣之吉，奉政大夫五品衔候选训导、前署东昌府恩县教谕邑人高连升①捷三氏谨志，时年七十有八。

四 《（万历）安平镇志》

《（万历）安平镇志》，十一卷，黄承玄纂修，今佚。黄虞稷《千顷堂书目》卷八《地理类下》著录。张秋镇地处东阿、阳谷、寿张三县交界之处，其文献散见于三县之志中。万历二十一年（1593），时任北河郎中黄承玄创修《安平镇志》。黄承玄负漕务之责，有《河漕通考》传世，其修《安平镇志》，"分类编摩，穷搜而博采，参之碑记，质之图经，综核考订"，编订颇为精审。而尤其关注于漕运民

---

① 高连升，字捷三，山东寿张人，增贡生，曾署理恩县教谕。

生，"至若河渠要害，间阎疾苦，又一篇之中三致意焉"。此志多为续修之《（康熙）张秋志》所采择，其旧文颇亦藉此得以保存。

《（万历）安平镇志旧序》①

于慎行

安平在胜国时为景德镇，尝置都水分监，以居行河之使，盖亦大聚落也。国朝开会通河，特遣水部大夫一人驻节其地，以总漕渠之政。南北几二千里，辐辏而受成焉，则尤称要重哉。乃其地籍东阿，而错丽于阳谷、寿张之境。三邑鼎峙而有之，故其文献故实亦散见于三邑之志，而猝不能稽，则训方之籍阙也。万历葵②巳，水部大夫携李黄公③奉命分司，既著《河漕通考》以播鸿猷，复以其馀咨诹网罗，躬操觚翰，而镇志亦成焉。谓于子色④人也，遣郑生国熙奉书请序。于子中览而叹曰：于，都哉！体简而明，文丽而则，信艺林之珍典、方舆之矩观也矣。

夫志者，一郡邑之史也。无郡邑之名而有其史，则所系有重于郡邑者焉。何者？漕渠出于齐鲁之郊，旋之若带，张秋其襘结也。北二百里而为清源，而得其贾之十二；南二百里而为任城，而得其贾之十五；东日⑤三百里而为泼口，而盐筴之贾于东兖者十而出其六七，此亦迁史所称陶、宛、邯郸都会之区也。而又当汶济之交，受濮澶之委，河伯望海，假为北道。景泰、弘治间，朝廷再遣重臣，大兴人徒，临塞决口，玄圭告成，乃赐名安平，而复号为镇。⑥ 即宣房瓠子之筑，不殷于是矣，奈何视非郡邑

---

① 此《序》载《（康熙）张秋志》卷首。

② "葵"字或误，当作"癸"。万历癸巳，为万历二十一年（1593）。

③ "携李黄公"，即黄承玄。承玄，字履常，号与参，浙江嘉兴人。万历十四年（1586）进士，授工部主事，出理张秋河道。历官副都御史，巡抚福建，有声绩。有《盟鸥堂集》《北河纪略》《河漕通考》等。

④ "色"字或误，当作"邑"。

⑤ "日"字，于慎行《穀城山馆文集》卷11作"且"。

⑥ "赐名安平，而复号为镇"，安平镇即今山东阳谷县东南张秋镇。《方舆纪要》卷33"安平镇"条："五代周显德初，河决杨刘，遣宰相李谷治堤，自杨刘抵张秋口，即此。"北宋置景德镇。元至元二十七年（1290）置都水分监治此，俗仍谓之张秋镇。明弘治七年（1494）河决，命刘大夏治之，塞决口九十余丈，筑滚水石坝。功成，赐名安平镇，置北河都水分司治此。清亦名张秋镇，为阳谷县重要集镇。

而弗之志也？志成，而吏有法守，事有章程，文物有征，食货有纪，漕渠之要亦因有考据焉。此岂一郡邑之所系也哉？

繁犹有进于是。夫上之域民，犹制水也。水之为道，固必浚为沟浍，遏以堤防，而后翕犹顺轨以趋于下。然其旁也羡溢，亦必得巨薮大泽而潴之，使其游波宽缓，有所休息，而后不至于溃。夫民亦然，居之郛郭，昼①之经界，此大纲大纪，万世不能易也。至于五方之游轶、百贾之转鬻，亦必就闲旷四通之地，以有所猗靡曼衍，而不束于有司之三尺，然后其志安焉，而利可久。故圣王体国经野，亦往往解其罗之一目，而有所不尽。则是地也，固亦民之薮泽乎哉？自余少时睹记生聚繁殖，廛阓充盈。比年以来日益凋敝，文化为陋，丰化为嗇，若将有索然不足之心，其故安在？志所称时诎举嬴，闾阎烦卖②，及谓新城改建，财力耗屈，此不可归之天数也。画地而守者，其亦有永思乎！夫镇者，重也，填之而使不弛。又镇者，定也，奠之而使不挠，域民之道也。故夫无郡邑之名，而有郡邑之政；有郡邑之政，而不纯用郡邑之法，则镇之义居焉尔。而不然者，是峡薮泽而溃之也。其亦有系于漕渠，而非但一郡邑之故矣。黄公之职治水而开府于镇，讨典稽常以告有土，意在斯乎？黄公当世英流，博物闳览，娴于文辞，而器度猝③清，才猷玮卓，有非文学所能概者，兹盖其一斑云。

时万历二十四年岁次内中④仲秋下浣之吉，赐进士出身资政大夫礼部尚书兼翰林院学士、前经筵日讲国史副总裁官兼知起居注东阿于慎行谨序。

《（万历）安平镇志旧后序》⑤

李周策

岁甲午，不佞以罪迁安平也。习其地当一州三邑之唇齿，而习其形势

---

① "昼"字或误，似当作"画"，"畫""畫"字形相近而误。

② "卖"字或误，于慎行《穀城山馆文集卷》作"费"。

③ "猝"字，似误，或当作"粹"。

④ "内中"二字，或误，当作"丙申"。

⑤ 此《序》载《（康熙）张秋志》卷首。

又当南北两都之襟喉，讵不称重镇与？二百余年漕渠之决塞、城郭之变迁、人文物力之登耗，皆吏于斯、观风于斯者所愿瞿瞿①究心。而不佞窃尝诹咨掌故，无有也。夫秦人未适越者不谙舟楫何状，举越志而按焉，则若鼓柁而彝犹②泽国之中，志可一日不讲哉！江淹谓修史莫难于志。作志固难，而作《安平志》尤难，何也？志他郡邑者不过列其山川，考其封建，萃其文物，辨其土风，即可援笔而称实录。若安平，则犬牙州邑之境，五方错杂，犹主客棋布然。欲近举之则隘，欲远举之则滥，欲于远近漫举之则驳，志曷取乎？且也二百年间掌故缺佚，文献荡焉无可据，即有志志安平耶，臂之善医者适罴黍、梁父之阴求所谓柴胡、桔梗而不得③，藉令秦越人在御，将何以施其能耶？故曰作《安平志》尤难也。

水部黄公渊源家学，具良史才，不佞尝以志请，公慨然有慨于中，遂分类编摩，穷搜而博采，参之碑记，质之图经，综核考订，不数月而志成，总十一卷。至若河渠要害，闾阎疾苦，又一篇之中三致意焉。彼浮而近夸，华而损实。昔之论左氏、司马子长者有一于是耶？诚可谓信史矣。凡吏于斯、观风于斯者，鉴模范而思齐，察利病而思兴革，感人材地力而思转移，镇不有大造哉？则志之所系匪浅鲜矣。夫以二百年之旷典而成之一旦，此地抑何幸也？而不佞奉公末议，乃获挂名籍中，又幸之幸也。谨识其岁月云。

山东兖州府通判分署安平、前礼科都给事中松陵李周策④撰。

五 《（康熙）张秋镇志》

《（康熙）张秋志》，十二卷，林芃修，马之骦纂，康熙九年

---

① “瞿瞿”，勤谨貌。《诗经·唐风·蟋蟀》：“好乐无荒，良士瞿瞿。”毛传称：“瞿瞿然顾礼义也。”《新唐书·吴凑传》：“凑为人强力劬俭，瞿瞿未尝扰民，上下爱向。”

② “彝犹”，即夷犹，迟疑不行貌。方文《淮溇敕》：“今冬有客淮南游，经过溇庙聊彝犹。”

③ 此句语出《战国策·齐策》：“今求柴胡、桔梗于沮泽，则累世不得一焉。及之罴黍、梁父之阴，则郄车而载耳。”

④ 李周策，南直隶吴江人，进士，曾任商城县知县，于万历十二年（1584）修缮县儒学。万历二十二年（1594），由都给事中谪任。

（1670）刻本，为存世最早的张秋镇志。卷前有陆丛桂、林芃、闫用汲等《序》、旧志《序》二篇及镇图、河图十四幅。卷后附马之骦《后序》，全志约八万字。除康熙九年（1670）刻本外，北京大学图书馆藏乾隆三十二年（1767）补刻本，山东省图书馆藏康熙斌业斋抄本。

此志分方舆志、建置志、河渠志、纪变志、职官志、赋役志、选举志、孝贞志、奇异志、艺文志十门、四十七目。张秋，地处寿张、阳谷、东阿三县之交，金元时称景德镇，明弘治时改称安平镇，横跨运河，向有"南北转运锁钥"之称。明清时期，张秋镇是漕运中枢与南北商品集散中心。志内载市镇商业经济与运河漕运内容尤为翔实。方舆志内风俗、物产，建置志内街市，赋役志内税课等篇载市民习尚、街市店铺及商行课税等，从中尤见该地商业经济状况与特征；河渠志与艺文志内除详载运河建置外，并收有关运河材料甚丰，对考见元明清时期大运河的变迁及其治理与管理，提供了丰富资料。

《（康熙）重修张秋志序》①

祁文友

己酉冬，予衡文南国，归张秋。时同舍郎遵度王君实驻兹土，具桑落②，邀予舣舟。□王事严程，欲□□□□□③春，河宪罗公④以河

---

① 此《序》载《（康熙）张秋志》卷首。
② "桑落"，即桑落酒。桑落酒产于永济。永济古称"河东""阿中""蒲州"。郦道元《水经注·河水注》："（蒲坂县）民有姓刘名白堕者，宿擅工酿，采挹河流，酿成芳酎，悬食同枯枝之年，排干桑落之辰，故酒得其名也。"贾思勰《齐民要术》卷7："十月桑落，初冻则收水，酿者为上。"朱弁《曲洧旧闻》："内中供御酒，盖用蒲州酒法也。太祖微时至蒲，饮其酒而甘，喜之。即位后，令蒲州进酿酒方，至今不改。"冯时化《酒史》："桑落酒，河中桑落坊有井，每至桑落时，取其寒暄所得，以井水酿酒甚佳。庾信诗曰：'蒲城桑落酒'是也。"刘绩《霏雪录》："河东桑落坊有井，每至桑落时，取水酿酒甚美，故名桑落酒。"可见，桑落起初为时间概念，后来逐渐成为酒名。酒以"桑落"名之，意为桑叶凋落之时，取井水酿酒，所酿之酒风味独特，为当时之人所喜爱。
③ 此数字，原书似有残缺。
④ "河宪罗公"，即河道总督罗多。罗多，满洲镶白旗，康熙八年（1669）任河道总督，十年（1671）转任陕甘总督。

政繁钜，特有满汉兼差之请①，部可其议。予遂与傅使君祗奉新纶，出董厥职。以夏四月抵署，值泉流旱涸，数千粮艘鳞泊河滨，予日驰二百里，相视节宣。幸天庚早登，获告无罪，然劳瘁亦云殚矣。抱病以来，于士大夫之文章气谊未一造请，前哲之芳徽未一考询，山川之形胜古迹未一泛览，风土之贞淫未一采听，学宫祠祀、墉堞楼橹之肇造沿革未一披历。而经历药裹，余生仅免沟壑，宁复知有户外事耶？迨病起支床，别驾林君②以《张秋志》成请序。予捧之卒读未能，又何能序？每忆吾所未造请之士大夫，未考询之前哲，未泛览之山川古迹，未采听之风土，未经理之学宫祠祀、墉堞楼橹，日萦予怀，而思得一遇者，或于志焉见之。爰循次翻阅，举凡声名文物之盛、忠孝节义之大，上而日月星辰，下而昆虫草木，以及水旱盗贼、幽奇怪异，一切人世可歌可泣、可法可戒之事，悉在吾目中而无遗憾。予是以嘉林君修举之功甚大，而信陆、马两君搜罗著述，为足并树不朽。

夫张秋界寿、东、阳谷之间，锁钥汶济，襟带齐鲁，亦河渠一要区也。考旧志创自明万历丙申，距今七十余载，其间沧桑代变，溃徙靡常，里闾廛肆视为赢绌，古今之不相同也久矣。微志，何以征信？使其未修也，予犹将赞之。况其已成，敢以病辞乎？后之人由是志而经纬之，思物力之何以盈缩，民俗之何以淳浇，崇正道以兴礼义，敦本务而黜机利，毋崔符窃发而刁斗时闻，毋鱼鳖其民而蛟龙是宅，庶几生聚教训歌永乐郊，以不负朝廷设官分署至意。则是志也，匪一镇之书，而实三邑治安、两河要害之书也。惜夫予以病乞归，不能三年底绩，而徒托之空言以自见。他日过黄陵之旧堤，眺戎③已之遗皁，其所为感慨留连、低徊三叹当何如也。兹于林君之请，姑为之序，意者身去名留，其亦有厚幸也夫。

康熙庚戌④阳月，赐进士第奉直大夫工部都水清吏司主事加一级钦差

---

① "有满汉兼差之请"，康熙九年（1670），朝廷允准总河罗多题请每差满汉司官各一员、笔帖式他赤哈哈番（官名。清初中央各衙门多设有"他赤哈哈番"，汉译为"博士"。其地位与品级笔帖式同处于伯仲之间，职务亦相当）二员，三年受代。

② "别驾林君"，即林芃。芃，字郎山，福建长乐人，拔贡，康熙七年（1668）任张秋镇通判。《张秋志》卷5称其"重修《张秋志》，捐俸刻之"。

③ "戎"字或误，似当作"戍"。

④ "康熙庚戌"，即康熙九年（1670）。

管理北河等处河道兼管临清闸座事务、前己酉乡试江南副主考东官祁文友①书于绿雨轩。

《（康熙）重修张秋志序》②

林　芃

张秋襟带阿、阳、寿三邑，南北转运锁钥具是镇，诚重哉！三邑向各有志，镇独无有，盖其山川人物已散见于三邑之中，不复详也。万历丙申，水部大夫黄公履常取其散者收之，使张秋有所统纪，亦祭川先河之意也。距今庚戌七十五年矣。典籍虽存，鼎革异势。水道犹故也，而堤防则异。户口犹替也，而税役则异。日星陵谷，不胜灾变之书。节孝贞廉，仅存遗老之口。失今不记，久且湮没。将观风者无所采于兹土，而作者之功不其坠欤？余于黄公旷世相感矣。公为理学名臣葵阳先生令嗣，葵阳先生则余大祖水部公典浙闱时所首拔也。渊源家学，宜其才擅史长，志追迁固。余则安能？惟兹七十五年故实周爰咨询，参稽同异，衷于乡之名进士陆冲默、司李③暨寿东簿马旻徕④鳞次而貂续之。间有易置，有补益，不过因时世之异宜，取详略之有要，犹前志也。续成，而赋役有经，食货有纪，文物有征，天戒有谨，而河渠之要亦得以时稽焉。则此一书匪仅一镇之书，三邑之书也；匪三邑之书，南北转运之书也。可以备采风，可以昭来许矣。虽义例体裁一窃取予⑤黄公，亦冲默、旻徕二三君子之相与以有成也。

夫以异代同官，泛泛乎若萍游于江河，适相值耳。乃创斯志者黄公，述之者为不佞芃，七十五年中竟无一人起而续之，得非文字之好亦有夙缘？

----

① 祁文友（1611—1669），字兰尚，号珊洲，广东东莞人。顺治十五年（1658）进士，任庐汀县令，后为工部主事。康熙八年（1669）任江南乡试副主考，著有《渡江集》《秋署集》等。

② 此《序》载《（康熙）张秋志》卷首。

③ "司李"，为推官别称。明朝时推官为各府的佐贰官，掌理刑名、赞计典，由吏部铨选。顺天府、应天府推官为从六品，其他府推官为正七品。

④ "马旻徕"，即马之骦。之骦，字旻徕，河北雄县人，贡生，康熙三年（1664）任寿张县主簿。

⑤ "予"字或误，似当作"于"。

余与黄公自先世以有今日，非偶然也，继是而修者，又岂必如吾两人也哉！

康熙庚戌重阳后一日，兖州府张秋捕河通判闽中林芃郎山甫撰。

《（康熙）重修张秋志序》①

陆丛桂

志之为言，志也。志在经世，则于山川之锡民福、土田之养民命者思之。志在善俗，则于风俗之征奢俭、人心之征邪正者思之。又况理学关名教之源，艺文为秀灵之聚，家有孝子，无忝所生；卓彼女贞，以愧丈夫，尤为风教之所系，可弗志软？或曰：安平在三县中，县已志，且属滨河，又有总纪纪之，何烦复为书哉？陆子曰：志犹史也。古者虽子男附庸小国，必有史官，执简以纪其山川土田、风俗人心之美，而理学艺文、孝子节妇附见焉。盖因人而其详及于地，即囚②地而其详及于人也。岂我安平，江淮灌输，洙泗映彻，风清道秀、士惠女侗之区，而因其残缺，弗为补葺，使一代大典若灭若没于烽烟水火之余，既少传人，又乏掌故，司文献者其有恶乎？

闽中郎山林公睹遗书而憨之，慨然兴起以为巳③任，爰进陆子商焉。予揽其要而辞其烦，推让能事于旻徕马君。君博通擅海内，日谋所以栉而比之，可谓劳矣。书成，特以删订大略委余独断。余非其人也，但思古之良史是非不谬于圣人，故往往断论之功难于叙事。用是折衷必确，取与必严，苟非溢美，片言亦荣；一或过情，只字可惜。况钜笔首倡如林公，以直道为权衡，以古事为龟鉴。余体其意而行之，务俾读者与作者之志各犁然有当于天理民彝之公焉，其可有狗？若夫弄笔扬墨，轻率讥评，则又余之所不敢出也矣。

康熙九年庚戌④季春吉旦，郡人陆丛桂冲默撰。

---

① 此《序》载《（康熙）张秋志》卷首。

② "囚"字或误，似当作"因"。

③ "巳"字或误，似当作"己"。

④ "戌"字或误，似当作"戌"。

《（康熙）重修张秋志序》①

阎用汲

余自庚戌铩羽归，焚笔墨，不欲再理铅椠。且愧乏江管，故一序一记未尝有脱稿焉。无何，郎山林公祖来莅兹土，重修镇志，匝月告竣。顾余曰：此史成，尚惧其有漏，子家世安平，何可无一言以记之？因思公之德谦而光矣。公为闽中著姓，理学名宦，奕世辉映。以我公之德之才，秉太史之笔断，而兼扶风之华瞻，安有貂之不足而烦续哉？虽然，不可益者公之书也，其可赞者公之志、公之德也。遂取是志而读之，志风土乎，志人物乎？志风土见天文之分野、地舆陵谷之迁，天地昭而阴阳备。志人物见节义文章，忠孝廉贞，较若列眉。因叹人物著而风土关焉，非浅鲜也。

盖闻治土之瘠者不于地争，在动之以天；治风之浇者不于俗争，在感之以德。天德在，倡之以身而标之以言，俾过者如听晨钟，如聆铎音，闻而化之。故曰此志成即风化成也，乌得无赞？由是吾镇之前之节义出矣，将后之白石砺齿②者益盛焉；前之文章出矣，将后之青箱③名家者益盛焉；前之忠孝廉贞出矣，将后之斗南大节山阴一钱者益盛焉。非我镇之节义，我公之节义也；非我镇之文章，我公之文章也；抑非我镇之忠孝廉贞，我公之忠孝廉贞也。从此风之浇者醇矣，土之瘠者厚矣，天地昭而阴阳备，具于人物观厥成焉，公之德山高水长矣！真所谓志者，志也，据事瞩情，如见千古以上之志，即动千古以下之志也。斯志成公之良史，实公之治书也。余之不能赞而可赞者，非谀也；未尝有脱而脱稿也，非矫也。且夕简命褒嘉，录治平第一，记彤管而图麟阁，未必不以余言为左券也，区序镇志云乎哉？

康熙岁次庚戌仲夏朔后一日，东原年家治弟阎用汲④顿首拜撰。

---

① 此《序》载《（康熙）张秋志》卷首。
② "砺齿"，刷牙去垢，表示清高。刘义庆《世说新语·排调》："所以漱石，欲砺其齿。"
③ 收藏书籍字画的箱笼。《宋书·王准之传》："曾祖彪之……博闻多识，练悉朝仪，自是家世相传，并谙江左旧事，缄之青箱。"
④ 阎用汲，字福九，山东东平人，顺治五年（1648）举人。康熙十一年（1672）任长山县教谕。

《（康熙）张秋志序》[①]

李 黄

志者，所以纪风土人物暨沿革变易之事也。故郡有志，州邑有志，而镇独无志。镇之有志，自张秋始，然莫为之续，虽美不全。则张秋之志若不自往日始，而直自今日始。盖天下事开创固难，而修辑亦不易，故创固始也，修之亦始也。吾家龙门公于故明神宗年以礼垣给谏出为兖州佐，分驻安平。丁未秋，余筮仕亦得斯官，正欲于簿书之暇求吏治之遗踪，访一门之懿躅[②]，登之侧理，以为美谈。乃下车未几，罹彭正园太守嫁祸，奔走于阳平、历下之间，爰书覆盆，不遑搜讨。客秋旋报内艰，闽中林郎山及瓜之代，来莅兹土。治秋期月，督畚锸，靖崔苻，百务具兴，因肆力于稗官野乘。张秋旧有志，残缺八十年矣。矢志重修，属寿张簿马旻徕董厥事，阅三月书成。会予驳案竣，中秋从沛上来。梓人携稿相示，受而卒业焉。风土沿革，班班可考，兼辑古今人撰著，勒成一编。因感于废兴有时，而闻见之非偶也。方余在湅湄时有心搜访，以冤讼而失之。今假手于郎山，使兵燹散佚之馀，网罗故实，剞劂一新，而家给谏之诗文不及见于里乘者，得见之于志中，心目快然。余一人如此，其余之欣慕而乐觏者不知凡几矣。灯传薪续，必以其人。郎山为前此之功臣，吾愿后之君子并为郎山之功臣，则斯志也又不自今日始，而且自后日始也，虽数百年如一日可也。

康熙九年庚戌菊月，松陵李黄[③]经渊题于秋干之世德堂。

---

① 此《序》载《（康熙）张秋志》卷首。

② "懿躅"，美好的业迹。《旧唐书·杜佑传》："宣力济时，为臣之懿躅；辞荣告老，行己之高风。"

③ 李黄，字经渊，南直隶吴江人，拔贡，曾任兖州府通判。

《（康熙）张秋志序》①

王曰高

　　余少时读《左传》《越绝书》《史记》《吴越春秋》，见延州来季子一勾吴滨海之人，而历聘上国，所经行之地尽结交其贤士大夫，且温然蕴藉，笃于友谊，审音知曲，精于乐律，何其闳览博物君子也？想见其人，倾慕者久之。既弱冠后，游观山泽间，遇古今贤豪人名胜遗迹，辄流连徘徊而不能去。张秋古安平镇也，去予郡百里而近，为河济一都会，东连九仙、陶乐诸山，汶水贯其中。先达名贤阎德甫、孟子成、宋鹿游诸君子道义文章辉映千古。迩年以来，阎子福明、仲朗，张子锺润，马子从皇，陆子冲默接迹联镳，为仪于世。癸卯秋，核士江南，道经此地，如游高阳里、登通德之门矣。其南郭东南偏河干之侧，又季子挂剑台在焉，是予夙昔所倾慕者。异哉！何物小草②亦象形徐君墓上树乎？为是三揖而读古碑，空山明月，若有人马③助予太息之声也。丁时即欲访其地志，倚笔写于行稿，以勿勿④皇华靡及耳。

　　今春过曹南，再取道戊己山下，时陆子冲默方以司李吉安请养里居，壿酒论文，为留饮一日，视予以马子旻徕《古调堂集》，又□⑤柳别驾长乐、林公之莫因介绍见□之。予曰：德星重晖，朗照东升□次，合数千里之贤人聚于安平□，是宜有命世奇作，纪一时之盛□全来晏息间图⑥，冲默手函注存，□记《张秋新志》十二卷。塞⑦宵篝灯，□披之以销永夜。竟读后欲聚□评语，而其书多有言延陵季子者，因篇次各以季子之言附

----

　　① 此《序》载《（康熙）张秋志》卷首。
　　② "何物小草"，即挂剑草。挂剑草生于挂剑台左右，草如剑形，故名。谢肇淛《五杂俎》卷1《物部二》："兖州张秋河边有挂剑台，云即徐君墓，季札所挂剑处也。台下有草，一竖一横，如人倚剑之状，食之能愈人心疾。余谓此草不生他所，而独产挂剑台，岂季子义气所感而生耶？余在张秋，觅所谓挂剑草者，台前后乃无有，而邻近民庄或有之，季子义气所感而生。"
　　③ "马"字，或当作"焉"。
　　④ "勿勿"二字，或当作"匆匆"。
　　⑤ "□"，此字原书破损。本文下同。
　　⑥ "图"字语义不甚明晰。
　　⑦ "塞"字，或当作"寒"。

之，以代审音马。① 其序方舆，《禹贡》兖州之域，上应虚女室壁之次，山有戍②已、棘梁，水有金线、沙湾以及龙潭，泱泱乎大国之风也哉！其序建置，城池公署如错绣也，祠祀寺观如星丽也，桥梁坊牌如棋布也。美哉始基之矣，其有陶唐氏之遗风乎？其序河渠，由开坝以讫夫役，因水利而溯河工，思滦哉渊乎，忧而不困者也，躬勤而不怨矣。其序选举、职官、赋役，叶杨高王之清慎，殷马李林之慈仁，卫多君子，其国未可量也。犹有先王之遗民马③，非盛德之后谁能若是？其序孝贞、奇异，张公艺九世同居，申屠致远聚书万卷，李梦阳、何景明推近夫为奇士，孟子成惟讲学方能作宦，任风子蝉蜕浊世，独与天地之精神为往来，德至重哉！大矣多良大夫盛经之所同也。其序艺文，敕书碑记，有其叙制诰表传成其章，分类诗词各极其文，直而不倨，屈而不曲，节有度，守有序，虽甚盛德，其篹④以加于此矣，观止矣。

时康熙庚戌长至月之望，茌山王曰高撰。

《（康熙）重修张秋志后序》⑤
马之骕

康熙纪元越八年己酉秋七月，我林公大人履张秋治河别驾任，敷政抚辰，鸠工缵绩。于是河伯若水性，飞挽践期程，岁步周百为皆报竣。公乃眺山川，览风物，景前宪，采遗编，慨然有式三长、量百世之思焉。曰：张秋故名安平，安平故有志，至于今历七十六年所矣。自皇天眷圣，宝鼎聿新，田海既移，损益多有，不登掌故，弥久弥湮，后将焉视？及今补葺，其可缓诸？乃造镇人冲默陆先生谋集事。先生弘含无涘，骏爽不群，力可独行，神能坐照。第朱墨繁细，非所

---

① "马"字，或当作"焉"。
② "戍"字，或当作"戊"。
③ "马"字，或当作"焉"。
④ "篹"字，或当作"蒇"。
⑤ 此《序》载《（康熙）张秋志》卷末。

宜劳，爰以草创之端属之骥①执役。之骥谫劣媆鄙，惧弗克荷。三辞不获，乃受命焉。乃征诸考造，稽厥典文，以《安平志》为经，以《北河纪》②为纬，询谱牒于世家，听风谣于道路，以参以伍，综之错之。兼庸测海之蠡，并转窥天之管，三阅月为庚戌，殷仲春而书已，草草就绪，乃以呈陆先生严断，乃又呈林大人精裁。时都水王公③以及瓜赴临清候代，虽未及再呈，然其书既燦然巨观矣。林大人公而忘私，捐俸授梓，之骥既不获辞其役，亦何能已于言？至若搜采或遗，权衡或舛，遂亦无所逃其罪矣。

康熙九年春三月上浣之吉，寿东管河主簿前广平府儒学教授雄县马之骥顿首撰。

----

①　"之骥"，即马之骥。之骥，字旻来，直隶雄县人。顺治元年（1644）拔贡，时任寿东管河主簿。《（民国）雄县新志》之《文献略》："是时国初以推知用，不就，改教职，除滦州训导，历元城教谕、广平教授、江都管河主簿，起授山东寿张县主簿，带管东阿河工，驻张秋镇。制行醇谨，善为诗，格律大雅，卓然成家。著有《易卮》《诗卮》《四书戡》《毛诗元韵》《算数新笺》《琴音新表》《古调堂诗文集》《三亭词》《历代诗防》《当代诗防》《张秋志》《养正集》、雄县、新城二志。"

②　《北河纪》八卷、《纪余》四卷，谢肇淛撰。肇淛曾任北河郎中，于任内搜集相关资料，纂成此书。《四库全书总目提要》称："《北河纪》明谢肇淛撰。肇淛有《史觿》，已著录。此书乃其以工部郎中视河张秋时所作。《明史·艺文志》著录，卷数亦同。首列河道诸图，次分河程、河源、河工、河防、河臣、河政、河议、河灵八记，详疏北河源委及历代治河利病。撰采颇备，条画亦颇详明。至山川古迹及古今题咏之属，则别为四卷附后，名曰《纪余》。盖河道之书，以河为主，与州郡舆图体例各不侔也。国朝顺治中，管河主事阎廷谟益以新制，作《北河续纪》四卷，虽形势变迁，小有同异。要其大致，仍皆以是书为蓝本。盖其发凡起例，具有条理，故续修者莫能易焉。肇淛著作甚伙，而《明史》于《文苑传》中独载此书，称其具载河流原委及历代治河利病，其必有以取之矣。"

③　"都水王公"，即王汇。汇，号彭滨，河南宜封人，壬辰进士，康熙十年（1671）任工部北河郎中。

莘 县

一 《（正德）莘县志》

　　《（正德）莘县志》，十卷，吴宗器奉东昌府檄令纂修，有正德十年（1515）刻本。嘉靖二十七年（1548），知县杨鹄据原版稍作增补重刊，为现存最早的《莘县志》。此志卷前载吴宗器《序》《志叙表》、永乐十六年（1418）《纂修志书凡例》及县图。卷后附王琛、杨鹄各《序》，全志约六万字。1965 年《天一阁藏明代地方志选刊》收录。

　　此志篇目较备，分设建置沿革、邑名、分野、形胜、风俗、山川、疆域、城池、坊乡、户口、贡赋、土产、徭役、公署、廨舍、阴阳学、医学、申明亭、旌善亭、存留仓、预备仓、兑军水次仓马厂、南马场、北马场、养济院、急递铺、巡警冷铺、牌坊、学校、兵防、坛壝、书院、宫室、关津、桥梁、寺观、祠庙、冢墓、古迹、宦迹类、人物类、杂志、艺文。是志记注赅要，其记本地户口升降、贡赋消长及灾情兵事等，皆有较高的资料价值。卷前载永乐十六年（1418）颁《纂修志书凡例》二十一条，详细规定了志书的类目、内容与范围，为明代方志纂修的重要文献。

《（正德）莘县志序》[①]

吴宗器

（前缺）察司佥宪蔡公命东昌府贰守杨公纂修郡志，谓郡志关系非

---

① 此《序》载《（正德）莘县志》卷首。

轻，如原无志书，及有志书，该载不全者，用心编辑，以垂后而传远。莘县隶东昌，在所当纂修者也。

莘尹王君琛①告予，予叨莘教，而秉笔有不容辞，遂与门人蒋梅、王室寻访旧志，仅得一本而观之。事虽有阙略差讹，然而尚幸是志之存，得以相与因其旧而修之。遂酌诸时事，证诸经史，及乡间故老之所见闻、道左遗碑之所记载，无不访考，于阙略者补之，俾其全；差讹者辩之，俾其正。若夫条目之紊乱者，则依我国朝永乐十六年颁降《纂修凡例》②与夫《一统志》，参用而定之。其间若学官入于宦迹，则以宦迹叙远方来仕者。故县官录之，而学官附焉。若科贡入于人物，则以人物叙本县之人，故名臣录之，而科贡亦附焉，皆以其类而志。又窃不自揣，作补叙考证，附于其内，分更刻漏，不一月而是志成。类分为十卷，装演③为二帙。既已进之于郡，王君遂复命工版刻，俾流布之广，垂示之远，盖监旧志之无传也，因属予序诸首。予惟莘，小邑也，而山川之奥、形胜之美，固不敢与雄州大郡相为颉颃。而人物之懿、孝行之多，足以感动人者，实不多让焉。诚使职莘之事与莘之士因是志而观之，自将敬仰前修，而思所以继美之道。则是志有补于风化、有启于将来大矣。岂徒为观览之资而已哉。

正德十年岁次乙亥春三月中浣之吉，东昌府莘县儒学教谕莆田举人吴宗器④序。

《（正德）莘县志后序》⑤

王　琛

正德壬申夏，予忝官于莘。因公余，课诸生而问志，以观风物之何如。佥谓原无刊版，缺典久矣。予叹曰：世之宦门巨族，尚刻谱以为家传

---

① "王君琛"，即王琛。王琛，字汝璧，广西宜山人，监生，正德七年（1512）任莘县知县。《（正德）莘县志》卷5："王琛，广西宜山人，由监生正德七年任。为政平易，笃志好学。"

② "永乐十六年颁降《纂修凡例》"，凡二十二条，为朝廷正式颁发的方志纂修纲目。此《凡例》以《（正德）莘县志》所录最早，具有很高的文献价值。

③ "演"字，或当作"潢"。

④ 宗器，福建莆田人，举人，时任莘县教谕。《（正德）莘县志》卷5："吴宗器，福建兴化府莆田县人。由举人正德三年任。"

⑤ 此《序》载《（正德）莘县志》卷末。

之宝，矧一邑古今人才、风俗孝行与夫世代之沿革、疆域之纵横，户口、税粮、制作、宦迹之类纷纭不一，殆非家可比也，胡为反缺其志耶？是诚大可憾也。兹东昌府贰守杨公奉东兖道金宪蔡公命纂修郡志，移文下县。夫予素有志于此，二公盖先得我心之同然者。即复访寻旧志，于民间幸获草录一帙，事虽讹阙，庶犹可稽，遂谋诸儒学教谕吴君宗器修纂之。又得庠生蒋梅、王室相与采补缺略、雠校差讹，朔晦未周，而是志告成。予反复披阅，见其补叙详明，考证切实，其事不越乎概县之所有，而文足以发之。其义类则宗我《大明一统志》之成规，古今事迹备载孔悉，如若草木之敷荣。回视夫旧志之承讹习舛、因陋就弊者，相去何什百哉？美固可尚矣。不寿诸梓，久或流于湮没，仍复典缺也必矣。故命工锓梓，以毕吾志，俾为莘邑公共之具、世守之典，传诸永久而不泯也。刻成，吴君宗器既为首序，然而末简未备，或不免为全书病。是以忘其固陋，窃序于后。予惟志之为书所以纪事，上有资于治道，下有关于风化，徒为侈肆之文具，但以便其观览而已哉？若夫将来之贤宦暨有莘之士民诚能郑重乎此，相因而观感，兴起以求并美于前修，则治隆俗美，而是志未必无补之者。

时正德乙亥春三月吉旦，东昌府莘县知县宜山王琛汝璧撰。

二　《（康熙）莘县志》

《（康熙）莘县志》，八卷，刘维祯纂修，康熙十一年（1672）刻本。卷一至四已佚，仅存卷五至卷八，约六万字。

此志卷五为官师志，内分知县、主簿、典史、教谕、训导；卷六为选举志，内分进士、举人、征举、贡生、武科、貤恩、恩荫、杂职；卷七为人物志，内分人物、孝子、顺孙、节妇、孝妇、义行、奇童、艺术、宾耆；卷八为艺文志，内分碑记、奏疏、序、书、条议、墓表、论、赋、题咏。是志纲目明晰，记注赅备，收录艺文颇丰，如明崇祯时莘县知县孙愈贤《莘县条陈册》详列征收、解役、养马、走递、盗贼、讼狱等内容，指陈明末田赋加派之种种弊端，对考见明末莘县社会状况颇有价值。

《（康熙）莘县志序》①

刘维祯

邑有志，犹国有史。上下千百年，礼、乐、律、历、兵、刑、农、赋诸大典，旁搜博引，纪传编年，或五万言至干②余万言，史家著作灿然明备。至郡邑上其书于太史，山川闾巷之事、昆虫草木之微，纪土风、载民物、备軺轩之采择者，有司事也。闻之纪详而志约，志约以志信耳。余自鼓箧辨志以来，读书晓大义。文章政事，仕学相资。昔司马温公之论文史为多，唯欧阳公多谈吏事。文章所以泽身，政事可以及物。文章者，政事所出，其何敢二视之欤？及筮仕莘令，土瘠民贫，心劳政拙。方鞅掌逡巡，奉职教过之不暇，又遑问史乘文献之林、从事铅椠旧业哉？然邑乘所载政治之得失、风俗之贞淫、人物之臧否，其事犁然见于简篇，因时救弊，实有裨于经济。旧志阙焉无存，而令兹土者复逊谢弗遑，舍文章而谈政事，不亦足羞当世之士耶？今圣世宇内一统渐被。暨讫车书文物之盛，翕然响风，轶汉、唐而跻三代。《周官》建制千八百国，职方统隶，大小相维，无一不在星棋绣错中也。莘固编小下邑，列古东郡西南。自明季孙公③重修邑志，迄今四十年，枣梨残毁。其间赋役增减、土俗变更、名贤品行之杰出者，月异而岁不同。不及为厘订，几至湮没不传。况纂修志书之役懍遵功令，炳若日星。余愧不敏，进邑之大夫士而谋之。询父老，讨掌故，广搜约取，列为八卷。凡星野、封域、土田、食货、灾祥、吏治、人物、艺文之类，芟繁录要，了然指掌。余谬加编辑，实大夫士校订之力也。不敢妄成书表彰往事，庶几存其信，不存其疑，上以副采风之盛，下不负仕学相资之素心尔。

---

① 此《序》载刘萧纂修《莘县志》（康熙五十六年刻本）及张朝玮纂、孔广海修《（光绪）莘县志》卷首。《（康熙）莘县志》所录此《序》有残缺，遂据《（光绪）莘县志》移录。

② "干"，《莘县志》（康熙五十六年刻本）作"千"。

③ "明季孙公"，即孙愈贤。孙愈贤，河南荥泽人，选贡，崇祯四年（1631）任莘县知县。《（民国）莘县志》卷3："（孙愈贤）秉心仁爱，而以英断行之。不侮鳏寡，不畏强御，事关民艰，毅然争之，虽忤当道弗恤也。在任三年，百废俱兴，公署学舍，多所修葺。创辑县志，升陕西鄜州知州。"

康熙十一年①壬子仲冬，赐进士出身知莘县事晋陵刘维祯②。

三　《（康熙）莘县志》

《（康熙）莘县志》，八卷，刘萧纂修，康熙五十六年（1717）刻本。卷前载康熙十一年（1672）刘维祯、五十六年（1717）刘萧《序》及县图四幅，全志约八万字。

此志因前志原版，分封域志、建置志、食货志、灾异志、官师志、选举志、人物志、艺文志八门、五十七目。续补康熙十一年（1672）以后诸事于各门目之后，其中灾异、官师、选举、人物等目续补较备，其他诸目多因前志旧文。刘维祯所修《莘县志》所佚之卷一至四缺，亦可据此编补足。

《（康熙）莘县志序》③
刘　萧

古有封建而无郡县，故有列国之史，而无郡县之志。晋之《乘》、楚之《梼杌》、鲁之《春秋》，皆列国之史也，非志也。闲考《周礼》所载，有小史以掌邦国之志，有外史以掌四方之志，则自史策而外，古亦未尝无志。左史倚相能诵《三坟》《五典》《八索》《九邱》，《九邱》非即九州之志乎？则是古之有志，由来尚矣。汉班④孟坚志天文、地理、五行、郊祀、律历、食货，以极阴阳之变，以通万类之情，而志之名始立。陈寿志三国，不曰史而曰志，则志与史固同实而异名者也。宋朱元晦守南康，甫下车，辄问郡志，岂不以风俗之淳漓、政治之得失莫详于志？而古

① "十一年"，《莘县志》（康熙五十六年刻本）作"岁次"。
② 刘维祯，字端公，江苏武进人，举人，康熙五年（1666）任莘县知县。《（民国）莘县志》卷3："刘维祯……江南武进人，己未会魁，康熙五年任。操守清廉，存心岂弟，听讼分明，不入左右一音。每遇旱蝗，力为请蠲，轻徭除弊，民困顿苏。课士多方，振兴文教。城乡各设乡约所，朔望亲诣讲解，民知向化。劝垦荒地，将足旧额。至捐俸修学，缮城辑志，创建七级仓廒，赈饥施粥，种种实政，美不胜书。莅任八年，奉行取，升监察御史。"
③ 此《序》载刘萧纂修《莘县志》（康熙五十六年刻本）卷首。
④ "班"字，《（光绪）莘县志》所录此《序》作"斑"。

大儒守土莅民，留心治术，固靡不如此也。

莘之有志，莫知所从来。或云始自后魏，姑第弗深考。明季孙君愈贤修辑莘志，始有成书。然或务为广博，则文辞虽繁，要亦未轨笔削。迄我朝家待御更为删定，编次甲乙而条分缕析，纲举目张，聿称纯修。惜年远风微，斯文凋敝。后此诸贤或以簿书鞅掌，不遑善述；或莅任未久，即以事去官。虽善绣虎之才，若金沙曹亮采者，亦仅刻有《莘杂录》一书，其余县志，尚置勿问。则茫茫坠绪，谁职其咎欤？余尹莘七载间，于公事之暇访求故老，摭述旧闻，时与邑中乡先生及二三文学参互考订，阐晰幽微，大而扶植纲常，小而搜求物类，庶几起衰式靡，垂为实录，俾后之览者奋然知所兴起，斯亦为民司牧之责也。如谓以是矜良史才，诩诩然称一代作者，则非余之所敢出也。

时康熙五十六年岁次丁酉春王正月既望，文林郎知莘县事会稽刘萧①撰。

四 《（光绪）莘县志》

《（光绪）莘县志》，十卷，张朝璋修，孔广海纂。有光绪十三年（1887）刻本，又有民国二十二年（1933）重印本。此志封面右锲"光绪十三年丁亥仲秋"，中题"莘县志"，左锲"版存礼房"。卷前载张朝璋、胡鸣泰《序》及旧志《序》二篇，全志约十五万字。

此志分封域志、建置志、食货志、禨异志、官师志、选举志、人物志、艺文志八门、五十一目。此志在前志基础之上变通部分纲目，增补康熙以后诸事，其中食货、官师、选举、人物续补较多；艺文独占三卷，颇可备补本地文献之不足。

---

① 刘萧，字功人，号素三，浙江会稽人，拔贡，康熙四十九年（1710）任莘县知县。《（民国）莘县志》卷3："刘萧，字功人，号素三，浙汪会稽人，戊午科副榜拔贡。康熙四十九年任，慈和廉洁，公平听讼，勤慎敷政，倡修文庙，增设义学。朔望宣讲乡约，申严保甲，鞭银令民自封投柜，始立印申。他如缮葺城垣，建造仓廒，祷雨祈晴，捕蝗平籴，纂修县志，迄无虚日。禁赌博以靖盗源，革里书以除积弊，七年之间，盗熄刑清，民无冤狱。五十四年军兴，捐备鞍马器具，不派民间分毫。五十五年夏，洪水陡发，亲诣各乡，抚恤灾黎，详细赈济外，复条陈疏瀹，永除水患。并移关阳谷、聊城，会同开河，俾七州邑之水共获安澜，其实心为民如此。古称父母斯民者，何多让焉？阖邑绅民公志。"

《（光绪）续刻莘县志序》①

张朝玮

　　莘志自康熙五十六年后久未修，自咸丰年间版毁兵燹，遂无志。方今圣天子亲政伊始，观民设教，辀轩茬止，采风问俗，守土者不能执简以对，亦邦人羞也。下车日，前令语珊耿公②以修志志未逮告，即谂诸官绅，佥以难辞。窃思创难因易，志书之创也，自天文、地理及古今故实、瓜瓞果谷，无不部分而类聚，非材力聪明过寻常什伯，不能旁搜远绍、胪为卷轴，令其朗若列眉，是为至难。若既已创矣，其漂没弗彰及传闻异辞之陈迹，前人付诸阙如，后人欲从故纸堆中摭拾卮言，争赅洽，补罅漏，或至穿凿附会，贻笑方家，是才高意广，好为苟难。莘志经孙公愈贤、刘公维祯、刘公萧三贤之手而成，事见前者，前志已详；所未详者，自康熙丁酉迄光绪丁亥百七十余年耳。取旧志翻刻之，因旧志增益之，如膳帐簿，依模脱型，似亦无难。谋之官绅，佥曰：可。乃向收藏家寻获旧志，禀府尊程公，颁发郡志。嘉庆十一年前载郡志者，钞胥从事；后之数十年，令邑人分司其役，各举所知以为志；不知者阙以待考。时执笔者为山长，参订者为斋长，采访校勘者为书院肄业生，分校监梓者为同城诸君子，阅数月而蒇事。例行备书简端，袭前人之旧，藉诸公之力，是谓因人成事；无精思壮采、铺张扬厉，以润色圣天子维新之雅化，是谓因陋就简。然避难就易，比公子荆之居室③聊且而粗略，俾后之修志者依为初桄，或亦饱食终日无所用心之所为也。是为序。

---

　　①　此《序》载《（光绪）莘县志》卷首。

　　②　"语珊耿公"，即耿荣昌。荣昌，字语珊，光绪十二年（1886）任莘县知县，信厚待人，不设城府，任内重修文庙。

　　③　"公子荆之居室"，公子荆，字南楚，卫献公之子，卫国大夫。吴公子季札适卫，见公子荆与史鳍、公叔发、公子朝等人，曰："卫多君子，未有患也。"（《左传·襄公二十九年》）对公子荆评价颇高。此处用孔子评公子荆之典。《论语·子路》："子谓卫公子荆善居室。始有，曰：'苟合矣。'少有，曰：'苟完矣。'富有，曰：'苟美矣。'"

光绪十三年丁亥，署莘县事渑池张朝玮①。

《(光绪)修莘县志叙》②

胡鸣泰

《莘县志》自康熙五十六年重修后，既多历年所矣。咸丰乙卯，余权是邑事，意搜辑而重锓之。时经寇扰，有志焉而未逮矣。忽忽三十余年，殊为耿耿。岁在丁亥，渑池张伯玉③宰莘。甫视事，即殷然以修志为亟，向余索旧志为蓝本。窃心韪焉，而虑其事与愿违。乃不数月而草创就，越半载而锓雕成，盖本旧志而征文考献、存信阙疑者，甚盛举也！昔明道尹上元修邑志曰：此居官第一义。晦翁军南康，下车即治郡志。彼大儒也，岂区区文字者？昭政、纪言、垂宪、示诫、志实亟焉，故君子先之。伯玉，治谱家声④，其来有自，诚有法乎程、朱二公之意，而当务之为急者，其襟抱盖倜乎远矣。

余不文，而鸿雪旧踪，恍焉畴昔，忆少年气盛，务广而荒，修庙宇，修城池，修衙署，正塔尖，逐日辨色而兴，与都料匠攘臂争先，未遑伏案执笔，向都人士微显阐幽，为蹉跎岁月也。既乐闻乎志之成，并嘉与续修者之有志竟成，爰略叙其颠末如右。

光绪十三年季夏，二品顶戴盐运使衔山东候补道北平胡鸣泰⑤序。

---

① 张朝玮，字伯玉，河南渑池人，光绪十三年（1887）任莘县知县，二十年（1894）再任。《(民国)莘县志》卷3："家学渊源，宏奖善类，鼓舞不倦。闻过则喜，有过辄不复计。忆督修莘志，伏案挥汗，补苴掇拾，不惮烦，不忘（或当作'妄'）费，不执己见。一百七十年之掌故赖以搜存，节烈赖以表彰。一切政务皆以不忍人之心撙节爱养，斟酌变通，理繁治剧，无顷刻停滞，阖邑士民戴如父母。"

② 此《序》载《(光绪)莘县志》卷首。

③ "渑池张伯玉"，即张朝玮，字伯玉。其生平见上文注释。

④ "治谱家声"，即治谱家传。谱，治理之方。办理政务之方只传给子孙，后形容父子兄弟做官都有政绩。《南齐书·傅琰传》："琰父子并著奇绩，江左鲜有。世云诸傅有治县谱，子孙相传，不以示人。"

⑤ 胡鸣泰，字冠山，咸丰五年（1855）任莘县知县。《(民国)莘县志》卷3："城外关帝庙为逆匪所焚，捐廉重建。城中塔顶因地震欹斜，鸠工正之。又捐修衙署仓狱，经始时掘得古印，系明昌六年制，篆曰'行军第一万户'之印。诸工甫葳，于六年八月二十一日调金乡。嗣十一年教匪倡乱，复燬于火，古印亦失。四月，奉抚宪谭札委，密查滋事首犯及良民被裹者，全活颇多。六月，又奉查兵勇抢夺等情，办理保甲善后事宜，恳切劳悴，啧啧人口也。升监司。"

五　《（民国）莘县志》

　　《（民国）莘县志》，十二卷首一卷，王嘉猷修，严绥之纂。此志为奉省府通令纂修，有民国二十六年（1937）铅印本，由济南晓东印刷社承印。卷首载董兆珺、王嘉猷、李树春《序》、旧志《序》四篇及县图二幅，全志约三十万字。

　　此志调整纲目，以适应民国变迁，分地舆志、建设志、职官志、食货志、教育志、选举志、人物志、艺文志、大事纪九门、五十五目。其建设、职官、食货、教育诸门载民国以来农林邮政、县政自治、杂捐杂税及学校教育，新增内容较多，其他诸门多因袭前志旧文，稍加增补。

《（民国）莘县续修志序》①

李树春

　　尝读《周礼》大司徒之教，必先知土地之图。而夏官之职司土地者，列万民利害为一书，礼俗政事为一书。又尝考《管子》，负天下之才，为政治家之圭臬，而《地员》②一篇，于土地极其精详。是知治民之要，必先熟悉风土；为政之道，尤须参考志书。故郡县之有志，非徒考古迹、征文献而已也，将以明山川道里之变迁、土宜物产之盈绌、人情风俗之良否，以及文化兴衰、交通畅阻、农工商业优劣，以为施政设计之助。然则志书之有关政治，固至重且巨也。余承乏民政，夙夜祗兢亟思，访求郡县利病与民生疾苦，期为地方兴利除弊，整一民风，以图郅治。惟是鉴往始克知来，因俗方能通变。故须博征志书，以观旧迹而备参考。奈各县志乘或存或亡。已修者年事多远，未修者无可考征，心甚惜之。爰呈准省府，

---

　　①　此《序》载《（民国）莘县志》卷首。
　　②　《地员》，列《管子》第 58 篇，为中国最早的土地分类专篇，涉及土壤地理和植物地理。此篇按中国古代传统观念，把土地分为渎田、坟延、丘陵、山林和川泽等五种土地类型，每类又有更细分类。

通令各县从事续修，书成呈核，用资博征。今莘县王县长嘉猷以其县志脱稿，行将付梓，索序于予。予维为政之道，贵在因其地而施图治之方，重在顺其序而化。志书虽非国史，而纪载可备访闻。况兴坠起废、惩后惩前，使已然之迹灿然具明，未来之事有所考证，其关系顾不重哉？昔《禹贡》所纪，每详山川；汉高入关，先收图籍。楚《梼》、晋《乘》历代相因，县志、省通迄今不废。是志书之有裨政治由来久矣。今观莘县新志体例精严，搜集详密，足证王县长督饬有方，主编得人，采访戮力。巨帙告成，良深嘉慰。从此体国经野，可悉利病之原；考献征文，足备参稽之用，其有裨施政图治，岂浅鲜哉？兹当付梓之始，原①书此以为之序。

中华民国二十六年一月，樊舆②李树春③。

《（民国）莘县续修县志序》④

王嘉猷

志乘之作，所以征信传实也。一代之兴，莫不有国史，以昭一代之典章制度。举国家之大经大法、政治人物，无不灿然备列于其间，以昭当世而垂来兹。此盖识其大者显者，而其小者或不能及也。至其所在各县，每举其山川道里之变迁、土宜物产之盈绌、人情风俗之良否、以及文化之兴衰、交通之畅阻、农工商业之优劣，与夫政事文章、忠孝节烈之有关世道人心者，汇而笔之于志，以俟輶轩之采而备国史之遗，复可鉴往知来，因俗通变，而为图治化民之助。是邑之有志，其关系固至重且巨也。

---

① "原"字，或当作"爰"。

② "樊舆"，西汉元朔五年（前124），汉武帝封中山靖王之子刘修为樊舆侯，置樊舆国，建樊舆城。西晋泰始元年（265）置樊舆县，不久废，改置乐乡县，属高阳国。

③ 李树春（1864—1939），河北藁城县人。清光绪秀才，1917年创办女子乡村师范学校，并在校内附设女子完小和幼稚园，创省内先例。教育学生树立爱国、救国、强国之志，倡导男女平等。20世纪30年代先后两次担任藁城县保卫总团副总团长，为官清廉，治行端正。"九一八事变"后，在石门（今石家庄）创办成美职业学校，在藁城表灵村和石门开办了利田铁工厂，生产新式水车、轧花机、打包机、榨油机等。"七七事变"后，将大部分机器设备和原材料捐献给八路军修械所。后赴延安，1939年病逝。

④ 此《序》载《（民国）莘县志》卷首。

莘县为汉阳平故址，为伊尹耕稼之地①，余承乏斯邑以来，见其民崇质朴，俗尚醇厚，犹有古风。闲尝巡视全境，问其土壤之宜，考其物产之著，访求其地方利病与人民疾苦，以期兴利除弊，为地方造幸福。因思为政之道，贵在因地而施图治之方，尤应顺俗而化。故必博采旁征，熟悉风土，集思广益。参考志书，始悉斯邑志乘失修已四十余稔，前任董县长②因奉续修县志之令，延聘宿儒，筹定经费，限期四月，未竣事而适奉调迁。余承其后，亟思督成其事，以竟全功。幸总分各纂及采访各员均庆得人，展期一月，始克脱稿付梓。所有体例悉仍其旧，未敢有所变更也。窃尝考《周礼》大司徒之教，必先知土地之图。而夏官之职司土地者，列万民利害为一书，礼俗政治为一书。又尝考《管子》为天下之才，为吾国政治家之圭臬，而《地员》一书，于土物记载尤详。是知为政之道，必先熟悉风土；治民之方，尤须参考志乘。故禹纪山川，汉收图籍，楚《梼》晋《乘》，历代相因，县志省通，迄今不废。是志乘之有裨政治，由来已久。今斯邑志书告成，足为化民图治之助，岂徒考古迹、征文献而已哉？则有俟于世之高明者以教。是为序。

中华民国二十四年夏月，莘县县长曲阜王嘉猷③。

《（民国）续印莘县志书序》④
董兆瑢

尝考一县之文献掌故，皆从县志中考察。凡县区之沿革、疆域之建置、祠宇古迹风俗物产，及境内之山脉河流、井集市镇、商场森林，凡有应兴应废之计划，至纤至悉。故对于财赋征收、自治户口、建设道路、水

---

① "伊尹耕稼之地"，《孟子》载伊尹相商前曾躬耕于有莘之野，莘县莘亭镇大里王村西有伊尹躬耕处，相传为伊尹躬耕之所。莘亭始建于汉代，后亭废基存。康熙五十五年（1716）东昌府知府程光珠书"莘亭伊尹处"，题曰："尧舜之道，畎亩之中，圣作物睹，龙云虎风。"知县刘萧勒石立碑，重修莘亭，亭东侧有伊尹庙。

② "前任董县长"，即董兆瑢。兆瑢，字瑞忱，山东荣成县人，北平国立法政大学毕业。民国二十年（1931）任莘县县长。《（民国）莘县志》卷3称他"三载冰蘗，指日清华。二十三年十二月，升署蓬莱"。

③ 王嘉猷，字秩安，山东曲阜人，民国二十四年（1935）任莘县知县。

④ 此《序》载《（民国）莘县志》卷首。

利交通及慈善教育各机关，均可一一按籍考核，其裨益县政者莫大于是矣。兆瑈来抚斯邑，谫陋不文。查莘县志书编纂年远，其间损失寖多。近年军事未靖，存书日尠，续修固非易办，经费亦感困难。兆瑈为保存地方文献计，特召集各机关同志会议，检齐志书藏板，选精拓印工人，集赀续印三十部，广为流传。盖援古方足证今，而征文兼资考献，俾垂永远，以重国粹。是为序。

中华民国二十二年癸酉，山东莘县县长荣成董兆瑈。

六　《莘县乡土志》

《（光绪）莘县乡土志》，周郑表修，孔广文纂。此志为奉学部令纂修，宣统元年（1909）石印本。志前有县图一幅，并有周郑表、汪锡康《跋》，全志约两万字。

此志主要取材于《（光绪）莘县志》，分历史、政绩录、兵事录、耆旧录、户口、宗教、实业、地理、古迹、坊表、桥梁、市集、学堂、山水、道路、物产等目。其宗教记本县西洋各教，实业记士农工商人数，均具有较大价值。

《莘县乡土志跋》[①]
周郑表

自州县有志，而政治之得失见焉，风俗之贞淫见焉，人品物类之臧否亦见焉。然就各州各县以观其志，似铺张而多饰，不若即各乡各土以名其志，愈简朴而易明。故征文考宪之余，宜遵存信阙疑之律，非徒载疆理土田，可于斯瞻广狭也。亦非徒载人民社稷，可于斯作威权也。政治出其中，风俗出其中，人品物类出其中。不于此修而明之，恐代远年湮，亦空抚残碑断简，致慨坠绪之茫茫焉耳。当此而欲效子产之博物、胥臣之多闻，参互考订于其间，不几谓人往风微，转叹古今人不相及耶？如是则乡土之志，非及其时以修之不可，非得其人以修之亦不可。今当国家励精图

---

① 此《跋》载《莘县乡土志》卷末。

治，政教维新，方欲览各省通志，以为布化宣猷之准，而不知各省有志，其端始于各州县；州县有志，其实稽于各乡土。此修通志之所由来也，此修通志而因以修乡土志之所由来也。

郑①自仲冬莅任有莘，屡阅札饬，业经遵行者甚伙，独乡土志前令尚未举办，抚躬默揣，责无可辞，第念案牍频繁，殊难兼摄，举阖邑之历史、政绩、山川、人物，授笔而直书之，尤惧见闻不广，遗漏多端，此固邑令之惭，当亦诸生所感愧交集者已。于是进邑之明经张连汇、李凤岗，茂才岳金墀、高鸿策、马仲勋、张廷鉴、盛鑫科、盛价人等，谆谆焉询之，求其克膺斯任者，金曰：儒学训导翼轩孔君②，其庶几乎？遂以是役嘱之，又以采访参订之责分任诸生。尔时逊谢弗遑，皆若有踌躇焉，未能胜任者。乃不数月而采录多条，不数月而草创成稿，意赅言简，毫无穿凿附会之词。异日缮写须工，校对务密，俾生于斯、长于斯者均可开卷有益，人人皆知乡土之实录，即人人有爱乡土之本心。向所谓古今人不相及者，至此庶克奋勉也。

时在戊申仲冬，花翎升用同知周郑表谨跋。

《莘县乡土志跋》③

汪熙康

是书，前邑令周君督催士绅，依例采录，延儒学训导孔广文④编纂。甫竣，适康奉檄莅任，见其选辑详实，不遗不冗，因属补绘邑图，付诸剞劂，以备小学教科书采辑之需。

夫士生于其乡，长于乡，游于乡，士之于乡密切相关，然语其乡之历史地理与夫动植矿物，往往茫乎未知，非为⑤士者之耻乎？是亦教士者之

---

① "郑"，即周郑表。周郑表，浙江仁和人，廪贡生。光绪二十三年（1897）任莘县知县，三十四年（1908）再任。任内曾修葺考栅，有功名教。

② "翼轩孔君"，即孔昭许。孔昭许，字翼轩，福山人。同治十二年（1873）举人，光绪二十九年（1903）任莘县儒学训导，任内捐廉重修文庙。

③ 此《跋》载《莘县乡土志》卷末。

④ "儒学训导孔广文"，即孔昭许。生平见前述。

⑤ "为"字，或当作"惟"。

失也。盖士不知其乡之德行道艺、历史之光荣，则不知爱其人；不知其山川道路广轮之数，则不知爱其地；不知其物产之富、生养之源，则不知爱其物。不知其所爱，士之所以为士者可知矣，亦安望兴贤兴能于其乡哉？《周礼》大司徒因民之常，而施十有二教，以乡三物教万民。说者谓以乡中三事就民所常见常闻者以施教，是其知爱知敬之诚，推而广之，以至爱国爱天下。其所以为教者，初非高远难能，而收效若是。贤能之书，率三岁而一献，亦教之得其道而已矣。是邑之人才蔚起，吾亦将于是编卜之。

　　岁在己酉仲春，花翎同知衔升用直隶州署莘县知县汪熙康①谨跋。

---

① 汪锡康，光绪三十四年（1908）任莘县知县。

观城县

一 《（康熙）观城县志》

《（康熙）观城县志》，五卷首一卷，沈玑修，张洞宸纂，康熙十二年（1673）刻本。此志继明万历志而作，为奉朝廷之命纂修，为存世最早的《观城县志》。卷首载沈玑《序》，修志申文及县图三幅，全志约十万字。

此志纲目简明，分方舆志、版籍志、官师志、人物志、艺文志五门，内辖三十五目，记注较为翔实。其方舆志载本县街市及风俗乡约；版籍志记户口田赋与保屯村集等内容，详明赅备，多存本县明清社会故实。艺文志收载较丰，不乏有关本地民生利弊之材料。如内收明万历知县贾世康《委勘水患申文》与清康熙邑人张恪《论本县赋役书略》两文，一记明代本地水利事宜，一记清代本地赋役不均之弊，对考见明清时期的社会状况多有参考价值。

《（康熙）观诚县志序》①
沈　玑

观城故无志，无可志也，而不可以无志也。何言之？观于夏为国，其封典版图邈乎不可考矣。周为卫地，则亦康叔之境边隅聚落耳。其后属东郡，属清河，以暨入澶入濮，迄今犹茸尔一附庸也。星野山川，皆分见于

---

① 此《序》载《（康熙）观城县志》卷首。

大郡。即古迹人物，亦载在邻封邑乘中。观曷志乎？然俨然县邑矣。其地僻而幅隘，其土瘠而赋重。夫僻可为也，而瘠则难为；幅隘可居也，而赋重则难居。以故荒村穷檐，贫民如寄，徭轻岁熟，乃姑安之。或值中歉，均役则仄，足欲为鸟兽散。分土分民若此，遂俨然县矣。上之无由径达内庭，冀邀格外蠲省之仁，次之无以诏示来者，使知加意爱养之方。诸凡例比他县，悉率敝赋以供征求。观之为观也余几矣，是则不可以无志者也。

明万历十七年，荥阳乔令①乃创志书。乔之言曰：载述无堕，幸免于史迁之所谓罪其在斯乎？而贫瘠之形瞭若指掌，菑患之踪澹焉怵目，意固不颛载述也。余视事之始，虽思续纂，而流亡未复，文献难征。但绘郑侠之图，而缺史迁之纪，则余曷敢？兹岁奉旨，直省郡县纂辑志书，送翰林院汇修《一统志》，是夏《禹贡》、周《职方》再见之日也。观邑虽小，亦得附著典籍矣。急搜乔志，仅得之于王生裔琦家藏，不啻竹书禹碑，绝无仅有，此外又无可摭拾者。爰咨爰访，幸有张生梧之父明经淑宸，笔记万历十七年以后人物事迹。遂偕司调刘公士聪、邓别驾范、张孝廉洞宸等续集订正，分野、建革诸纪一仍其故，不敢以群书末议改旧闻也；礼制、艺文诸纪稍汰其繁，不敢以支离附赘溷实录也。在昔赋税之数、委勘之文，皆点校而备存之；在后孝义之士、贞烈之媛，皆赞扬而亟表之。凡以因革劝诫、政治模楷，余莫敢忽遗尔。虽迫于檄限，未获该详，而体要既立，庶几可备考核。

于乎！昔唐宣宗命学士韦澳集天下风土利弊为一书，置之座隅，名为《处分语》②，则古今修志之义盖可知也。使蕞尔邑乘得附全书，一邀省

---

① “荥阳乔令”，即乔崑。崑，河南荥阳人，选贡，万历十六年（1588）任观城县知县。《（康熙）观城县志》卷3：“（乔崑）勤敏练达，百废振举，如纂县志，修学宫，建社学，葺县治，靡不历历行之。虽沧桑改迹，其功有不可泯者焉。”

② “名为《处分语》”，《处分语》，韦澳奉敕撰，又名《诸道山河地名要略》。《新唐书·艺文志》史部地理类著录“韦澳《诸道山河地名要略》九卷”，注云“一作《处分语》”。《新唐书》卷169《韦澳传》载：“为学士时，帝尝曰：‘朕每遣方镇刺史，欲各悉州郡风俗者，卿为朕撰一书。’澳乃取十道四方志，手加铀次，题为《处分语》。后邓州刺史薛弘宗谢，帝戒敕州事，人人惊服。”裴廷裕《东观奏记》卷中载：“上（即宣宗）每孜孜求理，焦劳不倦。一日，密召学士韦澳，尽屏左右，谓澳曰：‘朕每便殿与节度、观察使、刺史语，要知所委州郡风俗、物产。卿宜密采访，撰次一文书进来，虽家臣舆老，不得漏泄。’澳奉宣旨，即采《十道四蕃志》，更博探访，撰成一书，题曰《处分语》，自写面进，虽子弟不得闻也。后数日，薛弘宗除邓州刺史，澳有别业在南阳，召弘宗饯之。弘宗曰：‘昨日中谢，圣上处分当州事惊人。’澳访之，即《处分语》中事也。君上亲总万机，自古未有。”

览，随宜处分，观民其有庆乎？即后之君子载阅而加之，意存恤陈请，以补前人所未逮，是于上下均无负也，余又何以文为？

康熙十一年岁次壬子十月吉，文林郎知观城县事加一级武进沈玑[①]书。

二 《（道光）观城县志》

《（道光）观城县志》，十卷首一卷，孙观纂修，道光十九年（1839）刻本。《中国地方志联合目录》著录为道光十八年（1838）。今检此志卷首潘尚楫《序》作于道光十九年（1839），当刊于是年。卷前载潘尚楫、孙观《序》、旧志《序》《修志申文》及县图三幅，全志约十二万字。除刻本外，此志又有抄本，藏国家图书馆，《中国地方志联合目录》亦未著录。又有民国二十二年（1933）铅印本，扉页为王献唐于民国二十二年（1933）四月题"观城县志"，次页记述此次排印之本末称："观志久经阙如，兹依山东省立图书馆所藏旧抄本详校付印。"是本由济南平民日报社印刷，逢源阁书店发行。

此志分典谟志、舆地志、学校志、秩祀志、赋役志、职官志、选举志、人物志、艺文志、杂事志十门、七十目，参稽旧志，增佚续补，记述康熙以后诸事详明赅备，不少续补材料多切实用。如杂事志内治碱篇载观城治理黄河盐碱地的多种技术，为有价值的农业技术史料。

《（道光）观城县志叙》[②]
潘尚楫

邑之有志，例也。然有可志而志之，则志易；无可志而志之，且多志之，则志难。观城居曹郡之西北，幅员甚隘，编户十里，东西南朔，广袤仅三十余里。并无名山大川、形势扼要之区足动人之游览。又无奇材异

---

① 沈玑，江苏武进人，贡监，康熙八年（1669）任观城县知县。
② 此《序》载《（道光）观城县志》卷首。

能、出类拔萃之英彦挺生于其间。而潜德幽光遂至恝然弃置,任其湮没而不传。碑版散佚,户籍凋零,盖文献之难征,一百六十余年于兹矣。东雅孙大尹①以武林名孝廉出宰斯邑,扶绥攘剔,凡政之有益于民者无不次第举行。暇则举观邑旧志而阅之,慨然曰:自康熙十一年武进沈君玑作志,后多历年所,迄今字画模糊,几不可辨。而闾里之孝子、节妇、烈士、义民,问②之故老,已大半无存者,再易数十年,将成绝响,其可乎哉?于是搜罗访采,手自编摩,炎昼穷檐,挥汗纂注,较旧志增十之四五。首列典谟以昭纶綍之盛,末志杂事以备考订之宏。而于川泽、赋役诸志博引《河渠》《水经》,详载《通志》《观录》,以稽水利而重农田。书成,持以示余。余因郡志漫漶,亟思修辑,而时日迁延不果。有可志而无以志之,与无可志而志之,且多志之,其力量相去为何如?深叹东雅之学识过人,成此美举,而自愧弗如也。爰缀数语而归之。

时道光十有九年岁次己③亥新春之吉,知曹州府事会稽潘尚楫④叙。

《(道光)观城县志叙》⑤

孙 观

观城,古观国也。汉始设县,至隋而更今名。宋元以前,志乘皆无可考。明万历间,荥阳乔君创辑县志。迨康熙初,武进沈君奉檄纂修。相去未及百年,而乔志已无善本,则文献之无征久矣。沈志刻期成书,其大端半参乔本。流传至今,又一百六十余年。观地僻陋,无岳渎之名胜,足供骚人学士登涉而讴吟;观俗简朴,又无奇异之遗踪可备太史、𫐐轩咨访而采辑。是以迁延岁月,纪载多缺略焉。然窃思之,十室之邑必有忠信。古之修史者搜罗遗逸,往往旁及于一邑一乡,则沙壤茆檐或有懿行芳躅隐处

---

① 孙大尹,即孙观。孙观,浙江钱塘人,嘉庆十八年(1813)举人,道光十七年(1837)任观城县知县,二十年(1840)调补菏泽县知县。

② "问"字,《(道光)观城县志》(民国二十二年铅印本)作"间"。

③ "己"字,《(道光)观城县志》(民国二十二年铅印本)作"巳"。

④ 潘尚楫,字丽槎,浙江会稽人,嘉庆五年(1800)举人,道光九年(1829)任南海县知县,后升任曹州府知府。道光十八年(1838),在曹州府任内,与菏泽县知县龚经远同修补菏泽县城垣。

⑤ 此《序》载《(道光)观城县志》(国家图书馆藏抄本)卷首。

其间，而竟听其沉沦散失，终归于泯然，亦守士者之憾也。乾隆丙戌，秀水盛秦川先生①权篆斯邑，欲修邑志，以瓜期迫促，事不果行。后纂东昌、济宁诸郡志，每见有涉于观者，辄手书之，条分类析，编为四卷，名曰《观录》，较诸沈、乔二志，考论精确。上自汉魏，下迄宋元，其有可稽者皆备载之，而于前明一代典故尤加详焉。阅今已七十年矣，其书尚存。②盖先生宰淄川时，孝廉翟君③尝出其门下，其后秉铎来观，廉得是本，呈示前令王君④而命吏录之者也。道光十有七年，余承乏斯土，见邑志漫漶，不禁为之慨然。到官数月，喜值岁稔人和，公馀多暇，偶检得先生是书，乃进邑之绅士，广为采访，而于长夏枯坐、宵灯不寐之时，手自钞辑。凡旧志所载与《通志》《观录》有异同者，皆悉存之；于引用诸条之下各著其书名，以备参考。集为十卷，区为七十二类，历一寒暑而稿本觕定。

夫古人作志，即外史之遗也。余奔走风尘，学殖荒落，而乃不揣固陋，妄自操觚者，诚以观邑褊小，又多供億。往来任斯土者大都神疲力

---

① "秀水盛秦川先生"，即盛百二。百二（1720—?），字秦川，号柚堂，浙江秀水人。少时读书颖悟，于天文、勾股、律吕、河渠之学无不精研。乾隆二十一年（1756），中举人。三十一年（1766），署观城县知县。三十三年（1768），任山东淄川知县，后以疾辞归，居于齐鲁间，主讲山枣、藁城书院。参与纂修《济宁直隶州志》，与李文藻、周永年合纂《历城县志》，著有《皆山阁吟稿》《柚堂续笔谈》《增订教稼书》《问水漫录》《听泉斋记》《柚堂文存》等。喜藏书，藏书处有"春草堂""皆山格""惜芬书屋"等。《清儒学案》卷201："盛百二，字秦川，秀水人。乾隆丙子举人，官山东淄川县知县。为政静而不扰，简而有要，听讼不多言，而人自服。尝查核历城、济阳灾户，了了无遗，虽能吏莫之及。然素无宦情，在官一年，以忧去，遂不仕。少读书颖悟，凡句股、律吕、河渠之学靡不研究，而于天文致力尤勤。尝谓：'羲和之法，遭秦火而不传，六天沸腾，莫知所从。自太初以后，踵事增修者七十余家。至此时《御制律历渊源》之书出，如披云见日，使千古术士诡秘之说至今日而无遁其形。始知大经大法已略具于《虞书》数语之内，有古今中外之殊，而其理莫能外也。'因著《尚书释天》六卷，于《尧典》《舜典》《胤征》《洪范》诸篇，凡有关历象者，逐条考订，博采诸书而详疏之。其大要以西法为宗，凡五易稿乃成。晚居齐鲁间，主讲山枣、藁城书院十数年，多所成就。他所著有《问水漫录》四卷、《增订教稼书》二卷、《柚堂笔谈》四卷、《柚堂续笔谈》三卷、《观录》四卷、《柚堂文存》四卷、《皆山阁吟稿》四卷。"

② "阅今已七十年矣，其书尚存"，《（道光）观城县志》卷6："盛百二，号柚堂，浙江秀水人，乾隆三十一年任。学古有识，著作甚多，因署任不久，意欲重茸邑志，未暇及也。著有《观录》四卷，藏李家楼生员李武标家。"

③ "孝廉翟君"，即翟涛，嘉庆十九年（1814）兼任观城县训导。

④ "前令王君"，即王六鳌。六鳌，四川金堂人，嘉庆五年（1800）举人，十八年（1813）十月任观城县知县。

瘁,不遑及其他。兹幸民安务简,而不亟成其事,将代远年湮,父老之传闻必尽归于泯然矣。且余犹有说焉,有物如玉,众所宝也,而不成器,则不美其先。但存其材质,其后加以琢磨,遂得见用于世。余之修斯志也,姑录所见所闻,亦存其材质而已矣。若夫雕琢而磨砻之,惟俟后之君子。

道光戊戌①嘉平既望,知观城县事钱塘孙观序。

三 《观城县乡土志》

《(光绪)观城县乡土志》,一卷,稿本,王培钦编。卷首有王培钦《序》,全志约二万字。是志有光绪末稿本,藏山东莘县档案馆。另有光绪抄本,藏山东省博物馆。

此志按学部颁发条例编写,分历史、政绩录、兵事录、耆旧录、人类、户口、民族、宗教、实业、地理、山、水、道路、物产、商务等,其中兵事、宗教记清末捻军活动及西洋各教;户口、实业、物产、商务载各业人口,主要农产品及商务贸易等内容,皆可补清末本县缺志之缺。

《观城县乡土志序》②

甲辰秋,余司铎观邑时,朝廷惩庚子乱,建议变法,参用东西洋新政。越明年乙巳,诏停科举,天下人才尽归学堂一途。而儒官讲习已成虚位,生徒星散,半入商农,学庑荒凉,鞠为茂草。闲居冷署,惟以楮墨自娱。间督僮仆垦官田二顷,一半种秔蓄妻孥,一半种秫酿醇醪,日谋一醉,犹胜陶彭泽多矣。顾念素餐尸位,昔人所羞。丁未夏,行将解组,为归田计。陈大令隽丞公忽以宪札相示,乃《乡土志例目》,学部奏请饬各府厅州县撰辑,以备编课初级小学堂教科书也。陈公以限期迫促,编纂需时,又虑聚讼纷纭,莫衷一是,商余鉴定,以董其成,余谢不敏。友人曰:先生官殊冷矣,不获于今为烈,藉此与古为徒,摅怀旧之蓄念,发潜

---

① “戌”字,《(道光)观城县志》(民国二十二年铅印本)作“戌年”。

② 此《序》载《观城县乡土志》卷首。

德之幽光，考舆图之沿革，识物产之盛衰，不尤愈于独坐广文馆，餐苜蓿，蘸水晶盘，而令毛锥子终老于管城中耶？余踌躇欲再辞，而移文至，不获已，移居学堂之正谊斋。时方溽暑，诸生辈祖裼泚笔，旁搜博采，正伪阙疑，两阅月书成。而余心殊有歉然者，唐虞至今四千余年矣。城郭变迁，山川易姓，河流淤垫，古址难寻，即起古人于九原而问之，亦有瞠乎莫对者。而历代循良甘棠遗爱，都人士非不形诸歌咏，播之管弦，以艳称于一时。乃烽火几经，残碑莫考，后之人流连凭吊漠然，徒见山高而水清，欲问其事，而遗老尽矣。夫十室之邑，必有忠信，壤地虽褊小，截长补短，犹方五十里。而当代英贤、胜朝耆旧，其事迹卓卓可传者，邑乘中不过百存一二。而近百年来，志书莫续，加以咸丰兵燹，先正典型泯焉渐灭。访诸后裔，往往如藉谈之数典，是亦考古者之憾耳。至若水道之变易无常，民数之增减莫定，物产则窳败难堪，商务则萧条益甚，事难琐记，法待改良，握管筹思，弥增惭怍，而其他又何论焉？惟望学宪见谅，知区区弹丸邑素无司马才，谁献上林之赋？既秃枚乘笔，难绘广陵之涛。委翰苑诸臣笔削而润色之，后令珠还合浦，璧返邯郸，用以启迪童蒙，培养其爱乡及国之心。异日黼黻升平，赞襄鸿业，驾东西洋各国而上之，余亦附骥尾而益显，是则私衷所默祝云。

光绪三十三年丁未秋七月，曹州府观城县教谕移补训导王培钦[1]序于学署之松磐轩。

---

[1]　王培钦，山东青州人，廪贡生，光绪三十年（1904）正月任观城县教谕。

朝城县

一 《（万历）朝城县志》

《（万历）朝城县志》，十卷，张泾纂修，万历四十六年（1618）刻本，今佚。《朝城县志》纂修于明嘉靖二十年（1541），至万历中已经残缺。张泾遂在此基础上重加纂修，卷首有岳万阶、张泾、李九章《序》。此志共分二十八目，"首之图经，邑境在目中矣；次之沿革，古今在旦夕矣；分野以稽事应，城池以固藩垣，故次之；疆宇以慎封守，市镇以通有无，故又次之；从此而壮居处则建置急，传露布则铺舍又急；从此而报神功取诸坛庙，馆宾旅取诸公署，故志及之。以表人文，以章奠丽，则于坊额山川；以思往哲，以仰徽猷，则于古迹丘陇，故志又次及之；志田赋当抚字为先，而马政、兵防皆国家之急务；志学校见教化为本，而风俗、物产见土地之淳浇；职官备纪其里氏，而其功德之表著者叙之为名宦；人物统录其行藏，而其勋业之隆赫者揭之为乡贤；志节烈所以征女德，志恩纶所以彰圣典，志艺文所以见才品。至于寺观、灾祥、神异又淄黄之托，居天地之奥秘也，故列之为外纪焉。"据此，亦可大致了解此志之内容。

《（万历）朝城志序》[①]
岳万阶

按《周礼》，小史掌邦国之志，大史、外史掌书外令，掌四方之志。

---

① 此《序》载《（康熙）朝城县志》卷首。

今郡县之志，固小史、外史之遗也，所关綦重哉！吾邑故无志，有之，自天城周侯①始，时则嘉靖辛丑也，迄今且八十祀矣。往岁，心海周侯②雅意修葺之而未就。丙辰秋，晋阳张侯③以奕世名家来抚吾邑。甫三月，政成化行，即索邑乘观之，慨然叹曰：观风问俗，证今传后，惟志是赖。今绝笔者垂三世，其间有伪者、缺者、应增续者，不亟修葺之，恐杞宋无征，兴嗟尼父矣，恶得以不急之务视之？又恶得以道旁之舍漫为之？于是诹日开局，命宿儒欧生仕任及庠彦孟生孔传等七人草其梗概。侯乃殚精竭思，搜故典，核事实，伪者正之，缺者补之，续出者增之，修饰而润色之，越数月而告竣。凡为卷有十，为目二十有八。上之而天文地理，次之而户口田赋，微之而鸟兽草木，以至循良之政绩、荐绅之懿行、义夫节妇之雅操，及庙堂之纶音与名公骚人之题咏，洪纤悉具，显幽靡遗，一展卷而宛然目前。方削稿，侯令余寓目焉，复属余序之。余不能以不文辞，乃谬言曰：志不欲太简，简则恐挂一漏万贻诮也；亦不欲太繁，繁则恐珠玉瓦砾并收也。兹志也，赡而核，精而确，繁简得宜，纪载得体，允可为信史，为完璧哉。河南《许州志》④、关中《武功志》，海内亟称之，吾邑兹志当与彼二志并传不朽矣。后之来牧吾邑者睹封疆则思保厘，睹户口则思扶循，睹赋役之繁重则思节省，睹循良之芳规则思媲美，谓非此志激发之也不可。不宁惟是，即邑之人阅兹志而有感焉，将指其人而嘉之曰：某也忠孝，某也方正，某也清白，某也科名，不愧而闾里增光，是宜矜而式也。又或指其人而议之曰：某也混于名教中，某也荡于矩矱外，是宜省而

① "天城周侯"，即周鲁。鲁，嘉靖十六年（1537）任朝城县知县。《（康熙）朝城县志》卷7："周鲁，天城人，嘉靖十六年升任。勤敏有威裁，长于吏治，然性深密，言动多存校忌，畏贪之名而重贿入骨。每民讼赎金，虽贫极，反覆陈哀，不少未（或当作'末'）减。未几，巡察送还部。"

② "心海周侯"，即周士元。周士元，万历三十七年（1609）任朝城县知县。《（康熙）朝城县志》卷7："周士元，北直赵州人，举人，万历三十七年任。听讼严明，凶壬敛迹。升濮州知州，两地共戴。"

③ "晋阳张侯"，即张泾。张泾，万历四十四年（1616）任朝城县知县。《（康熙）朝城县志》卷7："张泾，山西忻州人，举人，万历四十四年任。纂续县志，重修学宫、魁台，厥功伟焉。"

④ "河南《许州志》"，即明修《（嘉靖）许州志》。《（嘉靖）许州志》，八卷，许州知州张良知纂修，许州训导钦用、襄城教谕杨銮、临颍教谕魏延等编次，为存世明代许昌志书中保存最完整的一部，有嘉靖二十年（1541）刻本，宁波天一阁有藏。

戒也。可兴可观，以劝以惩，盖不减《三百篇》矣，小补云乎哉？于戏，侯之功伟矣！

侯，太原之忻州人，别号文海。正德间二张侯先后令吾邑，具有善政，而侯即其后人也。其操则冰蘗，其才则霹雳手也。神君慈母并颂于人，吏治文章卓冠当世。行且膺内召、秉钧衡，以泽一邑者泽天下。异日者将标之国史而华衮之循良传矣，讵但烜赫邑乘已哉？姑俟后之秉笔者。

万历戊午夏六月之吉，赐进士通奉大夫、奉敕整饬靖远兵粮道、食正二品俸陕西布政司左布政使兼按察司副使邑人岳万阶①撰。

《（万历）朝城县志序》②

张　泾

夫志，列国之史也。《周官》：外史掌四方之志。凡夫体国经野、表年类事、贞文景哲、观风问俗，端于是乎在。朝城左跨齐鲁，右连赵魏，壤沃风淳，且近孔孟之居，文献俱存，岂乏宪典？余丙辰秋来牧兹土，视篆之明日，登耆硕于庭，询其所宜罢行者，章程法守罔不黎③然可循，惟邑乘阙焉。非全无也，旧有卷若干，传览既久，残废颇多，是修茸之宜急矣，惜未得其人。既乃询之朝人，士众以欧生仕任告。以生宿儒，年且高，习闻邑中故实，余故改容礼之。生即慨然草创，脱稿授余。余复恳邑先达方伯岳公暨平遥侯周公总其纲；集庠耄孟生孔传、张生凤鸣、王公起蛟、欧生云陟、张生德涵、孙生观泰、张生名儒集其成，诸君子欣然不余拒。于是乎别其卷次，定其门汇，增其所未备，贲其所未饬。义例遵当代之制，体格兼诸家之规。其卷凡十，其目凡二十有八。是故首之图经，邑境在目中矣；次之沿革，古今在旦夕矣；分野以稽事应，城池以固藩垣，

---

① 岳万阶，字允声，别号仰山，山东朝城人。聪敏好学，试辄冠军。万历十年（1583）登进士，初任秋官，与大司寇议省刑八条。不久，升衢州太守。崇文善士，缉暴雪冤、廉法赈荒，政绩卓著。时衢州有嫁女必用一半家产陪嫁之俗，因有生女多不让其存活之弊。万阶下令严禁溺女婴，并严惩溺女者，使陋俗有所改变。后官至参政，调靖远修城练士，有功，晋两级，转左藩，加正二品俸。万阶兴利锄奸，不避权贵，得罪当道，愤然辞官，回家课子。虽多次征用，亦不复出，寿八十一岁而终。

② 此《序》载《（康熙）朝城县志》卷首。

③ "黎"字，通"犁"。

故次之；疆宇以慎封守，市镇以通有无，故又次之；从此而壮居处则建置急，传露布则铺舍又急；从此而报神功取诸坛庙，馆宾旅取诸公署，故志及之。以表人文，以章奠丽，则于坊额山川；以思往哲，以仰徽猷，则于古迹丘陇，故志又次及之；志田赋当抚字为先，而马政、兵防皆国家之急务；志学校见教化为本，而风俗、物产见土地之淳浇；职官备纪其里氏，而其功德之表著者叙之为名宦；人物统录其行藏，而其勋业之隆赫者揭之为乡贤；志节烈所以征女德，志恩纶所以彰圣典，志艺文所以见才品。至于寺观、灾祥、神异又淄黄之托，居天地之奥秘也，故列之为外纪焉。

是编也，纲举目张，昭如列眉，武阳之梗概虽千伯祀如在朝夕。顾懿迹虽存于纸上，而披阅实本于心源。如观一事则思事之究竟，何如评一人即思一人之底蕴？安在撷英茹萃，劝惩双系，是随志役精神，亦随志见法程，是所贵于读志者也。不然，徒涉猎以供快愉，甚非修志意也。虽然，又有说焉：好奇者率创大观，多幸者每逢盛事。余固非好奇者俦，而得举此旷典于地方，或亦一时之幸也，朝人其勿罪我。

万历四十六年岁次戊午夏六月吉日，知朝城县事山西古晋阳张泾题于应宿之署中。

《（万历）朝城县志序》①

李九章

（前缺）万历戊午②六月之吉，朝城县儒学教谕李九章顿首拜书。

二 《（康熙）朝城县志》

《（康熙）朝城县志》，十卷，祖植桐修，赵昶等纂。此志为奉朝廷修志之命纂修，康熙十二年（1673）刻本。卷前有祖植桐等人

---

① 此《序》载《（康熙）朝城县志》卷首。

② "万历戊午"，即万历四十六年（1618）。因《（万历）朝城县志》今佚，此《序》移录自《（康熙）朝城县志》。然《（康熙）朝城县志》编辑疏漏，误将《（康熙）朝城县志序》之前半与移录之李九章此《序》杂糅，遂致《（康熙）朝城县志》此序脱后半篇，而李九章序仅存末句。

《序》四篇、明万历志《序》三篇、《修志约言》及县图四幅，全志约八万字。另有民国九年（1920）刻本。

此志分建革志、疆域志、赋役志、学校志、礼仪志、风土志、职官志、人物志、艺文志、灾祥志十门、五十七目。其赋役志载明、清两代户口地亩及钱粮徭役数字条理井然，风土志记民间习尚风俗细致具体，礼仪志分吉、凶、军、宾、嘉五种礼制分述，颇存故实。其他诸门载事记人，亦多简括赅约。

《（康熙）纂修县志序》①

祖植桐

自造书契，以代结绳，凡事关天下国家者，靡不举而载之方策，所以志不忘也。逮自唐虞设有专官，名之曰史，其所录之书，略无假贷，论者等其权于天与君，有由然焉。自此以还，万国承风而有志。志与史，名殊而义一者也。独计史以载天下，而于宇内之山川、人物或有所遗；志以载群封，而于天家之法度纪纲则有所缺。之二者非宜兼举，以成②一代之宏规者乎？斯曲沃卫公所以有汇修通志之请也。

夫以郡邑之志，体符国史，纂修者固当祇肃以将事，况有命自天者哉？是志之为事至重，而纂修之为务至难，不可不慎矣。朝邑由续志既成，而后五十余祀纪载无闻。其间时异势殊，风土人物付之烟草。虽有孟孝廉兆熊之遗编，然厥功未集，敛稿深藏。诸如故老之传闻，已不胜凋谢之嗟矣！顷缘奉檄修纂，前令徐允登③集邑名贤，用兴厥务。桐④于癸丑初秋承乏，而与知焉。诸贤各出所记，更相搜罗，而孟生据亦呈其先孝廉之藏本，互为参详，汇编十卷。纲一而目几六倍焉。属稿既定，而问叙于余。余观夫建革，则有丰盛之思；疆域，则有高深之慕；赋役、学校，则知耕读之兼成；风

① 此《序》载《（康熙）朝城县志》卷首。

② 此《序》"以成"及之前部分，国家图书馆藏《（康熙）朝城县志》缺，据民国九年（1920）重刊《朝城县志》补。

③ 徐允登，福建侯官人，顺治十四年（1657）举人，康熙十年（1672）任朝城县知县。

④ "桐"，即祖植桐，辽宁宁远人，荫生，康熙十二年（1673）任朝城知县，二十年（1681）任庆阳府同知。

俗、礼仪，则知古今之不远。睹职官而凛名义，更欣人物之挺出无穷；览艺文而慕经纶，益信灾祥之相生有自。乐文之备，而忘作之劳，于是知朝封之志可以汇天下之编而进之御前矣。然是书之成也，岂伊一人之力哉？奉檄谋始，则有若前令徐允登、署篆濮州州判李襄猷，监修则有若儒学训导刘元禧、邑贤原任工部员外江世带，兼纂修则有若原任澄江府通判王猷远、举人孟鏐、拔贡李业、恩贡孟兆图、岁贡张万寿，纂修则有若举人赵昶、岁贡贾世贞、廪生张吁俊、王名世、孟鑅、增生刘芳闻、张云鹏，附生栗人极，校正则有若附生谢堞、陈止敬、李翘森，采辑则有若廪生王建中，督梓则有若典史吴士斌。凡经风雨，几阅晨昏，理必从经，体必依史，有古纲目之遗徽焉。桐乐是编之成而堪为不朽也，故为之叙其梗概云。

康熙十二年九月，山东东昌府濮州朝城县知县祖植桐谨撰。

《（康熙）朝城县志序》[1]

孙 繢

邑志纂成，群颂我侯之嘉绩旷举，邮传而西。余闻风，不禁辗然曰：朝邑其有起色矣乎？往者，侯制弁言，邑人附其意而扬挖之，例也。余不敏，其曷敢谢？窃以志也者，识也。盖谓识乎其地、其人、其事也。昀昀原隰，草夭木乔，水流山峙，忽焉雕题画栋，古迹奇观，绣错于大块之中而不朽者以出。土气厚则其人淳，土脉灵则其人秀，于是名公巨卿、畸人[2]义士接踵而振衣于上下千百年之间而不可没者又如是。然有其人，必有其事，或丰功伟烈，灿著彝常；或幽德隐行，干城名教，何者不可垂令模而示则效哉？设使彤管不载，简册无闻，纵有龙游虎瞰之奥区、尧颖禹肩之人文、补天浴日之鸿业，亦终委之蔓草丘墟焉已矣。此庐陵、涑水必欲续鲁史之传灯，而杜预、郑樵不辞考文献于备美，非徒然也。

伏遇当宁右文，特允辅臣之请，遍征天下郡邑乘，以汇注一统之全

---

① 此《序》载《（康熙）朝城县志》卷首。

② "畸人"，指志行独特、不同流俗之人。《庄子·内篇·大宗师》："子贡曰：'敢问畸人？'曰：'畸人者，畸于人而侔于天。'"成玄英疏："畸者，不耦之名也。修行无有，而疏外形体，乖异人伦，不耦于俗。"

书。檄下，无弗兢兢唯命。十五国同风盛治，走琅函芝检于阙下者，何麟麟炳炳也。余知展悷宸聪，当首推我二东，何言之？识其地，不过岱岳、东海之盛；识其人，不过孔子之大；识其事，不过礼乐车书之美，与夫鱼盐之富、功利之强。我邑虽壤地褊小，亦得与编次之末，洵不容不博稽逖览，订残补遗，以勒成一代信史也。

溯志之由来，曾重修于明万历戊午，历今五十余年之地理蒸变，赋役更定，职官科贡，似续俱付之阙如矣。甚至燕井飞雨今且淤塞，臧公墓碣埋没衰草，河源氾壅而不可寻，煊楼倾圮而莫之问。我邑侯祖公以关东华族来牧斯土，轻徭薄赋，百废振兴。以其余力修石燕井于梵宫，穷马颊河之故渠，创建二贤祠，重饬文昌阁。允矣崇文教，敦实行，而仁声仁闻洽被于疆域土田者，将与云日争辉、金石共永也。余益辗然曰：朝邑其有起色矣乎？是役也，肇于前任徐公，阅数月而仅脱草，而今乃集厥大成矣。余不获从事于诸君子之后，分灯编摩，而犹得瞻仰余泽，娘诵而浩吟之，是余之幸也夫，是余之幸也夫！谨识之，以充副车焉。

时康熙十二年日躔星纪①之次，赐进士出身文林郎见任直隶顺德府唐山县知县、邑人孙缵②顿首撰。

---

① "日躔星纪"，日躔，即太阳视运动的度次。《文选》："日躔胃维，月轨青陆。"吕向注："躔，次也。胃，星名。维，畔也……言日次胃星之轨行畔也。"《元史·历志一》："列宿著于天，为舍二十有八，为度三百六十五有奇。非日躔无以校其度，非列舍无以纪其度。"星纪，星次名，十二次之一，与十二辰之丑相对应，二十八宿中之斗、牛二宿属之。《左传·襄公二十八年》："岁在星纪，而淫于玄枵。"杜预注："星纪在丑，斗牛之次。"

② 孙缵，山东朝城人，顺治十六年（1650）进士，时任唐山县知县。《（光绪）唐山县志》卷7《名宦》："孙缵，朝城人，己亥进士，心本慈祥，政尚廉明。当初授唐山，都人士即有以唐之极小极贫为公难者。公曰：'朝廷建官置吏，但能为国为民，何言大小，何言贫富？夫既命名为县，亦有土地，亦有民人政事，安见弹丸微邑不足以展片长寸技耶？'自是殚心图治，务期上不负君父，下不负生平。每昧爽出堂，吏左右抱牍者林立，公剖决如流，一一具中其綮，胸中如有一照世杯者。尝自拈一联，悬之座右，有云'鸡鸣清案牍，鱼贯定民书'，公之勤慎于此可知也。莅政之明年，治具毕张，凡宜举宜革者次第举行。念黉官为育才之地，首先修葺；土亩乃租庸之本，力正厘清。除齾砂压，去万年赔佃之累；捐俸凿井，开百姓粒食之源。遇旱潦，请蠲议赈，重民命也；清欺隐，任土作贡，均徭役也。自保甲之令行，问民有犯窝逃者乎？无有也。捕缉之法严，问民有患盗案者乎？无有也。诸如法杂派，去赎锾，禁役下乡，严革耗羡，此犹琐琐细务，书不胜书者也。至于上台批词如山，判断得情，案无沉牍。兼摄两邑印务，雷厉风行，事无留停，颂声载道，远迩咸钦。抚字心劳，循良懋著，龚遂、黄霸何多让焉？所以膺帝眷，锡袍服，仿二十二人之制，于三十二人之中特予卓异行取，授礼科给事中。"

《（康熙）朝城县志序》

郡县之志，悉按《禹贡》分野，古今建置沿革与夫名山大川、关隘险易、人物土产、贤淑景行、户口田赋，无不备载。以故观风问俗，必首及之。今皇上御极十有一年，岁次壬子，辅臣曲沃卫公特疏，请敕直省详查山川形胜、户口丁徭、地亩钱粮、风俗人物、疆圉险要，照河南、陕西《通志》款式，纂修成帙，送内史汇为一编，进呈御览。抚台恭奉俞旨，下所属州县如式纂修，于以见我朝雍熙之化，版舆聿新，大一统也，猗欤盛哉！凡百有司敢不竭蹶从事。

夫朝邑旧固有志，班班可考，已非文献无征之比。然或详古阙今，载大遗细，非所以式训将来也。且前志之后又经五十有余年，其间岂无贤豪辈出、名宦乡贤素著者？更值桑沧变后，时异事殊，死忠死节，不知其几，皆没没无闻，将何以垂令名于有永，劝英特于靡穷乎？此所以（原文下缺）。[①]

《（康熙）朝城县志跋言》[②]

王猷远

修志之事，仅博洽云尔乎？抑公虚醇，正是赖焉。余谬承祖邑侯及诸君子搦管之命，窃思客岁任滇澂属，五志已为搜罗修葺，详序之矣。况兹桑梓敬止，其何敢以不文辞，又何敢以私心是任、偏见是执乎？谨取嘉靖年间志、万历年间志及濮阳志、孟孝廉家藏志，段段参酌，一一考订，其有遗漏者，必金曰此宜增入也，然后增之；其有浮蔓者，必金曰此宜删去也，然后删之；其有差讹舛错者，必金曰此宜改正也，然后改之。先草创，次讨论，次修饰，又次润色，汇集篇帙，奉呈祖侯橡笔裁定，然后付

---

① "此所以"后有阙文，当因纂修疏略，故误接《（万历）朝城县志》之李九章《序》。此《序》之下，有阅者以墨笔注称："此篇乃康熙十二年序文，已缺□尾。新刊未审意，与万历戊午李《序》合，盖李《序》已缺其首，故误也。"

② 此《跋》载祖植桐修，赵昶纂《（康熙）朝城县志》卷首。

之剞劂焉。

考诸前贤而不谬，俟诸后世而不惑，即献之上台，播之邻封，展卷了然，而一十七里事迹，经数百年历历如在目前矣。行见庶而富，富而教，康叔遗风，复睹今日，一以馨吾侪勤慎重之心，一以体祖侯延揽谘诹之雅，更以昭垂皇清拨乱反治、一统无外之宏规也。若夫需节爱、寓劝惩、备采问，前志序之详且悉矣，兹何敢赘？因记厥编末，惟曰注误蹲鸱是惧耳。即云赋成覆瓿，奚辞哉？罪甚罪甚。

康熙癸丑菊月既望，邑人王猷远①静叟氏敬题于眷德堂中。

三 《（民国）朝城县续志》

《（民国）朝城县续志》，二卷，杜子枞修，贾铭恩纂，有民国九年（1920）刻本。卷前有杜子枞、贾铭恩等人《序》五篇及建置沿革表，全志约五万字。

此志分建革、风俗、名宦、官吏、科目、乡贤、贡监、佐贰、武胄、殉难、孝义、艺文、匪患、灾祲、志异、宗教十六门目，篇幅较简，记述亦难称详备。

《（民国）续修县志启》②
吴式基

有事为，而后有得失；有得失，而后有是非。得失之实存乎理，是非之论有乎辞。公道在人，久而不泯，此稗官野史所以见采于盛世也。粤自唐虞以迄明清五千余年，阅人成世，阅世成俗，陵谷之变迁、郡邑之沿革、政治之废兴、人物之臧否，某朝某代班班可考，而了如指掌者，良以轩辕之采纪入实录，而为后世衡鉴之准也。史乘所载，无时或缺，或十数

---

① 王猷远，字燕贻，号静叟。顺治五年（1648）首卷拔贡，任云南澄江府通判，有《真游诗集》行世。

② 此《启》载杜子枞修，贾铭恩纂《（民国）朝城县续志》卷首，民国九年（1920）刻本。

年，或数十年，通辑天下之志书，汇为一编。各县分志，义亦类是。

吾邑县志，自康熙十二年以前，经前贤故老纂修成帙，刷印多本，所载多元明事。元明以前事殊寥寥。迄今二百余年，未经续修，年湮日远，事多沉没，无可稽考。光绪二十六年，省会续修山东总志，征集各县古今事迹，知县事袁大启①议设局于旧书院内，派景素吴玉书、猷亭张允升，基亦忝从两先生后，加意采访，征文考献，什获一二，粗志大略，未能详载。经月告竣，分抄数本，存署备案，名之曰乡土志。瞬又二十余年矣，先贤逸帙，剥落殆尽，县志一部，硕果仅存。此诚我邑志书危急存亡之秋也。景素先生在时，屡欲修辑，禀准无款，赍志以没，基等怅然不能自已。近与贾君丹承、谢君子正等公同会议，拟将乡土志前稿接续辑补，编成草本，以为续修之资料。局所附设农会，与事诸人各尽义务，不支公款，卜于阴历十二月初一日开始，贾、谢二君操觚记事，基亦时为厘订之。所记事实，忠孝节义、奇言异行、官吏之贤否、利弊之沿革，治乱之起伏，风俗之淳浇，凡关于世道人心者，广为搜罗，悉入记载，不敢稍加伪饰。谨将续草恭呈尊署，详细校阅，严加斧削，以正错谬，即希钧序，以便付梓，统希鉴核。

治下吴式基②顿启。

《（民国）续修县志序》③

杜子楙

邑之有志，所以志其地之山川、人物、政教、风俗与其变迁、沿革，以供后人稽考者也。微独邦人士赖以纪旧闻，知往事，即官斯土者，亦籍④以观风敷政焉。本年二月，余奉檄莅朝。既下车，即访求邑志，苦不可得。询诸邦人，则朝志自清康熙十二年续修后，迄未修辑，所存旧志惟邑耆吴子丕君家藏刊本一部、钞本一帙而已。吴君持所藏旧志暨贾丹忱君

---

① 袁大启，江苏华亭人，光绪十五年（1889）举人，三十四（1908）七月任巨野县县令。
② 吴式基，字子丕，山东朝城人，同治十二年（1873）拔贡，候选直隶州州判。
③ 此《序》载《（民国）朝城县续志》卷首。
④ "籍"字，或当作"藉"。

所辑新志草略，及乡土志各一册示余，并以重刻旧志、续修新志为言。余维朝邑记载阙佚至二百四十四年之久，期间变迁沿革之有待叙述、潜德幽光之有待阐扬者何可胜计？吴君以就衰之年注意于是，可谓能务其大者矣。因成其志，商诸地方财政管理员张绵斋君筹款付镌，庶朝邑历史绝而复续，而后之纂修者亦得所绍述焉。

民国九年九月，署朝城县知事杜子梀①序。

《(民国)朝城县续志序》②

贾铭恩

余邑县志，自康熙十二年续修一次，迄今二百四十余年，前贤往哲项背相望，曾无一人议及重修者，岂事关重大，负荷实难，而故待之后人，以宽其责欤？夫人之自形歉仄，让能于人，固为美德，然当绝续之交，一发千钧，此诚时不宜迟、事难再委者矣。设仍以前之待后者复待后人，恐辗转相推，不知几数百年，始有任事之人出而肩其责，以慰前人之望。茫茫世代，前路难期，何能忍而与之同归于尽也？

前吴君玉书③见及于此，光绪二十九年纂缉乡土志时，即议续修县志，禀准邑令程君寿武④，因款绌而事乃卒寝。既章君光铭⑤莅任，亦因款绌未遂。越数年，吴君玉书赍志以殁。余与吴君子丕、谢君子正悲其志

---

① 杜子梀，浙江绍兴人，民国九年（1920）正月任朝城县知事。《（民国）朝城县续志》卷上："杜子梀，浙江绍兴人，民国九年正月莅任。创立劝业所，创修监狱，续修《县志》，饬武备，兴文教，除暴安良。"

② 此《序》载《（民国）朝城县续志》卷首。

③ "吴君玉书"，即吴玉书。吴玉书，山东朝城人，光绪十五年（1889）岁贡。《（民国）朝城县续志》卷1："（吴玉书），明进士吴忠传之后裔也。经义渊博，文词敏瞻，九试棘闱，屡荐不售。教授生徒，讲诲恳恳。及门诸子科岁两试蝉联掇芹，人有点石成金之目。著有《论义训蒙草》，刊梓行世，为初学津梁。性慷慨，好施予，穷乏到门，有求必应。邑侯袁公派修《乡土志》，公操楮政，纂辑成帙。"

④ "程君寿武"，即程寿武。程寿武，直隶清苑人，监生，光绪二十九年（1903）六月任朝城县知县。

⑤ "章君光铭"，即章光铭。章光铭，安徽广德人，民国元年（1912）任朝城县知县，敷政和平，剿贼勇敢。

之未逮，踵而成之。时值浙省名孝廉邑令潘君辅臣①热心斯役，组织成帙，呈乞斧削，未及付梓，潘罢官去。知事杜君承乏，董成其事，委任子丕先生司监修职。余与王君施之执事左右，以资翊赞。又恐耳目狭隘，事难周知，鸠集同志诸人分类采访，或考之家乘，或询之耆老，或稽之传闻，凡人物、政俗、德行、节义，可以昭示来兹而为后世所景行者，无不据实记录，以备参考。至名流之言行、仕官之轶事，必待博雅君子详加考据，统合诸端，另行著述。增辉吾邑，其在斯乎？余等谫陋无文，不过谨遵旧例，叙述崖略，为后之资料而已，敢云续志乎哉？

邑贡生贾铭恩②谨序。

《（民国）朝城县续志序》③
李之蕃

先民有言曰：莫为之前，虽美弗彰；莫为之后，虽盛弗传。是补阙订坠之功，与作圣述明之业相需甚殷，而相遇不容终疏也。而或者谓凡人立一言，作一事，必自度言可为经，事可为法，然后笔之于书，以垂后世而耀无穷。非若雕虫小技，可以操觚为也。予曰：然然，否否。自古文章之士，才不尽班马，笔不皆董狐，苟其势处于万不得已，则凡肩斯道之传者皆可以锐然直任，而不当以不敏谢。吾朝县志阙而未修者二百四十余年。其间风土人物、嘉言懿行不少概见。而前贤辈出，既皆赍志以没。时下文人又因两朝代谢，事故多端，国乱民贫，项短支绌，所以视此为不急之务。呜乎，一发千钧，诚可惧哉！幸吾邑丹丞贾子、子正谢子④慨然于邑志之失修，盖其所见者大，不以款细涉疑难，不以工巨生畏葸，不以采访难周而过事铺张，不以编辑为劳而姑从阙略，于是殚精竭智，寝食弗遑，以蕲是书之有成。而又不敢自是，时时就质于蕃之业师、耆儒吴子丕先生。先生嘉其事，亦乐为厘订焉。是书之成，两易寒暑，难矣哉！然其所

---

① "潘君辅臣"，即潘光组。潘光组，浙江余杭人，光绪二十九年（1903）举人，民国中任朝城县知县。

② 贾铭恩，字丹丞，山东朝城人，光绪二十四年（1898）贡生。

③ 此《序》载《（民国）朝城县续志》卷首。

④ "子正谢子"，即谢得所。谢得所，山东朝城人，字子正，光绪二十二年（1896）贡生。

以难之故，与其所以不避难而必欲成就其难之故，识者自能领之，无俟予之多言也。予与二子为文字交，素相知心，序其书，序其心也。至是书既出，睹者或然欤否欤？或因然否是书而并然否吾序欤？吾皆听之，不遑问。

邑廪生李之蕃谨序。

《（民国）续修朝城县志序》①

谢得所

邑有志，犹国有史也。盖以事实纷纭，不有志以纪之，奚以示劝惩，垂法戒，以昭来兹也？吾朝邑志创修于嘉靖，续修于万历，再续修于康熙，迄今二百四十余年未经纂辑。其间风俗盛衰，民物登耗，与夫名宦治迹、乡贤行谊概湮没于荒烟蔓草，坠绪茫茫，洵足喟已。然前贤往哲亦有议修，而卒难蒇事者，类以款项支绌，无力付梓，否则倡始无人，群相推诿，则亦筑室道谋，卒归于好事难成之叹也！

戊午秋，所避乱农会，同砚贾子丹丞谈及修志，以同事相商。所曰：此义举，亦难事。如其易为，前人早先我著鞭，何能稽迟至今？况修志之先达类皆才班马、笔董狐，我辈识等井蛙，自知弗逮远甚。即效留侯与老人纳履，未必不嫌手之污其足也，敢言续其志乎？而丹丞毅然自任，若有当仁不让之心。谓邑志失修，正由前人之过于谦退所致，遂邀所就谋于前辈吴先生丕。先生嘉其志向坚定，欣然乐执牛耳，立发公启，命丹丞与所各记所闻，又多嘱同人留心采访。先生诚知世远年湮，老成凋谢，况诸君皆自备薪水，采访断不能周，固不敢谓其事之必克有成也。己未春，适奉浙省名孝廉潘公辅臣摄篆于斯，闻吾邑共谋修志而热心焉，特延先生借阅志书。先生云咸丰间两经兵燹，志板已烬，而志之存者仅一，问贾丹丞，则得之矣。公造丹丞塾，谈宴多时，将旧志、乡土志一并携去。迟至岁杪，世伯吴先生率丹丞与所同谒潘公，推为总裁。公亦为之首肯。辞归，即在农会开办。丹丞与所皆日创一草。先生秉公笔削，如严师课徒，未两旬而稿粗就，当即祈公斧政作序。不数日，公交谢去事，几中辍。幸

---

① 此《序》载《（民国）朝城县续志》卷首。

新任杜县长重其事以成之，备文禀请省长批准，拨款续修。先生喜其事之有成，即命李君锡侯、王君施之①详加参校，以付剞劂。呜呼！二百四十余年之事，前此湮没失传者，今皆因之而彰，我杜公之功顾不伟与？后之君子读是志而得以考文征献，要当饮水知源，固不可忘杜公集成之惠，亦不可忘潘公提倡之力也。

时民国九年岁在上章涒滩圉阳月②，谢得所谨识。

----

① "李君锡侯、王君施之"，即朝城县附生李之蕃、王恩膏，二人于此志之纂修中负校正之责。

② "上章涒滩圉阳月"，"上章"为天干"庚"之别称，"涒滩"为地支"申"之别称。上章涒滩为庚申年。"阳月"为农历十月之别称。董仲舒《雨雹对》："十月，阴虽用事，而阴不孤立。此月纯阴，疑于无阳，故谓之阳月。"

冠 县

一 《（万历）冠县志》①

　　《（万历）冠县志》，六卷，谈自省修，杜华先等纂，万历三十七年（1609）刻本。《中国地方志联合目录》著录此志为万历三十六年（1608）。今检此志谈自省《序》作于万历三十七年，则此志当刊刻于是年。卷前载杜华先、谈自省《序》，全志约八万字。

　　此志纲目简明条理，分地理志、秩官志、典赋志、人物志、别志、艺文志六门、二十七目，其典赋志之赋役篇胪列各项田赋折银细目及县吏各属人等工食费用甚详，在明代地方财政研究中颇有价值。

《（万历）冠县志序》②
谈自省

　　愚睹武侯平明之治，而有慨乎中也。使上之人明白洞达，无匿乎其下，下之人晓然知上之意旨而群赴之，亏羡无所跻于数，仁鄙无所诡于情，细大无所易于貌，进退无所淆于程，斯不亦荡荡平平之庄衢乎？蕞尔

---

①　此《序》载《（万历）冠县志》卷首。
②　此《序》载《（万历）冠县志》卷首。

冠，固昔封国之不成子也。土田狭，易觊①也；户口眇②，易算也；簿书省，易稽也。高无箐薄之丛，污无萑蒲之聚，民寡作奸犯科者，易核也。且夫冠，东为齐，南为濮，濮固卫之滨也。西为魏，其风俗颣③之齐，不类其夸捷；颣之濮，不类其窳荡。诗之有魏也，序诗者谓其土狭而民俭，过而入于褊。夫褊与啬，慁④之细也，今之冠是也。问俗者，谓其风淳笃而勤本业，讼讦视他邑简甚。

予承乏以来，士民安予之拙，而予亦乐夫人之不吾慗⑤也。间间之智不燿也，諓諓之语不饰也，嗛嗛之德不市也，雕橑然后斦之，雕卵然后瀹之，亦相御于靡靡者，匪亶力不给，亦非好也。民畏为吏，即为吏舞文者希矣，如是而何难知之有？更为之邑志以相示也，问疆域几何，城池几何，四境之道里几何，则地里有志矣。问力而差者几何人，田籍几何，粮畜马几何头，则贡赋有志矣。问昔之丛蠹而集诟者，问能荫吾民者，问谁师表之何鉴何法，则秩官有志矣。问巨室何姓之族也，策名王室何途之从也，贞而义者何迹之标也，其旃于朝于当途者有乎，则人物有志矣。问长吏岁时所宜举，宾客之交，故何视禋而祀者，孰在祀典也，则公式有志矣。问卒然之变遵何术扞之，则灾祥、义仓、兵旅又靡不并取其辨者，而尤要在贡赋。此志出也，官欲加之额以外而不能黳其民，吏欲稍增减窟其中不能掩其官。民欲勾吏为奸而无所逃于籍，平明之治可得而兴也。草创于邑大夫杜公，自冉駹⑥函而致之。大备于邑大夫赵公，捃摭无所漏，考之邑耆，问之缙绅往来过吾冠者。欲后之明白而易知，不得不致详焉耳。而予因是得展其四体，摅其志意，以与吾民通，或者少逭于戾乎？其因是以谂来兹，则尤杜、赵两公之惓惓，愚不敢冒矣。

---

① "觊"字，同"觅"。

② "眇"字，《（道光）冠县志》（道光十年修民国二十三年补刊本）所录此《序》作"眇"。

③ "颣"，较。

④ "慁"字，同"恖"。

⑤ "慗"，凶狠、乖戾。

⑥ "冉駹"，古国名，在今四川。

万历己酉①孟冬之吉，冠县知县古润谈自省②撰。

《（万历）冠县志原》③
杜华先

汝南王君④一日过余，抵掌谭时事，余未尝不称善也。侯蹙蹙曰：不佞于冠氏无所当，顾冠氏志业六十载于兹，自惟文献缺然，无以从先大夫。今以累子，子岂亦有意乎？余唯唯，谢不敏。侯掉头委重去。京口谈君继侯为政，业二载于兹，又申巽命，则余何敢无说而处于此。

夫冠氏，即踞齐右故梁徙也。以故或为晋，或为魏，或为赵，或为卫，摄乎大国之间，而从于强令，仅如黑子之着面。然郎官出宰，上应列宿疆场之事，一彼一此。陶虞邈矣，犹考信于三代，作星野、建置志。马颊故道依然禹迹焉，用深山以生龙蛇。王公设险，沟池为固，城复于隍，斯上哲之所履霜而戒也，作山川、城池志。上栋下宇，盖取诸壮，自一命而上，内外异宫，苟能庇其官政，将鬼神在上，实式灵之，作公署、祠祀志。惟是不腆土田，令与丞若尉瓜分而食之，广厉学官，毋亦将士是训，定若观风者，不惟顺流与之更始，堨土之民谁其向义者，作秩官、师儒、风俗、物产志。生齿日烦，土利不能给口分，即部使者暨诸大吏冠盖相望，不惮征发以来会，岁事釜钟铢两，用百责于奔走，亦惟是赋，亦惟是役。是程是艺，足以共给王事而已，有司岂有赖焉？作户口、田赋、马政志。文物翔洽，豪杰代起，里选射策之制兴焉。德厚流光，才高负俗，非此其身，在其子孙。昔人所称光远而自他有耀者乎？作人物、选举、貤封

---

① "万历己酉"，即万历三十七年（1609）。

② 谈自省，字季曾，号中约，江苏丹徒人，万历三十二年（1604）进士，三十三年（1605）任冠县知县。《（道光）冠县志》卷6："谈自省，丹徒人，万历甲辰进士。尽心民事，见义勇为。冠邑志残阙失次，自省与邑绅杜华先、赵光远纂成之，文献赖以不坠。捐赀置文庙祭器，重修城隍祠，复于城东南创设聚奎书院，起收骏台，改建奎楼，培植士子，文风丕振。又立义学四区、社仓百余间。在任五年，教养兼备，百废俱兴。祀名宦。"

③ 此《序》载《（万历）冠县志》卷首。

④ "汝南王君"，即王照。王照，河南商城人，进士，万历二十七年（1599）任冠县知县。《（道光）冠县志》卷6："王照，商城进士，洁己爱民，勤于政治。捐赀增修文庙两庑，创建奎楼，又砖砌县城西面，前工赖以完。在任数年，以不谐时去。祀名宦。"

志。古者，三年大故，君命不过其门，所以教人孝也。女有保若傅，居不履阈，行则拥蔽其面，末世各惟其性所近，信心而行，亦足术也。孝妇冤而三年旱，节士狱而六月霜，谁谓天远，其应乃如响，作节行、祲祥志。仲尼没而微言绝，九原可作，即为执鞭，所深愿焉。一丘一壑，从吾所好，此达人之所珍，非以为富贵容也，作古迹志。荩臣错采，动为物先，勒之金石，足称不朽，其他属词比事，触物畅情，所歋至者将俟知己于千载，作艺文志。先①鄙人也，文质罔所底，徒以二君之命，黾勉卒业，窃恐事多牴牾，词不雅驯，以于覆瓿之诮。桓君山不云乎，彼生见扬子云名位容貌无以逾人，谁谓重其文者？夫子云于文，自其天性，尚不能贾重于世，况在不佞，又安取此其以为冠氏轻也？然则修饰润色，诚有赖于诸君子云。

万历戊申②七月，了一居士杜华先识。

二　《（康熙）冠县志》

《（康熙）冠县志》，钱霞纂修，康熙十九年（1680）刻本，今佚。钱霞《凡例》云："是志始于己未，成于庚申，退食之余，细心雠校。纪述遵旧，眉目从新，鲁鱼既鲜，刊写精工。"当为在旧志基础之上重定纲目，续增补撰而成。

《（康熙）冠县志序》③
钱　霞

自司马龙门有八书，而孟坚氏易之为十志。每记一事，必核其终

---

① "先"，即杜华先。杜华先，字孝卿，号胤台，山东冠县任，进士，官至湖南按察副使、巡抚。《（道光）冠县志》卷8："杜华先，字孝卿，少颖异，万历十年乡荐第一。明年，成进士，授行人，督学山右，升湖南按察副使。值峒贼逆命，奉敕充巡抚督剿。华先躬率大军，深入虎穴，陷邃谷中。贼四合，忽风雨交作，即麾兵突出，杀贼殆尽，诸峒平，赍（或当作'赉'）赏有加。旋引疾归，以劳卒，祀乡贤。"

② "万历戊申"，即万历三十六年（1608）。

③ 此《序》载《（道光）冠县志》（民国二十二年铅印本）卷首。

始，此志之所由名也。由是而降，有邑志，有郡志，有省志，合之为统志。凡成一代之史者，必罗取以备考。盖史官所职者不过起居、实录，而外志所载者条分缕析，各极其详，故可参伍错综，以为国史所依据也，然则志之为事重矣。冠氏当兖、冀之间，其见于《春秋》者为晋邑。地无名山大川、异人杰士，然而诗书礼乐之风、织纴耕耘之业，其俗固彬彬也。

余①下车之日，披旧志而反复焉，问其前此之养民者，社仓何在也？问其前此之教民者，书院与社学又何在也？则为墟矣。问其前此之官于斯及生长于斯者，为贤与为否？不能对。问其昔之民何以家给而繁庶，今之民何以县罄而流移，昔之赋何以留于下而弥见其有余，今之赋何以裁于上而愈形其不足，亦错口而不敢道也。是无他，在明之季，凶荒洊臻，寇氛时儆，户口仅存者十之七。本朝鼎革以来，民气渐复，而四征弗庭，河决未塞，转输供亿无不于民是问，此其所以异于昔也。顾今弗深考，而耆老无闻，载籍湮没，后之欲修是志者，其孰从而问乎？余故上下七十余年之中，周咨遍访其人其事，虽不尽悉，要以信而有征。斯录于简，传闻溢美，略而弗登。其或始有今无，仍存其旧，盖昔人之用心有不可泯没者在也。类而辑之，断焉复续，亦古今得失之林也，何渠不可以示后哉？

夫密与中牟，非大邑也，卓鲁之政，非果绝远于人也。今圣天子亟选循良，勤勤恳恳而拊循斯民，未底于治。即余承乏斯土，不敢以负所学者负吾民，而抚时返德，不啻径庭，职何故与？大抵富而能教，必在宽征，令简易行，庶成善俗。故必吏治蒸蒸，而后民安物阜也。览是志者，究其兴革之由，审其张弛之用，可以油然而兴矣。

三 《（康熙）冠县志》

《（康熙）冠县志》，八卷首一卷，虞际昌纂修，康熙三十七年

---

① "余"，即钱霞。钱霞，号起庵，浙江嘉善人，康熙九年（1670）进士，十四年（1675）任冠县知县。《（道光）冠县志》卷6："钱霞，字起庵，嘉善人。康熙庚戌进士，十四年任。时王师四征弗庭，河决未塞，供亿孔繁。霞综核庶务，事无不理。至亲收漕粮，豪猾不能为奸。捐赀重修文庙，改建奎楼，增辑县志，百废俱举。调承德县，升户部主事，祀名宦。"

（1698）刻本。此志为虞际昌在钱霞《冠县志》基础之上增补重刊。卷首载钱霞、虞际昌各一序、明旧志《序》二篇及县图七幅，全志约十二万字。此本今藏日本内阁文库。

　　此志在前志门类基础之上增加篇目，分地理志、秩官志、典赋志、人物志、别志、艺文志六门、五十目。其增补本地城镇市集及村庄里社等项多存故实；艺文志所增文章多涉本地民生利弊，尤切实用。

《（康熙）冠县志序》①

虞际昌

　　冠邑志创自万历时谈侯，阅七十余年，起庵钱君踵修之，又几二十年而及余。余距钱君时不甚远，属今海宇承平，无大兴革，非好为是以弋名也。国家文教聿兴，尊崇圣贤，巨制彪炳，黉宫焕烂。余小臣职守兹土，敢不纂辑，以敬扬天休？又其间贤喆蔚生，淑节傀行应时而显，运会隆盛，文物茂著，不以年近而可略也。且凡物之兴废，成毁相循无穷，亦各有数焉。

　　自莅任以来，其日烦余②目之所营、心之所画者不一，于是又何可缺焉弗详？乃征旧志，搜网见闻，汇萃时事，而间补其缺轶，质诸邑士大夫。佥曰：善。遂以授梓。公事之暇，披编浏览，则全城如故，四境依然，民物之生聚、风化之推迁惓惓于中，不能自释。因念令为亲民之官，食租衣赋，长养子孙。此邦之人疾痛欢愉，宜如身之休戚，亲尝而早觉之。去所恶，求所欲，悉彻其不言之隐，庶于心可无憾。岂惟听断不倦，奉文守法之惟恐或后，遂诩诩称良吏哉？至于城仓、学社、桥梁、道路，以及村堡、庐井之属，犹治其家之堂奥垣埔，虽一木一石之细，殚心经理，莫不有法则。若者宜设，若者宜修，若者宜更制易辙，图利于民人，

---

　　① 此《序》载《（道光）冠县志》（民国二十二年铅印本）卷首。

　　② "余"，即虞际昌。虞际昌，字采臣，浙江仁和人，康熙三十六年（1697）以军功授冠县知县。《（道光）冠县志》卷6："虞际昌，字采臣，仁和人。续增《邑志》，重修文庙牌坊、四门吊桥及城隍庙、清水、贾镇各堡，捐置义学二区、义冢一区。"

毋逞其私智，是则政之善者矣。览是志者，岂敢以蕞尔邑，不为之尽心于其所乎？

四 《（康熙）冠县志》

《（康熙）冠县志》，毛觐文纂修，康熙四十七年（1708）刻本，今佚。此志之修距前志仅十年，据毛觐文《序》称，因承平岁稔，嘉禾再现，"四郊乐业，亿兆平康，苟不为之载诸邑乘，何以扬盛美耶？"遂有此志之修。毛《序》已佚其半，而此志之内容亦不可考。惟其修志距前志颇近，其更易或亦较少。

《（康熙）冠县志序》①
毛觐文

志者载其实也。不实不可以载之，实不可以不载之。不实而载之，饰也。实而不载之，略也。余②于乙酉七月，视篆冠邑，乘历年水潦灾伤之后，地方之凋瘵未起，百务废弛。自午迄申，三年之中，宰是邑者，正署凡七易其人。冠之令几不可为矣。予以疏拙之性，谬膺斯任，惴惴焉惟以实心行实事。幸冠民安予之拙，而乐予之诚也。于兹五年矣，岁皆有秋，前年禾秀多歧，达于九重。今年又得双歧、三歧者数十本，上呈御览。粤稽冠志，数百年间，亦止再产嘉禾，一见于嘉靖二十二年，一见于万历三十一年。今乃叠见于三载之中，非我皇上郅治感召，何克臻此？而生齿日繁，人文日盛，风俗日淳，事之废者以兴，坠者以举，凋敝之氓渐有起色，而四郊乐业，亿兆平康，苟不为之载诸邑乘，何以扬盛美耶？（原书以下缺）

---

① 此《序》载《（道光）冠县志》（民国二十二年铅印本）卷首。此《序》作者为毛觐文。

② "余"，即毛觐文。毛觐文，浙江鄞县人，拔贡，康熙四十四年（1705）任冠县知县。《（道光）冠县志》卷6："毛觐文，鄞县拔贡，重刊邑志，捐修学宫，建寅宾馆及钟鼓楼，又葺水次漕仓，并四城门楼暨冉子祠。在任七年，禾秀双岐（当作'歧'），岁多丰稔，民利赖之。"

五 《（道光）冠县志》

《（道光）冠县志》，十卷，梁永康修，赵锡书纂，道光十一年（1831）刻本。卷前载梁永康、赵锡书等人《序》四篇及旧序五篇，全志约十六万字。又有民国二十二年（1933）铅印本。

此志变通门类，纲目齐备，编次有序，增为地舆志、建置志、食货志、学校志、典礼志、职官志、选举志、人物志、艺文志、杂录志十门、五十九目。是志建置、食货续康熙以后里社市镇、户口田赋变化，职官、选举、人物增补亦颇赅备。

《（道光）冠县志序》①
李文耕

余②承乏冠氏二载。考县志，漫漶不可读。因遍访诸绅耆家，得新旧志若干册，亦残缺难以遽理。适奉宪檄赴胶西，因封固手题之，以俟代者。阅六年，晋蕃梁大令永康③莅任。大令恂恂无华，有汉吏风。生平无他嗜好，惟讲求公事，如饥渴之于食饮。其治冠规模，略仿于余，而材力过余甚远。在冠三年，兴养立教，井井有条。中间若详豁沙压地亩，建立清泉书屋，皆与筹商指画，悉底厥成。今年春，余论及冠氏县志之缺，大令又已修有成帙，出而请正。余取而阅之，其规条虽不外旧志，而旧志所不应有而有者悉删之，旧志所应有而未有者悉补之，体裁正大，而考据精覈，真冠氏良史也。大令复约秋初来省面商未信者数条，不意未及期而大令忽病不起。余重惧冠氏征文考献之书既成而复散佚，而大令数年精力瘁

---

① 此《序》载《（道光）冠县志》（民国二十二年铅印本）卷首。

② "余"，即李文耕。李文耕（1763—1838），号复斋，云南昆阳人。嘉庆七年（1802）进士，十四年（1809）任邹平县知县。曾任盐运使，道光七年（1827）六月署理山东按察使，同年十一月升山东按察使，九年（1829）正月由按察使署任山东布政使。赵尔巽《清史稿》卷478有传。

③ "梁大令永康"，即梁永康。永康，字晋春，号寿庵，山西灵石人，举人，道光七年（1827）任冠县知县。

于此书，未得亲见其成，为可惜也。爰再为阅正付梓，以完大令之志，并使大令之有功于冠氏者永垂不朽云。

道光十年秋七月，山东按察使滇巨桥李文耕撰。

余忝陈东臬，愧谫陋无以为报称。惟恒思作励寅恭，勉期循卓，庶借以一二寡过。如梁大令者，指不多屈也，乃竟以一邑宰终，即其设施于冠氏者，亦未竟所为。因叙冠志，不禁长太息，盖不止为梁大令一人惜也。复斋①又识。

《（道光）重修冠县志序》②

梁永康

冠志之阙略，非一日矣。东汉末，刘叔林以忠谏著。元魏而降，路氏最显，唐路安期父子济美。元初，元遗山辈英贤流寓，皆略而不载，盖明

① "复斋"，即李文耕。李文耕之生平，前已有述，《（道光）济南府志》卷37："李文耕，字心田，号复斋，云南昆阳州人。乾隆己酉举人，嘉庆壬戌进士。十四年分发山东，补邹平知县，以母老告归终养。十九年起补原任。勤慎廉明，恬淡自甘，每食饭一盂、蔬菜两器，一身之奉与寒士等，所得廉俸悉捐之，以助建置，神祇、社稷坛皆为廓其基址。黉序两庑将圮，捐资为倡，工卒告成。尝谓整齐民风，必先端士习。士子来谒，拳拳殷诲。四关俱立义塾，延师以教。邑人有兴义学者，赠金以助其不逮。莅邹前后七年，齐民风，作士气，未尝一日倦。后晋观察，升臬司。犹陆续颁廉一千五百两，为邹邑创建书院，并颁书籍。于中恪诚训民，莫非正本清源之旨，远近村市皆有条教颁示。又作《谕士子论》《劝积储论》《弭盗论》《救荒要言》《劝民示木本图说》《新立义学记》《节孝祠记》《社稷坛记》《梁邹堂课孝子传》《劝民孝弟录》《节孝看语》，凡刻行十有余种，皆务本劝善之格言。每行郊野，必劝耕织，清雀鼠，靖雀苻，讼平冤释，囹圄几空。暇则单骑巡行，盗贼潜踪，闾阎安堵。月吉讲约，无不踊跃鼓舞。悉心民隐，案无留牍。作堂课，一则以自励，除积弊，裁陋规。重修汉伏生祠，立碑故里。宋范文正公读书处亦为建碑，复祭田百余亩。立张长白先生祠，置马宛斯先生墓道碑，表扬孝子贞妇，不可胜数。勘灾查夜，不惮劬劳。祈雨祈雪，步祷诸山，望苗枯槁，潸潸泪下。二十五年，调冠县。道光元年，升胶州，旋升济宁州。未赴任，署东昌知府，历任泰安、沂州二府。所至之处被其恩泽，无不踊跃兴起。又升兖沂曹济道，捐银一千两为东鲁书院膏火之资。擢盐运使。七年，升山东按察使，捐修景贤书院，设立条规，按月课试。九年，两署布政使。十年冬，调任贵州省按察使。十一月，行至樊城，犹寄书，属其寮佐，以陶成邹邑书院诸生，务期有成效。邑人思之，为立生祠，刊十二德政碑，置之祠中，以志遗爱。后在黔省数载，以原品休致归。十八年四月，卒于家，年七十五。生平耿介有守，好程朱之学，论者谓其品高学纯，乃东省名宦第一，邑人请祀名宦祠。"

② 此《序》载《（道光）冠县志》（民国二十二年铅印本）卷首。

以前无志也。嘉靖间，邑令姚公本①迺草创之，而其书不传。万历己酉，谈公自省始有成书。我朝康熙庚申，钱公霞复增益之，一邑之文献赖以不坠。厥后虞公际昌、毛公觐文虽稍有修辑，不过志其兴工记事之文，而于政治人物诸大端，则语焉不详也。迄今百五十余年，天道变于上，人事更于下，岁时之赢歉、政事之兴除，以及官师之遗爱、闾阎之潜德，其湮没者何可胜道？

丁亥夏，余由清泽调莅是邦，检阅旧刻，复失三分之一。于此而欲征文考献，修废举坠，乌得不以志为先务哉？顾簿书鞅掌，匆匆未果。邑绅赵君锡书由元谋令归老于家。己丑冬，出所藏谈、钱二志以示余，爰就而咨访轶事，搜讨遗文。适其仲嗣汝诚设帐署中。庚寅春，复延聊城叶子锡麟于馆，同任分校，靡不乐襄其事。余退食之暇，与二君参互考订，正其纲，疏其目，旧者补之，新者续之，凡五阅月，增十之六七。稿既出，请正于廉访李复斋先生。以先生前宰冠时，欲修志而未遑也。猥蒙许可，新志于是乎成。

夫古人者，今人之鉴也。前事者，后事之师也。余承乏三载，政化未行，愧无以为志乘光。窃愿阅是志者，观地舆以厚风俗，观建置以慎封圻，观食货而勤农功，观学校而端士习，观典礼而知神人之宜和，观选举而知名实之宜副，观职官而吏勉循良、民思忠敬也，观人物而士先德行、女慕贞洁也，观艺文而不诡于正学，观杂录而不惑于邪说也。是则冠人士所当共勉，而亦余修志之愿也夫。至若兼三长而备五难，则余与二君均谢不敏矣。修饰润色，是有俟于后之博雅者。是为序。

时道光庚寅五月下浣，知冠县事灵石梁永康②寿庵氏谨识。

---

① "邑令姚公本"，即姚本。姚本，南直隶旌德人，举人，嘉靖二十年（1541）任冠县知县。《（道光）冠县志》卷6："姚本，字子元，旌德举人。政严而不刻，法密而不烦，轻徭均役，筑堤捍水，修庙学，辑邑志，百度俱新。尤严于治盗，路不拾遗，建贾镇、清水二堡，至今永赖。升邠州知州。"

② 梁永康，字晋春，号寿庵，山西灵石人，举人，道光七年（1827）任冠县知县。

《（道光）重修冠县志叙》①

王怀曾

　　昔孔子惜杞宋之无征，而叹息于文献之不足。文，存献者也。献，存文者也。志之兴也，其于《史》《汉》乎？志也者，文史上之支也。郡县义不得作史，然莫不有志。志也，而上自天地，下讫民物，中自历代兴衰沿革之故，与夫贤人君子、道德文章之盛。忠臣孝子、匹夫匹妇之奇节庸行，莫不咸载。则志也，而史备矣，不綦重欤？

　　庚寅秋，余奉檄摄冠事，走辞于廉使复斋先生。先生出一编授余曰：此冠志也，昔余欲修之而不果。更数年，得梁君成之。方寄示余，而梁公遽谢世，今以付子。余谨受书，进冠士人而问志事，则冠故无志也。有之，自前明乡大夫杜、赵二公与邑宰谈公始，故谓之谈《志》。我朝康熙间，钱、虞诸君相继修辑。雍正而后，未闻嗣音，盖缺如者百余年矣，冠于是复无志。复斋先生以道光元年宰冠，访求残帙，修辑之志甚锐，寻擢去未及也。后数年荒，吏民咸不暇。又数年，民气稍复，而前尹晋蕃梁君适至，修举百废，始增辑，与采访者十有六人。盖梁君实主之，而邑绅赵酉樵乔梓与聊城叶君云台皆博学工文，会稽陈君小黉复晓畅吏事。相与搜罗润色，阐幽发明，荟萃成编，灿然略备，而冠于是复有志焉。然方梁君之甫脱稿，未及梓而殂也，冠之人咸叹息，以为甫有者之将寝为无也。及余至，问修志事，亟谋剞劂，乃色然喜。虞民赵孝廉复董其事，招集旧侣。云台闻之，亦欣然自聊来会，更加审定，筹营付梓，凡两月书成，而余未尝有力焉，冠于是乎信有志矣。此固复斋廉使十余年求之，所目营足企，遥闻而一快；冠人士之所日夕引领，而幸底于成，而晋蕃梁君与谈、钱诸公不朽之魄所为先后经营，而欣慰于地下者乎？惟然有亦安足深恃？夫冠故无志，非无志也。先曾有而后乃无也。谈、杜作则自无而之有，钱、虞没则自有而之无。今幸有廉使唱之于上，梁君应之于下，又有赵氏父子之贤、叶陈诸公宾友之胜，复自无而之有矣。然犹历十数年而复成，自今以往，更数十百年，不有君子，安知有者之不复即于无乎？是所望于

后贤也夫。嘻，天下古今成败之数、生人兴替之端，胥由是矣，独一志也夫！

道光十年冬十有二月，知县事大竹王怀曾①鲁之氏谨题。

《（道光）冠县志序》②

赵锡书

邑志之缺略久矣。余少壮时，频客于远，虽有志未遑也。老而游滇，仕三年，解组间，取旧本观之，较前残阙益甚。岁庚辰，今廉使李复斋先生来宰邑事，悯旧志之芜，而久无续增也。欲偕余共为考订，乃未几而擢胶牧以去。嗣宰邑者为山右梁寿庵先生。莅任三年，而有事于志乘。搜阙遗，勤采访，参稽群籍，蕲成完书。延余至署，详加核定。惟邑之有志，即郡志、省志、一统志之稿本也。上职其要，下职其详，各为义例，不相兼也。

今草创虽就，而容有缺佚。且去取详略，宜归画一。方欲与先生逐条酌议，而先生遽以疾终于郡城。先是清稿已送廉使署，复斋先生亟称之，遽欲就省付梓。余以工费宜出邑人，因与同志者商所以付剞劂。会西蜀王鲁之先生来摄邑篆，惜其将败于垂成也，爰命鸠工，凡五阅月而竣事。吁，此可以见藏事之难矣。余自少壮即志于此，今且八十有五岁。十年前，与复斋先生商之。三年前，与寿庵先生道之。越两载，始克纂定之，而后乃卒赖鲁之先生刊成之。例广事增，斐然就理，而典故之赖以维系与士女之赖以阐扬者，皆于是焉托，岂直有光于前人已哉？惟是复斋先生移节黔中，颇以是书为念，寿庵先生槥将西旋，其家人亦快于先睹。故刊刻稍急，恐不免焉乌亥豕之讹。然窃谓天下事患无其基耳，今既克藏其事，后有欲为修辑者，其得不以此为前事之师哉？

时道光辛卯春月，邑人赵锡书③西樵谨序。

---

① 王怀曾，四川大竹人，举人，道光十年（1830）署任冠县知县。
② 此《序》载《（道光）冠县志》（民国二十二年铅印本）卷首。
③ 赵锡书，字西樵，山东冠县人，举人，曾任云南元谋县知县。

六 《（光绪）冠县志》

《（光绪）冠县志》，十卷，韩光鼎修，陈书五纂。始修于光绪元年（1875），成于光绪六年（1880），仅有抄本传世。卷前载韩光鼎《序》及旧志序九篇，全志约二十万字。

此志分地舆志、建置志、食货志、学校志、典礼志、职官志、选举志、人物志、艺文志、杂录志十门、五十六目，续补道光十年（1830）以后人事于各目之后，体例仍其旧，续补多简疏。

《（光绪）增修冠县志叙》[①]
韩光鼎

圣人云：无征不信，不信，民勿从。信何？文献也。征者何？志也。无志则无征，无则文献不足信矣。考冠氏自谈、钱、虞、毛诸大令以至邑侯灵石梁公并自冠擢任廉访之李复斋先生，凡五修，而志始备。今又越数十年矣，其中兵燹两遭，以一炬灾祸及梨枣，旧者荡然，新者更茫然矣。举凡忠臣义士、孝子节妇之凛若冰霜、昭如日月者，咸不得记。呜呼，此岂天之不欲明德报功、阐幽揭隐乎？亦人之不知自振耳。余莅冠十年，每诣乡曲，与缙绅士庶晋接间，靡不旁求博采，以广见闻。凡一士一行之可风者，每叹息云，冠氏而无是人也则已，冠氏而有是人也，岂可屏之弃之，而不罗而致之，以为邦家光耶？倘再所闻不辑，则没世无称，谁之咎欤？清夜扪思，能无自愧？因向邑绅赵家索得旧志一册，自咸丰甲寅发逆之变，傅公学樵阖门殉节起以至今日，上下二十余年之了如指掌者一一记之，与旧志一并付剞劂。序事者为王崑崖、陈书五广文、赵香池茂才，暨采访之绅士张鸿渐、孙绍曾等，皇皇焉，惕惕焉，终日讲求，悉心探讨，岁一周而稿始定。复延秀水盛平之孝廉昭文、曹蕴琛太令，并郯城孝廉孙幼青暨叶甥槐生详加校正，釐剔搜罗，以臻一时之盛。入此志者，存固奋兴，殁亦慰藉矣。若谓访夫旧闻，网罗殆尽，余固不敢信然。能实事求

[①] 此《序》载《（光绪）冠县志》抄本卷首。

是，大书特书，较之稗野所传似为有据。其有关于世道人心、文学政治者，岂浅鲜者？王鲁之先辈序中云：百十年后，不有君子，安知有者之不复即于无乎？斯言也，所望于后者深矣。今则自李复斋廉访续志以计垂六十年，适余宰是邑，而亟欲成之。或亦气运一周，得区区之愿。噫，自无为有，是其时哉，是其时哉！然非诸绅士交相辅佐，又得赵生之克继其祖若父焉。乌得有条不紊若是哉？倘后之君子退食之暇，念兹在兹，使文献之征永无遗憾，是余之幸欤，抑邑之幸欤？亦后先济美之一节耳。

光绪庚辰仲冬，钱塘韩光鼎①序。

七 《（民国）冠县志》

《（民国）冠县志》，十卷首一卷，侯光陆修，陈熙雍纂，民国二十三年（1934）刻本。卷首载侯光陆、康焕章《序》、旧志《序》九篇，全志约二十五万字。

此志分地舆志、建置志、食货志、学校志、典礼志、职官志、选举志、人物志、艺文志、杂录志十门、五十八目。是志仅于建置志内增机关，选举志内增学校毕业，其余皆因袭旧志门目，增补道光以后诸事颇详。地舆志风俗篇详记民间婚嫁葬丧习俗，尤存清末民俗史料；建置志及食货志内机关、榷税、盐法等篇对当地商业消长记注颇详，从中可见清末民初经济状况；杂录志内纪变篇记咸丰十年（1860）冠县八卦教民以绿旗为标，"聚众抗官闹漕"后，"黑旗宋景诗、朱登峰，红旗张玉怀、苏洛昆，白旗李丹简、程三里，黄旗老奶奶等揭竿响应"之本末，对研究清末农民斗争有较高价值。

《（民国）重修冠县志序》②
侯光陆

冠志失修垂百余年。其间提倡续修者当不乏人。然类皆忽作忽辍，未

---

① 韩光鼎，字俊伯，浙江钱塘人，监生，同治十年（1871）任冠县知县。任内曾创建考棚。

② 此《序》载《（民国）冠县志》（民国二十三年）卷首。

竟娲补全功，诚憾事也。余于民国二十年三月奉委来冠，下车伊始，即殷殷以续志事勖邑士。佥唯唯，乃为之开词馆，罗辀轩，称饩廪，给纸笔，咄嗟间群贤毕至，纂修有陈君熙雍、邱君恩泉、康君纬辰、李君雪亭，襄纂有殷君筱彭，皆知名士，学通中外，协力进行，风雨无间。计今两易寒暑，其稿脱而行将付梓矣。取而浏览一过，见夫疆域之广狭、风俗之淳浇、人文之盛衰、礼教之变迁，以及土地、物产、祲祥、灾异，莫不朗若列眉，灿然明备。而尤于兵马、财赋、建设、教育诸大端，纪载綦详，且援引科学，推陈出新，删除歌功颂德之溢词，适合民主自治之体制。后哲踵而行之，则杞宋依然，文献足征矣。是为序。

中华民国二十二年九月，署理冠县县长侯光陆①。

《（民国）重修冠县志序》②

康焕章

余束发受书时，习闻吾冠志书燬于燹、蚀于蠹，散逸于兵荒离乱。残余一二部，藏于典史黄宪之家，而未及见也。及壮游海外，走沪汉，旅历下，僦居北平，为东西南北之人，忽忽二十余年，足迹所至，辄取观当地之图志周览一过，觉其繁简文质，形形色色，而山川、人物、政教、礼俗以及言语、文字、异闻、轶事，莫不历历在目，胜似作乘槎游，入太庙问孟子云。诸侯之宝三，土地、人民、政事，一书而三宝备之，知方志一册，为郡县之家珍，什袭藏之，莫敢或阙。自古有亡国，而国无亡史。回首故乡，益惓惓于黄典史之家藏。民国五年时，余官外部，某日过溟南翟太史家，见书斋邺架卷轴盈百。随手取之，偶得《冠县志》一书，喜甚。亟请于太史曰：此吾乡故物也，盍借观之？太史唯唯。乃携书归。旅邸时，为浏览阅竟，知冠志失修将百年矣。失此不图，后将何及？频客于远，有志未遂，怅怅为何如耶？

十九年春，余倦游里居，多士以修志事相属。余曰：噫，晚矣。二十年前从事于斯，老成尚在，典册犹存，订坠继废，事半功倍。此日鲁壁

---

① 侯光陆，河北香河人，顺天东路厅师范毕业，民国二十年（1931）任冠县县长。

② 此《序》载《（民国）冠县志》（民国二十三年）卷首。

墟，秦灰冷，雪泥鸿爪漫灭殆尽。且学说朋兴，门户标榜，揭华衮斧钺之迹，来烧薪覆瓿之遗。于此而编年纪月，踵迹笔削，戛戛乎其难之。适上檄督促，仿司马温公修《资治通鉴》故事，开局崇文。方辂车四出，周爰谘诹，时值南北军兴，战云弥漫，薛匪犯冠，遍地萑苻。余亦北走燕市，抵岁杪而始抱疴还乡。人事扰扰，无暇及此。甫载笔而中辍矣。

翌年春，重整史席，校书藜阁，而辒轩采录，得十之一二焉。连番征文，得十之三四焉。继而殷筱彭、梁樾庵二君专司行人，旁征博引，得十之五六焉。穷岁月之爬罗，积四卷之草帙，悬之国门，聚讼纷纭。传观十阅月，久假不归。至是而再中辍矣。迨及原稿珠还，满笼碧纱，方有事于修饰润色。忽而白驹絷维，场无苗藿。食志乎而馆谷告罄，食功乎而廪饩不给。墨客星散，梓人罢业，至是而又中辍矣。一辍再辍，而至三辍，何吾冠志之阨也？回忆自清道光十年后，邑志绝笔，吾乡贤达一再拟续。每以一鼓作气，再而衰，三而竭，遂致一邑载籍，歇绝百载。倘功亏一篑，再蹈前辙，迟之又久，杞宋依然，文献无征，亡史之痛，谁职其咎耶？余于是为之进益勇，日握管城，风雨无间，散者辑之，缺者补之，罅漏幽缈者穷僻荒以探索之，寻坠绪之茫茫，独旁搜而远绍。历经万难，而书告成。李复斋、梁寿庵两先生后至民国二十二年，冠县又有续志。半生来抱残守缺之遗憾，至是而为之一慰。王鲁之先生序前志，一则曰待之君子，再则曰望之后贤。余何人斯，敢掠此大美？窃效娲补，聊胜于无。此物此志也，综核全书，增辑十之六七，前志简要，此编繁芜，贪得务多，细大不捐。惟冀已往之陈迹轶事网罗无遗，不与夏五郭公以俱泯，使后之人信而有征。语焉能详，更为踵行者？留此断烂朝报，作绍述张本，浮夸之弊何避焉？至若兼三长而备五难，均谢不敏矣。删订而斧正之，是所望于达者。

时中华民国二十二年十月，邑人康焕章①纬宸谨序。

---

① 康焕章，字纬宸，山东冠县人，日本明治商科大学毕业，曾任外交部仓事、教育部秘书。

《（民国）重修冠县志序》①

康焕章

　　民族精神，发源于国史。英之海上霸权、法之政治革命、美之门罗主义、日本之大和国魂，皆能发扬国威，鹰瞵虎视，据列强之一席。迹其政教文化蒸蒸日上，实本诸种族之特性及奕世之遗传，独立不倚，各不相袭，是谓之历史性。是以各国最重史学，列之专科，载之文籍，传之歌谣图绘，使国人咸知古今得失之林，激发其志气，因革损益以保持其固有之国粹。读世界史者，类能道之。

　　我国史学与经学并重。经，理也；史，事也。经以为经，史以为纬，经纬相参，而后能持理以治事。上下五千年治乱兴衰，了如指掌，与治同，道罔不兴；与乱同，事罔不亡。千古如出一辙，无待龟卜而数计，此史之所以为鉴也。鉴于水，则形容毕现；鉴于古，则成败立见，理有必然而无疑者。自经学废除，史学亦略焉不讲，功利之习急，诞怪之说起，岐②途亡羊，扰攘至不可纪极。非胚胎于历史之劣性，即逸出于史体以外，差之毫厘，谬以千里，辨之不可不早也。帝典王谟，既不适用于晚近，自桧而下，当更无意于绍述。讵知欲根深种，先后符节，不取法乎上，转而得乎其下。若者帝制自为，若者封疆割据，若者五霸七雄，鹿逐中原，若者草泽绿林，揭竿发难。远交近攻，纵横捭阖，既煮豆以燃萁，即螳螂而黄雀。廿余年起伏循环，皆熟祖战国策士、唐代藩镇、五季篡夺之故智。降及州邑闾野，亦利欲熏心，党同伐异，时以门户之见同室操戈，鹬蚌持而渔人利，坐使大好山河半壁沦亡。刘豫、张邦昌辈依附外人卵翼，阋于神器，试问连幕扮演，何在非前代之脚本耶？是谓得历史之劣性者。自古巨奸大蠹，史不绝书，夷考其行，皆出于事理之当。乃有弃而纲常去，而名教禁，而相生相养之道，以求其所谓万物无主者，不惟举之于口，而又笔之于书，学说朋兴，举国若狂。蹂躏遍于江汉，戎马起于陇蜀，陷溺甚于洪水，残害烈于猛兽。斯道也，何道也？拟以杨、墨、黄、

---

　　① 此《序》载《（民国）冠县志》（民国二十三年）卷首。
　　② "岐"字或误，似当作"歧"。

老而不类，较之赤眉、黄巾而尤酷。梼杌穷奇，无此乖戾；魑魅罔两亦无此恣睢也，是所谓逸出于史体以外者。溺于史中者坏，逸于史外者尤坏，皆由于近世史学不昌，褒贬劝惩茫乎莫辨，因而滔心溺志，渐即驰骛于下乘，而索隐行怪者流又为别开生面，酿成亘古未有之奇祸。读史者掩卷太息，能无惕然于中乎？吾冠地方百里，人口二十余万，衡以欧西之布丹、乌拉圭、塞尔维亚，春秋之滕、薛、邾、郯，清泉一邑俨然一国也。国有史，县有志。志者，志也，史志名异而实同。余序志，故连类及之。

时中华民国二十二年十月，邑人康焕章纬宸又序。

参考文献

（一）方志文献

D

《（道光）东阿县志》，（清）李贤书修，吴怡等纂，道光九年（1809）刻本。

《（道光）博平县志》，（清）杨祖宪修，乌竹芳纂，道光十一年（1831）刻本。

《（道光）冠县志》，（清）梁永康纂，赵赐书修，道光十一年（1831）刻本。

《（道光）高唐州志》，（清）徐宗幹修，陈仉、杜阡纂，道光十五年（1835）刻本。

《（道光）观城县志》，（清）孙观纂修，道光十八年（1838）刻本。

G

《（光绪）冠县志》，（清）韩光鼎修，陈书五纂，光绪六年（1880）刻本。

《（光绪）莘县志》，（清）张朝玮修，孔广海纂，光绪十三年（1887）刻本。

《（光绪）寿张县志》，（清）刘文焌修，王守谦纂，光绪二十六年（1900）刻本。

《（光绪）博平县续志》，（清）李维诚修，王用霖、彭宝铭续纂修，光绪二十六年（1900）刻本。

《高唐州乡土志》，（清）周家齐编，光绪三十二年（1906）刻本。

《（光绪）高唐州志》，（清）周家齐修，鞠建章纂，光绪三十三年（1907）刻本。

《观城县乡土志》，（清）佚名编，光绪间抄本。

《（光绪）阳谷县志》，（清）董政举修，孔广海纂，民国三十一年（1942）铅印本。

K

《（康熙）聊城县志》，（清）何一杰纂修，康熙二年（1663）刻本。

《（康熙）博平县志》，（清）堵巘修，张翕纂，康熙三年（1664）刻本。

《（康熙）东阿县志》，（清）刘沛先修，王吉臣纂，康熙四年（1665）刻本。

《（康熙）莘县志》，（清）刘维桢纂修，康熙十一年（1672）刻本。

《（康熙）观城县志》，（清）沈玑修，张洞宸纂，康熙十一年（1672）刻本。

《（康熙）临清州志》，（清）于睿明修，胡悉宁纂，康熙十二年（1673）刻本。

《（康熙）高唐州志》，（清）刘佑纂修，康熙十二年（1673）刻本。

《（康熙）朝城县志》，（清）祖植桐修，赵昶纂，康熙十二年（1673）刻本。

《（康熙）冠县志》，（清）虞际昌纂修，康熙三十七年（1698）刻本。

《（康熙）堂邑县志》，（清）卢承琰修，刘淇纂，康熙四十九年（1710）刻本。

《（康熙）茌平县志》，（清）王世臣修，孙克绪纂，康熙四十九年（1710）刻本。

《（康熙）高唐州志》，（清）龙图跃修，李霖臣纂，康熙五十一年（1712）刻本。

《（康熙）重修清平县志》，（清）王佐纂修，康熙五十六年（1717）刻本。

《（康熙）寿张县志》，（清）滕永祯修，马珩纂，康熙五十六年（1717）刻本。

《（康熙）莘县志》，（清）刘萧纂修，康熙五十六年（1717）刻本。

《（康熙）阳谷县志》，（清）王时来修，杭云龙纂，民国二十二年（1933）石印本。

M

《（民国）朝城县志》，杜子楸修，贾铭恩纂，民国九年（1920）刻本。

《（民国）临清县志》，张自清修，张树梅、王贵笙纂，民国二十三年（1934）铅印本。

《（民国）续修东阿县志》，周竹生修，靳维熙纂，民国二十三年（1934）铅印本。

《（民国）冠县志》，侯光陆修，陈熙雍纂，民国二十三年（1934）刻本。

《（民国）东阿县志》，周竹生修，靳维熙纂，民国二十三年（1934）铅印本。

《（民国）茌平县志》，牛占诚修，周之祯纂，民国二十四年（1935）铅印本。

《（民国）清平县志》，梁钟亭、路大遵修，张树梅纂，民国二十五年（1936）刻本。

《（民国）莘县志》，王嘉猷修，严绥之纂，民国二十六年（1937）铅印本。

J

《（嘉靖）山东通志》，（明）陆釴等纂修，嘉靖十二年（1553）刻本。

《（嘉庆）清平县志》，（清）万承绍修，周以勋纂，嘉庆三年（1798）刻本。

《（嘉庆）东昌府志》，（清）嵩山修，谢香开、张熙先纂，嘉庆十三年（1808）刻本。

L

《聊城县乡土志》,(清)向植编,光绪三十四年（1908）石印本。

Q

《（乾隆）高唐州续志》,(清)毕一谦修,耿举贤纂,乾隆七年（1742）刻本。

《（乾隆）临清州志》,(清)王俊修,李森纂,乾隆十四年（1749）刻本。

《（乾隆）东昌府志》,(清)胡德林等修,周永年等纂,乾隆四十二年（1777）刻本。

《（乾隆）临清直隶州志》(清)张度、邓希曾修,朱钟纂,乾隆五十年（1785）刻本。

S

《（顺治）堂邑县志》,(明)王应乾纂修,(清)郭毓秀增修,顺治三年（1646）刻本。

《莘县乡土志》,(清)孔广文编,宣统元年（1909）石印本。

W

《（万历）东昌府志》,(明)王命爵等修,王汝训等纂,万历二十八年（1600）刻本。

X

《（宣统）聊城县志》,(清)陈庆蕃修,叶锡麟、靳维熙纂,宣统二年（1910）刻本。

《（宣统）增辑清平县志》,(清)陈矩前、傅秉鉴修,张敬承纂,宣统三年（1911）刻本。

《（宣统）茌平县志》,(清)盛津颐修,张建桢纂,民国元年（1912）刻本。

《（宣统）山东通志》,(清)杨士骧等修,孙葆田等纂,民国四年

（1915）山东通志局铅印本。

Y

《（雍正）恩县续志》，（清）陈学海修，韩天笃纂，雍正元年（1723）刻本。

《（雍正）山东通志》，（清）岳濬、法敏修，杜诏、顾瀛撰，乾隆元年（1736）刻本。

Z

《（正德）莘县志》，（明）吴宗器纂修，正德十年（1515）刻嘉靖间增刻本。

《（正德）博平县志》，（明）胡瑾修，葛茂、邓恭纂，正德十二年（1517）刻本。

《张秋志》，（清）林芃修，马之骦纂，康熙斌业斋抄本。

（二）相关著作

B

《北游录》，（清）谈迁撰，中华书局1960年版。

《北河纪》，（明）谢肇淛撰，《四库全书》本。

《北河续纪》，（清）阎廷谟撰，《四库全书存目丛书》据顺治九年（1652）刻本影印，齐鲁书社1997年版。

C

《漕河图志》，姚汉源、谭徐明整理，水利电力出版社1990年版。

《椿庐史地论稿》，邹逸麟撰，天津古籍出版社2005年版。

D

《东昌古今备览》，齐保柱编，山东友谊书社1990年版。

《东泉志》，（明）王宠编，广陵书社2006年版。

E

《二十五史河渠志注释》，周魁一等注释，中国书店出版社 1990 年版。

F

《方志学》，李泰棻撰，商务印书馆 1940 年版。

《方志学概论》，来新夏撰，福建人民出版社 1983 年版。

《方志学》，黄苇撰，复旦大学出版社 1993 年版。

《方志学通论》，仓修良撰，方志出版社 2003 年版。

《方志学新论》，巴兆祥撰，学林出版社 2004 年版。

H

《会通河水道记》，（清）俞正燮撰，《小方壶斋舆地丛钞》本。

《河防通议》，（元）沙克什撰，商务印书馆 1936 年版。

《皇朝经世文编》，（清）贺长龄编，世界书局 1964 年版。

《画境中州：金元之际华北行政建置考》，温海清撰，上海古籍出版社 2012 年版。

J

《京杭运河史》，姚汉源撰，中国水利水电出版社 1998 年版。

《居济一得》，（清）张伯行撰，济宁市档案局 2012 年影印。

K

《康熙朝汉文朱批奏折汇编》，中国第一历史档案馆编，档案出版社 1984—1985 年影印版。

《客座赘语》，（明）顾启元撰，上海古籍出版社 2012 年版。

《康熙事典》，王思治、冯尔康、陈捷先撰，紫禁城出版社 2010 年版。

L

《列朝诗集小传》，（清）钱谦益编，上海古籍出版社1983年版。

《聊城史志资料·风俗篇》，聊城市史志编纂委员会办公室1990年编印。

《聊城文史资料》（3至6辑）政协聊城市文史资料研究会1987—1991年版。

《聊城古今知识大全》，傅斯哲清、王振华编，聊城地区新闻出版局1992年版。

《聊城通史》（古代卷），陈玉海主编，中华书局2005年版。

M

《明史纪事本末》，（清）谷应泰撰，商务印书馆1937年版。

《明实录》，台湾"中央研究院"历史语言研究所影印本。

《明史》，（清）张廷玉等撰，中华书局1974年版。

《明经世文编》，（清）陈子龙编，中华书局1997年版。

《明清山东运河区域社会变迁》，王云撰，人民出版社2006年版。

《明清朝代档案珍藏运河彩绘图说》，刘凡营编，中国档案出版社2009年版。

Q

《清文献通考》，（清）张廷玉编，乾隆五十二年（1787）刻本。

《清代河臣传》，汪胡桢编，中国水利工程学会1937年版。

《清实录》，中华书局1985年版。

《清人文集地理类汇编》，谭其骧编，浙江人民出版社1986年版。

《清经世文编》，（清）贺长龄、魏源等编，中华书局1992年版。

《清朝野史大观》，李秉新等校勘，河北人民出版社1997年版。

《清史稿》，赵尔巽等撰，中华书局1998年版。

《清代人物传记史料研究》，商务印书馆2000年版。

《千顷堂书目》，（清）黄虞稷编，瞿起凤、潘景郑整理，上海古籍出版社2001年版。

R

《日本见藏希见中国地方志书录》，崔建英撰，中国书目文献出版社1986年版。

S

《四库全书总目提要》，（清）永瑢、纪昀等撰，商务印书馆1933年版。

《山东地方志书目》（初稿），王建宗、刘喜信撰，山东省地名领导小组办公室1981年版。

《山东地方史志纵横谈》，王桂云、鲁海撰，吉林省地方志编纂委员会1985年版。

《山东方志汇要》，王桂云，宁夏人民出版社1989年版。

《山东通史》，安作璋撰，山东人民出版社1995年版。

《山东运河文化文集》，于德普编，山东科学技术出版社1998年版。

《山东运河备览》，（清）陆耀撰，海南出版社2001年影印乾隆中刻本。

《山东运河文化文集》（续集），于德普编，齐鲁书社2003年版。

《山东省志》3《建置志》，山东省地方史志编纂委员会编，山东人民出版社2003年版。

T

《铁琴铜剑楼藏书目录》，（清）瞿镛撰，上海古籍出版社2000年版。

《天一阁藏书史志》，骆兆平编纂，上海古籍出版社2005年版。

《天一阁藏明代地方志选刊》，上海书店出版社2014年版。

W

《文渊阁书目》，（明）杨士奇编，商务印书馆1957年版。

《万历野获编》，（明）沈德符撰，中华书局1959年版。

《五杂组》，（明）谢肇淛撰，上海古籍出版社2012年版。

X

《希见地方志提要》，陈光贻撰，齐鲁书社 1987 年版。

《续修四库全书总目》，中国社会科学院图书馆整理，齐鲁书社 1999 年版。

Y

《运河与区域社会研究国际学术研讨会论文集》，李泉编，中国社会科学出版社 2015 年版。

Z

《中国地方志综录》，朱士嘉撰，上海商务印书馆 1935 年版。

《中国方志学通论》，傅振伦撰，上海商务印书馆 1935 年版。

《中国地方志联合目录》，中科院北京天文台编，中华书局 1985 年版。

《中国古籍善本书目》，中国古籍善本书目编辑委员会编，上海古籍出版社 1993—1998 年版。

《中国地方志总目提要》，金恩辉撰，台湾汉美图书有限公司 1996 年版。

《中国方志学史》，陈光贻撰，福建人民出版社 1998 年版。

《中国近代方志学》，许卫平撰，江苏古籍出版社 2002 年版。

《再续行水金鉴》，武同举等编，湖北人民出版社 2004 年版。

《治河全书》，（清）张鹏翮撰，天津古籍出版社 2007 年版。

《中国运河文献书目提要》，王云、李泉撰，人民出版社 2012 年版。

《中国大运河历史文献集成》，王云、李泉撰，国家图书馆出版社 2014 年版。

（三）相关论文

《清代学者整理旧学之总成绩——方志学》，梁启超，《东方杂志》1924 年 21 卷第 18 期。

《南宋方志学家的主要成就和方志学的形成》，洪焕椿，《史学史研究》1986 年第 4 期。

《〈行水金鉴〉及其续编》，蒋超，《中国水利》1986 年第 10 期。

《明清时期的张秋镇》，官美蝶，《山东大学学报》1996 年第 2 期。

《清代前期的市镇》，邓亦兵，《中国经济史研究》1997 年第 4 期。

《运河文化论纲》，陈之安、周祚绍、张熙惟，《山东运河文化文集》，山东科技出版社 1998 年版。

《运河文化与运河经济的发展》，于德普，《人文与自然》2001 年第 2 期。

《中国古代方志在城市形态研究中的价值》，成一农，《中国地方志》2001 年第 Z1 期。

《中国的运河与运河文化》，安作璋，《人文与自然》2001 年第 8 期。

《论晚清时期的方志学》，许卫平，《扬州大学学报》（人文社会科学版）2002 年第 1 期。

《〈永乐大典〉征引方志考述》，黄燕生，《中国历史文物》2002 年第 3 期。

《试论梁启超之方志观》，廖菊棟，《内蒙古师范大学学报》（哲学社会科学版）2003 年第 2 期。

《浅析中国古代方志中的地图》，苏品红，《津图学刊》2003 年第 3 期。

《方志目录学刍议》，巴兆祥，《中国地方志》2003 年第 3 期。

《明代治河类著述略说》，葛文玲，《图书与情报》2007 年第 2 期。

《20 世纪宋代方志研究、出版综述》，刘云军，《中国地方志》2008 年第 1 期。

《京杭运河历史文献的整理与研究》，李泉，《光明日报》2009 年 2 月 15 日《理论周刊》。

《数字化古籍及其对方志研究的影响》，王宪洪，《中国地方志》2009 年第 4 期。

《论章学诚对方志学的贡献》，马兵，《扬州教育学院学报》2009 年第 1 期。

《中国运河文献资料的分类整理》，李泉，《聊城大学学报》（社会科学版）2009 年第 4 期。

《清代直隶方志研究》，方广岭，南开大学，2010 年，博士学位论文。

《清代方志编纂体例探析——以清代皖志编纂为例》，张安东，《大学图书情报学刊》2010 年第 6 期。

《论民国方志体例大类目的变革》，张鹏，《中国地方志》2012 年第 11 期。

《广东方志整理研究》，衡中青，《图书馆论坛》2012 年第 2 期。

《古代方志与近代社会调查之渊源关系探究》，李志英，《北京师范大学学报》（社会科学版）2013 年第 3 期。

《近二十年来方志艺文志研究成果综述》，马春晖，《大学图书馆学报》2015 年第 1 期。

《清代黑龙江方志文献研究》，关儒茜、李德山，《学术交流》2016 年第 8 期。